市制町村制 実務詳解

【昭和2年初版】

坂千秋　監修
自治研究会　編纂

地方自治法研究
復刊大系〔第二六七巻〕

市制町村制 実務詳解

〔昭和二年初版〕

日本立法資料全集　別巻1077

信山社

法學博士 平沼騏一郎閣下題字

内務省地方局
内務事務官 坂千秋先生監修

市制
町村制 實務詳解

東京
松華堂發行

自序

市制と町村制は市町村の自治行政に關與する人々に取つては缺くべからざる糧である。然るに此の糧たる市制町村制は大分固いものであつて其の儘嚥み下すことは容易の業ではないのである。市制町村制の解釋書が雨後の筍の樣に續出するのも畢竟それが爲めであらう。然し乍ら是れ等の解釋書は果して自治行政に關與する人々の能く咀嚼し得るもののみであつたらうか。其の然るや否やは世間自ら定評があらうと思はるる。松華堂主人觀るところあり著者に託するに是れ等の人々の容易に咀嚼し得る糧となるべき書を著すことを以

てした。著者も固より其の觀るところを同うする者ではあるが淺學韮才其の任に非ざるを以て一應固辭したが其の熱誠なる依囑と一面著者の平素最も敬服する某氏の懇篤なる勸奬とに動かされ遂に意を決し公務の餘暇萬年筆を走らしたものが本著である。卽ち本著は逐條解釋編と設例解釋編とよりなるものであつて逐條解釋編に於ては八釜しい理窟を拔きにし私見を棄て努めて通說に基いて市制町村制の各條と附屬法令の解釋を爲し、設例解釋編に於ては問題となるべき各種の事件に就き行政廳の實例と行政司法兩裁判所の判決の趣旨を酌み其の根據を擧げて斷定を下し相俟つて實務の

資料と爲すべく考慮した。且つ兩編共に叙述を平易にすることに意を注いだ積りである。然し意餘りあるも力是れに伴はず懇篤なる勸奬を賜つた某氏と熱心に依囑せられた松華堂主人の期待に副ひ得なかつたことを思ふて冷汗の背を流るるを覺ゆるのであるが今更致方ないことである。ただ幾分にても本著が市町村の自治行政に關與する人々の咀嚼し易い糧となり著者の流した冷汗の少しは乾く樣であつて欲しいと祈るばかりである。

昭和二年初秋

東京西郊幡ヶ谷にて

著　者

市制 町村制 實務詳解目次

第十章　市町村組合と町村組合

市制町村制實務詳解目次終

市制町村制實務詳解

第一編　逐條の解釋

緒言

市町村の自治の制度は市に在りては市制、町村に在りては町村制なる法律が其の柱となり礎となつて組立てられて居る。從て自治の制度を了解し其の運用を圓滑ならしむるためには市制と町村制の條文を一通り解釋し得なければならぬことは勿論である。本編に於て先づ市制と町村制の逐條の解釋を試み樣とするのは是れが爲めである。

條文の讀み方

初めて法規を讀む人の爲めに市制及町村制の中の一箇條を抽出して條文の見方に付て説明することにする。

第十三條（市）第十一條（町村）　市町村會議員ハ其ノ被選擧權アル者ニ就キ選擧人之ヲ選擧ス

是れは市制第十三條第一項と町村制第十一條第一項の條文である。割り書の右方は市制、左方

は町村制である。

2　議員ノ定數左ノ如シ

一　人口五萬未滿ノ市／削除　三十人

二　人口五萬以上十五萬／五千……………未滿ノ市／町村　三十六人／十二人

三　人口十五萬／五千以上二十萬／一萬未滿ノ市／町村　四十人／十八人

四　人口二十萬／一萬以上三十萬／二萬未滿ノ市／町村　四十四人／二十四人

五　人口三十萬／二萬以上ノ市／町村　四十八人／三十人

是れは市制第十三條第二項と町村制第十一條第二項の條文である。割り書の右方は市制、左方は町村制なること前項と同じである。冒頭の2は第二項であることを示すのである。條文には書いてないのであるが索出の便宜の爲めに付け加へたのである。以下各項も同樣である。『一　人口五萬未滿ノ市／削除　三十人』とあるのは、是れを第一號と呼び以下同樣第二號第三號第四號第五號と稱する。第一號の割り書の左方『削除』とあるのは、前にあつた町村制の規定が其の後の改正に依りて削除せられたものである。

3　(市制)　人口三十萬ヲ超ユル市ニ於テハ人口十萬、人口五十萬ヲ超ユル市ニ於テハ人口二十萬ヲ加フル毎ニ議員四人ヲ増加ス

是れは市制第十三條第三項の規定である。『（市制）』とあるのは市制だけの條文であつて町村制には關係のない條文であることを示すのである。

3.4 議員ノ定數ハ市町村條例ヲ以テ特ニ之ヲ增減スルコトヲ得

4.5 議員ノ定數ハ總選擧ヲ行フ場合ニ非サレハ之ヲ增減セス但シ著シク人口ノ增減アリタル場合ニ於テ内務大臣府縣知事ノ許可ヲ得タルトキハ此ノ限ニ在ラス

是れは市制第十三條第四項第五項と町村制第十一條第三項第四項の規定である。割り書の右方は市制、左方は町村制なること前述の通りである。

第一章　總則

本章は市と町村の組織の骨組を規定したものである。

第一款　市町村及其の區域

本款は市町村の性質と、其の事務の範圍と、市町村の區域と、法人たる區に付ての規定である。

市町村の區域は何處か

第一條　市町村ハ從來ノ區域ニ依ル

【解釋】本條は市と町村の區域は何處であるかに付ての規定である。

區域のない市町村はあり得ない。區域なければ市町村なしである。それ程區域は市町村の組織の骨子となるものである。我が國の市町村の數は約一萬二千である。我々が一寸東京市の近郊に散策の杖を曳いた丈でも代々幡町とか或は松澤村とか種々の町や村の名を門標などに見出すのであるが一體東京市の區域は何處であらうか、代々幡町或は松澤村の區域は何處なのであらうか。本條に依れば市又は町村の區域は從來の通りなのである。卽ち此の市制（明治四四年法律第六八號）及町村制（明治四四年法律第六九號）の施行せられた明治四十四年十月一日現在の東京市の區域、代々幡町或は松澤村の區域は其の儘矢張り市制の定むる東京市の區域であり又町村制の定むる代々幡町或は松澤村の區域なのである。要するに市制町村制の改正に依つて市町村の區域は別に何の變更も受けないのである。

此の市町村の區域は一方に於ては其の市町村なる法人が自分の事務を自治的に行ふことの出來る地域であると共に他の一方に於ては市町村長等が依託を受けた國の事務とか府縣の事務とかを行ふに付ての所謂行政區劃を爲すものであつて極めて重要なものである。それ故市町村の區域の變更を妄りに爲す樣なことは愼まなければならないのである。

第二條　市町村ハ法人トス官ノ監督ヲ承ケ法令ノ範圍内ニ於テ其ノ公共事務竝從來

法令又ハ慣例ニ依リ及將來法律勅令ニ依リ市町村ニ屬スル事務ヲ處理ス

【解釋】 本條は市町村の性質と其の事務に付ての規定である。市制町村制中重要なる條文の一である。

市町村は法人

一 市町村の性質は法人である。甲市の名義で借金をし乙町の名義で寄附をし丙村の名義で物品を賣買するなど市町村の爲すところが往々我々人間の爲すところと同樣であることを見るのである。何故であらうか。是れは本條に於て市町村は法人であると定めてあるからである。法人と謂ふのは我々人間即ち自然人ではないが權利を獲たり義務を負ふたりすることに付ては自然人と同樣に取扱はるるものであることを法律に依つて認められたものである。

法人の意味

法人なる語は法律に依つて認められたる人と云ふ樣な意味であらうかと思はれる。法人は是れを公法人と私法人とに區別するのが通例であり又實益のある遣り方である。其の區別は法人の目的を標準とするものであつて市町村の樣に公共事務を行ふことを目的とするものを公法人と云ひ電氣會社とか一般銀行とかの樣に公共事務以外の事務を行ふことを目的とするものを私法人と云ふのである。市町村が公法人であることは勿論であり而も其の典型的のものである。

市町村の事務

二 市町村の事務の範圍は大凡次の樣なものである。

（一） 法律命令の範圍内に於ける市町村の公共事務

（二）　從來の法律命令又は慣例に依り取扱つて來た事務

（三）　將來の法律勅令に依り取扱ふ事務

市町村の事務は是れを固有事務と委任事務に區別するのが通例である。其の區別は市町村の存立の目的を標準とするものである。固有事務と云ふのは市町村が存立するのは此の事務を處理するが爲めに外ならない、市町村から此の事務を除き去れば市町村の存立を要しないことゝなること丁度狡兎盡きて良狗の要なきに至るが如き關係に在る事務である。前に掲げた（一）法律命令の範圍内に於ける市町村の公共事務は卽ち此の固有事務なのである。委任事務と云ふのは國とか府縣或は其の他の公共團體から委任された事務を謂ふのであつて此の事務がなくなつたからとて市町村は其の存立の要なきに至る樣なことはない。例へば我々の副業の樣な關係に在る事務である。前に掲げた（二）從來の法律命令又は慣例に依り取扱つて來た事務と（三）將來の法律勅令に依り取扱ふ事務は卽ち此の委任事務なのである。此の市町村に委任された事務と區別して考へねばならぬのは市町村長などに委任された事務である。此の事務に付ては市制町村制第九十三七十七條に述べたところを參照せられたい。

次に是れ等の事務に付て述ぶることにする。

法令の意味

（一）　法律命令の範圍内に於ける市町村の公共事務　如何なる事務が所謂公共事務であるかの解釋は困難な問題であるが大體

（イ）市町村なる法人自らが存立して行く爲めにする事務が其の一である。

註　例へば市町村の區域の變更に關して意見を述べるとか、市町村長等を選擧するとか、經費支辨の爲めに收入を計る樣な事務である。

是れは我々人間が生存する爲めに衣服を纒ひ食物を需め住家に雨露を凌ぐと同樣である。

（ロ）市町村住民の公共の利益の爲めにする事務が其の二である。

註　例へば電氣事業瓦斯事業水道事業を經營するとか、學校を設けるとか、公園を置くとか、傳染病を豫防する樣な多數市町村住民の幸福を計る樣な事務である。

是れは實に市町村の重大な使命である。此の二の事務が所謂公共事務である。而して實際問題として何が公共事務であるかの解釋は社會の一般觀念の移り行くに連れて矢張り動いて行くことと影の形に伴ふと同じことの樣に考へられる。是れ等の公共事務を處理するに付ては必ず法律命令の範圍內に於てすべきものであつて其の範圍を飛び越えることの許されぬのは事務の性質から考へて蓋し當然の條理であると思ふ。本條に法令とあるのは法律と命令を指すのである。命令と云ふのは勅令を首とし、閣令、省令（內務省令大藏省令の樣なもの）、府縣令

（東京府の府令岩手縣の縣令の如きもの）、北海道廳令、警視廳令等を云ふのである。訓令は是れに含まれないのである。

（二）　從來の法律命令又は慣例に依り取扱つて來た事務　此處に從來とあるのは此の法律即ち市制と町村制の施行以前、具體的に云へば明治四十四年九月三十日以前を指すのである。從來の法律命令に依り取扱つて來た事務と云ふのは例へば（イ）國稅を徵收する事務（ロ）尋常小學校を設置する事務（ハ）消防組を設置する事務の樣なものである。從來慣例に依り取扱つて來た事務と云ふのは印鑑簿整理に關する事務の樣なものである。慣例と云ふのは其の性質が法規と同樣の效力を有するものを云ふのであつて所謂慣習法が是れである。

（三）　將來の法律勅令に依り取扱ふ事務　此處に將來とあるのは前の從來に對するもので此の法律即ち市制と町村制施行以後、具體的に云へば明治四十四年十月一日以後を指すのである。其の結果所謂將來は法律を以てするか或は勅令を以てするの外從來の樣に閣令、省令、府縣令等を以てしては市町村に對して事務を委任することが出來ないことになつたのである。此の所謂將來の法律勅令に依り取扱ふ事務と云ふのは例へば（イ）市町村農會の經費を徵收する事務（ロ）郡市水產會の經費を徵收する事務（ハ）府縣稅を徵收する事務の樣なものであ

る。

是れ等各種の事務は年を逐うて增加する傾向が著しい。市町村の事務は繁多となり其の責任は愈重きを加へて行くばかりである。

三　市町村は其の事務を處理するに付ては官の監督を承けなければならないのである。市町村の事務は前に述べた樣に固有事務と委任事務との區別があるのであるが何れの事務も所詮は國家が政治の目的を達することの便宜から市町村に委した事務であるから廣い意味の國家の事務であることは勿論である。從つて市町村が其の事務を處理することに關して國家は對岸の火災を眺むる樣な無關心の態度では居れない譯である。是れが或は豫め注意を與へて事務の過誤を未然に防ぎ或は法規に違ひ妥當を缺く樣な事務の處理を事後に矯正する等國家が自分の希望に副ふ樣に市町村の事務を處理させる爲めに常に監督を加へる所以なのである。

第三條　市町村ノ廢置分合又ハ境界變更ヲ爲サムトスルトキハ府縣知事ハ關係アル市町村會及府縣參事會ノ意見ヲ徵シテ內務大臣府縣參事會ノ議決ヲ經內務大臣ノ許可ヲ得テ之ヲ定ム所屬未定地ヲ市町村ノ區域ニ編入セムトスルトキ亦同シ

2　前項ノ場合ニ於テ財產アルトキハ其ノ處分ハ關係アル市町村會ノ意見ヲ徵シ府縣參事會ノ議決ヲ經テ府縣知事之ヲ定ム

3 （町村制）第一項ノ場合ニ於テ市ノ廢置分合ヲ伴フトキハ市制第三條ノ規定ニ依ル

【解釋】 本條は市町村の廢止、設置、分割、合併と町村の境界變更の手續に付ての規定である。

市町村の廢置分合

第一項 市町村の區域は第一條の定むるところであつて其の變更は妄りに爲すべきものではないのであるが必要已むを得ない場合に限り其の廢置分合の途が開かれて居るのである。廢置分合と云ふのは次の樣なものである。

（一） 廢は廢止である。廢止された市町村は消滅する。

註 例へば岩手縣稗貫郡花卷川口町の區域に編入する爲め同郡根子村を廢した樣なものである。

（二） 置は設置である。新に市町村が出來上るのである。

註 例へば熊本縣八代郡海面埋立地に新に郡築村を設置した樣なものである。

（三） 分は分割である。分割された市町村は消滅する。

註 例へば宮城縣玉造郡溫泉村を分割して鳴子町と川渡村を設置した其の溫泉村の分割の樣なものである。

（四） 合は合併である。合併された市町村は消滅して新しい市町村が出來上るのである。

註 例へば岩手縣下閉伊郡宮古町と同郡鍬ヶ崎町を合併して新に宮古町を設置

した様なものである。

是れ等の市町村の廢、置、分、合は同時に行はるることが通例である。斯様に或る市町村が消滅したり又は新に出來上つたりする場合を廢置分合といふのである。是れは例へば人間の出生死亡の場合である。

町村の境界變更

町村の境界變更と云ふのは廢置分合の場合の樣に町村の廢止とか設置とかを伴ふことなく只單に町村の區域の境界が變更するだけの場合を云ふのであつて例へば人間が肥滿したとか瘠せたとかの場合である。岩手縣盛岡市の區域に岩手郡厨川村の一部を編入したのがそれである。若し境界の變更と共に廢置分合を生ずる場合例へば前の(一)の例の場合はそれは境界變更ではなくて廢置分合である。

町村の所屬未定地の編入

所屬未定地を町村の區域に編入すると云ふのは何れの市町村の區域にも屬さない土地例へば海面埋立地とか或は寄洲の樣なものを何れかの町村の區域と定めることである。例へば千葉縣安房郡那古町の區域に海岸砂地を、又同縣君津郡浪岡村の區域に海面埋立地を編入したのがそれである。

市の廢置分合の手續

市の廢置分合をする場合は內務大臣は其の廢置分合に付て直接の關係者であるところの市町村の市町村會と府縣の府縣參事會に諮問して其の意見を求め其の意見を參考として廢置分合を定

町村の廢置分合境界變更所屬未定地の編入の手續

めるのである。町村の廢置分合又は境界變更を爲し又は所屬未定地を町村の區域に編入する場合は府縣知事は先づ是れ等の處分に付て直接の關係者であるところの市町村の市町村會に諮問して其の意見を求め次に府縣參事會の議決を經た上更に內務大臣の許可を得て廢置分合境界變更所屬未定地の編入を定めるのである。

財産處分の手續

第二項　第一項に依つて市町村の廢置分合を爲し或は町村の境界變更を爲し又は所屬未定地を町村の區域に編入する場合其の關係ある市町村は財産を有するのが通例である。財産と云ふのは第六章市町村の財務第一款財産營造物及市町村税のところに述べた第一財産の（一）（二）（三）の財産は勿論のこと其の他市町村の借金の樣な消極的の財産をも含むのである。從つて是れ等の場合に其の財産を如何樣に始末するかは極めて大切な事柄であるから其の始末は府縣知事が直接の關係者であるところの市町村の市町村會に諮問し其の意見を求めた上府縣參事會の議決を經て定むるのである。

市の廢置分合を伴ふ場合

第三項（町村制）　町村の廢置分合を爲し或は境界變更を爲す場合に其の影響が町村の間だけに止まらないで市の廢置分合をも爲さねばならぬ樣な場合を生ずることがある。例へば福島縣安積郡郡山町と小原田村を廢して其の區域に郡山市を設くる樣な場合である。此の場合には町村制の

規定に依らないで市制第三條の規定に依つて手續を取運ぶのである。是れは關聯した事件であり乍ら町村の關係は町村制の規定に依り市の關係は市制の規定に依つて各別に取運んで行くことの繁雜を避くる爲めの便宜の規定である。

第四條 (市制) 市ノ境界變更ヲ爲サムトスルトキハ府縣知事ハ關係アル市町村會ノ意見ヲ徴シ府縣參事會ノ議決ヲ經内務大臣ノ許可ヲ得テ之ヲ定ム所屬未定地ヲ市ノ區域ニ編入セムトスルトキ亦同シ

2 (市制) 前項ノ場合ニ於テ財産アルトキ其ノ處分ニ關シテハ前條第二項ノ例ニ依ル

【解釋】 本條は市の境界變更の手續に付ての規定である。

第一項も第二項も町村の境界變更と所屬未定地の編入の場合と同樣であるから町村制第三條第一項第二項に述べたところを參照せられたい。

第五條 第四條 市町村ノ境界ニ關スル爭論ハ府縣參事會之ヲ裁定ス其ノ裁定ニ不服アル市町村ハ行政裁判所ニ出訴スルコトヲ得

2 市町村ノ境界判明ナラサル場合ニ於テ前項ノ爭論ナキトキハ府縣知事ハ府縣參事會ノ決定ニ付スヘシ其ノ決定ニ不服アル市町村ハ行政裁判所ニ出訴スルコトヲ得

3 第一項ノ裁定及前項ノ決定ハ文書ヲ以テ之ヲ爲シ其ノ理由ヲ附シ之ヲ關係市町

村ニ交付スヘシ

4 第一項ノ裁定及第二項ノ決定ニ付テハ府縣知事ヨリモ訴訟ヲ提起スルコトヲ得

【解釋】 本條は市町村の境界の査定に付ての規定である。

市町村の境界の爭論

第一項 市町村の區域は市町村が自分の事務を法律命令の範圍内で思ふ存分に行ふことを得る自由の天地であるから市町村お互の間の繩張り爭の起らぬ樣其の境界は常に明かであることが望ましいのである。然るに折々其の境界が明かでない爲めに市町村の間に境界爭の惹き起さるゝことがある。此の場合に付ては本項の規定に依るべきものである。此の爭論の當事者となる者即ち訴訟で云へば原告被告の立場に在る者は市町村に限られて居る。市町村と云ふのは市町村なる法人を指すのであるから、爭論を爲すに付ては先づ市町村會の議決に依つて市町村の意思を決定した上で市町村長に依つて其の意思を行ふことを要するのである。市町村長限りで爭論を爲すことはできないのである。

「市町村は何々を爲すことを得」の意味

此の市：町村制の中で市町村は何々を爲すことを得とか云ふ樣な場合は皆是れと同樣の意味である。境界の爭論は府縣參事會が裁定する。「裁定」は裁決とは違ふのである。其の裁定を不服に思ふ市町村は行政裁判所に出訴して其の裁判を仰ぐことを得るのである。行政裁判所は行政事件の裁判所であつて東京に一箇所あるだけである。

境界不明の場合の決定

第二項 市町村の境界が明かでない場合に其の境界に付て第一項に述べた樣な爭論か起れば府縣

参事會の裁定なり又は行政裁判所の判決なりに依つて結局境界が明かになるのであるが若し其の爭論が起らない場合には其の境界が何時迄も不明の狀態を續けて行くことゝなり種々の不便が生ずる虞があるのである。それでは行政上困るから是れ等の場合には本項の規定に依り府縣知事が府縣參事會に附議して其の境界は何處であるかを決定させるのである。此の府縣參事會の決定を不服に思ふ市町村は行政裁判所に出訴して其の裁判を求むることを得るのである。

裁定書と決定書

第三項 第一項に述べたところの境界の爭論に對して爲す府縣參事會の裁定と第二項に述べたところの境界を判明にする爲めの府縣參事會の決定は何れも裁定書又は決定書を作つて爲さなければならない。其の裁定書又は決定書には裁定又は決定卽ち市町村の境界は何處であるかと云ふことを揭ぐることは勿論であるが尙ほ何故に其處を境界と認むるかに付ての理由をも揭げなければならぬ。此の裁定書又は決定書は其の境界に付て直接の關係者であるところの市町村に交付しなければならない。

境界の裁定と決定に對する府縣知事の行政訴訟

第四項 第一項に述べたところの境界の爭論に對して爲す府縣參事會の裁定、又は第二項に述べたところの境界を判明にする爲め府縣參事會の決定に對しては境界に關係のある市町村から行政裁判所に出訴し得ることは甕に述べた通りであるが尙ほ府縣知事からも行政訴訟を起し得る

のである。

第六條（市制）勅令ヲ以テ指定スル市ノ區ハ之ヲ法人トス其ノ財產及營造物ニ關スル事務其ノ他法令ニ依リ區ニ屬スル事務ヲ處理ス

2（市制）區ノ廢置分合又ハ境界變更其ノ他區ノ境界ニ關シテハ前二條ノ規定ヲ準用ス但シ第四條ノ規定ヲ準用スル場合ニ於テハ關係アル市會ノ意見ヲモ徴スヘシ

【解釋】 本條は勅令を以て指定さるる市の區の性質と、其の事務と、區の區域の變更に付ての規定である。

區は法人

第一項 勅令を以て指定さるる市の區の性質は市と同樣法人であり又法人の中の公法人に屬するものである。

此處に所謂勅令（明治四四年勅令第二三九號）を以て指定されたのは東京市、京都市、大阪市の三市だけである。是れ等の市の區を擧げると、東京市は麴町、神田、日本橋、京橋、芝、麻布、赤坂、四谷、牛込、小石川、本郷、下谷、淺草、本所、深川の十五區、京都市は上京、下京の二區、大阪市は北、此花、東、西、港、天王寺、南、浪速、西淀川、東淀川、東成、住吉、西成の十三區である。

區の事務

是れ等の區の事務の範圍は大凡次の樣なものであつて市の事務に比較しては極めて狹いもので

ある。

（一）區の財産と營造物に關する事務

（二）其の他法律命令に依り取扱ふ事務

區の事務も市の事務と同樣に固有事務と委任事務に區分し得るのである。卽ち（一）區の財產と營造物に關する事務は固有事務であり（二）其の他法律命令に依り取扱ふ事務は委任事務である。

（一）區の財產と營造物に關する事務　財產とか營造物とか云ふ言葉の意味は第六章市の財務第一款財產營造物及市町村稅のところに述べたことを參照せられたい。區は財產に付て是れを取得し或は保存し或は消費し得る。又營造物に付て是れを設置し或は保存し或は變更し或は廢止することができる。此の事務を行ふが爲めに區が存立して居るのである。此の事務は區の生命である。

（二）其の他法律命令に依り取扱ふ事務　法律命令に依り取扱ふ事務は極めて稀である。

區の廢置分合と境界變更と境界未定地の所屬と編入

第二項　區は市と同樣に其の廢置分合を爲し或は境界變更を爲し或は所屬未定地を編入し得るのである。是れ等の場合には市の境界變更に關する市制第四條の規定を準用するのである。準用

準用の意味

は適用と相對する言葉であつて其の意味は甲の場合に付て定めてある條文を是れと似て居る乙の場合に引つ張つて來て讀み替へるものは讀み替へた上使用することである。例へば甲の着物を乙が借着することである。借着であるから多少は身體に合はないこともある。此の場合は身體に合はせる爲め裄丈を伸縮することが必要である。即ち本項の場合に於ては市の境界變更の場合の條文を區の廢置分合或は境界變更等の場合に利用しやうとするのである。それ故區の廢置分合を爲し或は境界變更を爲し或は所屬未定地の編入を爲す場合には、府縣知事は關係ある區の區會に諮問して其の意見を求め且府縣參事會の議決を經たる上内務大臣の許可を得て定むるのである。尙ほ此の場合は關係ある市の市會にも諮問しなければならない。是れが借着の裄丈の伸縮を爲すことである。

此の場合の財産處分に關しては市制第三條第二項の例に依るのである。

區の境界の査定

區の境界の判明しない場合に付ての爭論と爭論のない場合の査定に付ては是れ又市の境界の査定に關する市制第五條の規定を準用するのである。此の準用に付ては第五條の「市町村」とあるのを皆「區」と讀み替へるのである。

第七條　市ハ其ノ名稱ヲ變更セムトスルトキハ内務大臣
第五條　町村ノ……名稱ヲ變更セムトスルトキ　村ヲ町ト爲シ若ハ町ヲ村ト爲サムトスルトキ
又ハ町村役場ノ位置ヲ定メ若ハ之ヲ變更セムトスルトキハ町村ハ府縣知事ノ許可ヲ受クヘシ

市町村の名稱の變更

村を町と爲し町を村と爲すこと

【解釋】本條は市町村の名稱を變更すること、村を町と爲し町を村と爲すこと、町村役場の所在地を定むることに付ての規定である。

市町村は皆夫々の名稱を有つて居る。東京市或は代々幡町或は松澤村などがそれである。市町村は法人として存立して行くに付ては自分を他のものと區別する爲めに名稱が必要であることは我々が甲野乙太郎と云ふ氏名を有することが社會生活をして行く上に必要缺くべからざるものであると同じである。而して市町村の名稱は昔から傳つて來たものが多く、從つて歷史の參考とか或は境界爭の裁判とかに付て極めて重要な關係を有するものであるから妄りに變更すべきものではない。然し乍ら萬已むを得ない場合には市町村會の議決を經た上市は內務大臣の又町村は府縣知事の許可を得て其の名稱を變更することを得るのである。名稱を變更すると云ふことは全く別の名稱を用ふること德島縣美馬郡の半田奥山村を八千代村と改めた樣な例は勿論のこと、文字は替へないで呼び方だけを改むること秋田縣山本郡の森岳《モリヲカ》村を森岳《モリタケ》村と改めた例、呼び方は替へないで文字を改むること千葉縣海上郡の椎芝村を椎柴村と改めた例の樣なものを云ふのである。

村を町とすると云ふのは岩手縣下閉伊郡の岩泉村を岩泉町と改むる樣なことである。町を村と爲すと云ふのは此の反對の場合である。村と聞けば忽ち鷄犬の聲も長閑な農村などを腦裡に浮べ

町と聽けば卽ち暖簾の風に飜る商家の連簷を想起するのであるが町と稱するも村と呼ぶも共に町村制の支配を受くる法人である。從つて町が村となり村が町となつたからとて町村制の上での取扱には一向變りがないのである。我々が和服を洋服に着換へたと同樣で別段人間迄變つたのではない。此の點は町村が市と爲つた場合とは全く趣が違ふのである。卽ち町村は町村制の支配を受け市は市制の支配を受くるものであるから、町村が市になることは町村制の支配から脫け出して市制の支配を受くることになるので其の取扱は全く變るのである。且町村を市とすることは市の廢置分合の手續に依るのである。斯樣に村を町と爲し或は反對に町を村と爲すことは町村會の議決を經た上で府縣知事の許可を得なければならないのである。

町村役場の位置

町村役場は町村の事務を取扱ふ場所であるから其の位置の適當不適當は町村民の利害と事務取扱上の得失に影響するところが大きい。町村役場の位置を定め又は是れを變更することは府縣知事の許可を要することと定めたのは是れが爲である。町村役場の位置と云ふのは我々の住所と同じであつて或る地點を指すのである。從つて一番地から隣りの二番地に移轉することも又位置の變更である。町村役場の改築又は修繕などの爲め一時他の場所に移轉することも矢張り位置の變更である。町村役場の位置を定め又は變更することは矢張り町村會の議決を要するのである。

第二款 市町村住民及其の權利義務

本款は市町村住民と市町村公民の資格と、是れ等の者の有する權利と負ふところの義務に付ての規定である。

第八條／第六條 市町村内ニ住所ヲ有スル者ハ其ノ市町村住民トス
2 市町村住民ハ本法ニ從ヒ市町村ノ財産及營造物ヲ共用スル權利ヲ有シ市町村ノ負擔ヲ分任スル義務ヲ負フ

市町村住民の資格

【解釋】 本條は市町村住民たる者の資格と、市町村住民は如何なる權利を有し如何なる義務を負ふかに付ての規定である。

住所の意味

第一項 市町村住民のない市町村はあり得ないことは區域のない市町村のあり得ないと同樣である。是れも市町村の組織の骨子となるものである。市町村の區域内に住所をもつて居る者は、本人が其の市町村の住民になる積りがなくても本條の規定に依つて當然に其の市町村の住民になるのである。其の者が自然人であると法人であると日本人であると外國人であると男であると女であると大人であると小兒であるとを問はないのである。住所と云ふは民法の住所と同じ意味であつて人の生活の本據を指すのである。生活の本據と云ふのは人の生活の中心となる場所を云ふのであつて何處が生活の中心點であるかは其の人の生活の實際の有樣を觀て認定する

外はない。而して住所は二箇所以上あることはない。是れは人の生活の本據が二箇所以上あることがないからである。又法人の住所は民法に依るもの卽ち財團法人と營利を目的としない社團法人に在りては主たる事務所の所在地であり商法に依るもの卽ち營利を目的とする社團法人に在りては本店の所在地である。

市町村住民の權利と義務

第二項　市町村住民は市制町村制の定むるところに從つて次に述ぶる樣な權利を有し又義務を負ふのである。

(一)　市町村の財產と營造物を共用する權利を有する　市町村の財產と云ふのは第六（五）章市町村の財務第一款財產營造物のところに述べた第一財產の(三)公共の使用に供する財產の中の(イ)公用物である。營造物と云ふのは同じところの(ロ)狹い意味の營造物である。共用する權利と云ふのは市町村住民である以上市制町村制の規定に依つて誰でも有するところの財產又は營造物を使用することを得る公法上の權利のことである。

(二)　市町村の負擔を分任する義務を負ふ　市町村の負擔と云ふのは市町村が其の事務を處理する爲めに要するところの市町村稅夫役現品などを負擔することである。分任する義務と云ふのは(一)の財產と營造物を共用する權利と云ふ言葉に對するもので市町村住民である以上

市制町村制の規定に依つて誰でも負ふところの納税などの公法上の義務のことである。

第九條（第七條） 帝國臣民タル年齢二十五年以上ノ男子ニシテ二年以來市（町村）住民タル者ハ其ノ市（町村）公民トス但シ左ノ各號ノ一ニ該當スル者ハ此ノ限ニ在ラス

一 禁治産者及準禁治産者

二 破産者ニシテ復權ヲ得サル者

三 貧困ニ因リ生活ノ爲公私ノ救助ヲ受ケ又ハ扶助ヲ受クル者

四 一定ノ住居ヲ有セサル者

五 六年ノ懲役又ハ禁錮以上ノ刑ニ處セラレタル者

六 刑法第二編第一章、第三章、第九章、第十六章乃至第二十一章、第二十五章又ハ第三十六章乃至第三十九章ニ掲クル罪ヲ犯シ六年未滿ノ懲役ノ刑ニ處セラレ其ノ執行ヲ終リ又ハ執行ヲ受クルコトナキニ至リタル後其ノ刑期ノ二倍ニ相當スル期間ヲ經過スルニ至ル迄ノ者但シ其ノ期間五年ヨリ短キトキハ五年トス

七 六年未滿ノ禁錮ノ刑ニ處セラレ又ハ前號ニ掲クル罪以外ノ罪ヲ犯シ六年未滿ノ懲役ノ刑ニ處セラレ其ノ執行ヲ終リ又ハ執行ヲ受クルコトナキニ至ル迄ノ者

2 市（町村）ハ前項二年ノ制限ヲ特免スルコトヲ得

3 第一項二年ノ期間ハ市町村ノ廢置分合又ハ境界變更ノ爲中斷セラルルコトナシ

市町村公民の要件

【解釋】　本條は市町村公民の資格に付ての規定である。

第一項　市町村には市町村住民の外に市町村公民なるものを認めて居る。此の市町村公民は市町村なる檜舞臺の上で最も花々しい役目を演ずるものである。それ故資格要件なる篩の目に懸けて人選を爲すことが必要である。市町村公民となるに付ての資格要件は種種あるが極く大きく區別すれば二種となる。一は必ず備へなければならぬもの卽ち積極的のもので一は備へてはならぬもの卽ち消極的のものである。

積極的の資格としては左の四の要件が揃ふことが必要である。

（一）　帝國臣民であること　帝國臣民と云ふ言葉は外國人に對するものであるから外國人は市町村公民となり得ない。叉臣民とあるのは我々人間を指すのであるから法人は市町村公民となり得ない。或人が帝國臣民であるか否かは國籍法（明治三二年法律第六六號）等に依つて定まるのである。

（二）　年齡二十五年以上であること　年齡の計算方法は年齡計算に關する法律（明治三五年法律第五〇號）の規定に依るのである。從つて出生の日から起算し曆に從つて計算するのである。

註　例へば昭和二年五月一日に年齡二十五年以上となる者は明治三十五年五月

二日以前に生れた者である。

（三）男子であること　從つて女子は市町村公民となり得ない。

（四）二年以來市町村住民であること　同一市町村内に引續いて少くとも二年は住所を有する者でなければならない。二年の期間は曆に從つて計算するのである。

註　例へば昭和二年五月一日に二年以來市町村住民である者は大正十四年五月二日以前から其の市町村に住所を有する者である。

消極的の資格要件としては左の七要件である。

（一）禁治產者準禁治產者でないこと　禁治產者と云ふのは民法第七條に依り禁治產者であると云ふことの裁判所の宣告を受けた者である。準禁治產者と云ふのは民法第十三條に依り準禁治產者であると云ふことの裁判所の宣告を受けた者である。

（二）破產者であつて未だ復權を得ない者でないこと　破產者であつて未だ復權を得ない者と云ふのは破產の宣告を受けて其の宣告が確定したときから復權の決定が確定するに至る迄の者を指すのである。復權の決定が確定すれば其の者は復權を得た者となるのである。此處に所謂破產者の中には身代限の處分を受けて其の債務を未だ返濟しない者と家資分散の宣告を受けた者とを含むのである。是れは破產法（大正一一年法律第七一）の解釋上さうなるのである。

（三）　貧困に因り生活の爲め公私の救助又は扶助を受くる者でないこと　貧困に因りと云ふのは貧乏で困難する爲めにと云ふことである。生活の爲めと云ふのは日常生活に缺くことのできない衣食住の爲めと云ふことである。救助又は扶助を受くると云ふのは國とか府縣市町村或は其の他の公共團體とか私法人私人などから衣食住の資料たる金錢物品の補助を受くることである。從つて假令是れ等の者から補助を受けてもそれが貧困の爲めでなく例へば火災水災震災などの爲めであれば所謂貧困に因りではない。又貧困に因り補助を受くる場合であつてもそれが日常生活に必要な衣食住の爲めでなく例へば學資とか醫藥などの爲めであれば所謂生活の爲めではないのである。

（四）　一定の住居を有しない者でないこと　一定の住居と云ふのは定まつた「すまゐ」のある住所と云ふ意味である。住所と居所の兩方を指す意味ではない。要するに定まつた住所と家のない乞食浮浪人を除く趣意に外ならない。單に一定の住所と云へば人の生活の中心であるところの或る定まつた場所を指すのであるから稀には一定の住所だけがあつて所謂「すまゐ」のない者があり得る。川風の身に泌む橋の下或は風が木の葉を吹き込む觀音堂の椽の下の樣な社會觀念から人の「すまゐ」と見られない場所に雨露を凌ぐ乞食の類などがそれである。

然るに一定の住居と云へば前に述べた樣に一定の「すまゐ」のある住所を指すことになるのであるから乞食浮浪人の類は自然除かるることになるのである。

（五）六年の懲役又は禁錮以上の刑に處せられた者でないこと　六年の懲役又は禁錮以上の刑と云ふのは、死刑、無期の懲役、無期の禁錮、六年以上（六年以上と云へば六年を含むのである）の懲役、六年以上の禁錮の刑を云ふのである。刑に處せられた者と云ふのは刑の宣告を受け其の確定した者を指すのである。刑の宣告があつても未だ確定しない間は刑に處せられた者ではないのである。是れ等の刑に處せられた者は一生市町村公民となり得ない。尤も恩赦に依つて市町村公民となり得る場合はある。

（六）刑法第二編第一章、第三章、第九章、第十六章から第二十一章迄、第二十五章又は第三十六章から第三十九章迄に掲ぐる罪を犯して六年未滿の懲役の刑に處せられ、其の執行を終り又は執行を受くることなきに至つた後其の刑期の二倍に相當する期間（其の期間五年より短きときは五年とする）を經過するに至る迄の者でないこと　刑法第二編罪の第一章は皇室に對する罪、第三章は外患に關する罪、第九章は放火の罪、第十六章は通貨僞造の罪、第十七章は文書僞造の罪、第十八章は有價證券僞造の罪、第十九章は印章僞造の罪、第二十章は

僞證の罪、第二十一章は誣告の罪、第二十五章は瀆職の罪、第三十六章は竊盜及び强盜の罪、第三十七章は詐僞及び恐喝の罪、第三十八章は横領の罪、第三十九章は贓物に關する罪であつて特に性質の惡い罪である。是等の罪を犯して六年未滿（六年未滿と云へば六年は含まない）の懲役の刑に處せられた者は其のときから次の期間中に限り市町村公民となり得ない。

（イ）其の刑の執行中（假出獄中をも含む）

（ロ）其の刑の執行猶豫の期間中と大赦又は特赦の爲め刑の言渡が效力を失ふ迄

（ハ）時效又は特赦に依り刑の執行を免るる迄

（ニ）其の刑の執行を終つた後尙ほ刑期の二倍に相當する期間中（期間が五年より短いときは五年間）　刑期の意味は次の（ホ）に述べたところを參照せられたい。

（ホ）時效又は特赦に依つて刑の執行を免れた後尙ほ其の刑期の二倍に相當する期間中（期間が五年より短いときは五年間）　其の他刑の執行猶豫の言渡を受けた者が其の言渡を取消されないで其の執行猶豫期間を經過した場合又は大赦とか特赦とかに依つて刑の言渡の效力を失はしめられた場合は初めから刑の言渡のなかつたことになるから其の後刑期の二倍と云ふ樣な問題は起らないのである。刑期と云ふのは裁判所で言渡した刑期を指すので

あるが恩赦令の減刑に依つて刑が變更された場合には其の變更された刑期を指すのである。

（七）六年未滿の禁錮の刑に處せられ又は（六）に掲げた以外の罪を犯して六年未滿の懲役の刑に處せられ其の執行を終り又は執行を受くることなきに至る迄の者でないこと　六年未滿の禁錮の刑に處せられた者、又は（六）に掲ぐる罪以外の罪を犯して六年未滿の懲役の刑に處せられた者は其のときから次の期間中に限つて市町村公民となり得ない。

（イ）其の刑の執行中（假出獄中をも含む）

（ロ）其の刑の執行猶豫の期間中と大赦又は特赦の爲め刑の言渡が効力を失ふ迄

（ハ）時效又は特赦に依り刑の執行を免るる迄

住所の二年の制限の特免

第二項　市町村は市町村會の議決を經て第一項に規定する市町村公民の資格要件の一であるところの二年以來市町村住民たるものと云ふ其の二年の制限を或る者に對して特に免除することを得るのである。特免された者は市町村住民としての期間が二年に滿たなくても他の資格要件さへ備へて居れば市町村公民となり得るのである。二年の制限を特免することには二年を一年に縮めるとか或は市町村住民でない者を市町村住民とする樣なことは含まれないのである。

住所の二年の期間と市町村の廢置分合

第三項　第一項の二年以來とある其の二年の期間は、例へば甲市町村の住民であつた者が其の市町村の廢置分合又は境界變更のあつた爲め乙市町村の住民となつたからとて中斷はされない。甲市町村住民としての期間は乙市町村住民としての期間の計算に通算されるものである。

註　例へば甲市町村に一年以來住民であつた者は乙市町村に一年以來住民であれば合せて二年以來乙市町村の住民であることになる。又甲市町村に二年以來住民であつた者は乙市町村の二年以來の住民であることになるのである。

第八十條　市町村公民ハ市町村ノ選擧ニ參與シ市町村ノ名譽職ニ選擧セラルル權利ヲ有シ市町村ノ名譽職ヲ擔任スル義務ヲ負フ

2　左ノ各號ノ一ニ該當セサル者ニシテ名譽職ノ當選ヲ辭シ又ハ其ノ職ヲ辭シ若ハ其ノ職務ヲ實際ニ執行セサルトキハ市町村ハ一年以上四年以下其ノ市町村公民權ヲ停止スルコトヲ得

一　疾病ニ罹リ公務ニ堪ヘサル者
二　業務ノ爲常ニ市町村內ニ居ルコトヲ得サル者
三　年齡六十年以上ノ者
四　官公職ノ爲市町村ノ公務ヲ執ルコトヲ得サル者
五　四年以上名譽職市町村吏員、名譽職參事會員、市町村會議員又ハ區會議員ノ職ニ任シ

爾後同一ノ期間ヲ經過セサル者

六 其ノ他市町村會ノ議決ニ依リ正當ノ理由アリト認ムル者

3 前項ノ處分ヲ受ケタル者其ノ處分ニ不服アルトキハ府縣參事會ニ訴願シ其ノ裁決ニ不服アルトキハ行政裁判所ニ出訴スルコトヲ得

4 第二項ノ處分ハ其ノ確定ニ至ル迄執行ヲ停止ス

5 第三項ノ裁決ニ付テハ府縣知事又ハ市町村長ヨリモ訴訟ヲ提起スルコトヲ得

【解釋】本條は市町村公民は如何なる權利を有し、如何なる義務を負ふかに付ての規定である。

市町村公民の權利

第一項 市町村公民は次の様な權利を有するのである。是れは市町村公民の參政權である。市町村公民を認めたのも是れがあるからであつて極めて重要なる權利である。

(一) 市町村の選擧に參與する權利 市町村の選擧と云ふのは市町村會議員の選擧などを指すのである。市町村公民は其の選擧權を有するのである。

名譽職の意味

(二) 市町村の名譽職に選擧せらるる權利 名譽職と云ふ言葉は專務職とか有給職とかに對するものであつて其の本來の職務の傍ら副業的に取扱ふ職務を云ふのである。從つて給料も受くることはないのである。市町村公民は市町村の名譽職例へば市町村會議員、市町村會議員の選擧に關する立會人、市名譽職參事會員、名譽職市參與、名譽職町村長、名譽職町村助役、

市（市制第六條第八十二條第三項の市を除く）町村の區長、其の代理者、市町村委員等に選擧せらるる權利を有するのである。此處に選擧と云ふのは選定をも含むと解すべきである。

市町村公民は次の様な義務を負ふのである。是れも前の權利と相俟つて極めて重要なる義務と云はなければならない。

市町村公民の義務

（一）市町村の名譽職を擔任する義務　市町村公民が市町村の名譽職に選擧さるる權利を有することは前に述べたところであるが、其の反面には名譽職に選擧され或は選定された場合は欣然其の職に就いて粉骨碎身奉公の實を擧げなければならない義務を負ふのである。

公民權の停止

第二項　前項に述べた樣に市町村の名譽職を擔任することは市町村公民の重大な義務であつて妄りに其の義務を回避することは固より許されないのである。然し乍ら不得已事情とか正しい理由のある者をも强制して義務を負はしめることは決して適當とは爲し難い。それ故次の（一）から（六）迄の何れかに當る者に付ては特に名譽職を擔任する義務を免じたのである。然し本人が進んで其の職に就くことは固より妨げのないことである。

（一）　疾病に罹り職務を執り得ない者

（二）　業務の關係から常に市町村内に居ることを得ない者　是れは船舶とか鐵道列車等に乗込

むことを職業とする者、或は他の市町村に在る出店の監督をする爲め常に旅行する者などを云ふのである。

（三）　六十歳以上の老年者　年齢の計算方法に付ては市町村制第九七條第一項に述べたところを參照せられたい。

（四）　官公職に在る爲め市町村の名譽職の職務を執ることを得ない者　官公職と云ふのは官吏とか雇員とか各種議會の議員とか他市町村の吏員とか云ふ様なものである。

（五）　四年以上其の市町村の名譽職吏員、名譽職市參事會員、市町村會議員、區會議員の名譽職に在職し其の後同一の期間を經過しない者　是れは例へば四年間名譽職を勤め上げた者は其の後四年間は名譽職を擔任する義務を免ぜられるのである。四年未滿の勤務では本號に當らない。

（六）　（一）から（五）迄に述べたものの外市町村會が議決して正當の事由あるものと認めた者

以上（一）から（六）迄の何れの事由にも當らない者が　（イ）名譽職に選擧又は選定せられたけれど其の當選を辭退して職に就かない場合　（ロ）一旦名譽職に就いたが其の後辭退した場合（ハ）名譽職に就いては居るが其の職に在ると云ふ名だけで實際は職務を棄てて顧みない場合は

市町村は市町村會の議決を經て一年以上四年以下其の者の市町村公民權を停止し得るのである。市町村公民權の停止と云ふのは市町村の選擧に參與し或は名譽職に選擧せらるる樣な公民としての權利を一時行はせないことであつて市町村公民權を失はせるものではないのである。

公民權停止處分の救濟の一

第三項　第二項に依つて市町村公民權停止の處分を受けた者が其の處分に不服あるときは府縣參事會に訴願を爲し得る。府縣參事會の裁決に不服あるときは行政裁判所に出訴して救濟を求め得るのである。尙ほ市町村制第百六十百四十條と第百六十百四十條ノ二に述べたところを參照せられたい。

公民權停止處分の執行

第四項　市町村公民權を停止する處分は其の處分が確定する迄は執行せられないのである。即ち處分のあつた後訴願を爲し得る期間を經過する迄は確定しない、若し訴願があれば其の訴願の裁決ある迄と其の後裁決のあつた後行政訴訟を起し得る期間を經過する迄は確定しない、若し行政訴訟があれば其の判決のある迄は確定しないのである。從つて其の確定する迄の間は依然として市町村公民權を行ふことを得るのである。

公民權停止處分の救濟の二

第五項　第三項の市町村公民權停止の處分に付て府縣參事會の爲した裁決に付ては府縣知事又は市町村長からも行政訴訟を起し得るのである。尙ほ市町村制第百六十百四十條と第百六十百四十條ノ二に述べたところを參照せられたい。

市町村の公務に參與し得ない者

第十九條 陸海軍軍人ニシテ現役中ノ者(未タ入營セサル者及歸休下士官兵ヲ除ク)及戰時若ハ事變ニ際シ召集中ノ者ハ市町村ノ公務ニ參與スルコトヲ得ス兵籍ニ編入セラレタル學生生徒(勅令ヲ以テ定ムル者ヲ除ク)及志願ニ依リ國民軍ニ編入セラレタル者亦同シ

【解釋】 本條は陸海軍軍人等を市町村の公務に參與せしめないことに付ての規定である。

陸海軍軍人等が市町村の公務に參與することは延て軍人としての本分を全ふし得ないことになる處がある。それ故次に掲ぐる者が市町村の公務に參與することは許されないのである。

(一) 陸海軍の軍人であつて現役中の者但し現役中の者であつても未だ入營しない者と歸休中の下士官兵は除かる　現役中には待命休職停職中の者をも含まる。而して海軍豫備員たる者、豫備役、後備役、國民兵役に在る者の含まれないことは勿論である。

(二) 陸海軍の軍人であつて戰時又は事變の場合に於て召集中の者　戰時又は事變の場合の召集と云ふのは陸軍の充員召集、臨時召集、國民兵召集、海軍の充員召集を云ふのである。それ故演習召集、教育召集は含まれないのである。召集中と云ふのは部隊に編入された場合を指すのである。

(三) 兵籍に編入されて居る陸海軍所屬の學生生徒但し市制町村制施行令第六條に定められた

者は除かる　是れは陸軍士官學校生徒とか海軍兵學校生徒などである。市制町村制施行令第六條に規定されて居る者は陸軍各部依託學生生徒と海軍軍醫學生藥劑學生主計學生造船學生造機學生造兵學生海軍豫備生徒海軍豫備練習生である。

(四) 志願に依つて國民軍に編入された者　是れは退役陸軍將校、同相當官、准士官、元陸軍下士官上等兵又は是れと同等階級の者で國民兵役に居らない者の中から本人の志願に依つて國民軍に編入された者である。

第三款　市町村條例及市町村規則

本款は市町村の定むる法規卽ち市町村條例と市町村規則に付ての規定である。

市町村條例

第十二條　市町村ハ市町村住民ノ權利義務又ハ市町村ノ事務ニ關シ市町村條例ヲ設クルコトヲ得

2 市町村ハ市町村ノ營造物ニ關シ市町村條例ヲ以テ規定スルモノノ外市町村規則ヲ設クルコトヲ得

3 市町村條例及市町村規則ハ一定ノ公告式ニ依リ之ヲ告示スヘシ

【解釋】本條は市町村條例と市町村規則を設くることに付ての規定である。

第一項　市町村は市町村會の議決を經て市町村條例を設くることを得る。是れが市町村の有する

立法權即ち所謂自主權の一である。設くると云ふのは新設條例は勿論のこと其の他改正條例廢止條例を設くることをも指すのである。市町村條例の性質は法規であつて市町村自らは勿論のこと市町村住民は何れも皆之を守らなければならない拘束を受けるのである。市町村は國の支配を受くるものであるから其の規定する市町村條例も國の法規たるところの法律命令に牴觸し得ないことは勿論である。市町村條例に規定し得る事項は（一）市町村住民の權利義務に關する事項と（二）市町村の事務に關する事項である。

（一）市町村住民の權利義務に關する事項　是れは我々が市町村住民と云ふ立場から市町村に對して有するところの公法上の權利に關係する事項例へば市町村住民が有する市町村の財産又は營造物を共用する權利を制限する樣な事項と、市町村に對して負ふところの公法上の義務に關する事項例へば民勢調査の爲め市町村住民に對して種々の事項を申告する義務を負はせる樣なことである。

（二）市町村の事務に關する事項　市町村の事務と云ふのは法律命令の範圍內に於ける市町村の公共事務即ち所謂固有事務を指すのであつて委任事務を含まないのである。例へば公債を起す事務とか基本財産を蓄積する事務などが是れに當るのである。

市町村規則

第二項　市町村は市町村會の議決を經て市町村規則を設くることを得る。是れも市町村の有する立法權即ち所謂自主權の一である。市町村規則の性質は法規であることは市町村條例と同様である。市町村規則に規定し得る事項は營造物に關して市町村條例に定められたもの以外の事項に限られて居る。從つて其の範圍は極く狹いものである。營造物と云ふのは第五《六》章市町村の財務第一款財産營造物及市町村税のところに述べた(三)公共の使川に供する財産の中の(ロ)狹い意味の營造物を云ふのである。

市町村條例と市町村規則の公布

第三項　市町村條例と市町村規則は法規であるから公布されて初めて法規としての效力を生じて來るのである。公布と云ふのは世間の人々に法規の内容を周知させることである。市町村條例と市町村規則を公布する方法は市町村の定めるところの公告式に依つて告示することである。告示の方法は掲示場に掲示するとか新聞紙或は市町村公報に掲載するとか種々の方法がある。共の公告式は市町村條例を以て定めてもよし市町村會の議決だけで定めてもよろしいのであるが市町村條例と市町村規則に規定される事項は市町村住民の權利義務に關係することが多いのであるから市町村條例を以て定めて置くことが最も適當と思はる。

第二章　市町村會

本章は市町村なる法人の意思を決定するところの市町村會に關する事項を規定したものである。市町村なる法人は其の事務を處理する爲めに種々の活動をするのであるが其の爲めには先づ自分の意思を決定しなければならない。市町村會は卽ち此の意思を決定する爲めに設けられたものであつて市町村の組織の上に於て頭腦の役目を演ずる極めて重要なる機關である。

第一款　組織及選擧

本款は市町村會を組織する市町村會議員の定數、選擧權、被選擧權、選擧の方法等に付ての規定である。

第十三條(市)　**第十一條**(町村)　市町村會議員ハ其ノ被選擧權アル者ニ就キ選擧人之ヲ選擧ス

2 議員ノ定數左ノ如シ

一　人口五萬未滿ノ市 削除 …… 三十人
二　人口五萬以上十五萬未滿ノ市 …… 三十六人
　　人口五千未滿ノ町村 …… 十二人
三　人口十五萬以上二十萬未滿ノ市 …… 四十人
　　人口五千以上一萬未滿ノ町村 …… 十八人
四　人口二十萬以上三十萬未滿ノ市 …… 四十四人
　　人口一萬以上二萬未滿ノ町村 …… 二十四人
五　人口三十萬以上ノ市 …… 四十八人
　　人口二萬以上ノ町村 …… 三十人

3 (市制) 人口三十萬ヲ超ユル市ニ於テハ人口十萬、人口五十萬ヲ超ユル市ニ於テハ人

口二十萬ヲ加フル每ニ議員四人ヲ增加ス

3.4 議員ノ定數ハ市／町村條例ヲ以テ特ニ之ヲ增減スルコトヲ得

4.5 議員ノ定數ハ總選擧ヲ行フ場合ニ非サレハ之ヲ增減セス但シ著シク人口ノ增減アリタル場合ニ於テ内務大臣／府縣知事ノ許可ヲ得タルトキハ此ノ限ニ在ラス

市町村會議員となる者

市町村會議員の定數

【解釋】 本條は市町村會議員の定數に付ての規定である。

第一項 市町村會を組織するものは市町村會議員である。市町村會議員となる者は市町村會議員の被選擧權を有する者の中から選擧人に依つて選擧された者である。被選擧權と云ふのは市町村會議員に選擧さるる權利であつて市／町村制第十八／十五條に規定されて居る。選擧人と云ふのは市町村會議員の選擧權を行ふことを得る者であつて市／町村制第十四／十二條と第二十五／二十二條ノ二に規定されて居る。

第二項 市町村會は市町村會議員を以て組織する會議の機關である。其の定數即ち議員の數が何人であるかは其の市町村の人口の多寡に應じて種々に規定されて居る。

市會議員の定數は左の通りである。

（一）人口四萬九千九百九十九人以下の市は三十人

（二）人口五萬以上十四萬九千九百九十九人迄の市は三十六人

（三）人口十五萬以上十九萬九千九百九十九人迄の市は四十人
（四）人口二十萬以上二十九萬九千九百九十九人迄の市は四十四人
（五）人口三十萬以上三十九萬九千九百九十九人迄の市は四十八人
（六）人口四十萬以上の市に付ては第三項に規定されて居る

町村會議員の定數は左の通りである。
（一）人口四千九百九十九人以下の町村は十二人
（二）人口五千以上九千九百九十九人迄の町村は十八人
（三）人口一萬以上一萬九千九百九十九人迄の町村は二十四人
（四）人口二萬以上の町村は三十人

此處に所謂人口は市制第百七十四條／町村制第百五十四條に規定されて居るものに依るのである。

市會議員の定數

第三項（市制）人口三十九萬九千九百九十九人迄の市の市會議員の定數に付ては第二項に述べたところであるがそれ以上の人口を有する大都市の議員定數は左の通りである。
（一）人口四十萬以上四十九萬九千九百九十九人迄の市は五十二人
（二）人口五十萬以上の市は人口二十萬を加ふる毎に議員四人を増す

例へば人口五十萬以上六十九萬九千九百九十九人迄の市は五十六人と云ふ様に何處迄も人口の增加に伴うて無制限に增加して行くのである。

市町村會議員定數の增減

第四項（**第三項**） 市町村會議員の定數は前の第二項と第三項(市制)に述べた通りである。然し此の型通りの定數では市町村の實際の事情に合はないことがある。

註 例へば或る町村に多くの部落があつて夫々事情を異にする爲めに各部落から夫々議員を選出させることが必要であるが型通りの定數では不足である爲めに議員の增員を要するとか或は或る町村が其の區域の大部分を他市町村に編入した爲めに人口が激減し型通りの定數を必要としないと云ふ樣な場合である。

此の樣な特別の事情ある場合には市町村條例を以て特に議員の定數を增加し或は減少するなど其の市町村の事情に應じて適當の處置を爲し得るのである。

市町村會議員定數を增減する時期

第五項（**第四項**） 市町村會議員の定數は前數項に述べた通りである。此の議員の定數は總選擧が行はれる場合でなければ增加したり減少したりしないのである。

註 例へば人口五千以上一萬未滿の町村に於て大正十五年一月一日に市町村會議員の總選擧を行ひ定數十八人の議員を選擧した。然るに其の後同年六月十

一日の官報内閣告示第一號を以て人口が公示されそれに依れば人口が一萬以上に增加し從て議員定數も其の日から增加して二十四人となつた。然し乍ら此の場合は次の總選擧卽ち通例なら昭和五年一月一日に行はるゝ選擧からでなければ議員は二十四人に增加しない、それ迄は矢張り十八人である。議員定數の減少する場合も是れと同樣である。

總選擧の意味

然し乍ら著しく人口の增加又は減少あつた場合に市は內務大臣の許可を得、町村は府縣知事の許可を得たときに限つて次の總選擧を待たないで何時でも議員定數を增加又は減少し得るのである。總選擧と云ふのは議員全部を改選する選擧の意味であつて議員の任期滿了した場合、議員が全部闕員となつた場合、市町村會が解散された場合、選擧が全部無效となつた場合等に行はるゝ選擧である。

第十四條（市）**第十二條**（町村） 公民ハ總テ選擧權ヲ有ス但シ公民權停止中ノ者又ハ第十一條（市）第九條（町村）ノ規定ニ該當スル者ハ此ノ限ニ在ラス

【解釋】 本條は市町村會議員の選擧權の要件に付ての規定である。

市町村會議員の選擧權の要件は具へなければならないところの積極的のものと、あつてはならないところの消極的のものとある。

選舉權の積極的の要件

選舉權の積極的の要件は左の通りである。

（一）市町村公民であること　如何なる者が市町村公民であるかは市町村制第九七條に規定されて居る。

選舉權の消極的の要件

選舉權の消極的の要件は左の通りである。

（一）公民權停止中の者でないこと　公民權停止中の者と云ふのは名譽職を擔任する義務に背いた爲めに市町村會の議決に依つて公民權を停止され其の處分の確定した者を云ふのである。　是れは市町村制第十八條に規定されて居る。

（二）市町村制第十一九條に該當する者でないこと　是れは同條に述べたところを參照せられたい。

（三）選舉權を禁止された者でないこと　是れは本條には規定されて居らないが市町村制第四三十十七條に依つて準用さるる衆議院議員選舉法第百三十七條に規定されて居る。

第十五十三條　削除

是れは今回の改正で削除されたものである。

第十六條　（市制）市ハ市條例ヲ以テ選舉區ヲ設クルコトヲ得

2　（市制）選舉區ノ數及其ノ區域竝各選舉區ヨリ選出スル議員數ハ前項ノ市條例中ニ之ヲ規定スヘシ

3 (市制)第六條ノ市ニ於テハ區ヲ以テ選擧區トス其ノ各選擧區ヨリ選出スル議員數ハ市條例ヲ以テ之ヲ定ムヘシ

4 (市制)選擧人ハ住所ニ依リ所屬ノ選擧區ヲ定ム第七十六條又ハ第七十九條第二項ノ規定ニ依リ市公民タル者ニシテ市內ニ住所ヲ有セサル者ニ付テハ市長ハ本人ノ申出ニ依リ其ノ申出ナキトキハ職權ニ依リ其ノ選擧區ヲ定ムヘシ

5 (市制)被選擧人ハ各選擧區ニ通シテ選擧セラルルコトヲ得

選擧區の設定

選擧區條例に規定する事項

市制第六條の市の選擧區

【解釋】 本條は市會議員の選擧の爲めに選擧區を設くることに付ての規定である。

第一項 市は市條例を以て市會議員の選擧の爲めに選擧區を設け得るのである。選擧區と云ふのは選擧の爲めに市の區域を二以上に區劃し其の區域から選擧する議員數を定めて各區域每に夫夫選擧を行はしめる爲めの選擧に付ての區域である。

第二項 何箇選擧區を置くか、各選擧區の區域は何處か、各選擧區から選出する議員數は何人かに付ては第一項の市條例の中に規定しなければならぬ。

第三項 市制第六條の市卽ち東京市京都市大阪市に於ては其の市の區は當然に選擧區となるのであつて別に市條例を以て選擧區を定めることを要しないのである。只各選擧區から選出する議員の數だけは市條例を以て定めなければならないのである。

選擧人の屬する選擧區

第四項　市が甲乙の二箇の選擧區を設けた場合には甲選擧區の區域內に住所の有る選擧人は當然甲選擧區の選擧人となるのである。市制第七十六條に依つて市公民となつた市長有給市參與助役或は市制第七十九條第二項に依つて市公民となつた收入役副收入役が其の奉職する市內に住所を有しない場合には本人の申出に依つて市長が其の者の屬する選擧區は何處かを定めるのである。若し本人が何の希望も申出ないときは市長は職權に依つて其の者の屬する選擧區は何處かを定めるのである。

選擧區と被選擧人

第五項　選擧區を設けた場合に其の區の選擧人が選擧を爲すことは自分の屬する選擧區だけに限らるるのであるが是れに反して被選擧人は何處の選擧區からでも選擧され得るのである。甲選擧區の區域內に住所の有る者が乙選擧區から選擧されても差支ないのである。

投票分會

第十七十四條　特別ノ事情アルトキハ市町村ハ區劃ヲ定メテ投票分會ヲ設クルコトヲ得

【解釋】　本條は市町村會議員の選擧の爲めに投票分會を設くることに付ての規定である。

市町村會議員の選擧の投票は市町村制第二十五二十二條に依つて選擧會場で行ふことが通例である。

然し乍ら特別の事情ある市町村は市町村會の議決を經て投票の爲めに市町村內の或る區域を特に劃して其處だけにて投票分會を設け得るのである。市町村の區域全部を分けて投票分會を設

くることは許されないのである。特別の事情と云ふのは例へば選擧人の數が多過ぎる爲めに一の選擧會場で投票を爲さしむるときは混雜して過失を生ずる虞があるとか或は離島とか山間僻遠の地で選擧會場に到ることが容易でないとか云ふ樣なものである。投票分會と云ふのは選擧區又は開票分會とは違つて單に投票を爲さしむるだけの爲めの設備である。投票分會を設けた場合には其の投票分會の區域を除いたものが選擧會直轄の投票に關する區域となるのである。

被選擧權の要件

第十八（十五）條 選擧權ヲ有スル市（町村）公民ハ被選擧權ヲ有ス

2 在職ノ檢事、警察官吏及收稅官吏ハ被選擧權ヲ有セス

3 選擧事務ニ關係アル官吏及市（町村）ノ有給吏員ハ其ノ關係區域內ニ於テ被選擧權ヲ有セス

4 市（町村）ノ有給ノ吏員敎員其ノ他ノ職員ニシテ在職中ノ者ハ其ノ市（町村）ノ市（町村）會議員ト相兼ヌルコトヲ得ス

【解釋】 本條は市町村會議員の被選擧權の要件に付ての規定である。

第一項 市町村會議員の被選擧權の要件は左の通りである。

（一） 市町村公民であること　如何なる者が市町村公民であるかは市（町村）制第九（七）條に規定されて居る。

（二）市町村會議員の選擧權を有すること　如何なる者が選擧權を有するかは市町村制第七九條に規定されて居る。

全國的に被選擧權のない者

第二項　第一項の所謂選擧權を有する市町村公民であつても左に掲ぐる者は市町村會議員の被選擧權を有しない。是れは是れ等の者に被選擧權を與ふることは選擧の公正を害する虞がある計りでなく職務の性質上から觀て面白くないからである。尙ほ判事、行政裁判所長官、評定官、會計檢査官等の被選擧權に付ては第二編第三章第一款第三項に述べたところを參照せられたい。

（一）在職の檢事　是れには退職檢事を含まないことは勿論である。

（二）在職の警察官吏　是れには休職の警察官吏を含まない。警察官吏と云ふのは警視總監、府縣警察部長たる書記官、警視、警部、警部補は勿論巡査等をも指すのである。

（三）在職の收稅官吏　休職の收稅官吏を含まないことは勿論である。收稅官吏と云ふのは稅關の官吏、稅務署の官吏等を指すのである。

或る區域だけで被選擧權のない者

第三項　第一項の所謂選擧權を有する市町村公民であつても左に掲ぐる者は其の職務の上で關係のある區域內に於てだけ市町村會議員の被選擧權を有しないのである。是れは是れ等の者に被選擧權を與ふることは選擧の公正を害する虞があるからである。

（一）市町村會議員の選擧事務に關係ある官吏　例へば府縣知事，內務部長たる書記官，其の他市町村會議員の選擧事務を監督する職務を有する府縣の官吏などは其の府縣內の何れの市町村に於ても被選擧權がないのである。官吏と云ふのは待遇官吏をも含むのである。是れは市制第百七十七條ノ二町村制第百五十六條ノ二に規定されて居る。

（二）市町村會議員の選擧事務に關係ある市町村の有給吏員　例へば市長、有給町村長、市助役、町村の有給助役，其の他選擧事務を取扱ふ市町村の有給吏員などは其の市町村內に於て被選擧權がないのである。又有給の區長は其の區內に於て被選擧權がないのである。

有給の意味

有給と云ふ言葉は名譽職に對するものであつて其の職務を本業とし從つて給料を受くるものを指すのである。

市町村會議員と兼職を禁止さるゝ者

第四項　在職中の市町村の有給の職員は其の在職の儘で同時に市町村會議員の職を兼ぬることを得ないのである。本項の規定は單に兩方の職を兼ぬることを禁じただけであつて被選擧權を有することを禁じたものではない。此の點は前の第二項第三項の規定とは違ふのである。是れ等の者が市町村會議員に當選して議員となるには先づ現に在るところの職を辭さなければならない。又市町村會議員の職に在る者が是れ等の職に就くには先づ市町村會議員の職を辭さなけれ

ばならないのである。是れは是れ等の者が市町村會の議事に參與することは議事の公正を害する虞があるからである。在職中の市町村の有給の職員と云ふのは例へば有給の市町村の吏員、敎員、其の他の職員である。有給の吏員と云ふのは市制町村制中に規定されて居る有給町村長、有給助役、收入役、書記等の吏員である。有給の敎員と云ふのは市町村立の小學校中等學校等の敎員で市町村から給料を受くる者である。其の他の職員と云ふのは地方產業職員制道路管理職員制に依る市の職員等である。

第十九條（市）第十六條（町村）　市町村會議員ハ名譽職トス

2　議員ノ任期ハ四年トシ總選擧ノ日ヨリ之ヲ起算ス

3　議員ノ定數ニ異動ヲ生シタル爲解任ヲ要スル者アルトキハ市町村長抽籤シテ之ヲ定ム但シ闕員アルトキハ其ノ闕員ヲ以テ之ニ充ツヘシ

4　前項但書ノ場合ニ於テ闕員ノ數解任ヲ要スル者ノ數ニ滿チサルトキハ其ノ不足ノ員數ニ付市町村長抽籤シテ解任スヘキ者ヲ定メ闕員ノ數解任ヲ要スル者ノ數ヲ超ユルトキハ解任ヲ要スル者ニ充ツヘキ闕員ハ最モ先ニ闕員ト爲リタル者ヨリ順次之ニ充テ闕員ト爲リタル時同シキトキハ市町村長抽籤シテ之ヲ定ム

5　（市制）議員ノ定數ニ異動ヲ生シタル爲解任ヲ要スル者アル場合ニ於テ選擧區アルトキハ第十六條ノ市條例中ニ其ノ解任ヲ要スル者ノ選擧區ヲ規定シ市長抽籤シ

テ之ヲ定ム但シ解任ヲ要スル者ノ選擧區ニ闕員アリタルトキハ其ノ闕員ヲ以テ之ニ充ツヘシ此ノ場合ニ於テハ前項ノ例ニ依ル

5.6 議員ノ定數ニ異動ヲ生シタル爲新ニ選擧セラレタル議員ハ總選擧ニ依リ選擧セラレタル議員ノ任期滿了ノ日迄在任ス

7 (市制)選擧區又ハ其ノ配當議員數ノ變更アリタル場合ニ於テ之ニ關シ必要ナル事項ハ第十六條ノ市條例中ニ之ヲ規定スヘシ

【解釋】本條は市町村會議員の性質と其の任期に付ての規定である。

市町村會議員の性質

第一項 市町村會議員の性質は名譽職である。從つて議員は本業の傍ら副業的に其の職務を奉ずるのである。

市町村會議員の任期

第二項 市町村會議員には任期がある。任期と云ふのは其の職に在る期間であつて其の期間が經過すれば自然に其の職を失ふものである。議員の任期は四年である。四年の計算は總選擧の日から暦に從つてするのである。

註 例へば昭和二年四月一日に總選擧が行はれたとすれば其の日から計算を始めて四年目の四月一日の前日即ち昭和六年三月三十一日で四年の任期は終るのである。

市町村會議員の定

第三項 市町村會議員の定數は總選擧を行ふ場合でなければ增減しないことが通例であるが著し

數減少の場合の解任方法の一

く人口に增減ある場合に市に在りては內務大臣の許可を、町村に在りては府縣知事の許可を得れば何時でも定數の增減を爲し得ることは市制第十三條第五項町村制第十一條第四項の規定するところである。本項は總選擧でない場合に定數を減少する方法に付ての規定である。例へば議員定數十八人を十二人に減少した場合には六人だけ解任しなければならない。此の解任すべき六人は市町村長が抽籤して誰々であるかを定めるのである。若し此の場合に六人の闕員があつて現任議員が十二人であるときは闕員の六人は定數減少の爲めに解任されたことになり現任議員は一人も解任されないで濟むのである。抽籤の方法は市町村長が適宜定めるのであるが疑惑の目を以て見らるることのない樣な方法を講ずることが肝要である。

同解任方法の二

第四項　本項は第三項と同樣に市町村會議員の定數減少の場合の解任方法に付ての規定である。例へば議員定數十八人を十二人に減少した場合には六人だけ解任しなければならぬのであるが此の場合六人の闕員があるときは現任議員は一人も解任されずに濟むことは第三項に規定さるるところである。然るに若し議員定數十八人中三人の闕員があつて現任議員は十五人であるときは其の闕員三人は第三項に依つて解任されたことになるとしても殘り三人だけは現任議員の中から解任しなければならない。此の場合に解任すべき三人は市町村長が抽籤して誰々である

かを定めるのである。若し亦議員定數十八人中八人の闕員があつて現任議員は十人であるときは其の八人の中最も先に闕員となつた者から順に六人迄解任されたことになる。關員となつた時の同じい者に付ては市町村長が抽籤して其の順位を定めるのである。其の結果解任されたことにならない者が二人殘るのであるが此の殘り二人の闕員は矢張り闕員として取扱はれるのである。

選擧區ある市の議員定數減少の場合の解任方法

第五項（市制） 本項は選擧區を設けた市に於て總選擧でない場合に議員の定數を減少する方法に付ての規定である。此の場合に於ては市制第十六條の選擧區に關する市條例の中に其の解任しなければならぬ者の選擧區は何處かを規定し市長が抽籤して其の解任される者は誰であるかを定めるのである。若し解任しなければならぬ者の選擧區に闕員があるときは其の闕員を以て解任しなければならぬ者に充てる。此の場合には市制の第四項の例に依るのである。

增員選擧に依る議員の任期

第六項第五項 市町村會議員の定數の增加した爲めに總選擧でない場合に新に選擧された議員の任期は總選擧の時に選擧された議員の任期の終る迄である。從つて普通の場合の任期であるところの四年よりは短いことになるのである。

市會議員

第七項（市制） 市會議員の選擧に付て選擧區の變更のあつた場合とか或は選擧區の配當議員數の

變更のあつた場合には種々と面倒な關係を生ずるのであるが其の爲めに必要な事項は市制第十六條の選擧區に關する市條例の中に規定して實際の場合に差支を生ずることのない樣に用意しなければならないのである。

の選擧に付て必要の事項

第三十七條/二十七條　市/町村會議員中闕員ヲ生シタルトキハ三月以内ニ補闕選擧ヲ行フヘシ但シ第三十七/二十七條第二項ノ規定ノ適用ヲ受ケタル得票者ニシテ當選者ト爲ラサリシ者アルトキハ直ニ選擧會ヲ開キ其ノ者ノ中ニ就キ當選者ヲ定ムヘシ此ノ場合ニ於テハ第三十三/三十條第三項及第四項ノ規定ヲ準用ス

2　第三十三/三十條第五項及第六項ノ規定ハ補闕選擧ニ之ヲ準用ス

3　補闕議員ハ其ノ前任者ノ殘任期間在任ス

4　（市制）選擧區アル場合ニ於テハ補闕議員ハ前任者ノ選擧セラレタル選擧區ニ於テ之ヲ選擧スヘシ

市町村會議員の補闕選擧を行ふ場合

【解釋】　本條は市町村會議員の補闕選擧に付ての規定である。

第一項　市町村會議員の定數は市/町村制第十三/十一條の規定するところであるが種々の事情に由つて議員の四年の任期間に定數を闕くに至ることが通例である。此の場合には其の闕員を補充する爲めに三月以内に補闕選擧を行はなければならない。補闕選擧と云ふのは市/町村制第三十二/二十九條第二項

補闕選擧と總選擧の區別

補闕選擧と再選擧の區別

補闕選擧と增員選擧の區別

補闕選擧を行はずして闕員を補充する場合

第三項の期間を經過し又は同條第五（四）項の申立をして市町村會議員となつた者が辭職するとか死亡するとか失格するとか云ふ事故の爲めに議員定數の幾部が不足となつた場合に其の不足を補ふ爲めにする選擧である。從つて解散の爲め或は議員となつた者が辭職するとか死亡するとか失格するとかの事故の爲めに議員定數の全部が闕員となつた場合に行はれる議員定數全部の選擧は總選擧であつて補闕選擧でない。選擧の無效とか當選の無效とかの爲めに更に行はるる議員の一部の選擧は再選擧であつて補闕選擧でない。議員の定數の增加の爲め總選擧でない場合に臨時に行はるる選擧は增員選擧であつて補闕選擧ではない。補闕選擧を行ふ三月の期間は闕員となつたことの確定した日の翌日から曆に從つて計算するのである。以上述べた樣に市町村會議員に闕員の生じたときは補闕選擧を行つて當選者を定めることが通例であるが稀には補闕選擧を行はないで其の闕員を補充する場合がある。それは市（町村）制第三十（二十七）條第二項の規定に依つて當選者となり得なかつたところの年少者又は同年齡で抽籤に落ちた者があつて其の者が選擧の期日後も引續いて被選擧權を有する場合である。此の場合は議員に闕員を生じたことが確定したなら市町村長は豫め選擧會の場所と日時を告示し速かに選擧會を開いて其の者を當選者と定めなければならない、卽ち繰上補充をするのである。若し此の選擧會で當選者を定むる場

合に得票同數の者があつたなら其の中の年長者を取り年齢も同じであつたなら選擧長が抽籤して當選者を定めることは通例の場合と同様である。

補闕選擧を行ふ期間の計算例外

第二項　補闕選擧は議員が闕員となつたときから三月以内に行はなければならないのであるが此の選擧に關係のある前に行はれた選擧又は當選に關する異議申立期間、異議申立又は訴願の繋屬する間、異議の決定又は訴願の裁決の確定しない間、行政訴訟の繋屬する間は補闕選擧を行ふことを得ないことは市（町村）制第三十六（三十三）條第八項の規定するところである。此の場合の補闕選擧は選擧を行ふことを得ない事由の已んだ日の翌日から暦に從つて計算して三月以内に行はなければならないのである。

註　例へば異議申立期間中に異議申立なくて其の期間が經過した場合は其の日の翌日から、若し異議申立あれば其の決定の確定した日の翌日から、訴願あれば其の裁決の確定した日の翌日から、行政訴訟があれば判決あつた日の翌日から三月の期間を計算するものである。

是れが補闕選擧に付て市（町村）制第三十三（三十）條第五項の規定を準用することである。

補闕選擧を行はない場合

市町村會議員に闕員を生じた場合は補闕選擧を行つて其の闕員を補充することが通例であるが是れには例外があつて假令闕員が生じても補闕選擧を行はないで闕員の儘にして置く場合があ

る。是れは議員の任期滿了前六月以內議員が闕員となつた場合である。

註　例へば昭和二年七月一日に議員の任期が終る場合には其の前六月以內即ち昭和二年一月一日から任期の終る迄の間に議員が闕員となつた場合である。

尤も此の場合に第一項但書の規定に依り補闕選擧を行はないで其の闕員を繰上補充し得るときは是れを補充すべきであることは勿論である。此の議員に闕員を生じてもそれが議員の任期滿了前六月以內であれば補闕選擧を行はないことの例外には其の又例外がある。是れは闕員の爲めに議員の定數が三分の二に滿ちないことになつた場合である。例へば議員定數十八人の町村で現任議員が十一人以下となつた場合である。此の場合には闕員が議員の任期滿了前六月以內に生じても補闕選擧を行はなければならないのである。尤も此の場合第一項但書の規定に依り補闕選擧を行はないで其の闕員を補充し得るときは補闕選擧を爲すべきでないことは勿論である。

是れが補闕選擧に付て市制第三十三條町村制第三十條第六項の規定を準用することである。

補闕議員の任期

第三項　補闕選擧に依つて市町村會議員となつた者の任期は其の前任者即ち闕員となつた者の殘任期間だけである。從つて總選擧に依つて市町村會議員となつた者の任期が滿了する時には一蓮托生で矢張り任期が滿了することになるのである。

選擧區を設けた市の補闕選擧

第四項　選擧區を設けた市の市會議員の補闕選擧は闕員となつた議員の選擧された選擧區で行はなければならないのである。

選擧人名簿の調製者

第二十一八條　市町村長ハ毎年九月十五日ノ現在ニ依リ選擧人名簿ヲ調製スヘシ但シ選擧區アルトキハ選擧區毎ニ之ヲ調製スヘシ

2　（市制）第六條ノ市ニ於テハ市長ハ區長ヲシテ前項ノ例ニ依リ選擧人名簿ヲ調製セシムヘシ

2.3　選擧人名簿ニハ選擧人ノ氏名、住所及生年月日等ヲ記載スヘシ

【解釋】　本條は市町村會議員の選擧人名簿の調製に付ての規定である。

第一項　市町村會議員の選擧は選擧人名簿に依つて行はるるのである。其の選擧人名簿を調製することは市町村長の職務である。市町村長は毎年九月十五日の現在に於て市町村會議員の選擧權を有する者を調査して市町村會議員の選擧人名簿を作製しなければならない。從つて九月十五日に於て選擧權のない者は九月十六日から後になつて選擧權を有しても選擧人名簿に載せらるることを得ないのである。選擧區を設けた市では選擧區毎に選擧人名簿を調製しなければならない。

市制第六

第二項（市制）　市制第六條の市即ち東京市京都市大阪市では市長は區長に命じて市會議員の選擧

條の市の選擧人名簿の調製者

人名簿を調製させなければならない。調製の方法は第一項の例に依るのである。

選擧人名簿に記載すべき事項

第三項 市町村會議員の選擧人名簿には選擧人の誰であるかを明瞭にする爲めに選擧人の氏名と住所と生年月日等を記載しなければならない。其の樣式は市制町村制施行規則第二十條に定められて居る。

選擧人名簿縱覽の期日と場所

第二十一／十八條ノ二 市／町村長ハ十一月五日ヨリ十五日間市役所（第六條ノ市ニ於テハ區役所）又ハ町村役場又ハ其ノ指定シタル場所ニ於テ選擧人名簿ヲ關係者ノ縱覽ニ供スヘシ

2 市／町村長ハ縱覽開始ノ日前三日目迄ニ縱覽ノ場所ヲ告示スヘシ

【解釋】 本條は市町村會議員の選擧人名簿の縱覽に付ての規定である。

選擧人名簿縱覽の時間

第一項 市町村會議員の選擧人名簿を調製したならば次に是れを縱覽に供して其の正確であるか否かを關係者に判斷させる機會を與ふることが必要である。即ち市町村長は十一月五日から十五日間即ち十一月十九日迄の間市役所（市制第六條の市では區役所）町村役場又は自分の指定したそれ以外の場所で市町村會議員の選擧人名簿を關係者に縱覽させなければならない。關係者と云ふのは其の選擧人名簿に關して直接利害の關係ある者と云ふ意味である。關係者でない者は名簿を縱覽することを得ないのである。縱覽の時刻に付ては別に規定がない。從つて縱覽せしむる市町村長に於て適當に定めることを得るのであるが可成長い時間縱覽に供することが

適當であるが取締上の關係もあること故日出から日沒の間に於て少くとも通常の市役所町村役場の執務時間を含む様に定むることが適當である。

選擧人名簿縱覽の場所の告示

第二項　選擧人名簿を縱覽に供する場所を一般に周知させることは縱覽の目的を達する上に必要なことである。市町村長は市町村會議員の選擧人名簿の縱覽開始の日の前日から遡つて三日目即ち十一月二日迄に縱覽の場所が何處であるかを告示しなければならない。

第二十一條ノ三 第十八條ノ三　選擧人名簿ニ關シ關係者ニ於テ異議アルトキハ縱覽期間內ニ之ヲ市町村長（第六條ノ市ニ於テハ區長ヲ經テ）ニ申立ツルコトヲ得此ノ場合ニ於テハ市町村長ハ縱覽期間滿了後三日以內ニ之ヲ市町村會ノ決定ニ付スヘシ市町村會ハ其ノ送付ヲ受ケタル日ヨリ十日以內ニ之ヲ決定スヘシ

2 前項ノ決定ニ不服アル者ハ府縣參事會ニ訴願シ其ノ裁決又ハ第三項ノ裁決ニ不服アル者ハ行政裁判所ニ出訴スルコトヲ得

3 第一項ノ決定及前項ノ裁決ニ付テハ市町村長ヨリモ訴願又ハ訴訟ヲ提起スルコトヲ得

4 前二項ノ裁決ニ付テハ府縣知事ヨリモ訴訟ヲ提起スルコトヲ得

【解釋】 本條は市町村會議員の選擧人名簿に關する異議に付ての規定である。

選擧人名

第一項　市町村會議員の選擧人名簿に關して關係者が異議あるときは縱覽期間內即ち十一月五日

簿に對する異議申立と決定

から十一月十九日迄の間に市長（市制第六條の市では區長を經て）町村長に異議を申立てることを得るのである。異議申立と云ふのは利害關係ある者が名簿が違法であるとか或は名簿に誤謬があることを認めて名簿の無效を申立て又は名簿の修正を申立てることである。名簿の修正を求むる場合にはそれが自分のことである場合は固より他人のことであつても差支ない。市町村長は異議の申立を受けた場合は縱覽期間滿了後三日以內卽ち十一月二十二日迄に其の申立を市町村會に送付してそれに對する決定を求めなければならない。市町村會は市町村長から異議申立の送付を受けたなら其の翌日から計算して十日以內に決定しなければならない。異議の申立と決定に付ては尙ほ市（町村）制第百六十（百四十）條第四項から第七項迄に規定されて居る。

選擧人名簿に關する訴願と訴訟の一

第二項　第一項の選擧人名簿の異議申立に對する市町村會の決定に不服のある者は府縣參事會に訴願することを得る。其の裁決又は第三項の府縣參事會の裁決に不服ある者は行政裁判所に出訴することを得る。不服ある者と云ふのは決定又は裁決を受けた者は勿論のこと其の他不服ある利害關係者は誰でも含む意味である。訴願訴訟に付ては尙ほ市（町村）制第百六十（百四十）條と第百六十（百四十）條ノ二に規定されて居る。

同二

第三項　第一項の選擧人名簿の異議申立に對する市町村會の決定に付ては市町村長からも府縣參

事會に訴願を爲し得る。第二項の選擧人名簿に關する訴願に對する府縣參事會の裁決に付ては矢張り市町村長からも行政裁判所に出訴し得るのである。

同三

第四項　選擧人名簿に關する訴願に對して爲したところの第二項と第三項の府縣參事會の裁決に付ては府縣知事からも亦行政裁判所に出訴し得るのである。

選擧人名簿の確定

第二十一條ノ四 第十八條ノ四　選擧人名簿ハ十二月二十五日ヲ以テ確定ス

2 選擧人名簿ハ次年ノ十二月二十四日迄之ヲ据置クヘシ

3 前條ノ場合ニ於テ決定若ハ裁決確定シ又ハ判決アリタルニ依リ名簿ノ修正ヲ要スルトキハ市町村長ハ直ニ之ヲ修正シ第六條ノ市ニ於テハ區長ヲシテ之ヲ修正セシムヘシ

4 選擧人名簿ヲ修正シタルトキハ市町村長ハ直ニ其ノ要領ヲ告示シ第六條ノ市ニ於テハ區長ヲシテ之ヲ告示セシムヘシ

5 投票分會ヲ設クルトキハ市町村長ハ確定名簿ニ依リ分會ノ區劃毎ニ名簿ノ抄本ヲ調製スヘシ第六條ノ市ニ於テハ區長ヲシテ之ヲ調製セシムヘシ

【解釋】　本條は市町村會議員の選擧人名簿の確定と、据置と、修正と、抄本に付ての規定である。

第一項　市町村會議員の選擧人名簿は十二月二十五日を以て確定する。確定と云ふのは市町村會議員の選擧に使用することのできる名簿となつたことである。卽ち十二月二十五日から此の名簿が選擧に使用さるることになるのである。

選擧人名簿の据置

第二項　確定した選擧人名簿は次の年の十二月二十四日迄其の儘据置かなければならない。そして其の間に行はるる市町村會議員の選擧には此の名簿が使用さるるのである。此の据置期間が經過すれば名簿は當然無效となるのである。

選擧人名簿の修正

第三項　市制第二十一條ノ三町村制第十八條ノ三の選擧人名簿に付ての異議があつた場合に市町村會の決定又は府縣參事會の裁決が確定し或は行政裁判所の判決があつた爲めに選擧人名簿の修正を要する場合は市町村長は速かに修正をしなければならない。市制第六條の市では市長は區長に命じて修正させなければならないのである。此の修正は名簿の確定後に於ても爲し得ることは勿論である。

選擧人名簿修正の告示

第四項　第三項に依つて選擧人名簿を修正した場合には市町村長は速かに修正をした事項の要領を告示しなければならない。市制第六條の市では市長は區長に命じて告示させなければならないのである。

選擧人名簿の抄本

第五項　投票分會を設けた市町村では市町村長は確定した選擧人名簿に依つて投票分會の區劃每に選擧人名簿の抄本を調製しなければならない。市制第六條の市では市長は區長に命じて調製させなければならないのである。抄本と云ふのは原本の寫しのことである。選擧人名簿の抄本の樣式は市制町村制施行規則第二十條に定められて居る。

第十二十一八條ノ五五　第十二十一八條ノ三三ノ場合ニ於テ決定若ハ裁決確定シ又ハ判決アリタルニ依リ選擧人名簿無效ト爲リタルトキハ更ニ名簿ヲ調製スヘシ

2 天災事變等ノ爲必要アルトキハ更ニ名簿ヲ調製スヘシ

3 前二項ノ規定ニ依ル名簿ノ調製、縱覽、確定及異議申立ニ對スル市町村會ノ決定ニ關スル期日及期間ハ府縣知事ノ定ムル所ニ依ル

4 市町村ノ廢置分合又ハ境界變更アリタル場合ニ於テ名簿ニ關シ其ノ分合其ノ他必要ナル事項ハ命令ヲ以テ之ヲ定ム

（選擧人名簿を更に調製する場合の一）

【解釋】本條は市町村會議員の選擧人名簿を更に調製することと市町村の廢置分合等ある場合の選擧人名簿の取扱に付ての規定である。

第一項　市町村制第十二十一八條ノ三三の市町村會議員の選擧人名簿に付ての異議があつた場合に市町村會の決定又は府縣參事會の裁決が確定し或は行政裁判所の判決があつた爲めに選擧人名簿が無效となつたときは更に名簿を調製しなければならない。

（同二）

第二項　天災事變等の爲めに必要あるときは更に市町村會議員の選擧人名簿を調製しなければならない。

註　例へば火災とか水災とか震災等の爲めに選擧人名簿が失はれた樣な場合或は名簿調製期日に選擧人名簿を調製することを忘れて居つた樣な場合である。

選擧人名簿を更に調製する場合の期日期間

第三項　第一項の選擧人名簿が無效となつた場合又は第二項の天災事變等の爲め必要ある場合に更に調製する市町村會議員の選擧人名簿の調製期日、縱覽期間、確定期日、異議申立に對して爲す市町村會の決定期間は通例の選擧人名簿を調製する場合の期日又は期間に依り難いのであるから府縣知事をして適當に定めさせるのである。此の場合には府縣知事は市制町村制施行令第七條の規定に依つて速かに其の定めた期日期間を告示しなければならない。

市町村の廢置分合境界變更の場合の選擧人名簿の取扱

第四項　市町村の廢置分合又は境界變更のあつた場合の市町村會議員の選擧人名簿の取扱に付て必要なる事項は命令を以て規定するのである。此の所謂命令は市制町村制施行令であつてそれに規定されて居る事項は左の通りである。

第八條　例へば甲市町村の境界變更のあつた場合は甲市町村長は選擧人名簿を分割して其の部分を其の地域の新に屬した乙市町村の乙市町村長に送付しなければならない。

2　例へば甲市町村の廢置分合のあつた場合に甲市町村が二以上に分れて他の乙市町村と丙市町村に屬したときは選擧人名簿は夫々乙市町村の分と丙市町村の分とに分割し、若し其の甲市町村が二以上に分れないで全部が其の儘他の乙市町村に屬したときは選擧人名簿其の儘を、廢置分合の行はれる前の甲市町村の甲市町

村長（又は甲市町村長の職務を行ふ者）であつた者から速かに其の地域の新に屬した乙市町村の乙市町村長又丙市町村の丙市町村長に送付しなければならない。

3 第一項と第二項の場合に乙市町村長又は丙市町村長が選擧人名簿の送付を受けた場合は速かに其の旨を告示し尚ほ府縣知事に報告をしなければならない。

第九條　第八條に依つて乙市町村長又は丙市町村長が送付を受けた選擧人名簿は甲市町村の廢置分合又は境界變更に係る地域の新に屬した乙市町村又は丙市町村の選擧人名簿として取扱はれるのである。

第十條　第八條に依つて送付を受けた選擧人名簿が未だ確定しない場合は其の名簿の縱覽期間、確定期日、異議申立に對して爲す市町村會の決定期間は府縣知事が定めるのである。

2 府縣知事が第一項の期日期間を定めた場合は速かに之を告示しなければならないのである。

第二十二／十九條　市／町村長ハ選擧ノ期日前七日目（第三十九條ノ二ノ市ニ於テハ二十日目）迄ニ選擧會場（投票分會場ヲ含ム以下之ニ同シ）、投票ノ日時及選擧スヘキ議員數（選擧區アル場合ニ於テハ各選擧區ニ於テ選擧スヘキ議員數）ヲ告示スヘシ投票分會ヲ設クル場合ニ於テハ併セテ其ノ區劃ヲ告示スヘシ

選擧に關する告示

2 （市制）總選擧ニ於ケル各選擧區ノ投票ハ同日時ニ之ヲ行フ

2.3 投票分會ノ投票ハ選擧會ト同日時ニ之ヲ行フ

3.4 天災事變等ノ爲投票ヲ行フコト能ハサルトキ又ハ更ニ投票ヲ行フノ必要アルトキハ市町村長ハ其ノ投票ヲ行フヘキ選擧會又ハ投票分會ノミニ付更ニ期日ヲ定メ投票ヲ行ハシムヘシ此ノ場合ニ於テ選擧會場及投票ノ日時ハ選擧ノ期日前五日目迄ニ之ヲ告示スヘシ

【解釋】 本條は市町村會議員選擧に關する告示と投票の期日に付ての規定である。

第一項 市町村會議員の選擧に關して一般に周知させることの必要な事項を告示することは市町村長の職務である。市町村長は市町村會議員の選擧の期日前七日目迄に（市制第三十九條ノ二の議員候補者制度を採る市では選擧の期日前二十日目迄に）例へば選擧期日が一月三十一日であつたなら一月二十四日迄に左に掲ぐる事項を告示しなければならない。此の告示は一回爲せば足りるのであつて或る期間引續いて爲す必要はない。

（一） 選擧會場（投票分會場を含む） 選擧會場又は投票分會場は何れも選擧人に投票を行はしめる場所である。例へば選擧會場何市役所町村役場とか投票分會場何尋常小學校又は何町何番地何寺とか其の場所を示すに足る名稱を告示するのである。

市會議員の各選擧區の投票期日

投票分會の投票期日

更に投票を行ふ場合

（二）投票の日時　是れは選擧人に投票を爲さしむる期日と時間である。例へば十二月一日自午前八時至午後六時と云ふ様に告示するのである。尤も定めらた時間內に選擧會場又は投票分會場に入つた選擧人は假令其の時間を過ぎても投票し得ることは市町村制第二十五條（町村制第二十二條）第四項の規定するところである。

（三）選擧すべき議員數（選擧區を設けてある市では各選擧區から選擧すべき議員數）　是れは例へば何人とか何選擧區何人とか云ふ様に告示するのである。

（四）投票分會を設くる場合は其の區劃　是れは選擧人が何處で投票を行ふべきかを知らしめるのである。例へば大字何々と云ふ様に告示するのである。

第二項（市制）　選擧區を設けた市の市會議員の總選擧の場合の各選擧區の投票は同じ期日と時間に行はれるのである。

第三項（第二項）　投票分會あるときは投票分會の投票は選擧會の投票と同じ期日と時間に行はれるのである。

第四項（第三項）　天災事變等の爲めに投票を行ふことを得ない場合又は更に投票を行ふ必要のある場合は市町村長は更に投票を行はなければならないところの選擧會又は投票分會だけに付て更に期日

を定めて投票を行はせなければならない。此の場合には市町村長は選擧會場（投票分會場を含む）と投票の日時を選擧の期日前五日目迄に告示しなければならない。天災事變等の爲め投票を行ふことを得ないときと云ふのは例へば火災洪水震災等の爲め投票を行ひ得なかつた樣な場合を指すのである。天災事變の爲め更に投票を行ふの必要あるときと云ふのは一度投票は行はれたが其の投票が火災洪水等の爲めに失はれた樣な場合を指すのである。

第二十三條 第二十條 市町村長ハ選擧長ト爲リ選擧會ヲ開閉シ其ノ取締ニ任ス

2 （市制）各選擧區ノ選擧會ハ市長又ハ其ノ指名シタル吏員（第六條ノ市ニ於テハ區長）選擧長ト爲リ之ヲ開閉シ其ノ取締ニ任ス

2 3 市町村長（第六條ノ市ニ於テハ區長）ハ選擧人名簿ニ登録セラレタル者ノ中ヨリ二人乃至四人ノ選擧立會人ヲ選任スヘシ 但シ選擧區アルトキハ各別ニ選擧立會人ヲ設クヘシ

3.4 投票分會ハ市町村長ノ指名シタル吏員投票分會長ト爲リ之ヲ開閉シ其ノ取締ニ任ス

4.5 市町村長（第六條ノ市ニ於テハ區長）ハ分會ノ區劃内ニ於ケル選擧人名簿ニ登録セラレタル者ノ中ヨリ二人乃至四人ノ投票立會人ヲ選任スヘシ

5.6 選擧立會人及投票立會人ハ名譽職トス

【解釋】 本條は市町村會議員の選擧會の選擧長と投票分會長と立會人に付ての規定である。

選擧長と其の職務

第一項　市町村會議員の選擧事務を取扱ふ機關として選擧長が置かるるのである。選擧長と爲る者は市町村長である。選擧長は選擧會を開會閉會し又選擧會の一切の取締を爲すものである。

選擧區を設けた市の選擧長と其の職務

第二項（市制）　選擧區を設けた市の市會議員の選擧會は市長（市制第六條の市では區長）又は市長の指名した市吏員が選擧長となるのである。選擧長は選擧會を開會閉會し又選擧會の一切の取締を爲すことは第一項の選擧長と同樣である。

選擧立會人

第三項　市町村會議員の選擧事務を取扱ふ機關として選擧立會人が置かるるのである。市町村長（市制第六條の市では區長）は市町村會議員の選擧人名簿に登錄されて居る者の中から二人から四人迄の間で適當と考へるだけの數の選擧立會人を選任しなければならない。選擧區を設けた市では選擧區每に同樣の方法で選擧人を選任しなければならない。選擧人名簿に登錄されて居る者と云ふ意味は選擧人名簿に登錄されて居る者でさへあれば選擧權のない者でも差支ないと云ふ意味である。

投票分會長と其の職務

第四項　市町村會議員の選擧に付て投票分會を設けた場合は其の事務を取扱ふ機關として投票分會長が置かるるのである。投票分會長となる者は市町村長の指名した市町村吏員である。投票分會長は投票分會を開會閉會し又投票分會の一切の取締を爲すものである。

投票立會人

選舉立會人と投票立會人の性質

第五項（第四項）　市町村會議員選擧の投票分會の事務を取扱ふ機關として投票立會人が置かるるのである。市町村長（市制第六條の市では區長）は投票分會の區劃內に於ける選擧人名簿に登錄されて居る者の中から二人から四人迄の間で適當と考へるだけの數の投票立會人を選任しなければならない。名簿に登錄されて居る者と云ふ意味は第三項（二）で述べたところと同様である。市町村長が投票立會人を選任した場合は速かに是れを投票分會長に通知しなければならない。是れは市制町村制施行規則第十一條の規定するところである。

第六項（第五項）　選擧立會人と投票立會人は其の性質は何れも市町村の名譽職である。

第二十四條（第二十一條）　選擧人ニ非サル者ハ選擧會場ニ入ルコトヲ得ス但シ選擧會場ノ事務ニ從事スル者、選擧會場ヲ監視スル職權ヲ有スル者又ハ警察官吏ハ此ノ限ニ在ラス

2 選擧會場ニ於テ演説討論ヲ爲シ若ハ喧擾ニ渉リ又ハ投票ニ關シ協議若ハ勸誘ヲ爲シ其ノ他選擧會場ノ秩序ヲ紊ス者アルトキハ選擧長又ハ投票分會長ハ之ヲ制止シ命ニ從ハサルトキハ之ヲ選擧會場外ニ退出セシムヘシ

3 前項ノ規定ニ依リ退出セシメラレタル者ハ最後ニ至リ投票ヲ爲スコトヲ得但シ選擧長又ハ投票分會長會場ノ秩序ヲ紊スノ虞ナシト認ムル場合ニ於テ投票ヲ爲サシムルヲ妨ケス

選擧會場に入場し得る者

【解釋】本條は市町村會議員選擧の選擧會場(投票分會場を含む)の取締に付ての規定である。

第一項　市町村會議員選擧の選擧會場（投票分會場を含む）は選擧を行ふ場所であるから選擧に關係のない者の入場することは許されないのである。選擧會場（投票分會場を含む）に入ることを得る者は左に揭ぐる者に限られるのである。

（一）　選擧人　是れは市町村會議員の選擧權を有する者で且つ確定した選擧人名簿に登錄されて居る者と、選擧權ある者で選擧人名簿に登錄されることを得る旨の府縣參事會の確定裁決書或は行政裁判所の判決書を持つて選擧の當日選擧會場（投票分會場を含む）に來た者とを云ふのである。

（二）　選擧會場(投票分會場を含む)の事務に從事する者　是れは選擧長（投票分會長を含む）選擧立會人（投票立會人を含む）其の他選擧會場（投票分會場を含む）に關する一切の事務に從事する市町村吏員は勿論選擧會場の雜用に從事する給仕小使などを云ふのである。

（三）　選擧會場を監視する職權を有する者　是れは市町村を監督する權限のある內務大臣府縣知事は勿論のこと其の他是れ等監督官廳の命令を受けて選擧會場を監視する官吏を云ふのである。

（四）警察官吏　是れは警視總監、府縣警察部長たる書記官、警視、警部、警部補、巡査などを云ふのである。

選擧會場の取締の一

第二項　選擧の公正に行はるる樣選擧會場（投票分會場を含む）の取締を爲すことは選擧長（投票分會長を含む）の職責である。選擧長（投票分會長を含む）は選擧會場（投票分會場を含む）で演說討論を爲す者、騷がしいことを爲す者、投票に關して協議或は勸誘を爲す者、其の他暴行を爲す者など選擧會場（投票分會場を含む）の秩序を紊す者があるときは先づ是れを制して止めさせなければならない。制止しても尙ほ止めない者は選擧會場（投票分會場を含む）から退出させなければならないのである。退場を命ずるには必ず一先づ制止しなければならない。制止しないで直ちに退場を命ずることは爲し得ないのである。

同二

第三項　第二項の規定に依つて選擧會場（投票分會場を含む）から退出させられた者が更に投票時間內に入場した場合は其の他の入場した選擧人が投票を終つた後に投票を爲し得るのである。尤も選擧長又は投票分會長が選擧會場又は投票分會場の秩序を紊す心配がないと認めたときは最後でなくても何時でも投票を爲さしめて差支ないのである。

第二十五（二十二）條　選擧ハ無記名投票ヲ以テ之ヲ行フ

2 投票ハ一人一票ニ限ル
3 選擧人ハ選擧ノ當日投票時間内ニ自ラ選擧會場ニ到リ選擧人名簿又ハ其ノ抄本ノ對照ヲ經テ投票ヲ爲スヘシ
4 投票時間内ニ選擧會場ニ入リタル選擧人ハ其ノ時間ヲ過クルモ投票ヲ爲スコトヲ得
5 選擧人ハ選擧會場ニ於テ投票用紙ニ自ラ被選擧人一人ノ氏名ヲ記載シテ投函スヘシ
6 投票ニ關スル記載ニ付テハ勅令ヲ以テ定ムル點字ハ之ヲ文字ト看做ス
7 自ラ被選擧人ノ氏名ヲ書スルコト能ハサル者ハ投票ヲ爲スコトヲ得ス
8 投票用紙ハ市町村長ノ定ムル所ニ依リ一定ノ式ヲ用ウヘシ
9 (市制)選擧區アル場合ニ於テ選擧人名簿ノ調製後選擧人ノ所屬ニ異動ヲ生スルコトアルモ其ノ選擧人ハ前所屬ノ選擧區ニ於テ投票ヲ爲スヘシ
9.10 投票分會ニ於テ爲シタル投票ハ投票分會長少クトモ一人ノ投票立會人ト共ニ投票函ノ儘之ヲ選擧長ニ送致スヘシ

【解釋】　本條は市町村會議員の選擧の方法に付ての規定である。

無記名投票

第一項　市町村會議員の選擧は無記名投票の方法を以て行ふのである。投票と云ふのは市町村會

議員を選擧する者が市町村會議員として適當であると思ふ者の氏名を書面を以て示すことである。無記名投票と云ふのは投票に被選擧人の氏名だけを示して選擧人の氏名を示さない投票である。是れは卽ち秘密投票であつて現今行はるる投票の方法として通例用ひらるるところのものである。其の趣旨は選擧人をして他人に氣兼することなしに自分の適當と思ふ者を選擧させることにあるのである。

一人一票

第二項 投票は選擧人一人に付て一票に限られて居る。卽ち一人の選擧人は二個以上の投票を爲し得ないのである。

選擧人は自ら選擧會場に至ること

第三項 選擧人は選擧の當日投票の行はるる時間内に自分で選擧會場（投票分會場を含む）に至り、選擧人名簿（投票分會場では選擧人名簿の抄本）の對照を經た上で投票を行はなければならない。他人に委託して投票を爲すことは許されないのである。名簿に對照すると云ふのは投票に來た者が果して選擧人名簿（投票分會場では其の抄本）に登錄されて居る者であるか又選擧權を有する者であるか否かを調査することである。投票の手續の詳細は市制町村制施行規則に規定されて居る。其の要領は左の通りである。

第三條　市町村長は必要と認むるときは選擧會場入場券（又は投票分會場入場券）

を選擧人に交付することができる。
2　選擧長（又は投票分會長）は必要と認むるときは到着番號札を選擧人に交付することができる。
第六條　選擧長（又は投票分會長）は投票を開始する前に選擧會場（又は投票分會場）に參會した選擧人の見て居る前で投票函を開いて中に何も入つてないことを見せ然る後に其の內蓋を鎖さなければならない。
第七條　選擧長（又は投票分會長）は選擧立會人（又は投票立會人）の列席する前で選擧人を選擧人名簿（又は其の抄本）に對照した後に投票用紙（假りに投票を爲さしめる選擧人には同時に假投票用の封筒をも）交付しなければならない。
第八條　選擧人が誤て投票用紙又は封筒を書損じ或は汚損したときは其の引換を選擧長（又は投票分會長）に請求し得る。
第十條　選擧人が投票をしない前に選擧會場（又は投票分會場）から退場し又は退場を命ぜられたときは選擧長（又は投票分會長）は投票用紙（交付した封筒があるときは封筒をも）返付させなければならない。
第十一條　投票時間內に入場した選擧人の投票が全部終つたときは選擧長（又は投票分會長）は投票函の內蓋の投票口と外蓋を鎖し內蓋の鑰は選擧立會人（投

票分會では投票函を送致する投票立會人）が保管し外蓋の鑰は選擧長（又は投票分會長）が保管しなければならない。

第十二條　投票函を閉鎖した後は選擧長（市で開票分會を設けたときは開票分會長）に送る爲めの外は會場から外に持ち出すことを得ない。

投票時間經過後の投票

第四項　投票時間內に選擧會場（投票分會場を含む）に入場した選擧人は投票時間が過ぎてからでも投票を爲し得るのである。

投票の自書と自ら投函すること

第五項　選擧人は選擧會場（投票分會場を含む）內の投票を記載する場所で投票用紙に自分で被選擧人一人の氏名を書いてそれを自分で投票函に入れなければならないのである。其の詳細は市制町村制施行規則に規定されて居る。其の要領は左の通りである。

第四條　投票を記載する場所は選擧人の投票を覗いたり投票を交換したり其の他投票の記載に付て不正の手段の行はれることのない樣に相當の設備をしなければばならない。

第五條　投票函は二重の蓋を造り內蓋と外蓋と別に鎖鑰を設けなければならない

第九條　投票は選擧長（又は投票分會長）と選擧立會人（又は投票立會人）の列席する前で選擧人は自分で投票函に入れなければならない。

點字

第六項　投票は選擧人が被選擧人の氏名を普通の文字で自ら書かなければならないのであるが盲

人に此のことを强ひることは適當とは認められない。其の爲めに投票に關する記載に付ては勅令に定められてある點字は普通の文字と看做さるるのである。

看做すの意味

看做すと云ふことは此の場合を例にとれば點字を普通の文字と同樣に取扱ふことである。此の點字に依る投票に付ては市制町村制施行令に詳細規定されて居る。其の要領は左の通りである。

第十一條　點字を用ひて投票することを得る者は盲人に限られる。其の點字は別表を以て定められて居る。此の別表は此處には略することにする。

2 點字を用ひて投票しやうとする選擧人は選擧長（又は投票分會長）に點字投票を爲したい旨を申立てなければならない。此の場合は選擧長(又は投票分會長)は投票用紙に點字投票である旨の印を押して交付しなければならない。

3 點字を用ひて投票することを得る者は盲人に限られるから盲人でない者が點字投票を爲したい旨を申立た場合は是れを拒否しなければならない。點字投票を拒否する場合は市制第二十五條ノ三（町村制第二十二條ノ三）の例に依るのである。此の場合に假投票に用ひる封筒には點字投票である旨の印を押して交付しなければならない。

4 點字を用ひた假投票は選擧會で投票の調査或は點檢をする場合は普通の假投票と同樣に取扱ふのである。

尙ほ此の外點字に依る投票に付て市制町村制施行規則に規定されて居る。其の要領は左の通り

である。

第十九條　點字投票である旨の印は投票用紙又は封筒の表面に押さなければならない。

被選擧人の氏名を書き得ない者

第七項　自分で被選擧人の氏名を書くことのできない者は投票を爲すことを得ないのである。自分で被選擧人の氏名を書き得ない者と云ふのは例へば型に倚つて書いたり或は透き寫して書いたりする樣な者である。

投票用紙の式

第八項　選擧に用ひる投票用紙を定むることは市町村長の職務である。投票用紙は市町村長の定めたところの一定の式のものを用ひなければならない。選擧人各自が勝手の用紙を用ひることは許されないのである。市町村長が投票用紙の式を定めた場合には是れを告示する等一般に周知させる樣な方法を講ずることが必要である。

選擧人の選擧區の異動

第九項（市制）　選擧區を設けた市の選擧人が選擧人名簿調製の當時甲選擧區の區域内に住所が有つた爲めに甲選擧區の選擧人名簿に登錄されたところ其の後乙選擧區の區域に住所を移した場合は前に屬して居た選擧區即ち甲選擧區で投票をしなければならないのである。

投票分會の投票の送致

第十九項　投票分會で行はれた投票は投票分會長は少くとも一人の投票立會人と共に投票函の儘で選擧長に送らなければならないのである。是れは投票の點檢を爲すことは選擧長の職務である

ことの當然の結果である。

第二十五條ノ二 確定名簿ニ登錄セラレサル者ハ投票ヲ爲スコトヲ得ス但シ選擧人名簿ニ登錄セラルヘキ確定裁決書又ハ判決書ヲ所持シ選擧ノ當日選擧會場ニ到ル者ハ此ノ限ニ在ラス

2 確定名簿ニ登錄セラレタル者選擧人名簿ニ登錄セラルルコトヲ得サル者ナルトキハ投票ヲ爲スコトヲ得ス選擧ノ當日選擧權ヲ有セサル者ナルトキ亦同シ

投票を爲し得ない者の一

【解釋】 本條は市町村會議員の選擧の投票を爲すことを得ない者に付ての規定である。

第一項 確定した選擧人名簿に登錄されて居らない者は假令實際は選擧權を有する者であつても投票を爲すことを得ないのである。是れは選擧人名簿を調製しそれに基いて選擧を行ふ制度を採る以上は已むを得ないことである。尤も選擧人名簿に登錄さるべき者である旨の府縣參事會の裁決書の確定したもの又は行政裁判所の判決書を持つて選擧の當日投票時間内に選擧會場(投票分會場を含む)に來た者は未だ確定名簿に登錄されては居らない者であるけれども早晩登錄さるることの確定して居る者であるから是れは特に投票を爲し得るのである。尙ほ市町村會の決定書の確定したものを持つて來た者に付ては何の規定もないが矢張り投票を爲し得るものと解すべきであらう。尤も是れは普通なれば名簿確定前に決定が確定すべき筈であるからその

様な事實は生じないであらうけれど異議申立期限を宥恕した場合には必ずしもさうなるとは限らないのである。

同二

第二項　確定した選擧人名簿に登錄されて居る者であつても左に掲ぐる者は投票を爲すことを得ないのである。是れは名簿が選擧權ある者を登錄するだけであつて登錄された者に選擧權を付與するものではないことから生ずる當然の規定である。

（一）　選擧人名簿に登錄されることを得ない者であるとき　選擧人名簿は其の調製期日に於て選擧權のある者を登錄するのであるけれども往々誤つて其の當時選擧權のない者を登錄することがある。是れは全く誤りに出たものであるから投票を爲さしめないことは當然である。其の者が假令選擧期日には選擧權を有する者となつても同樣である。

（二）　選擧の當日選擧權を有しない者であるとき　選擧人名簿の調製期日には選擧權がある爲めに登錄された者が其の後公民權を失つたとか公民權を停止されたとか種々の原因で選擧の當日に選擧權のない者となることがある。是れは選擧權のない者であるから投票を爲さしめないことは當然である。

尙ほ選擧人名簿に登錄さるべき者である旨の決定書裁決書の確定したもの或は判決書を持つ

て來た者が選擧の當日選擧權を有しない者である場合も同樣に解すべきものであらう。

第二十五條ノ三　投票ノ拒否ハ選擧立會人又ハ投票立會人之ヲ決定ス可否同數ナルトキハ選擧長又ハ投票分會長之ヲ決スヘシ

2　投票分會ニ於テ投票拒否ノ決定ヲ受ケタル選擧人不服アルトキハ投票分會長ハ假ニ投票ヲ爲サシムヘシ

3　前項ノ投票ハ選擧人ヲシテ之ヲ封筒ニ入レ封緘シ表面ニ自ラ其ノ氏名ヲ記載シ投函セシムヘシ

4　投票分會長又ハ投票立會人ニ於テ異議アル選擧人ニ對シテモ亦前二項ニ同シ

投票拒否の決定

【解釋】　本條は市町村會議員選擧の投票を拒否することに付ての規定である。

第一項　市町村會議員の選擧に付て投票を爲し得る者は(一)市町村會議員の選擧權を有する者であつて(二)確定した選擧人名簿に登錄されて居るか又は登錄さるべき旨の決定書裁決書の確定したもの或は判決書を所持する者に限らるるのである。從つて此の要件の一を闕く者は投票を爲し得ないものである。それ故確定した選擧人名簿に登錄されて居ない者又は登錄さるべき旨の決定書裁決書の確定したもの或は判決書を持つて居ない者は投票を爲し得ないことは極めて明かであるから假令其の樣な者が投票に來ても是れは選擧長又は投票分會長限りで選擧會場又

は投票分會場に入場することを拒むべきものとするが從來の取扱振りである。然るに確定した選擧人名簿に登錄されて居る者又は登錄さるべき旨の決定書裁決書の確定したもの或は判決書を持つて來た者が選擧權を有しない場合は其の判斷は前の場合程明かでないことが通例である。それ故此の場合に其の者の投票を拒否することは特に愼重の手續を履んで選擧會では選擧立會人、投票分會では投票立會人が決定するのである。此の決定は多數決の方法に依るのであるが可否が同數の場合は選擧會では選擧長、投票分會では投票分會長が決定するのである。

註　例へば立會人四人であつて其の内三人と一人と意見が別れたなら三人の意見の通り決定するのである。若し二人と二人と意見が別れたとき即ち可否同數の場合は選擧長又は投票分會長が何れかに決定しなければならない。

拒否の意味

投票の拒否と云ふことは投票を拒むと云ふ意味であつて投票の許否即ち投票を許すか否かと云ふことではない。從て投票を拒む場合だけ立會人が決定するのであつて選擧人全部に付て一々投票を許すか如何かを決定すべきものではないのである。

假投票を爲す場合の一

第二項　投票分會で投票を拒否する決定を爲した場合に其の決定を受けた選擧人が不服を申出たときは投票分會長は假に投票させなければならない。此の假投票は後に選擧會で受理するか否か決定さるるのである。選擧會で投票を拒否する決定を受けた者に付ては假投票は許されない

のである。是れは假投票を許したところで其の投票を受理するか否かを決定する者は矢張り同じ機關である關係上同一の結果を見ることが通例であるから無用の手續を省いたのである。

假投票の方法

第三項　第二項の假投票は選擧人が自分で其の投票を封筒に入れて封緘し封筒の表面に自分で自分の氏名を記載して投票函に入れなければならない。是れは他の一般の投票と假投票を區別する爲めに必要の手續である。

假投票を爲す場合の二

第四項　投票の拒否は第一項の方法で行はるるのであるが此の場合投票を拒否することが立會人の多數に依つて否決され或は可否同數で投票分會長が拒否しないことに決定したときは其の選擧人は投票を爲し得ることになるのである。然るに其の者の投票することに付て投票分會長又は投票立會人の中で仍ほ異議を申出た者があるとき、又は投票を拒否することに付て投票立會人の決定に付されない選擧人の投票することに付て投票立會人が異議を申出たときは矢張り第二項第三項の例に依つて此の選擧人に假りに投票を爲さしめなければならないのである。

第二十六條（**第二十三條**）　第三十三條（第三十條）若ハ第三十七條（第三十四條）ノ選擧、增員選擧又ハ補闕選擧ヲ同時ニ行フ場合ニ於テハ一ノ選擧ヲ以テ合併シテ之ヲ行フ

【解釋】　本條は種々の場合に行はるる市町村會議員の選擧を合併して行ふことに付ての規定であ

る。

各種の選擧の合併

市町村會議員の選擧は種々の場合に行はるるものである。從つて其の各種の選擧が同時に行はるる樣な場合を生ずることがある。此の場合は選擧の手續を簡單にする爲めに可成同一の手續で行ふことが望ましいのである。それ故左に掲ぐる各種の選擧を同時に行ふ場合は皆合併して一の選擧として行ふのである。一の選擧として行ふと云ふことは選擧會場投票の日時を同一にするは勿論投票は一人一票に限る等一の選擧で數人の議員を選擧する場合と同樣に行ふことを云ふのである。是れは誠に一石で兩鳥を獲る良策であると思はるる。

（一）（市制第三十三 町村制第三十）條の選擧　是れは同條第一項に掲げた事由の爲めに更に行ふ選擧である。詳細は同條に述べたところを參照せられたい。

（二）（市制第三十七 町村制第三十四）條の選擧　是れは同條第一項の選擧無效となつた爲めに更に行ふ選擧と、同條第三項の當選者不足の爲めに更に行ふ選擧である。詳細は同條に述べたところを參照せられたい。

（三）增員選擧　是れは（市制第十三 町村制第十一）條第（五 四）項但書の場合の議員定數の增加の爲めに行ふ選擧である。

（四）補闕選擧　是れは市／町村制第二十／十七條に依つて議員に闕員を生じた爲めに行ふ選擧である。

開票同時の告示

第二十七／二十四條　市／町村長ハ豫メ開票ノ日時ヲ告示スヘシ

【解釋】本條は市町村會議員選擧の開票日時の告示に付ての規定である。選擧會に於て行ふ開票から後の手續は公開するものであることは市／町村制第二十／二十四條ノ三／三の規定するところである。從つて市町村長は豫め選擧會に於て開票を行ふ日と時刻を告示しなければならない。開票と云ふのは選擧の手續の一部であつて投票函を開いて投票を調査し其の有效か無效かを定めることである。告示は何時しなければならぬかは豫めとあるだけであつて別に限られては居ないが可成選擧人の周く知り得る樣餘裕を存して爲すことが適當である。尙ほ開票の場所は選擧會場であり其の選擧會場は市／町村制第二十二／十九條に依つて告示さるるのであるから此處には別に規定が置かれないのである。

第二十七／二十四條ノ二／二　選擧長ハ投票ノ日又ハ其ノ翌日（投票分會ヲ設ケタルトキハ總テノ投票函ノ送致ヲ受ケタル日又ハ其ノ翌日）選擧立會人立會ノ上投票函ヲ開キ投票ノ總數ト投票人ノ總數トヲ計算スヘシ

2 前項ノ計算終リタルトキハ選擧長ハ先ツ第二十五／二十二條ノ三／三第二項及第四項ノ投票ヲ調査スヘシ其ノ投票ノ受理如何ハ選擧立會人之ヲ決定ス可否同數ナルトキハ選

擧長之ヲ決スヘシ
3 選擧長ハ選擧立會人ト共ニ投票ヲ點檢スヘシ
4 天災事變等ノ爲開票ヲ行フコト能ハサルトキハ市町村長ハ更ニ開票ノ期日ヲ定ムヘシ此ノ場合ニ於テ選擧會場ノ變更ヲ要スルトキハ豫メ更ニ其ノ場所ヲ告示スヘシ

開票手續の一

【解釋】本條は市町村會議員選擧の開票の手續に付ての規定である。

第一項 市町村會議員選擧の開票の手續の第一として選擧長は投票の行はれた日又は其の翌日（投票分會を設けたときは投票分會から總ての投票函の送致を受けた日又は其の翌日）選擧立會人の立會の上で投票函を開いて其の中にある投票の總數は何票か、投票した人の總數は何人か投票の總數と投票人の總數は符合するか如何かを計算しなければならない。

同二

第二項 第一項の投票の總數と投票人の總數の計算が終つたなら開票手續の第二として選擧長は先づ市制第二十五條ノ三／町村制第二十二條ノ三第二項第四項の假りに爲した投票と市制町村制施行令第十一條の假りに爲した點字投票を調査しなければならない。是れ等の投票を受理するか如何かは選擧立會人が決定するのである。決定の方法は多數決に依ることは勿論である。若し選擧人の意見が可否同數に別れた場合は選擧長は何れかに決定しなければならない。此處で受理することに決定

された投票は其の後は普通の投票として取扱はれ是れに反して受理しないことに決定された投票は其の後は投票として取扱はれないことは勿論である。

同三

第三項　開票手續の第三として選擧長は選擧立會人と共に投票を點檢しなければならない。投票の點檢と云ふのは投票の有効か無効かを決定し有効投票に付ては誰の得票であるかを計算することである。投票の點檢に付ては市制町村制施行規則に左の樣な規定がある。

第十三條　投票を點檢するときは選擧長は選擧會の事務に從事する者二人をして別々に同一の被選擧人の得票數は何票であるかを計算させなければならない。

第十四條　被選擧人の得票數の計算が終つたなら選擧長は各被選擧人の得票數を朗讀しなければならない。

開票期日と選擧會場の變更

第四項　開票の日時は豫め告示するものであることは市町村制第二十七條二十四條の規定するところであるが天災事變等の爲め其の豫定の期日に開票を行ふことを得ない場合が生ずることがある。此の場合は市町村長は更に開票の期日を定めなければならない。此の開票の日時は市町村制第二十七條二十四條に依つて告示しなければならぬことは勿論である。尙ほ此の場合に選擧會場をも變更しなければならないとき例へば豫定の選擧會場が燒失した樣な場合には豫め更に新しい選擧會場をも告示しなければならないのである。

選舉會の參觀

第二十七條ノ三 選擧人ハ其ノ選擧會ノ參觀ヲ求ムルコトヲ得但シ開票開始前ハ此ノ限ニ在ラス

【解釋】 本條は市町村會議員選擧の選擧會の參觀に付ての規定である。

選擧會は開票の手續を開始した後は是れを公開するのである。選擧會の參觀を求むることを得る者は其の選擧に參與し得る選擧人に限らるるのである。其の他の者は參觀を求むることを得ない。參觀と云ふのは選擧會場に入つて選擧會の狀況を觀ることである。選擧會の參觀を求むることは選擧人の權利であるが然し參觀を求めたからとて必ず參觀を爲し得るとは限らない。選擧會場の狹い樣な關係から選擧長の裁量で一定の數以外の選擧人は參觀を許されないことがあるのである。

開票分會を設くる場合

第二十七條ノ四 特別ノ事情アルトキハ市町村ハ府縣知事ノ許可ヲ得區劃ヲ定メテ開票分會ヲ設クルコトヲ得

2 前項ノ規定ニ依リ開票分會ヲ設クル場合ニ於テ必要ナル事項ハ命令ヲ以テ之ヲ定ム

【解釋】 本條は市町村會議員選擧の開票分會に付ての規定である。

第一項 市町村會議員選擧の開票は選擧會で行はるるのが通例であるが此の原則に依り難い特別

の事情あるとき例へば選擧人の數が著しく多い爲め投票の點檢に長い時間を要し事務の取扱上不便である樣なときは市町村は市町村會の議決を經府縣知事の許可を得或る區域を特に劃して其處だけに開票の爲めに開票分會を設け得るのである。選擧會が自ら開票する分のない樣な風に開票分會を設くることは許されないのである。此の開票分會は投票分會を設けたときに限つて設け得らるるものであることは其の性質上當然のことである。

開票分會を設くる場合の規定

第二項　第一項の規定に依つて開票分會を設くる場合に於ては特別の規定が必要となつて來る。此の規定は市制町村制施行令と市制町村制施行規則に規定されて居る。

市制町村制施行令に規定されて居る事項の要領は左の通りである。

第十二條　開票分會を設けたときは市町村長は直ちに開票分會の區劃と開票分會場を告示しなければならない。

第十三條　開票分會は市町村長の指名した市町村吏員が開票分會長と爲り開票分會を開會し閉會し其の取締を爲すのである。

第十四條　開票分會の區劃内の投票分會で爲した投票は投票分會長が少くも一人の投票立會人と共に投票函の儘投票錄と選擧人名簿の抄本を併せて開票分會長に送付しなければならない。

第十五條　開票分會で投票の點檢が終つたなら開票分會長は直ちに其の結果を選

擧長に報告しなければならない。

第十六條　開票分會長は開票錄を作り開票に關する顚末を記載し是れを朗讀して二人以上の開票立會人と共に是れに自ら其の氏名を記載し直ちに投票錄と投票と併せて之を選擧長に送付しなければならない。

第十七條　選擧長は總ての開票分會長から投票點檢の結果の報告を受けた日或は其の翌日（又は總ての投票函の送致を受けた日又は其の翌日）選擧會に於て選擧立會人の立會の上開票分會長の報告を調査しそれと自分の點檢した投票の結果と併せて各被選擧人（市制第三十九條ノ二の市では各議員候補者）の得票の總數を計算しなければならない。

第十八條　選擧の一部が無效と爲つた爲めに更に選擧を行つた場合は選擧長は第十七條の規定に準じて更に選擧を行つた部分に付て第十七條の手續を爲し他の部分卽ち先の選擧の內で無效とならなかつた部分に於ける各被選擧人（市制第三十九條ノ二の市では各議員候補者）の得票數と併せて其の得票の總數を計算しなければならない。

第十九條　開票分會を設けた場合には市町村長は市制第三十二條／町村制第二十九條第一項の府縣知事に爲す選擧の結果の報告に開票錄の寫を添付しなければならない。

第二十條　市制第二十三條第五項第六項／町村制第二十條第四項第五項の投票立會人の選任の規定は開票立會

人の選任に、市町村制第二十四二十一條第一項第二項の選擧會場の取締の規定は開票分會場の取締に、市町村制第二十七二十四條ノ二二の開票の手續の規定は開票分會の開票の手續に、市町村制第二十七二十四條ノ三三の選擧會の參觀の規定は開票分會の參觀に、市町村制第二二十九十六條の投票の效力決定の規定は開票分會の投票效力の決定に夫々準用されるのである。

市制町村制施行規則に規定されて居る事項の要領は左の通りである。

第二條　市町村長が開票立會人を選任したときは直ちに之を開票分會長に通知しなければならない。

第十二條　投票函は其の閉鎖後は開票分會長に送致する爲めの外是れを會場外に搬び出すことを得ない。

第十五條　投票を點檢するときは開票分會長は開票分會の事務に從事する者二人をして各別に同一被選擧人（市制第三十九條ノ二の市では議員候補者）の得票を計算させなければならない。計算が終つたときは開票分會長は各被選擧人（市制第三十九條ノ二の市では議員候補者）の得票數を朗讀しなければならない。

2　開票分會を設けた場合は選擧長は自分で開票を行つた部分に付て各被選擧人（市制第三十九條ノ二の市では議員候補者）の得票數を朗讀した後開票分會毎に各被選擧人（市制第三十九條ノ二の市では議員候補者）の得票數を朗讀し終りに

各被選擧人（市制第三十九條ノ二の市では議員候補者）の得票の總數を朗讀しなければならない。

第十六條　開票分會長は投票の有效無效を區別し各是れを封筒に入れ二人以上の開票立會人と共に封印を施さなければならない。受理しないことに決した投票は封筒を開かないで其の儘是れを別の封筒に入れて二人以上の開票立會人と共に封印しなければならない。

第十七條　市制第三十九條ノ二の市の開票立會人の屆出は文書を以て爲し開票立會人の氏名住所生年月日を記載し且本人の承諾書を添附しなければならない。

第十八條　市制第三十九條ノ二の市で開票分會を設けたときは選擧長は豫め議員候補者の氏名職業住所生年月日其の他必要の事項を其の開票分會長に通知しなければならない。議員候補者が議員候補者を辭したとき又は其の死亡したことを知つたときも同樣通知しなければならない。

第二十一條　開票錄は別記の樣式に依つて調製しなければならない。其の樣式は此處には省略することにする。

第二十八條
第二十五條　左ノ投票ハ之ヲ無效トス

一　成規ノ用紙ヲ用ヰサルモノ

二　現ニ市町村會議員ノ職ニ在ル者ノ氏名ヲ記載シタルモノ

無效投票

成規の用紙を用ひない投票

現に議員の職に在る者の氏名を記載した投票

三　一投票中二人以上ノ被選擧人ノ氏名ヲ記載シタルモノ

四　被選擧人ノ何人タルカヲ確認シ難キモノ

五　被選擧權ナキ者ノ氏名ヲ記載シタルモノ

六　被選擧人ノ氏名ノ外他事ヲ記入シタルモノ但シ爵位職業身分住所又ハ敬稱ノ類ヲ記入シタルモノハ此ノ限ニ在ラス

七　被選擧人ノ氏名ヲ自書セサルモノ

【解釋】本條は市町村會議員選擧の無效投票に付ての規定である。

左に揭ぐる投票は何れも無效である。從つて是れ等の投票は被選擧人の誰の得票にも計算されることはないのである。

(一)　成規の用紙を用ひない投票　投票用紙は市町村長の定むる一定の式のものを用ひなければならないことは市（町村）制第二十五（二十二）條第八項の規定するところである。成規の用紙と云ふのは此の市町村長の定めた投票用紙を云ふのである。此の用紙を用ひない投票は無效である。

(二)　現に市町村會議員の職に在る者の氏名を記載した投票　總選擧の場合には市町村會議員の職に在る者は一人もないのであるから此の規定に當つて無效となる投票はないのである。是れは市（町村）制第三十三（三十）條に依つて更に行はるる選擧、市（町村）制第三十七（三十四）條に依つて更に行はるる

一投票に二人以上の被選擧人の氏名を記載した投票

被選擧人の誰かを確認し難い投票

被選擧權のない者の氏名を記載した投票

選擧、増員選擧、補闕選擧の場合に既に市町村會議員の職に在る者の氏名を書いた投票は此の規定に當つて無效である。

（三）　一の投票中に二人以上の被選擧人の氏名を記載した投票　投票用紙には被選擧人一人の氏名を記載しなければならないことは市／町村制第二十五／二十二條第五項の規定するところである。此の規定に從はないで一投票中に二人以上の被選擧人の氏名を記載した投票は無效である。

（四）　被選擧人の誰であるかを確認し難い投票　投票に記載してある被選擧人は誰であるか明かに認められない投票は無效である。是れは當然の規定である。然し乍ら假令投票の記載に誤字や脫字があり或は氏とか名とかの一方だけ記載してある等其の記載が完全でないものであつても選擧當時の凡ての事情を斟酌して其の記載された被選擧人が誰であるかを認め得る投票は無效ではないのである。

（五）　被選擧權のない者の氏名を記載した投票　市町村會議員は被選擧權のある者を選擧すべきであることは市／町村制第十三／十一條第一項の規定するところである。從つて被選擧權のない者の氏名を記載した投票の無效であることは當然のことである。被選擧權のない者と云ふのは左の樣な者である。

(1) 市町村公民でない者

(2) 市町村公民であつても市町村會議員の選擧權のない者　是れは公民權停止中の者、市/町村制第十一/九條に當る者、市/町村制第四十/三十七條に依つて準用さるる明治三十三年法律第七十三號衆議院議員選擧法第百二條と大正十四年法律第四十七號衆議院議員選擧法第百三十七條に依つて選擧權被選擧權のない者である。

(3) 市町村公民であり又市町村會議員の選擧權のある者であつても在職の檢事警察官吏收税官吏は被選擧權がない。選擧事務に關係のある官吏と市町村の有給吏員は其の關係ある區域內に於てだけ被選擧權がない。市/町村制第百七十/百五十條第六項に依つて懲戒解職された市町村吏員は市/町村制第百七十/百五十條第六項の規定に依つて二年間被選擧權がないのである。

他事を記入した投票

(六) 被選擧人の氏名の外他事（爵位職業身分住所敬稱の類を除く）を記入した投票　投票には被選擧人の氏名を記載すべきものであることは市/町村制第二十五/二十二條第五項の規定するところである。從つて有害無益の雜事例へば選擧人が自分の氏名を書いたり印を押したり符號を書いたりなどした投票は無效である。但し左に揭ぐる(1)から(4)迄の事項は被選擧人の誰であるかを明かにするに役立つものであり(5)の事項は被選擧人に對し敬意を表するものであつて何

れも他の有害無益の事項とは趣を異にする事項であるから被選擧人の氏名の外是れ等の事項の記入があつても其の投票は無效とはならないのである。記入と云ふことは記載と同じ意味と見て差支ない。

(1) 爵位の類　是れは公侯伯子男爵は勿論其の他正何位勳何等などをも含むのである。

(2) 職業の類　是れは農業商業工業 官吏公吏は勿論其の他 何々議員の様な 公職など をも含むのである。

(3) 身分の類　是れは華族士族平民などである。

(4) 住所の類　是れは住所は勿論居所本籍などをも含むのである。

(5) 敬稱の類　是れは殿とか樣とか君とかは勿論被選擧人の社會的の地位に依つては閣下などをも含むのである。

氏名を自書しない投票

(七) 被選擧人の氏名を自書しない投票　選擧人は自分で被選擧人の氏名を記載しなければならないことと被選擧人の氏名を自書し得ない者は投票を爲し得ないことは市制第二十五條町村制第二十二條第五項第七項の規定するところである。從つて此の規定に從はない投票例へば被選擧人の氏名を型に倚つて書いたものとか透き寫して書いたものとか活字を抑して表はしたものなどは

所謂自書しない投票であつて無效である。

第二十九條 第二十六條 投票ノ效力ハ選擧立會人之ヲ決定ス可否同數ナルトキハ選擧長之ヲ決スヘシ

投票の效力を決定する者

【解釋】本條は市町村會議員選擧の投票の效力を決定する者に付ての規定である。

市町村會議員選擧の投票の無效なるものに付ては市制第二十八條 町村制第二十五條に列記されて居るが此の規定を實地に運用して選擧會に於て投票の一つ一つに付て無效か有效かを判斷するには其の機關がなければならない。此の機關は選擧立會人と選擧長である。選擧立會人は多數決の方法に依つて投票の有效無效を決定する。若し選擧立會人の意見が可否同數に分れたときは選擧長が有效か無效か何れかに決定しなければならないのである。

第三十條 第二十七條 市 町村 會議員ノ選擧ハ有效投票ノ最多數ヲ得タル者ヲ以テ當選者トス但シ議員ノ定數（選擧區アル場合ニ於テハ其ノ選擧區ノ配當議員數）ヲ以テ有效投票ノ總數ヲ除シテ得タル數ノ六分ノ一以上ノ得票アルコトヲ要ス

2 前項ノ規定ニ依リ當選者ヲ定ムルニ當リ得票ノ數同シキトキハ年長者ヲ取リ年齢同シキトキハ選擧長抽籤シテ之ヲ定ムヘシ

【解釋】本條は市町村會議員選擧の當選者を定むる標準に付ての規定である。

當選者を定むる標準の一

第一項　選擧の目的は當選者を定むることに在る。市町村會議員選擧の當選者を定むる方法は其の市町村の議員の定數（選擧區ある場合には其の選擧區の配當議員數）を以て其の選擧に於ける有效投票の總數を割つて得た數の六分の一以上の得票ある者の中の最も得票數の多い者から順を追ふて選擧すべき議員數だけを當選者とするのである。

註　例へば或る町村の補闕選擧の場合に議員定數は十二人、有效投票の總數は千二百票、其の選擧で選擧すべき議員數は三人であるとする。此の場合議員定數十二人で有效投票の總數千二百票を割れば百票となる、此の百票の六分の一の數は十六票六である。此の選擧の得票者は五人で、甲は五百票、乙は三百票、丙は同じく三百票、丁は八十四票、戊は十六票の得票とする。此の五人の內戊の得票は十六票で法定當選點の十六票六に滿たない、從つて當選者となり得ない者であるから先づ除かれる。殘つた甲乙丙丁の四人は皆法定當選點十六票六以上の得票者であるから其の中から得票數の順序で甲乙丙の三人を當選者と定めるのである。

同二

第二項　第一項に依つて當選者を定むる場合に得票數の同じな者が二人以上ある場合がある。此の場合には年齡の多い者を當選者とする。若し年齡も亦同じな場合には選擧長が適當な方法で抽籤して當選者を定めるのである。此の年齡の計算は年齡計算に關する法律の規定に依るべき

ことは勿論である。

註　例へば第一項に掲げた例の場合に選擧すべき議員數が二人であるとすれば甲は當選者であることは勿論であるが次の多數の得票者である乙丙は同數の得票者であるから其の中の年長者を當選者とするのである。若し乙丙共に年齢が同じであるときは選擧長が抽籤して當選者を定めるのである。

當選者を定むることに付て附け加へて置きたいことは選擧卽ち投票の行はれた時に被選擧權を有して居つた者が有效投票の最多數を得たときは其の者が其の後選擧會で當選者を決定する迄の間に被選擧權がなくなつても矢張り一應は當選者と定めなければならないことである。

當選者當選を失ふ場合

第三十七條ノ二（第二十七條ノ二）　當選者選擧ノ期日後ニ於テ被選擧權ヲ有セサルニ至リタルトキハ當選ヲ失フ

【解釋】　本條は市町村會議員選擧の當選者が當選を失ふ場合に付ての規定である。選擧會に於て當選者と定まつた者が選擧卽ち投票の期日後（市制第三十二條第二項第三項第五項第六項／町村制第二十九條第二項第‥項第四項第五項）の當選を辭退し得る期間又は當選を承諾し得る期間を經過して市町村會議員と爲る迄の間に被選擧權を有しない者となる場合がある。此の場合は當選者は一旦得た當選を失ふのである。此の當選を失ふことの決定は市町村長限り爲し得るのである。當選者と云ふのは選擧會に

當選者の意味

於て當選者と定まつた者が投票の期日後市（町村）制第三十二（二十九）條第二項第三項第五（四）項第六（五）項の當選を辭退し得る期間又は當選を承諾し得る期間內に在る場合（當選を承諾した場合は其の時迄）を云ふのである。從つて其の期間を經過して市町村會議員となつた者が其の後に被選擧權を有しなくなつた場合は本條の規定に依るべきものではなく市（町村）制第三十八（三十五）條の規定に依つて市町村會議員が被選擧權を有しない場合として取扱ふべきものである。

選擧錄の作製

第三十一（二十八）條 選擧長ハ選擧錄ヲ作リ選擧會ニ關スル顚末ヲ記載シ之ヲ朗讀シ二人以上ノ選擧立會人ト共ニ之ニ署名スヘシ

2 （市制）各選擧區ノ選擧長ハ選擧錄（第六條ノ市ニ於テハ其ノ寫）ヲ添ヘ當選者ノ住所氏名ヲ市長ニ報告スヘシ

2.3 投票分會長ハ投票錄ヲ作リ投票ニ關スル顚末ヲ記載シ之ヲ朗讀シ二人以上ノ投票立會人ト共ニ之ニ署名スヘシ

3.4 投票分會長ハ投票函ト同時ニ投票錄ヲ選擧長ニ送致スヘシ

4.5 選擧錄及投票錄ハ投票、選擧人名簿其ノ他ノ關係書類ト共ニ議員ノ任期間市（町村）長（第六條ノ市ニ於テハ區長）ニ於テ之ヲ保存スヘシ

【解釋】 本條は市町村會議員選擧の選擧錄と投票錄に付ての規定である。

第一項 市町村會議員の選擧會の顚末を記載した文書を作ることは後日選擧に關する爭の起つた

場合の證據として極めて必要な事項である。此の選擧錄を作ることは選擧長の職務である。選擧長は選擧會に於て選擧錄を作らなければならない。選擧錄に記載する事項は選擧會に關する顚末である。尙ほ其の記載事項の確實であることを證する爲めに選擧長は選擧錄を朗讀した上二人以上の選擧立會人と共に選擧錄に署名しなければならない。署名と云ふのは自分で自分の氏名を書く意味であるから選擧長も選擧立會人も必ず自分で自分の氏名を書かなければならない。他人の代書は許されないのである。選擧錄の樣式は市制町村制施行規則第二十一條に規定されて居るからそれに依るべきは勿論である。此處に樣式を揭ぐることは省略する。

署名の意味

第二項（市制）　選擧區ある市の各選擧區の選擧長は選擧錄を作つたなら其の選擧錄（市制第六條の市では其の寫）を添へて當選者の住所と氏名を市長に報告しなければならない。

選擧區の選擧錄の送付

第三項　市町村會議員の投票分會の顚末を記載した文書を作ることは選擧會の選擧錄の必要であると同樣に必要である。此の投票錄を作ることは投票分會長の職務である。投票分會長は投票錄を作らなければならない。投票錄に記載する事項は投票に關する顚末である。尙ほ其の記載事項の確實であることを證する爲めに投票分會長は投票錄を朗讀した上二人以上の投票立會人と共に投票錄に署名しなければならない。署名の意味は第一項で述べた通りである。投票錄の

投票錄の作製

樣式は市制町村制施行規則第二十一條に規定されて居るからそれに依るべきは勿論である。此處に樣式を掲ぐることは省略する。

投票錄の送付

第三/四項 投票分會長は投票函を選擧長に送致しなければならないことは市/町村制第二十五/二十二條第十/九項に述べた通りであるが此の場合には同時に投票錄も送致しなければならないのである。

選擧錄と投票錄の保存

第五/四項 選擧錄と投票錄は選擧に關して重要な書類であるから或る期間保存することの必要であることは言を俟たないところである。此の選擧錄と投票錄は投票、選擧人名簿、其の他の關係書類と共に其の選擧に於て當選した議員の任期間市町村長（市制第六條の市では區長）が保存しなければならない。其の他の關係書類と云ふのは選擧に關する告示案とか立會人の選任案とか云ふ樣なものである。

第三十二/二十九條 當選者定マリタルトキハ市/町村長ハ直ニ當選者ニ當選ノ旨ヲ告知シ（第六條ノ市ニ於テハ區長ヲシテ之ヲ告知セシメ）同時ニ當選者ノ住所氏名ヲ告示シ且選擧錄ノ寫（投票錄アルトキハ併セテ投票錄ノ寫）ヲ添ヘ之ヲ府縣知事ニ報告スヘシ

當選者ナキトキハ直ニ其ノ旨ヲ告示シ且選擧錄ノ寫（投票錄アルトキハ併セテ投票錄ノ寫）ヲ添ヘ之ヲ府縣知事ニ報告スヘシ

2 當選者當選ヲ辭セムトスルトキハ當選ノ告知ヲ受ケタル日ヨリ五日以内ニ之ヲ

市町村長ニ申立ツヘシ

3　（市制）一人ニシテ數選擧區ニ於テ當選シタルトキハ最終ニ當選ノ告知ヲ受ケタル日ヨリ五日以内ニ何レノ當選ニ應スヘキカヲ市長ニ申立ツヘシ其ノ期間内ニ之ヲ申立テサルトキハ市長抽籤シテ之ヲ定ム

3.4　官吏ニシテ當選シタル者ハ所屬長官ノ許可ヲ受クルニ非サレハ之ニ應スルコトヲ得ス

4.5　前項ノ官吏ハ當選ノ告知ヲ受ケタル日ヨリ二十日以内ニ之ニ應スヘキ旨ヲ市町村長ニ申立テサルトキハ其ノ當選ヲ辭シタルモノト看做ス第三項ノ場合ニ於テ何レノ當選ニ應スヘキカヲ申立テサルトキハ總テ之ヲ辭シタルモノト看做ス

5.6　市町村ニ對シ請負ヲ爲シ又ハ市町村ニ於テ費用ヲ負擔スル事業ニ付市町村長若ハ其ノ委任ヲ受ケタル者ニ對シ請負ヲ爲ス者若ハ其ノ支配人又ハ主トシテ同一ノ行爲ヲ爲ス法人ノ無限責任社員、役員若ハ支配人ニシテ當選シタル者ハ其ノ請負ヲ罷メ又ハ請負ヲ爲ス者ノ支配人若ハ主トシテ同一ノ行爲ヲ爲ス法人ノ無限責任社員、役員若ハ支配人タルコトナキニ至ルニ非サレハ當選ニ應スルコトヲ得ス第二項又ハ第三項ノ期限前ニ其ノ旨ヲ市町村長ニ申立テサルトキハ其ノ當選ヲ辭シタルモノト看做ス

6.7　前項ノ役員トハ取締役、監査役及之ニ準スヘキ者竝清算人ヲ謂フ

【解釋】 本條は市町村會議員選擧の當選の告知と當選者の決定に付ての規定である。

當選者定まりたるときの處置

第一項 市町村會議員の選擧會に於て誰が當選者であるかが定まつたときは市町村長は其の旨を直ちに當選者に對して告知しなければならない。又市制第六條の市の市長は其の旨を當選者に對して區長から告知させなければならない。是れと同時に市町村長は當選者の住所氏名を告示し尙ほ當選者の住所氏名を選擧錄の寫（投票錄あるときは投票錄の寫をも）を添へて府縣知事に報告しなければならない。當選者が定まつたときと云ふのは選擧會に於て當選者が誰であるか定まつたときを指すのであつて市/町村制第三十二/二十九條第二項の期間を經過し又は同條第五/四項の期間內に當選を承諾して當選者が確定した場合を指すのではない。若し當選者がないときは市町村長は直ちに當選者がないと云ふことを告示しそれと同時に其の旨を選擧錄の寫（投票錄あるときは投票錄の寫をも）を添へて府縣知事に報告しなければならない。當選者がないときと云ふのは投票が一票もない場合或は投票はあつても其の得票者が法定當選點卽ち當選者となり得るだけの得票がない場合などである。

當選人の當選辭退

第二項 市町村の名譽職たるところの市町村會議員の職に就くことは市町村公民の權利であると共に重大な義務であることは市/町村制第十/八條の規定するところである。斯樣な義務を負ふもので

あるから從つて市町村會議員に當選した者が其の當選を辭退する旨を申立ないときは何等の行爲を要しないで當然に市町村會議員の職に就くことになるのである。當選者が當選を辭退するには第一項の當選の告知を受けた日の翌日から計算して五日以内に市町村長に到達する樣當選を辭退する旨を申立てなければならないのである。當選の告知を受けた日と云ふのは當選告知書が當選人に到達した日を指すのである。

数選擧區の當選者

第三項（市制）　選擧區を設けた市の市會議員の選擧では輿望ある者は數選擧區で當選する場合がある。然し乍ら一人で數選擧區の當選に應ずることは許されないのであるから此の場合の當選人は最終に當選の告知を受けた日の翌日から計算して五日以内に市長に到達する樣何れの選擧區の當選に應ずるかを市長に申立てなければならない。此の期間内に其の當選人が何れの選擧區の當選に應ずるかを申立てないときは市長が抽籤して其の者が何れの選擧區の當選に應じたものとするかを定めるのである。

官吏たる當選者の承諾の一

第四項第三項　官吏であつて市町村會議員の被選擧權のある者は輿望を擔ふて其の當選者となり得ることは一般の被選擧權のある者が當選者と爲り得ると何等異るところはないのである。然し乍ら官吏は其の本來の性質として國の事務を司ることを以て其の職責とするものであつて國家と特

別の服從の關係に在る者であるから市町村會議員の當選に應ずるときは其の本來の職責に影響を來す虞もあるので其の承諾を爲すには必ず所屬長官の許可を受けた上でなければならないのである。官吏と云ふのは在職者は勿論休職者をも含むのである。又待遇官吏を含むことは市町村制第百七十七百五十六條ノ二の規定するところである。所屬長官と云ふのは官制の上に於て其の官吏を指揮監督する地位に在る官吏を指すのである。

同二

第五四項 第四三項の官吏であつて當選者となつた者は當選の告知を受けた日の翌日から計算して二十日以內に所屬長官の許可を受けた上で當選に應ずる旨を市町村長に到達する樣申立てたときは當選人であることが確定して議員となるのであるが若し其の申立てをしないときは其の當選を辭したものと看做さるるのである。又官吏が選擧區を設けた市の數選擧區に於て當選した場合に此の期間內に何れの選擧區の當選に應ずるかを申立てないときは總ての當選を辭したものと看做さるるのである。此處に所謂看做すと云ふのは官吏たるところの當選者は別段當選を辭する行爲を爲したのではないけれども當選を辭したものとして取扱ふと云ふ意味である。此の點は官吏でない當選者が當選に應ずる場合と全く反對である。即ち官吏でない當選者は一定の期間を沈默して居れば當然に當選に應じたことになるのであるが官吏たる當選者は一定の期間

沈默して居れば當然に當選を辭したことに取扱はるるのである。

其の他特殊の當選者の承諾

第六項第五項　市町村會議員の當選者が左に掲げた何れかに當る者であるときは(一)と(二)に當る者は其の請負を罷め、(三)に當る者は支配人でなくなり、(四)に當る者は無限責任社員役員支配人でなくなつた後でなければ其の當選に應ずることを得ないのである。從つて其の當選者が第二項の當選の告知を受けた日の翌日から計算して五日以内に（市では尙ほ市制の第三項の最終に當選の告知を受けた日の翌日から計算して五日以内に）左に掲ぐる者に當らなくなつた上で其の旨を市町村長に到達する樣申立てたときは當選者であることが確定して議員となるのであるが、若し其の申立をしないときは其の當選を辭した者と看做さるるのである。此處に所謂看做すと云ふのは第五項第四項に述べたところと同樣である。是れ等の者の當選承諾に制限を加へるのは市町村等に對して密接の利害關係を有する爲めに公正な意見を期待し得ないのと一は議員たる地位を惡用して私利を營む虞があるからである。

(一)　市町村に對して請負を爲す者　是れは當選者である當時現に市町村なる法人に對して請負をして居る者を云ふのである。例へば市町村立小學校の建築の請負を爲して居る樣な者である。

(二) 市町村に於て費用を負擔する事業に付て市町村長又は市町村長の委任を受けた者に對して請負を爲す者　是れは例へば市道町村道に關する費用は市町村が負擔するのであるが其の新設改築修繕維持は道路の管理者たる市町村長が爲すのであるから當選者である當時現に是れ等道路工事の請負を爲して居る者は此の規定に該るのである。

(三) 前の(一)と(二)の請負を爲す者の支配人　支配人と云ふのは商法第六章の商業使用人であつて主人に代つて其の營業に關する一切の行爲を爲す權限を有する者である。

(四) 主として市町村に對し請負を爲し又は市町村に於て費用を負擔する事業に付市町村長若くは市町村長の委任を受けた者に對して請負を爲す法人の無限責任社員役員若くは支配人　主として云ふことは法人の主なる目的と云ふ意味である。從つて當選者である當時偶々市町村等に對して法人が請負をして居てもそれが法人の主なる目的でないとすれば此の規定には當らない。是れに反して當選人である當時法人が現に請負はして居らなくても法人の目的が主として市町村等に對して請負を爲す者であるときは此の規定に當るのである。無限責任社員と云ふのは合名會社合資會社株式合資會社の債務に付て無限に辨濟の責任を負ふ社員を云ふのである。役員の意味は次の第七六項に規定されて居る。

請負の意味

此處に所謂請負と云ふのは廣い意味の請負であつて民法第六百三十二條の請負は勿論のこと其の他普通に請負と稱するものは皆含まるるのである。

役員の意味

第七/六項　第六/五項に所謂役員と云ふのは左に掲ぐる者を指すのである。

（一）取締役　是れは商法第百二十三條と第百六十四條に依つて選任された者であつて株式會社の業務を行ふ者である。

（二）監査役　是れは商法第百二十三條と第百八十九條と第二百三十九條に依つて選任された者であつて株式會社株式合資會社の業務を監査する者である。

（三）取締役監査役に準ずべき者

（四）清算人　是れは會社の解散の後始末の爲めに置かるる者である。

第三十三/三十條　當選者左ニ掲クル事由ノ一ニ該當スルトキハ三月以内ニ更ニ選擧ヲ行フヘシ但シ第二項ノ規定ニ依リ更ニ選擧ヲ行フコトナクシテ當選者ヲ定メ得ル場合ハ此ノ限ニ在ラス

一　當選ヲ辭シタルトキ

二　（市制）數選擧區ニ於テ當選シタル場合ニ於テ前條第三項ノ規定ニ依リ一ノ選擧區ノ當選ニ應シ又ハ抽籤ニ依リ一ノ選擧區ノ當選者ト定マリタル爲他ノ選擧

區ニ於テ當選者タラサルニ至リタルトキ

三・二　第三十二・二十七條ノ二・二ノ規定ニ依リ當選ヲ失ヒタルトキ

四・三　死亡者ナルトキ

五・四　選擧ニ關スル犯罪ニ依リ刑ニ處セラレ其ノ當選無效ト爲リタルトキ但シ同一人ニ關シ前各號ノ事由ニ依ル選擧又ハ補闕選擧ノ告示ヲ爲シタル場合ハ此ノ限ニ在ラス

2　前項ノ事由前條第二項、第三項若ハ第五・四項ノ規定ニ依ル期限前ニ生シタル場合ニ於テ第三十二・二十七條第一項但書ノ得票者ニシテ當選者ト爲ラサリシ者アルトキ又ハ其ノ期限經過後ニ生シタル場合ニ於テ第三十二・二十七條第二項ノ規定ノ適用ヲ受ケタル得票者ニシテ當選者ト爲ラサリシ者アルトキハ直ニ選擧會ヲ開キ其ノ者ノ中ニ就キ當選者ヲ定ムヘシ

3　前項ノ場合ニ於テ第三十二・二十七條第一項但書ノ得票者ニシテ當選者ト爲ラサリシ者選擧ノ期日後ニ於テ被選擧權ヲ有セサルニ至リタルトキハ之ヲ當選者ト定ムルコトヲ得ス

4　第二項ノ場合ニ於テハ市・町村長ハ豫メ選擧會ノ場所及日時ヲ告示スヘシ

5　第一項ノ期間ハ第三十六・三十三條第八項ノ規定ノ適用アル場合ニ於テハ選擧ヲ行フコトヲ得サル事由已ミタル日ノ翌日ヨリ之ヲ起算ス

6 第一項ノ事由議員ノ任期滿了前六月以內ニ生シタルトキハ第一項ノ選擧ハ之ヲ行ハス但シ議員ノ數其ノ定數ノ三分ノ二ニ滿チサルニ至リタルトキハ此ノ限ニ在ラス

當選者闕員の場合の選擧

【解釋】本條は市町村會議員選擧の當選者が闕員と爲つた場合に付ての規定である。

第一項　市町村會議員選擧の選擧會に於て當選者と定まつた者が其の後市町村制第三十二二十九條第二項の期間を經過し又は同條第三…項第五四項の申立をして議員となる迄の間に種々の事故に依つて闕員となる場合がある。此の場合は更に選擧を行つて其の闕員を補充しなければならない。此の選擧を行ふ期間は左に揭ぐる事由の生じた日の翌日から暦に從つて計算して三月以內に限られて居る。然し乍ら此の選擧は次の第二項の規定に依つて更に選擧を行はないで當選者を定め得る場合には行はないで差支ないのである。尙ほ當選者が議員となつた後に闕員を生じた場合は市町村制第二十十七條の規定に依つて補闕選擧を行ふのである。

（一）　當選者が當選を辭したとき　是れは當選者が市町村制第三十二二十九條第二項第三…項に依つて當選を辭する旨を市町村長に申立てたとき、又は市町村制第三十二二十九條第五四項第六五項の規定に依つて當選を辭したものと看做されたときである。

（二）（市制）　當選者が數選擧區に於て當選した場合に市制第三十二條第三項の規定に依つて例

へば甲選擧區の當選に應じ又は抽籤に依つて甲選擧區の當選者と定まつた爲めに他の乙選擧區では當選者でなくなつたとき

(三) 當選者が市町村制第三十二十七條ノ二の規定に依り選擧の期日後に至つて被選擧權がなくなつた爲めに當選を失つたとき

(四) 當選者が死亡者であるとき　是れは選擧會で當選者と定めた者が死亡者であつたとき又は選擧の期日後死亡したときである。

(五) 當選者が市町村制第四十三十七條に依つて準用さるる衆議院議員選擧法罰則第百三十六條に依り選擧に關する犯罪で刑に處せられた爲め其の當選が無效となつたとき但し同一の人に關して前の(一)と(三)の事由に依る選擧の告示又は議員の補闕選擧の告示をした場合を除く

註　此の但書の意味は例へば當選者甲が選擧に關する犯罪で當選無效となつたが其れ以前に甲が(一)當選を辭したとか(三)被選擧權をなくした爲めに當選を失つたとか云ふ事由の爲めに既に更に行ふ選擧の告示を爲した場合又は甲が議員となつた後に闕員となつた爲めに既に議員の補闕選擧の告示を爲した場合は是れと重複する本號即ち(五)の事由に依る選擧は行はないでよろしいと云ふことである。　尚ほ(二)の場合は重複の選擧とはならない。　又(四)の場合は處刑さ

ることがないのである。

選擧を行はずして當選者を定むる場合

第二項　第一項に掲げた(一)から(五)迄の事由が市（町村）制第三十二（二十九）條第二項第三項の當選を辭退し得る期限前又は同條第五（四）項の當選を承諾し得る期限前に生じた場合に市（町村）制第三十七（二十七）條第一項但書の法定當選點以上の得票ある者で當選者とならなかつた者があるときは速かに選擧會を開いて其の者の中から當選者を定める。即ち繰上補充するのである。又第一項に掲げた(五)の事由が市（町村）制第三十二（二十九）條第二項第三項の當選を辭退し得る期限後又は同條第五（四）項の當選を承諾し得る期限後に生じた場合に市（町村）制第三十七（二十七）條第二項の規定の適用を受けた得票者であつて當選者とならなかつた者即ち得票同數のときの年少者又は年齡も亦同じいときの抽籤に洩れた者があるときは速かに選擧會を開いて其の者の中から當選者を定める。即ち繰上補充するのである。是れは選擧の煩雜を避くる爲めの便法である。尙ほ第一項に掲げた(一)から(四)迄の事由は市（町村）制第三十二（二十九）條第二項第三項第五（四）項の期限後には生ずることはない筈である。

當選者と定め得ない者

第三項　第二項の規定に依つて選擧を行はないで當選者を定むる場合に市（町村）制第三十七（二十七）條第一項但書の法定當選點以上の得票者が選擧卽ち投票の期日後に被選擧權を有しなくなつたときは其の者を當選者と定めることを得ない。即ち繰上補充することができないのである。是れは市町

村會議員は被選擧權を有する者でなければならないことからして當然の規定である。

選擧會の場所と日時の告示

第四項　第二項の規定に依つて當選者を繰上補充する爲め選擧會を開くときは市町村長は豫め選擧會の場所と日時を告示しなければならない。此の告示は可成一般に周知させるだけの餘裕を置いてすることが適當である。

選擧を行ふ期間の計算の例外

第五項　第一項の更に行ふ選擧は選擧を行ふべき事由の生じたときから三月以内に行はなければならないのであるが此の選擧に關係のある前に行はれた選擧又は當選に關する異議申立期間、異議申立又は訴願の繫屬する間、異議の決定又は訴願の裁決の確定しない間、行政訴訟の繫屬する間は選擧を行ふことを得ないことは市制第三十六 町村制第三十三條第八項の規定するところである。此の場合の選擧は同條の規定する選擧を行ふことを得ない事由の已んだ日の翌日から暦に從つて計算して三月以内に行はなければならないのである。

註　期間計算の方法に付て市制第二十 町村制第十七條第二項の註を參照せられたい。

選擧を行はない場合

第六項　第一項に揭げた(一)から(五)迄の事由が生じた場合は選擧を行つて闕員を補充することが通例であるが是れには例外があつて假令闕員が生じても選擧を行はないで其の儘にして置く場合がある。是れは議員の任期滿了前六月以内に第一項に揭げた(一)から(五)迄の事由が生じ

た場合である。尤も此の場合に第一項但書の規定に依り選擧を行はないで繰上補充を爲し得るときは是れを補充すべきであることは勿論である。此の議員に闕員を生じてもそれが議員の任期滿了前六月以內であれば選擧を行はないことの例外には其の又例外がある。是れは闕員の爲めに議員の定數が三分の二に滿ちないことになつた場合である。例へば議員定數十八人の町村で現任議員が十一人以下に降つた場合である。此の場合には闕員が議員の任期滿了前六月以內に生じても選擧を行はなければならないのである。尤も此の場合第一項但書の規定に依り選擧を行はないで繰上補充を爲し得るときは選擧を爲すべきでないことは勿論である。

註　任期滿了前六月以內の意味に付ては市町村制第二十七條第二項の註を參照せられたい。

第三十四條／第三十一條　第三十二條／第二十九條第二項ノ期間ヲ經過シタルトキ、同條第三項若ハ第五項／又ハ同條第四項ノ申立アリタルトキ……又ハ同條第三項ノ規定ニ依リ抽籤ヲ爲シタルトキハ市／町村長ハ直ニ當選者ノ住所氏名ヲ告示シ併セテ之ヲ府縣知事ニ報告スヘシ

2 當選者ナキニ至リタルトキ又ハ當選者其ノ選擧ニ於ケル議員ノ定數ニ達セサルニ至リタルトキハ市／町村長ハ直ニ其ノ旨ヲ告示シ併セテ之ヲ府縣知事ニ報告スヘシ

【解釋】　本條は市町村會議員選擧の當選者が確定し又は不足となつた場合の告示と報告に付ての

規定である。

確定した當選者の告示と報告

第一項　市町村會議員選擧の選擧會で當選者と定められた者が其の後市（町村）制第三十三（三十）條第一項各號に揭ぐる様な事故もなく市（町村）制第三十二（二十九）條第二項の當選を辭退し得る期間を經過したとき、官吏たる當選者が市（町村）制第三十二（二十九）條第五（四）項の規定に依り當選を承諾する旨を申立てたとき、尙選擧區を設けた市では市制第三十二條第三項の規定に依り二以上の選擧區で當選した者が何れの當選を承諾するかを申立てたとき或は其の申立のない爲めに市長が抽籤をして何れの當選を承諾するかを定めたときは其の選擧の當選者が確定して此處に市町村會議員が出來上るのである。此の場合市町村長は直ちに此の確定した當選者の住所と氏名を告示し同時に此の確定した當選者の住所と氏名を府縣知事に報告しなければならない。此の告示と報告は當選者の確定した都度爲すべきものであつて總ての當選者の確定するのを待つべきものではないのである。

當選者不足の場合の告示と報告

第二項　市町村會議員選擧の選擧會で當選者と定まつた者が其の後市（町村）制第三十二（二十九）條第二項第三項第五（四）項の期限前に市（町村）制第三十三（三十）條第一項各號に揭ぐる様な事故に依り又は期限後に同條第一項第五（四）號の事由に依つて當選者が全部なくなり又は當選者が其の選擧に於て選擧すべき議員の定數に足りなくなつた場合は市町村長は直ちに其の旨を告示し同時に其の旨を府縣知事に報告

しなければならないのである。

第三十五條（**三十二**）　選擧ノ規定ニ違反スルコトアルトキハ選擧ノ結果ニ異動ヲ生スルノ虞アル場合ニ限リ其ノ選擧ノ全部又ハ一部ヲ無效トス但シ當選ニ異動ヲ生スルノ虞ナキ者ヲ區分シ得ルトキハ其ノ者ニ限リ當選ヲ失フコトナシ

選擧無效の要件

【解釋】　本條は市町村會議員選擧の無效の場合に付ての規定である。

市町村會議員の選擧は往々法規に違背して行はるる場合がある。是れは選擧の公正を期する上から頗る遺憾のことである。此の場合其の選擧が左に掲ぐる（一）選擧の規定に違反すること（二）選擧の結果に異動を生ずる虞のある場合であることの二の要件を具へて居れば其の影響の及ぶ程度に應じて或は選擧の全部が無效となり或は選擧の一部が無效となるのである。

選擧無效の意味

選擧が無效になると云ふのは最初から其の選擧が無かつたと同じ狀態になることである。其の結果選擧は遣り直しとなるのである。從つて其の無效となつた選擧に於て當選者となつた者は皆當選を失ふことになるのが當然の條理である。

選擧無效の場合當選を失はない當選者

然し乍ら是れには便宜上一つの例外が定められて居る。それは無效となつた選擧に於ける當選者の中で選擧無效の原因となつた事實の爲めに其の者の當選に少しも影響を蒙らない者があるときは選擧は無效となつても其の者に限つて特に當選を失はないことである。此の當選者は任期の關係では更に行はるる選擧の當選者と同樣に取

扱はるべき者であらう。

註　例へば甲乙丙三人の法定當選點以上の得票者があつて甲は千票乙は五百票で當選者となり丙は四百九十票で次點者となつたとする。然るに其の選擧に於て選擧人でない者二十人の投票があるときは是れは選擧の規定に違反するものである。而して其の無效投票二十票を假りに乙の得票五百票中に含まるるものとしてそれから控除すれば乙の得票は四百八十票となつて次點者丙の得票よりも十票の不足となる。從つて選擧の結果即ち乙の當選に異動を生ずる虞があるものであるから其の選擧の全部は無效となるのである。是れに伴つて乙は當選を失ふことになる。然し甲は無效投票二十票を假りに其の得票千票中に含まるゝものとしてそれから控除しても尙ほ九百八十票の拔群の多數で其の當選は微動だもする虞がないのであるから其の選擧が無效となつても甲だけは當選を失はないのである。

選擧の全部無效の意味

選擧の全部無效と云ふのは市町村內全部の選擧が無效となる場合又は選擧區を設けた市の或る選擧區の選擧が無效となる樣な場合である。

選擧の一部無效の意味

選擧の一部の無效と云ふのは開票分會を設けた場合に限つて起ることであつて例へば其の區劃內の投票分會の選擧が無效となるとか或は開票分會を除いた選擧會の區劃內の投票分會の選擧

が無效となる樣な場合である。

（一）選擧の規定に違反すること。

註　例へば無效の選擧人名簿を使用したとか、選擧の期日を告示しなかつたとか、市町村長の定めた投票用紙を使用しないとか、選擧立會人の立會がないとか、選擧人でない者が投票したとか云ふ樣なことである。

（二）選擧の結果に異動を生ずる虞のある場合であること　選擧の規定に違反することは常に選擧の結果に異動を生ずる虞あるものではない。選擧の結果に異動を生ずる虞のある場合であるか否かは其の事實に依つて判斷するの外はないのである。

註　例へば無效の選擧人名簿を使用した場合は選擧の結果に異動を生ずる虞のある場合であることが通例であり、選擧人でない者が投票した場合は其の投票の數を當選者の中の最少得票者の得票から控除して見て尙ほ次點者の得票よりも多い場合は選擧の結果に異動を生ずる虞のない場合である。

選擧の無效は其の異議申立に對する市町村會の決定、訴願に對する府縣參事會の裁決、府縣知事の異議に對する府縣參事會の決定の確定するか或は行政訴訟の判決のあるかに依つて定まるものであつて此の手續に據らないで無效となることはないのである。

第三十六(三十三)條 選擧人選擧又ハ當選ノ效力ニ關シ異議アルトキハ選擧ニ關シテハ選擧ノ日ヨリ當選ニ關シテハ第三十二(二十九)條第一項又ハ第三十四(三十一)條第二項ノ告示ノ日ヨリ七日以内ニ之ヲ市町村長ニ申立ツルコトヲ得此ノ場合ニ於テハ市町村長ハ七日以内ニ市町村會ノ決定ニ付スヘシ市町村會ハ其ノ送付ヲ受ケタル日ヨリ十四日以内ニ之ヲ決定スヘシ

2 前項ノ決定ニ不服アル者ハ府縣參事會ニ訴願スルコトヲ得

3 府縣知事ハ選擧又ハ當選ノ效力ニ關シ異議アルトキハ選擧ニ關シテハ第三十二(二十九)條第一項ノ報告ヲ受ケタル日ヨリ當選ニ關シテハ第三十二(二十九)條第一項又ハ第三十四(三十一)條第二項ノ報告ヲ受ケタル日ヨリ二十日以内ニ之ヲ府縣參事會ノ決定ニ付スルコトヲ得

4 前項ノ決定アリタルトキハ同一事件ニ付爲シタル異議ノ申立及市町村會ノ決定ハ無效トス

5 第二項若ハ第六項ノ裁決又ハ第三項ノ決定ニ不服アル者ハ行政裁判所ニ出訴スルコトヲ得

6 第一項ノ決定ニ付テハ市町村長ヨリモ訴願ヲ提起スルコトヲ得

7 第二項若ハ前項ノ裁決又ハ第三項ノ決定ニ付テハ府縣知事又ハ市町村長ヨリモ訴訟ヲ提起スルコトヲ得

8 第二十/十條、第三十三/三十條又ハ第三十七/三十四條第一項若ハ第三項ノ選擧ハ之ニ關係アル選擧又ハ當選ニ關スル異議申立期間、異議ノ決定若ハ訴願ノ裁決確定セサル間又ハ訴訟ノ繫屬スル間之ヲ行フコトヲ得ス

9 市町村會議員ハ選擧又ハ當選ニ關スル決定若ハ裁決確定シ又ハ判決アル迄ハ會議ニ列席シ議事ニ參與スルノ權ヲ失ハス

選擧人の選擧又は當選效力の異議

【解釋】本條は市町村會議員の選擧又は當選の效力の爭に付ての規定である。

第一項　市町村會議員の選擧は適法公正に行はるることが望ましいことであるのは勿論である。それ故其の選擧の效力又は當選の效力に付て是れに關係ある選擧人に對しても其の異議を申立させる機會を與へることは極めて適當な方法である。選擧人は選擧の效力に關して異議あるときは選擧の日即ち投票の行はれた日の翌日から計算して七日以内に市町村長に對して異議の申立を爲し得る。又選擧人が當選の效力に關して異議あるときは市町村制第三十二/二十九條第一項の當選者が定まり又は當選者がない旨の告示の日或は市町村制第三十四/三十一條第二項の當選者が全くなくなり又は當選者が其の選擧で選擧すべき議員の定數に達しなくなつた旨の告示の日の翌日から計算して七日以内に市町村長に異議の申立を爲し得るのである。市町村長は此の異議の申立を受けたなら其の日の翌日から計算して七日以内に是れを市町村會に送付して決定させなければな

らない。市町村會は市町村長から異議の申立の送付を受けたなら其の日の翌日から計算して十四日以内に是れを決定しなければならない。異議の申立と決定に付ては市（町村）制第百六十（百四十）條第四項から第七項迄に規定されて居る。

選擧人の意味

此處に選擧人と云ふのは異議のある選擧又は異議のある當選人の當選に關する選擧の選擧人と云ふ意味である。其の選擧人が異議のある選擧で實際投票をして居らなくても差支がない。

選擧の效力に關する異議の意味

選擧の效力に關する異議と云ふのは其の選擧が選擧の規定に違反して行はれた爲め選擧の結果に異動を生ずる虞があることを理由として選擧の無效を主張することである。

當選の效力に關する異議の意味

當選の效力に關する異議と云ふのは選擧の效力に付ては異議はないが當選者を定める上に誤りのあることを理由として其の當選者の當選の無效を主張することがある。

選擧人の選擧又は當選效力の訴願

第二項　第一項の異議申立に對して爲した市町村會の決定に不服ある者は府縣參事會に訴願を爲し得るのである。訴願を爲し得る期間と其の裁決に付ては市（町村）制第百六十（百四十）條第一項第三項と同第百六十（百四十）條ノ二第二項に規定されて居る。

此處に不服ある者と云ふのは異議の申立をした選擧人は勿論のこと其の他其の選擧の選擧人で不服ある者を皆含む意味である。

府縣知事の選擧又は當選效力の異議

第三項　選擧又は當選の效力に付ては選擧人から異議を申立てさせると共に一面監督官廳たる府縣知事からも異議を唱へさせる途を設けられて居る。府縣知事が選擧の效力に關して異議あるときは市制第三十二條町村制第二十九條第一項の當選者が定まり又は當選者がない旨の報告を受けた日の翌日から計算して二十日以內に其の異議を府縣參事會の決定に付し得る。又當選の效力に關して異議あるときは市制第三十二條町村制第二十九條第一項の當選者が定まり又は當選者がない旨の報告或は市制町村制第三十四條第三十一條第二項の當選者が全くなくなり又は當選者が其の選擧で選擧すべき議員の定數に達しなくなつた旨の報告を受けた日の翌日から計算して二十日以內に其の異議を府縣參事會の決定に付し得るのである。

府縣參事會の決定と市町村會の決定

第四項　第一項に依り選擧の效力又は當選の效力に關して選擧人から市町村長に對して異議申立があり又は其の申立に對して市町村會が決定した後に第二項に依り同一事件例へば同一の選擧の效力又は同一人の當選の效力に關して府縣參事會が決定を爲す場合がある。此の場合は選擧人が市町村長に申立てた異議又は市町村會の爲した決定は無效となるのである。卽ち此の場合は上級の行政廳である府縣參事會の決定だけが獨り存在することになるのである。

選擧人の爲す行政訴訟

第五項　第二項と第六項の府縣參事會の裁決又は第三項の府縣參事會の決定に不服ある者は行政

裁判所に訴訟を爲し得るのである。不服ある者の意味は第二項に述べたところと同じである。行政訴訟を起し得る期間に付ては市町村制第百六十百四十條第二項第三項に規定されて居る。

市町村長の爲す訴願

第六項　第一項の市町村會の決定に付ては市町村長からも亦府縣參事會に訴願を爲し得るのである。訴願を爲し得る期間と其の裁決に付ては市町村制第百六十百四十條第一項第三項と第百六十百四十條ノ二第二項に規定されて居る。

府縣知事の爲す行政訴訟

第七項　第二項と第六項の府縣參事會の裁決又は第三項の府縣參事會の決定に付ては府縣知事又は市町村長からも行政裁判所に訴訟を爲し得るのである。行政訴訟を爲し得る期間に付ては市町村制第百六十百四十條第二項第三項に規定されて居る。

選擧又は當選效力の爭と次に行ふ選擧

第八項　市町村制第二十十七條の補闕選擧とか、市町村制第三十三三十條の當選者を補充する爲め更に行ふ選擧とか、市町村制第三十七三十四條の選擧無效又は當選無效の爲め更に行ふ選擧はその選擧に關係ある選擧又は當選に關する異議申立期間、或は異議を決定に付する期間、異議の申立あるとき或は異議を決定に付されたときは其の繫屬して居る間或は決定の確定する迄の間、訴願あるときは其の繫屬して居る間或は裁決の確定する迄の間、訴訟あるときは訴訟が繫屬して居る間は矢張り選擧を行ふことを得ないのである。是れに關係ある選擧と云ふのは例へば總選擧の行はれた直ぐ

後に補闕選擧を行ふ場合には其の總選擧を云ふのである。又是れに關係ある當選と云ふのは同じ例の場合に其の闕員となつた議員の當選を云ふのである。

選擧又は當選の無效と議員の地位

第九項　選擧の效力を爭つた結果選擧が無效と定まれば其の選擧に於て當選して市町村會議員となつた者の中には最初から當選者でなかつたことになる者が生ずるのである。又當選の效力を爭つた結果當選が無效と定まれば其の議員は最初から當選者でなかつたことになるのである。此の場合忽ち問題となるのは議員となり得なかつた者が誤つて議員と定められた爲めに參加した市町村會の議事とか選擧とかの效力に付てである。若し是れが無效だとなれば影響するところが實に大きい。それ故其の當選者でなかつたことになる者も選擧又は當選に關する決定或は裁決が確定し或は判決があつて當選が無效であることの確定する迄の間は議員として會議に列席し其の議事又は選擧等に參與する權能を失はないのである。從つて其の者の參與したことの爲めに會議は無效の會議となる樣なことはないのである。本項には單に議事とだけあつて選擧は明かには規定されて居ないが是れは規定が充分でない爲めであつて選擧は當然含まるるものと解すべきである。

第三十七條／第三十四條　選擧無效ト確定シタルトキハ三月以內ニ更ニ選擧ヲ行フヘシ

2 當選無效ト確定シタルトキハ直ニ選擧會ヲ開キ更ニ當選者ヲ定ムヘシ此ノ場合ニ於テハ第三十三／三十條第三項及第四項ノ規定ヲ準用ス

選擧無效の場合の再選擧

3 當選者ナキトキ、當選者ナキニ至リタルトキ又ハ當選者其ノ選擧ニ於ケル議員ノ定數ニ達セサルトキ若ハ定數ニ達セサルニ至リタルトキハ三月以內ニ更ニ選擧ヲ行フヘシ

當選無效の場合の當選者の補充

4 第三十三／三十條第五項及第六項ノ規定ハ第一項及前項ノ選擧ニ之ヲ準用ス

【解釋】本條は市町村會議員の選擧無效と當選者不足の場合の選擧と當選無效の場合の手續に付ての規定である。

第一項 市町村會議員の選擧の效力が爭はれた結果愈其の選擧が無效と確定したときは其の日の翌日から暦に從つて計算して三月以內に更に選擧を行はなければならないのである。

第二項 市町村會議員の當選の效力が爭はれた結果其の當選が無效と確定したときは速かに選擧會を開いて更に當選者を定めなければならない。此の場合には市町村制第三十／二十七條第一項但書の法定當選點以上の得票者の中から當選者を定めることは勿論であるが其の者が選擧權を失つたときは是れを當選者と定めることを得ないのである。是れが市町村制第三十三／三十條第三項の規定の準用である。市町村長は豫め此の場合の選擧會の場所と期日

と時刻を告示しなければならない。是れが市制第三十三條第四項の規定の準用である。
町村制第三十

当選者不足の場合の再選擧

第三項　市町村會議員選擧の當選者が不足の場合即ち左に掲ぐる樣な場合は其の事實の生じた日の翌日から曆に從つて計算して三月以內に更に選擧を行はなければならないのである。

（一）　當選者がないとき　是れは選擧の結果最初から當選者が全くないときである。

（二）　當選者がなくなつたとき　是れは選擧の結果最初は選擧すべき議員數の全部又は其の幾部の當選者はあつたが其の後當選の效力の爭に依つて其の當選者全部の當選が無效となり他には當選者となるべき者が全くないときである。

（三）　當選者が其の選擧に於て選擧すべき議員の定數に達しないとき　是れは選擧の結果最初から當選者の數が選擧すべき議員の數に足りないときである。例へば議員十二人を選擧する場合に十人の當選者があつただけで二人不足を生じたときである。

（四）　當選者が其の選擧に於て選擧すべき議員の定數に達しなくなつたとき　是れは選擧の結果最初は選擧すべき議員數だけの當選者はあつたが其の後當選の效力の爭に依り其の當選者の中に當選が無效となつた者があつてそれに代り當選者となるべき者が全くないとき或は當選者となるべき者の數が當選無效となつた者の數より尠いときである。

註　例へば議員定數十二人を選擧する場合に最初十二人の當選者があつたが其の中三人當選無效となり是れに代つて當選者となるべき者が一人もない爲め三人不足するとき、又は代つて當選者となるべき者が二人あるだけで尙ほ一人不足するときである。

選擧を行ふ三月の期間の計算の例外

第四項　第一項と第三項の更に行ふ選擧は選擧を行ふべき事由の生じたときから三月以内に行はなければならないのであるが是れには次の樣な例外がある。

(一)　此の選擧は是れに關係のある曩に行はれた選擧又は其の當選に關する異議申立期間、異議申立又は訴願の繫屬する間、異議の決定又は訴願の裁決の確定しない間、行政訴訟の繫屬する間は選擧を行ふことを得ないことは市町村制第三十六三十三條第八項の規定するところである。此の場合の選擧は同條の規定する選擧を行ふことを得ない事由の已んだ日の翌日から曆に從つて計算して三月以内に行はなければならないのである。是れが市町村制第三十三三十條第五項の規定の準用である。

註　期間の計算方法に付ては市町村制第二十十七條第二項の註を參照せられたい。

選擧を行はない場合

(二)　此の選擧を行はなければならない事由が議員の任期滿了前六月以内に生じた場合は選擧を行はないでよろしいのである。唯議員の數が定數の三分の二に足りなくなつた場合は例外

の例外として假令議員の任期滿了前六月以內であつても選擧を行はなければならないのである。是れが市(町村)制第三十三(三十)條第六項の規定の準用である。

註　任期滿了前六月以內の意味に付ては市(町村)制第二十(十七)條第二項の註を參照せられたい。

第三十八(三十五)條　市(町村)會議員被選擧權ヲ有セサル者ナルトキ又ハ第三十二(二十九)條第六(五)項ニ揭クル者ナルトキハ其ノ職ヲ失フ其ノ被選擧權ノ有無又ハ第三十二(二十九)條第六(五)項ニ揭クル者ニ該當スルヤ否ハ市(町村)會議員カ左ノ各號ノ一ニ該當スルニ因リ被選擧權ヲ有セサル場合ヲ除クノ外市(町村)會之ヲ決定ス

一　禁治產者又ハ準禁治產者ト爲リタルトキ

二　破產者ト爲リタルトキ

三　禁錮以上ノ刑ニ處セラレタルトキ

四　選擧ニ關スル犯罪ニ依リ罰金ノ刑ニ處セラレタルトキ

2　市(町村)長ハ市(町村)會議員中被選擧權ヲ有セサル者又ハ第三十二(二十九)條第六(五)項ニ揭クル者アリト認ムルトキハ之ヲ市(町村)會ノ決定ニ付スヘシ市(町村)會ハ其ノ送付ヲ受ケタル日ヨリ十四日以內ニ之ヲ決定スヘシ

3　第一項ノ決定ヲ受ケタル者其ノ決定ニ不服アルトキハ府縣參事會ニ訴願シ其ノ裁決又ハ第四項ノ裁決ニ不服アルトキハ行政裁判所ニ出訴スルコトヲ得

4 第一項ノ決定及前項ノ裁決ニ付テハ市町村長ヨリモ訴願又ハ訴訟ヲ提起スルコトヲ得

5 前二項ノ裁決ニ付テハ府縣知事ヨリモ訴訟ヲ提起スルコトヲ得

6 第三十六 三十三條第九項ノ規定ハ第一項及前三項ノ場合ニ之ヲ準用ス

7 第一項ノ決定ハ文書ヲ以テ之ヲ爲シ其ノ理由ヲ附シ之ヲ本人ニ交付スヘシ

市町村會議員の失職と其の決定

【解釋】 本條は市町村會議員の失職に付ての規定である。

第一項 市町村會議員は其の職に在る間は引續いて被選擧權を有して居らなければならない。又其の職に在る間は市町村制第三十二 二十九條第六 五項に規定するところの請負の關係ある者となつてはならない。若し在職中に被選擧權を失つたり或は請負關係者となつたりするときは市町村會議員の職を失ふことになるのである。固より是れ等の者は議員と爲り得ないのであるが誤つて議員となつたときも矢張り同樣議員の職を失ふのである。市町村會議員の失職の原因となるところの被選擧權を有するか有しないか、又請負の關係ある者であるかないかに付ては市町村會が決定するのである。然し是れには例外がある。即ち左に揭ぐる何れかの事由に當る爲め被選擧權を有しない場合は其の事實は誰が觀ても極めて明かであるから其の被選擧權を有するか有しないかに付て市町村會の決定を要しないのである。此の市町村會の決定は議員が其の職を失ふ原

因となる事實があるかないかを定めるだけであつて議員が失職するかしないかを定めるものではないのである。議員は失職の原因があると定まれば當然に失職するものである。

(一) 禁治產者又は準禁治產者となつたとき　是れは市／町村制第九／七條に述べたところを參照せられたい。

(二) 破產者となつたとき　是れは市／町村制第九／七條に述べたところを參照せられたい。

(三) 禁錮以上の刑に處せられたとき　是れは死刑とか懲役とか禁錮の刑の宣告が確定したときである。懲役と禁錮の刑期の長い短いは問はないのである。

(四) 選擧に關する犯罪で罰金の刑に處せられたとき　是れは市／町村制第四十／三十七條に述べたところを參照せられたい。

市町村會の決定

第二項　市町村長は市町村會議員中に被選擧權のない者或は市／町村制第三十二／二十九條第六／五項の請負の關係ある者があると認めたときは第一項に掲げた(一)から(四)迄の事由に因る場合の外是れを市町村會の決定に付さなければならない。市町村會は事件の送付を受けた場合は其の日の翌日から計算して十四日以内に決定をしなければならないのである。

市町村會の決定に關する訴願訴訟の一

第三項　第一項に依て被選擧權がないとか又は市／町村制第三十二／二十九條の請負の關係者であるとかの市

町村會の決定を受けた者が其の決定に不服あるときは府縣參事會に訴願し得る。又其の訴願に對する裁決又は第四項に依り市町村長の爲した訴願に對する裁決に不服あるときは行政裁判所に訴訟を爲し得るのである。第一項に依つて爲した市町村會の決定の中には第二項に依つて市町村長が市町村會の決定に付した爲め第一項に依つて市町村會が爲した決定をも含むのである。訴願又は行政訴訟を爲し得る期間と訴願の裁決に付ては市町村制第百六十百四十條第一項から第三項迄と第百六十百四十條ノ二に規定されて居る。

同二

第四項 第一項の市町村會の決定に付ては市町村長からも府縣參事會に訴願を爲し得る。又第三項の府縣參事會の裁決に付ては市町村長からも行政裁判所に訴訟を爲し得るのである。訴願又は行政訴訟を爲し得る期間と訴願の裁決に付ては市町村制第百六十百四十條第一項から第三項迄と第百六十百四十條ノ二に規定されて居る。

同三

第五項 第三項と第四項の府縣參事會の裁決に付ては府縣知事からも行政裁判所に訴訟を爲し得るのである。訴訟の期間に付ては市町村制第百六十百四十條第二項と第三項に規定されて居る。

議員の失職する迄の地位

第六項 市町村會議員は第一項第三項第四項第五項の議員の失職の原因に關する決定或は裁決が確定し又は判決ある迄は依然として會議に列席し得るのである。尙ほ市町村制第三十六三十三條第九項

に述べたところを參照せられたい。

失職原因に關する決定の方式

第七項　第一項の議員の失職の原因に關する市町村會の決定は一定の方式に依らなければならないのである。卽ち決定書を作り其の決定書には決定の理由を付記して決定を受くる本人に交付しなければならないのである。

決定裁決の告示

第三十九（三十六）條　第二十一（十八）條ノ三（三）及第三十六（三十三）條ノ場合ニ於テ府縣參事會ノ決定及裁決ハ府縣知事、市（町村）會ノ決定ハ市（町村）長直ニ之ヲ告示スヘシ

【解釋】　本條は市町村會議員の選擧人名簿と選擧又は當選の效力に關する決定裁決の告示に付ての規定である。

市（町村）制第二十一（十八）條ノ三（三）の市町村會議員の選擧人名簿の異議に關する市町村會の決定又は府縣參事會の裁決と市（町村）制第三十六（三十三）條の市町村會議員の選擧又は當選の效力に關する市町村會又は府縣參事會の決定或は府縣參事會の裁決は府縣參事會の爲したものに付ては府縣知事に於て直ちに告示し又市町村會の爲したものに付ては市町村長に於て速かに告示しなければならないのである。是れは決定或は裁決を告示することに依て一般選擧人に訴願又は行政訴訟を爲し得る機會を與へ樣とするものであつて必要の規定である。

第三十九條ノ二　（市制）勅令ヲ以テ指定スル市（第六條ノ市ノ區ヲ含ム）ノ市會議

員（又ハ區會議員）ノ選擧ニ付テハ府縣制第十三條ノ二、第十三條ノ三、第二十九條ノ三及第三十四條ノ二ノ規定ヲ準用ス此ノ場合ニ於テハ第二十三條第三項及第五項、第二十五條第五項及第七項、第二十五條ノ三、第二十八條、第二十九條、第三十三條第一項竝第三十六條第一項ノ規定ニ拘ラス勅令ヲ以テ特別ノ規定ヲ設クルコトヲ得

議員候補者制度を採る市の選擧特例

【解釋】　本條は市町村會議員の選擧に付て議員候補者制度を採る市に付ての特別の規定である。

市會議員の選擧に付ては市制の中に種々規定されて居るのであるが同じく市と稱しても中には大都市もあれば町に毛の生ひた樣な小市もある。從つて同一の制度で律することは適當でない場合がある。それ故大都市と目すべき大正十五年勅令第二百十一號を以て指定された市（市制第六條の市の區を含む）卽ち

東京市	京都市	大阪市	堺市	橫濱市
橫須賀市	川崎市	神戶市	姬路市	長崎市
佐世保市	新潟市	長岡市	前橋市	宇都宮市
津市	名古屋市	豐橋市	靜岡市	濱松市
甲府市	岐阜市	長野市	松本市	仙臺市

青森市　山形市　福井市　金澤市　富山市
岡山市　廣島市　吳　市　下關市　和歌山市
德島市　高松市　松山市　高知市　福岡市
久留米市　門司市　大牟田市　八幡市　大分市
熊本市　鹿兒島市　那覇市　札幌市　函館市
小樽市　旭川市　室蘭市　東京市の區

の市會議員（又は區會議員）の選擧に付ては左の樣な特別の規定に依らしむるのである。

府縣制準用

第一　府縣制の規定を準用する事項がある。其の要領は左の通りである。

第十三條ノ二　議員候補者にならうとする者は選擧の期日の告示のあつた日から選擧の期日前七日目迄の間に其の旨を選擧長に屆出なければならない。

2　選擧人名簿に登錄された者が他人を議員候補者に推さうとする場合は選擧の期日の告示のあつた日から選擧の期日前七日目迄の間に推薦の屆出を選擧長に爲し得るのである。

3　第一項第二項の期間內に屆出た議員候補者の數が其の選擧に於て選擧すべき議員の數を超ゆる場合に於て屆出期間の經過後議員候補者が死亡し又は議員候補

者を辭退したときは特に第一項第二項の例に依つて選擧の期日の前日迄に議員候補者の屆出又は推薦屆出を爲し得るのである。

4 議員候補者となつた者が議員候補者を辭退するには選擧長に對して其の旨屆出をしなければならない。

5 議員候補者の屆出とか推薦屆出とか辭退の屆出があつたとき又は議員候補者が死亡したことを知つたときは選擧長は直に其の旨を告示しなければならない。

第十三條ノ三　議員候補者の屆出又は推薦屆出を爲さうとする者は議員候補者一人に付て二百圓又は二百圓に相當する額面（額面金額で計算するのであつて時價で計算するものではない）の國債證書を供託局に供託しなければならない。

2 議員候補者の得票數が其の選擧區の配當議員數を以て有效投票の總數を割て得た數の十分の一に達しないときは第一項の供託物は市（又は區）の所有となるのである。

3 議員候補者が選擧の期日前十日以内に議員候補者を辭した場合は矢張り第一項の供託物は市（又は區）の所有となるのである。但し被選擧權を失つた爲め議員候補者を辭退したときは供託物は本人に還付するのである。

第二十九條ノ三　法定の期間内に（府縣制第十三條ノ二第一項第二項第三項參照）屆出た議員候補者の數が其の選擧で選擧すべき議員の數を超えないときは其の選

擧區では投票を行はないのである。

2 第一項の規定に依つて投票を行はないときは選擧長は直ちに其の旨を告示し同時に府縣知事に報告しなければならない。

4 第一項の場合には選擧長は選擧の期日の翌日から計算して五日以内に選擧會を開いて議員候補者を當選者と定めなければならない。

5 第四項の場合に議員候補者の被選擧權の有無は選擧立會人の意見を聽いた上で選擧長が之を決しなければならない。

第三十四條ノ二　選擧運動費用の制限を超えて費用を支出した爲めに當選が無效であると認むるときは（衆議院議員選擧法第百十條準用）選擧人又は議員候補者は當選人を被告として市制第三十二條の當選者定まりたるときの告示の日の翌日から計算して三十日以内に控訴院に訴訟を起し得るのである。

2 選擧事務長が衆議院議員選擧法第百十二條又は第百十三條の規定の準用に依る選擧犯罪に依り刑に處せられた爲め當選人の當選が無效であると認むるときは（衆議院議員選擧法第百三十六條準用）選擧人又は議員候補者は當選人を被告として選擧事務長を處刑する裁判の確定した日の翌日から計算して三十日以内に控訴院に當選無效の訴訟を起し得るのである。

3 第一項第二項の控訴院の判決に不服ある者は大審院に上告し得るのである。

4第一項第二項第三項の訴訟に付ては左の規定に依るのである。
衆議院議員選擧法第八十五條準用　裁判所は訴訟を裁判する場合に檢事を口頭辯論に立會はしめなければならない。
同法第八十七條準用　訴訟を起さうとする者は保證金として三百圓又は是れに相當する額面の國債證書を供託しなければならない。原告が敗訴した場合に裁判確定の日の翌日から計算して七日以內に裁判費用を完納しないときは保證金を以て是れに充て仍足らないときは之れを追徵するのである。
同法第百四十一條準用　訴訟に付ては衆議院議員選擧法の規定を準用するものの外は民事訴訟の例に依るのである。尙ほ此の訴訟に付ては裁判所は他の訴訟の順序に拘らないで速かに裁判をしなければならない。

市制町村制施行令の規定

第二　市制町村制施行令を以て特に定めた事項がある。其の要領は左の通りである。

第一に揭げた樣に選擧に付て府縣制の規定を準用する場合は

(一)市制第二十三條第三項第五項の選擧立會人と投票立會人の選任の規定に拘はらないで左の規定に依るのである。

市制町村制施行令第二十二條　議員候補者は選擧人名簿(選擧區ある場合に於ては其の選擧區の選擧人名簿)に登錄された者の中から本人の承諾を得て選擧立會人一人を定めて選擧の期日の前日迄に市長(市制第六條の市では區長)に

屆出ることを得る。但し議員候補者が死亡し又は議員候補者を辭したときは其の者が屆出た選擧立會人は失職するのである。

2 第一項の規定に依つて屆出のあつた選擧立會人が三人に達しないとき又は三人に達しなくなつたとき、選擧會を開くべき時刻迄に參會した立會人が三人に達しないとき又は其の後三人に達しなくなつたときは市長（市制第六條の市では區長）は選擧人名簿に登錄された者の中から三人に達する迄の選擧立會人を選任し直ちに是れを本人に通知して選擧に立會はしめなければならない

3 第一項第二項の規定は投票立會人と開票立會人に付て準用さるゝのである。唯此の場合に選擧人名簿に登錄された者の中からとあるのは分會の區劃內の選擧人名簿に登錄された者の中からとして準用さるゝのである。

（二）市制第二十五條第五項第七項の投票の方法の規定に拘らないで左の規定に依るのである。

市制町村制施行令第二十三條　選擧人は選擧會場に於て投票用紙に自ら議員候補者一人の氏名を記載して投函しなければならない。又自ら議員候補者の氏名を書き得ない者は投票を爲し得ないのである。

（三）市制第二十五條ノ三の投票の拒否の規定に拘らないで左の規定に依るのである。

市制町村制施行令第二十四條　投票の拒否は選擧立會人又は投票立會人の意見を聽いて選擧長又は投票分會長が是れを決するのである。

2　投票分會で投票拒否の決定を受けた選擧人が不服あるときは投票分會長は假りに投票を爲さしめなければならない。(是れは市制第二十五條ノ三第二項の規定の準用である) 此の假投票は選擧人をして之を封筒に入れて封緘し表面に自ら其の氏名を記載して投函させなければならない。(是れが市制第二十五條ノ三第三項の規定の準用である) 投票立會人に於て異議ある選擧人に對しても又同樣假りに投票を爲さしめなければならない。(是れが市制第二十五條ノ三第四項の規定の準用である)

(四) 市制第二十八條の無效投票の規定に拘らないで左の規定に依るのである。

市制町村制施行令第二十五條　左の投票は無效である。

一　成規の用紙を用ひないもの

二　現に市會議員の職に在る者の氏名を記載したもの

三　一投票中二人以上の議員候補者の氏名を記載したもの

四　議員候補者の何人であるかを確認し難いもの

五　被選擧權のない者の氏名を記載したもの

六　議員候補者の氏名の外他事を記入したもの但し爵位職業身分住所又は敬

稱の類を記入したものを除く

七　議員候補者の氏名を自書しないもの

2 第一項に掲ぐるものの外議員候補者でない者の氏名を記載した投票も矢張り無效である。

(五) 市制第二十九條の投票の效力を決定する方法の規定に拘らないで左の規定に依るのである。

市制町村制施行令第二十六條　投票の效力は選擧立會人又は開票立會人の意見を聽いて選擧長又は開票分會長が是れを決定しなければならない。

(六) 市制第三十三條第一項の當選者闕員の場合の選擧の規定に拘らないで左の規定に依るのである。

市制町村制施行令第二十七條　當選者が左に掲ぐる事由の一に該當するときは三月以內に更に選擧を行はなければならない。但し更に選擧を行はないで當選者を定め得るとき（是れは市制第三十三條第二項に規定されて居る）は選擧を行はないでよろしいのである。

一　當選を辭したとき

二　數選擧區で當選した場合に一の選擧區の當選に應じ又は抽籤に依つて一の選擧區の當選者と定まつた爲め（是れは市制第三十二條第三項に規定さ

れて居る）他の選擧區では當選者でなくなつたとき

三　選擧の期日後被選擧權がなくなつた爲め當選を失つたとき（是れは市制第三十條ノ二に規定されて居る）

四　死亡者であるとき

五　選擧犯罪に依り刑に處せられた爲め其の當選が無效となつたとき但し同一人に關して一號から四號迄の事由に依る選擧の告示を爲し又は補闕選擧の告示を爲した場合は本號卽ち五號の爲めの選擧は行はないのである。

六　選擧運動の費用の制限を超過して支出した爲め（是れは衆議院議員選擧法第百十條に規定されて居る）或は選擧事務長が選擧犯罪に依り處罰された爲め（是れは同法第百三十六條に規定されて居る）に當選が無效であると認むる場合の當選訴訟（是れは府縣制第三十四條ノ二の規定の準用である）の結果當選が無效となつたとき

（七）市制第三十六條第一項の選擧又は當選效力の異議申立の規定に拘らないで左の規定に依るのである。

市制町村制施行令第二十八條　選擧人又は議員候補者が選擧又は當選の效力に關して異議あるときは選擧に關しては選擧卽ち投票の日の翌日から當選に關しては當選者が定まつたときの告示（是れは市制第三十二條第一項に規定さ

れて居る）又は當選者がなくなり或は當選者が不足となつた場合の告示（是れは市制第三十四條第二項に規定されて居る）の日の翌日から計算して七日以內に是れを市長に申立て得る。此の場合に市長は申立を受けた日の翌日から計算して七日以內に市會の決定に付さなければならない。市會は其の送付を受けた日の翌日から計算して十四日以內に是れを決定しなければならないのである。

第三十九條ノ二
第三十六條ノ三　前條ノ規定ニ依ル選擧ニ付テハ衆議院議員選擧法第十章及第十一章竝第百四十條第二項及第百四十二條ノ規定ヲ準用ス但シ議員候補者一人ニ付定ムヘキ選擧事務所ノ數、選擧委員及選擧事務員ノ數竝選擧運動ノ費用ノ額ニ關シテハ勅令ノ定ムル所ニ依ル

1 2 前條ノ規定ニ依ル選擧ヲ除クノ外市（町村）會議員（又ハ第六條ノ市ノ區ノ區會議員）ノ選擧ニ付テハ衆議院議員選擧法第九十一條、第九十二條、第九十八條、第九十九條第二項、第百條及第百四十二條ノ規定ヲ準用ス

議員候補者制度を採る市の議員選擧の運動

【解釋】　本條は市町村會議員選擧の選擧運動に付ての規定である。

第一項（市制）　市制第三十九條ノ二の議員候補者制度を採る市の市會議員選擧の選擧運動に付ては左の規定に依るのである。

衆議院議員選擧法第八十八條準用　議員候補者は選擧事務長一人を選任しなければ

ばならない。但し議員候補者が自ら選擧事務長と爲り又は推薦屆出者（推薦屆出者が數人あるときは其の代表者）が議員候補者の承諾を得て選擧事務長を選任し若くは自ら選擧事務長と爲つても差支ない。

2 議員候補者の承諾を得ないで其の推薦の屆出をした者は第一項但書の承諾を得ないでよろしい。

3 議員候補者は文書を以て通知して選擧事務長を解任することを得る。選擧事務長を選任した推薦屆出者が議員候補者の承諾を得た場合も同樣である。

4 選擧事務長は文書を以て議員候補者及選任者に通知して辭任することを得るのである。

5 選擧事務長の選任者（自ら選擧事務長と爲つた者を含む以下之に同じ）は直ちに其の旨を選擧區内に在る警察官署の一に屆出なければならない。

6 選擧事務長に異動があつたときは第五項の規定に依り屆出をした者は直ちに其の屆出をした警察官署に其の旨を屆出なければならない。

7 第九十五條の規定に依り選擧事務長に代つて其の職務を行ふ者は第六項の例に依つて屆出でなければならない。其の者が罷めたときも同樣屆出なければならない。

同法第八十九條準用　選擧事務長でなければ選擧事務所を設置し又は選擧委員若

くは選擧事務員を選任することを得ない。

2　選擧事務長は文書を以て通知して選擧委員又は選擧事務員を解任し得るのである。

3　選擧委員又は選擧事務員は文書を以て選擧事務長に通知して辭任し得るのである。

4　選擧事務長が選擧事務所を設置し又は選擧委員若くは選擧事務員を選任したときは直ちに其の旨を第八十八條第五項の屆出のあつた警察官署に屆出なければならない。選擧事務所又は選擧委員若くは選擧事務員に異動のあつたときも同樣屆出なければならない。

市制町村制施行令第二十九條　選擧事務所は議員候補者一人に付て議員の定數（選擧區のある場合には當該選擧區の配當議員數）で選擧人名簿（選擧區ある場合には當該選擧區の選擧人名簿）確定の日に名簿に登錄された者の總數を割つて得た數が一千以上のときは二箇所を、一千未滿のときは一箇所を超えることを得ない。

2　選擧の一部が無效と爲つて更に選擧を行ふ場合、又は天災事變等の爲め更に投票を行ふ場合（市制第二十二條第四項參照）には、選擧事務所は第一項の規定に依る數を超えない範圍內で府縣知事（東京府では警視總監）の定めた數を超ゆる

ことを得ないのである。

3 府縣知事（東京府では警視總監）は選擧の期日の告示があつた後直ちに第一項第二項の規定に依る選擧事務所の數を告示しなければならないのである。

衆議院議員選擧法第九十一條準用　選擧事務所は選擧の當日に限つて投票所を設けた場所の入口から三町以內の區域に置くことを得ないのである。

同法第九十二條準用　休憩所とか其の他之に類似する設備は選擧運動の爲めに設くることを得ないのである。

市制町村制施行令第三十條　選擧委員及選擧事務員は議員候補者一人に付て議員の定數（選擧區あるときは當該選擧區の配當議員數）で選擧人名簿（選擧區ある場合は當該選擧區の選擧人名簿）確定の日に登錄された者の總數を割つて得た數が一千以上のときは選擧委員と選擧事務員を通じて十五人を、一千未滿のときは選擧委員と選擧事務員を通じて十人を超ゆることを得ないのである。

2 選擧の一部が無效と爲つて更に選擧を行ふ場合又は天災事變等の爲め更に投票を行ふ場合（市制第二十二條第四項參照）には選擧委員と選擧事務員は第一項の規定に依る數を超えない範圍で府縣知事（東京府では警視總監）の定めた數を超ゆることを得ないのである。

3 府縣知事（東京府では警視總監）は選擧の期日の告示があつた後直ちに第一項

第二項の規定に依る選擧委員及選擧事務員の數を告示しなければならないのである。

衆議院議員選擧法第九十四條準用　選擧事務長が選擧權のない者であるとき又は選擧事務に關係ある官吏吏員であつて選擧運動を爲し得ない者であるときは（是れは衆議院議員選擧法第九十九條第二項に規定されて居る）地方長官（東京府では警視總監）は直ちに其の解任又は退任を命じなければならないのである。

2　選擧事務長でない者が選擧事務所を設置したと認むるときは（是れは衆議院議員選擧法第八十九條第一項に規定されて居る）地方長官（東京府では警視總監）は直ちに其の選擧事務所の閉鎖を命じなければならない。選擧事務所の數が法定の數（是れは市制町村制施行令第二十九條第一項第二項に規定されて居る）を超えて設置されたと認むるときは其の超過した數の選擧事務所に付ても同樣閉鎖を命じなければならないのである。

3　選擧委員又は選擧事務員の數が法定の數（是れは市制町村制施行令第三十條第一項第二項に規定されて居る）を超えて選任されて居ると認むるときは地方長官（東京府では警視總監）は直ちに其の超過した數の選擧委員又は選擧事務員の解任を命じなければならない。選擧委員又は選擧事務員が選擧權がない者であるとき又は選擧事務に關係ある官吏吏員であつて選擧運動を爲し得ない者で

あるときは（是れは衆議院議員選擧法第九十九條第二項に規定されて居る）其の選擧委員又は選擧事務員に付て同様解任を命じなければならないのである。
同法第九十五條準用　選擧事務長が故障あるときはその選任者が代つて選擧事務長の職務を行ふのである。
2　推薦届出者である選任者も亦故障あるときは議員候補者の承諾を得ないで其の推薦の届出をした場合を除く外議員候補者が代つて其の職務を行ふのである。
同法第九十六條準用　選擧運動は議員候補者、選擧事務長、選擧委員又は選擧事務員でなければ爲し得ないのである。但し演説又は推薦状に依る選擧運動は誰がしても差支ない。
同法第九十七條準用　選擧事務長、選擧委員又は選擧事務員は選擧運動の爲めに要する飮食物、船車馬等の供給又は旅費、休泊料其の他の實費の辨償を受け得る。演説又は推薦状に依り選擧運動を爲す者は其の運動を爲す爲めに要する實費の辨償を受け得るのである。
2　選擧事務員は選擧運動を爲すに付て報酬を受け得るのである。
同法第九十八條準用　何人であつても投票を得る爲め若くは他人に投票を得しめる爲め又は投票を得しめない目的で戸別訪問を爲し得ないのである。
2　何人であつても第二項の目的を以て連續して個々の選擧人に對して面接し又は

電話に依つて選擧運動を爲し得ないのである。

同法第九十九條準用　選擧權のない者は選擧事務長、選擧委員又は選擧事務員と爲り得ないのである。

2 選擧事務に關係のある官吏及吏員は其の關係ある區域內の選擧運動を爲し得ないのである。

同法第百條準用　內務大臣は選擧運動の爲めに頒布し又は掲示する文書圖畫に關して命令を以て制限を設け得るのである。

同法第百一條準用　立候補の準備の爲めに要する費用を除く外選擧運動の費用は選擧事務長でなければ支出することを得ない。但し議員候補者、選擧委員又は選擧事務員は選擧事務長の文書に依る承諾を得て支出することは差支ないのである。

2 議員候補者、選擧事務長、選擧委員又は選擧事務員でない者は選擧運動の費用を支出することを得ない。但し演說又は推薦狀に依る選擧運動の費用は誰が支出しても差支ないのである。

市制町村制施行令第三十一條　選擧運動の費用は議員候補者一人に付て左に掲ぐる各號の額を超ゆることを得ないのである。

（一）議員の定數（選擧區ある場合には當該選擧區の配當議員數）で選擧人名簿

（選擧區ある場合には當該選擧區の選擧人名簿）確定の日に登錄された者の總數を割つて得た數を四十錢に乘じて得た額但し三百圓未滿のものは三百圓とする

（二）選擧の一部が無效と爲り更に選擧を行ふ場合に於ては議員の定數（選擧區ある場合には當該選擧區の配當議員數）で選擧人名簿（選擧區ある場合には當該選擧區の選擧人名簿）確定の日に關係區域の選擧人名簿に登錄された者の總數を割つて得た數を四十錢に乘じて得た額

（三）天災事變等の爲め更に投票を行ふ場合（是れは市制第三十二條第四項に規定されて居る）には（二）號の規定に準じて算出した額但し府縣知事（東京府では警視總監）が必要と認むるときは之を減額することを得るのである

2 府縣知事（東京府では警視總監）は選擧の期日の告示があつた後直ちに第一項の規定に依る額を告示しなければならないのである。

衆議院議員選擧法第百三條準用　選擧運動の爲めに財産上の義務を負擔し又は建物、船車馬、印刷物、飮食物其の他の金錢以外の財産上の利益を使用し若くは費消した場合は其の義務又は利益を時價に見積つた金額を以て選擧運動の費用と看做すのである。

同法第百四條準用　左に揭ぐる各號の費用は之を選擧運動の費用でないものと看

做すのである。

（一）議員候補者が乘用する船車馬等の爲めに要した費用

（二）選擧の期日後に選擧運動の殘務整理の爲めに要した費用

（三）選擧委員又は選擧事務員の支出した費用で議員候補者又は選擧事務長と意思を通じて支出した費用以外のもの但し第百一條第一項の規定を適用するに付ては選擧運動の費用と見るのである

（四）議員候補者の屆出あつた後（是れは市制第三十九條ノ二に依り準用の府縣制第十三條ノ二第一項第二項第三項に規定されて居る）議員候補者、選擧事務長、選擧委員又は選擧事務員でない者が支出した費用で議員候補者又は選擧事務長と意思を通じて支出した費用以外のもの但し第百一條第二項の規定を適用するに付ては選擧運動の費用と見るのである

（五）立候補準備の爲めの費用で議員候補者若くは選擧事務長と爲つた者の支出した費用又は其の者と意思を通じて支出した費用以外のもの

同法第百五條準用　選擧事務長は勅令の定むるところの帳簿を備へて是れに選擧運動の費用を記載しなければならない。

同法第百六條準用　選擧事務長は勅令の定むるところに依つて選擧運動の費用を精算して選擧の期日から十四日以内に同法第八十八條第五項の屆出をなした警察

官署を經て之を地方長官（東京府では警視總監）に屆出でなければならない。

2 地方長官（東京府では警視總監）は第一項の規定に依つて屆出のあつた選擧運動の費用を告示しなければならない。

同第百七條準用　選擧事務長は同法第百六條第一項の屆出をした日から一年間は選擧運動の費用に關する帳簿と書類を保存しなければならない。

2 第一項の帳簿と書類の種類は勅令で定めらるゝのである。

同法第百八條準用　警察官吏は選擧の期日後何時でも選擧事務長に對して選擧運動の費用に關する帳簿又は書類の提出を命じ是れを檢査し又は是れに關する說明を求めることを得るのである。

同法第百九條準用　選擧事務長が辭任し又は解任された場合には遲滯なく選擧運動の費用の計算を爲し新に選擧事務長となつた者に對して又新に選擧事務長となつた者がないときは同法第九十五條の規定に依つて選擧事務長の職務を行ふ者に對して選擧事務所、選擧委員、選擧事務員共の他に關する事務と共に其の引繼をしなければならない。同法第九十五條の規定に依つて選擧事務長の職務を行ふ者が事務の引繼を受けた後新に選擧事務長が定つたときも同樣引繼をしなければならない。

同法第百十條準用　議員候補者の爲め支出された選擧運動の費用が同法第百二條

第二項の規定に依つて告示された額を超えたときは其の議員候補者の當選は無效である。但し議員候補者及推薦屆出者が選擧事務長又は選擧事務長に代つて其の職務を行ふ者の選任及監督に付て相當の注意をし且選擧事務長又は選擧事務長に代つて其の職務を行ふ者が選擧運動の費用の支出に付て過失がなかつたときは當選が無效にはならない。

同法第百四十條第二項準用　公立學校其の他勅令を以て定むる營造物の設備は勅令の定むるところに依つて演說に依る選擧運動の爲めに其の使用を許可しなければならないのである。

同法第百四十二條準用　選擧犯罪（是れは衆議院議員選擧法第十二章罰則が準用さるるのである）に關する刑事訴訟に付ては上告裁判所は刑事訴訟法第四百二十二條第一項の五十日の期間に依らないことを得るのである。

市制町村制施行令第三十二條　衆議院議員選擧法施行令第八章選擧運動、第九章選擧運動の費用、第十二章公立學校の設備の使用の規定は市制第三十九條ノ二の議員候補者制度を採る市の市會議員選擧に準用さるるのである。其の要領は左の通りである。

衆議院議員選擧法施行令第五十三條準用　選擧事務長の選任（議員候補者又は推薦屆出者が自分で選擧事務長と爲つた場合を含む以下同樣である）の屆出

は文書を以てなし、選擧事務長の氏名と職業と住居と生年月日と選任年月日と議員候補者の氏名を記載し、且選擧事務長が選擧權ある者であることを證する書面を添へなければならない。

2 推薦屆出者が選擧事務長を選任した場合には第一項の屆出には推薦屆出者が數人あるときは其の代表者であることを證すべき書面を、又其の選任に付て議員候補者の承諾を要するときは其の承諾を得たことを證すべき書面を添へなければならない。

同令第五十四條準用　選擧委員又は選擧事務員の選任の屆出は文書を以てなし選擧委員又は選擧事務員の氏名と職業と住居と生年月日と選任年月日を記載し、且選擧委員又は選擧事務員が選擧權ある者であることを證すべき書面を添附しなければならない。

同令第五十五條準用　選擧事務所を設置する屆出は文書を以てなし選擧事務所の所在地と設置年月日を記載しなければならない。

同令第五十六條準用　選擧事務長、選擧委員、選擧事務員又は選擧事務所に異動があつたことの屆出は同令第五十三條第五十四條第五十五條の例に依つてしなければならない。

2 第一項の屆出であつて解任又は辭任に因る異動に關するものには衆議院議員

選擧法第八十八條第三項の準用若くは第四項の準用又は第八十九條第二項の準用若くは第三項の準用に依る通知のあつたことを證すべき書面を添附しなければならない。選擧事務長を選任した推薦屆出者が選擧事務長を解任した場合には併せて其の解任に付て議員候補者の承諾のあつたことを證すべき書面を添附しなければならない。

同令第五十七條準用　選擧事務長が故障のあるとき是れに代つて其の職務を行ふことの屆出は文書を以て爲し選擧事務長の氏名（選擧事務長を選任した推薦屆出者も亦故障あるときは併せて其の氏名）故障の事實と其の職務の代行を始めた年月日を記載し且故障の生じたことを證すべき書面を添附しなければならない。

2　選擧事務長が故障があるとき是れに代つて其の職務を行ふ者が是れを罷めたことの屆出は文書を以てなし故障の止んだ事實と其の職務の代行を罷めた年月日を記載し且故障の止んだことを證すべき書面を添附しなければならない。

同令第五十八條準用　選擧事務長が選擧運動の費用を支出することの承諾を與へた場合に承諾に係る費用の支出を終了したとき又は選擧の期日が經過したときは選擧事務長は遲滯なく其の承諾を受けた者に就いて支出金額（財産上の義務を負擔し又は金錢以外の財産上の利益を使用し若くは費消することの

承諾を與へた場合には其の負擔した義務又は其の使用し若くは費消した利益）、其の用途の大要と支出先と支出年月日と支出者の氏名を記載した精算書を作らなければならない。

同令第五十九條準用　演說又は推薦狀に依る選擧運動の費用で議員候補者、選擧事務長、選擧委員又は選擧事務員でない者が議員候補者又は選擧事務長と意思を通じて支出したものに付ては選擧事務長は其の都度遲滯なく議員候補者又は支出者に就いて本令第五十八條の例に依り精算書を作らなければならない。

2　第一項の費用であつて議員候補者と意思を通じて支出したものに付ては其の意思を通じた都度議員候補者は直ちに其の旨を選擧事務長に通知しなければならない。

同令第六十條準用　立候補準備の爲めに要した費用であつて議員候補者若くは選擧事務長と爲つた者が支出し又は他人が其の者と意思を通じて支出したものに付ては選擧事務長は其の就任後遲滯なく議員候補者又は支出者に就いて同令第五十八條の例に依つて精算書を作らなければならない。

同令第六十一條準用　選擧事務長は左に揭ぐる帳簿を備へなければならない。

（一）承諾簿　（二）評價簿　（三）支出簿

同令第六十二條準用　選擧事務長が選擧運動の費用の支出の承諾を與へたとき

は直ちに承諾に係る金額（財産上の義務を負擔し又は金錢以外の財産上の利益を使用し若くは費消することの承諾を與へた場合は承諾に係る義務又は利益）と其の用途の大要と承諾年月日と承諾を受けた者の氏名を承諾簿に記載しなければならない。

2 選擧事務長が選擧運動の費用を支出することの承諾を與へた後、未だ支出されない費用に付ては文書を以て其の承諾を取消し得るのである。此の場合には其の旨を第一項の例に依つて承諾簿に記載しなければならない。

3 選擧事務長が本令第五十八條の規定に依つて精算書を作つたときは直ちに支出總金額（財産上の義務を負擔し又は金錢以外の財産上の利益を使用し若くは費消することに付ては其の種類別總額）と其の用途の大要と精算年月日と承諾を受けた者の氏名を承諾簿に記載しなければならない。

同令第六十三條準用　左に掲ぐる場合には選擧事務長は直ちに財産上の義務又は金錢以外の財産上の利益を時價に見積つた金額と其の用途の大要と支出先と支出年月日と見積りの詳細な根據を評價簿に記載しなければならない。

（一）選擧事務長が選擧運動の費用として財産上の義務を負擔し又は金錢以外の財産上の利益を使用し若くは費消したとき

（二）選擧事務長が本令第五十九條第一項又は第六十條の規定に依つて財産上

の義務の負擔又は金錢以外の財產上の利益の使用若くは費消に關する精算書を作つたとき

（三）選擧事務長が本令第六十二條の規定に依つて財產上の義務の負擔又は金錢以外の財產上の利益の使用若くは費消に關する承諾簿の記載をしたとき

同令第六十四條準用　左に揭ぐる場合には選擧事務長は直ちに支出金額と其の用途の大要と支出先と支出年月日を支出簿に記載しなければならない。

（一）選擧事務長が金錢を以て選擧運動の費用を支出したとき

（二）選擧事務長が本令第五十九條第一項又は第六十條の規定に依つて金錢の支出に關する精算書を作成したとき

（三）選擧事務長が本令第六十二條第三項の規定に依つて金錢の支出に關する承諾簿の記載をしたとき

（四）選擧事務長が本令第六十三條の規定に依つて評價簿の記載をしたとき

同令第六十五條準用　衆議院議員選擧法第百九條の準用の規定に依つて事務の引繼をする場合には本令第六十六條に定むる精算屆書の樣式に準じて選擧運動の費用の計算書を作つて引繼を爲す者と引繼を受くる者とが是れに引繼の旨と引繼の年月日を記載し共に署名捺印し本令第六十八條に定むる帳簿及書類と共に其の引繼をしなければならない。

同令第六十六條準用　衆議院議員選擧法第百六條第一項の準用の規定に依る選擧運動の費用の精算の屆出は文書を以てなし內務大臣の定むる府縣制施行規則の別記の精算屆書の樣式に依らなければならない。

同令第六十七條準用　選擧運動の費用を支出したときは其の都度領收書其の他の支出を證すべき書面を徵さなければならない。但し是れを徵し難い事情のあるとき又は一口五圓未滿の支出をしたときは此の限りでない。

同令第六十八條準用　衆議院議員選擧法第百七條第二項の準用の規定に依つて帳簿と書類の種類を左の通り定められた。

（一）本令第五十八條から第六十條までの精算書　（二）本令第六十一條に揭ぐる帳簿　（三）本令第六十五條の計算書　（四）本令第六十七條の領收書其の他の支出を證すべき書面

同令第七十六條準用　衆議院議員選擧法第百四十條第二項の準用の營造物の設備は左に揭ぐるものであつて道府縣、市町村、市町村組合、町村組合、商業會議所又は農會の管理するものに限るのである。

（一）公會堂　（二）議事堂　（三）（一）と（二）の外地方長官の指定した營造物の設備

2　議事堂が國又は公共團體の他の營造物の設備と同一の建物內に在り又は是れに接續し若くは近接し其の使用に依つて國又は公共團體の事務に著しい支障

あると認むるものに付ては地方長官は豫め是れを指定して其の使用を制限し又は禁止することを得るのである。

3 第一項第二項の指定をしたときは地方長官は直ちに是れを告示しなければならない。

同令第七十七條準用　公立學校と本令第七十六條の營造物の設備の使用は選擧事務長の選任をした議員候補者又は推薦届出者に限つて是れを申請することを得るのである。

2 選擧事務長を選任した推薦届出者が死亡し或は其の他の事由に因つて第一項の申請を爲し得ないときは議員候補者が其の申請を爲し得るのである。

同令第七十八條準用　公立學校を使用しやうとするときは其の使用すべき學校の設備と日時を記載した文書を以て當該公立學校管理者に申請しなければならない。

2 同一議員候補者の爲めに二回以上同一の公立學校を使用しやうとするときは先の申請に對して許可された使用の日を經過した後でなければ更に申請を爲し得ないのである。

同令第七十九條準用　同一公立學校を同一日時に使用すべき二以上の申請があつたときは公立學校管理者は先に到達した申請書の申請に對して其の使用を

許可しなければならない。若し其の到達が同時のときは既に使用を許可された度數の少い議員候補者の爲めの申請に對して其の使用を許可をしなければならない。其の度數も亦同しであるときは申請者又は其の代人が立會の上抽籤に依つて其の使用を許可すべき者を決定しなければならない。

同令第八十條準用　本令第七十八條の規定に依る公立學校使用の申請書が到達したときは公立學校管理者は當該公立學校長の意見を徴して其の許否を決定し到達の日から二日以内に申請者又は其の代人と當該公立學校長に通知しなければならない。

同令第八十一條準用　公立學校の使用の許可は左に揭ぐる規定に依るのである。

（一）公立學校長に於て學校の授業又は諸行事に支障があると認むる場合は其の使用を許可することを得ない。

（二）職員室と事務室と宿直室と器械室と標本室其の他公立學校長が著しい支障があるものと認むる設備に付ては其の使用を許可することを得ない。

（三）使用を許可すべき期間は選擧の期日の告示のあつた日から選擧の期日の前日迄である。

（四）使用の時間は一回に付て五時間を超ゆることを得ない。

同令第八十二條準用　道廳府縣立學校管理者である地方長官は本令第七十八條

から第八十一條迄に規定する管理者の權限を學校長に委任し得るのである。

2 地方長官前項の委任を爲したときは直に是れを告示しなければならない。

同令第八十三條準用　本令第七十八條から第八十二條迄の規定は本令第七十六條の營造物の設備の使用に是れを準用する。但し公立學校長に該當する者がない場合には本令第八十一條中公立學校長とあるのは是れを管理者とするのである。

同令第八十四條準用　本令第七十六條の營造物の設備の使用に付て一般に使用に關する料金を徴收することの定あるものに關しては其の料金を徴收することは差支ない。

同令第八十五條準用　公立學校又は本令第七十六條の營造物の設備の使用の準備と其の後片付等に要する費用は使用の許可を受けた者の負擔である。

2 公立學校又は本令第七十六條の營造物の設備の使用に因つて其の設備を損傷したときは使用の許可を受けた者は之を賠償し又は原狀に復されなければならない。

同令第八十六條準用　地方長官は公立學校又は本令第七十六條の營造物の設備の管理者が本令第七十六條から第八十六條迄の規定に違反して又は不當に使用の許可をなし又は許可をなしないときは使用の許可を取消し又は使用の許可をすることを得るのである。

同令第八十七條準用　地方長官は選擧運動の爲めにする公立學校又は本令第七十六條の營造物の設備の使用に關して本令第七十六條から第八十六條に定めたもの丶外必要の規定を設くることを得るのである。

一般の市町村の議員選擧の運動

第二項　町村會議員の選擧又は市制第三十九條ノ二の市以外の市の選擧又は市制第六條の市の區の區會議員の選擧に付ては衆議院議員選擧法の中の左の規定が準用さるるのである。

第九十一條　選擧事務所は選擧の當日即ち投票の日に限つて投票所を設けた場所の入口から三町以内の區域に置くことを得ないのである。

第九十二條　休憩所其の他是れに類似する設備は選擧運動の爲めに設くることを得ないのである。

第九十八條　如何なる者であつても投票を得る爲め若くは投票を他人に得させる爲め又は投票を他人に得させない爲めの目的で戸別訪問をすることを得ないのである。戸別訪問と云ふのは連續して戸々を訪問することである。

2 如何なる者であつても第一項の目的を以て連續して個々の選擧人に面接して選擧運動をし又は電話に依つて選擧運動を爲し得ないのである。

第九十九條第二項　選擧事務に關係ある官吏と吏員は其の關係區域内に於て選擧運動を爲し得ない。選擧事務に關係ある官吏吏員と其の關係區域の意味に付て

は市町村制第十八十五條第三項に述べたところを參照せられたい。

第百條　内務大臣は選擧運動の爲めに頒布し又は掲示する文書圖畫に關して命令を以て制限を設け得るのである。

第百四十二條　選擧犯罪（是れは衆議院議員選擧法第十二章罰則が準用さるるのである）に關する刑事訴訟に付ては上告裁判所は刑事訴訟法第四百二十二條第一項の「上告裁判所は遲くも最初に定めた公判期日の五十日前に其の期日を上告申立人と對手人に通知しなければならない」とある其の五十日の期間に依らないことを得るのである。

市町村會議員其の他の選擧の罰則

第四十三十七條　本法又ハ本法ニ基キテ發スル勅令ニ依リ設置スル議會ノ議員ノ選擧ニ付テハ衆議院議員選擧ニ關スル罰則ヲ準用ス

【解釋】　本條は市町村會議員等の選擧の罰則に付ての規定である。

市町村會議員等の選擧を公正にする爲めには罰則なる威力を以て臨むことの必要であることは今更言を俟たないところである。卽ち市町村會、市町村組合會、町村組合會、區會の樣な市制町村制の直接の規定に依つて設置する議會の議員選擧と市制町村制施行令に規定する市制第六條の市の區會、北海道一級町村制に規定する一級町村會、町村組合會、部會、北海道二級町村制に規定する二級町村會、町村組合會、部會、島嶼町村制に規定する町村會町村組合會、區會

の様な市制町村制の規定に基いて發する勅令に依つて設置する議會の議員選擧に付ては衆議院議員選擧法の罰則が準用さるるのである。其の要領は左の通りである。

第百十一條　詐僞の方法を以て選擧人名簿に登錄された者は百圓以下の罰金に處せられる。

第百十二條　左に掲ぐる(一)から(五)迄の行爲をした者は二年以下の懲役若くは二年以下の禁錮又は千圓以下の罰金に處せられる。是れは通例行はるる選擧犯罪であつて選擧人又は選擧運動者に對する買收行爲を處罰するものである。

(一)當選を得る目的若くは他人に當選を得させる目的又は他人に當選を得させない目的で選擧人又は選擧運動者に對して金錢、物品其の他の財産上の利益若くは公私の職務を供與し或は其の供與の申込をなし若くは約束をなし又は饗應接待をし或は其の申込若くは約束をしたとき　是れは所謂買收である。

(二)當選を得る目的若くは他人に得させる目的又は得させない目的で選擧人又は選擧運動者に對して其の者に對する又は其の者の關係のある社寺、學校、會社、組合、市町村等に對する用水、小作、債權、寄附其の他特殊の直接の利害關係を利用して誘導したとき　是れは所謂利害關係の利用である。

(三)投票をなし若くは投票をしないこと、選擧運動をなし若くは選擧運動を止めたこと又は其の周旋勸誘をしたことの報酬とする目的で選擧人又は選擧運動

者に對して(一)に揭げた行爲をしたとき　是れは所謂事後に報酬を供與するものである。

(四)(一)若くは(三)に揭げた供與、饗應接待を受け若くは要求し、(一)若くは(三)の申込を承諾し又は(二)の誘導に應じ若くは是れを促したとき　是れは以上の買收其の他の行爲を受け又は要求するものである。

(五)(一)から(四)迄に揭げた行爲に關して周旋又は勸誘をしたとき　是れは買收其の他の行爲の周旋勸誘である。

第百十三條　左に揭ぐる(一)から(四)迄の行爲をした者は三年以下の懲役若くは三年以下の禁錮又は二千圓以下の罰金に處せられる。　是れは議員候補者又は當選人に對する買收行爲を處罰するものである。

(一)議員候補者を止めさせる目的若くは議員候補者となろうとすることを止めさせる目的で議員候補者若くは議員候補者にならうとする者に對し又は當選を辭させる目的で當選人に對して第百十二條の(一)又は(二)に揭ぐる行爲をしたとき

(二)議員候補者を止めたこと若くは議員候補者にならうとすることを止めたこと、當選を辭したこと又は其の周旋勸誘を爲したことの報酬とする目的で議員候補者であつた者、議員候補者にならうとした者又は當選人であつた者に對し

て第百十二條の(一)の行爲をしたとき
(三)(一)と(二)の供與を受け若くは饗應接待を受け若くは要求し、(一)と(二)の申込を承諾し又は(一)の誘導に應じ若くは之を促したとき
(四)(一)(二)(三)に揭ぐる行爲に關して周旋又は勸誘をしたとき
第百十四條　第百十二條第百十三條の場合に收受した利益は之を沒收する。其の全部又は一部を沒收することができないときは其の價額を追徵する。
第百十五條　選擧に關して左の(一)(二)(三)に揭げた行爲をした者は三年以下の懲役若くは三年以下の禁錮又は二千圓以下の罰金に處せられる。
(一)選擧人、議員候補者、議員候補者にならうとする者、選擧運動者又は當選人に對して暴行若くは威力を加へ又は是れを拐引したとき
(二)交通若くは集會の便を妨げ又は演說を妨害し其の他僞計詐術等不正の方法で選擧の自由を妨害したとき
(三)選擧人、議員候補者、議員候補者にならうとする者、選擧運動者若くは當選人又は其の關係ある社寺、學校、會社、組合、市町村等に對する用水、小作、債權、寄附其の他特殊の利害關係を利用して、選擧人、議員候補者、議員候補者にならうとする者、選擧運動者又は當選人を威逼したとき
第百十六條　選擧に關して官吏又は吏員が故意に其の職務の執行を怠り又は職權

を濫用して選擧の自由を妨害したときは三年以下の禁錮に處せられる。

2　官吏又は吏員が選擧人に對して其の投票しやうとし又は投票した被選擧人の氏名の表示を求めたときは三月以下の禁錮又は百圓以下の罰金に處せられる。

第百十七條　選擧事務に關係のある官吏、吏員、立會人又は監視者が選擧人の投票した被選擧人の氏名を表示したときは二年以下の禁錮又は千圓以下の罰金に處せられる。其の表示した事實が虚僞であつても同樣處罰されるのである。

第百十八條　選擧會場又は投票分會場で正當の事由がなくて選擧人の投票に干渉し又は被選擧人の氏名を認知する方法を行つた者は一年以下の禁錮又は五百圓以下の罰金に處せられる。

2　法令の規定に依らないで投票函を開き又は投票函の中の投票を取出した者は三年以下の懲役若くは三年以下の禁錮又は二千圓以下の罰金に處せられる。

第百十九條　選擧長、開票分會長、投票分會長、立會人若くは選擧監視者に暴行若くは脅迫を加へ或は選擧會場、開票分會場若くは投票分會場を騷擾し又は投票とか投票函とか其の他關係書類を抑留し毀壞し若くは奪取した者は四年以下の懲役又は四年以下の禁錮に處せられる。

第百二十條　多衆が聚合して第百十五條の(一)の罪又は第百十九條の罪を犯した者は左の區別に從て處斷せられる。

(一)首魁である者は一年以上七年以下の懲役又は一年以上七年以下の禁錮に處せられる。

(二)他人を指揮し又は他人に率先して勢を助けた者は六月以上五年以下の懲役又は六月以上五年以下の禁錮に處せられる。

(三)附和隨行した者は百圓以下の罰金又は科料に處せられる。

2 第百十五條の(一)の罪又は第百十九條の罪を犯す爲め多衆が聚合し當該公務員から解散の命を三回以上受けても仍解散しないときは首魁である者は二年以下の禁錮に處せられ其の他の者は百圓以下の罰金又は科料に處せられる。

第百二十一條　選擧に關して銃砲とか刀劍とか棍棒とか其の他人を殺傷することのできる物件を携帶した者は二年以下の禁錮又は千圓以下の罰金に處せられる。

2 警察官吏又は憲兵は必要と認むる場合に第一項の物件を領置することを得る。

第百二十二條　第百二十一條の物件を携帶して選擧會場、開票分會場又は投票分會場に入つた者は三年以下の禁錮又は三千圓以下の罰金に處せられる。

第百二十三條　第百二十一條第百二十二條の罪を犯した場合には其の携帶した物件は沒收するのである。

第百二十四條　選擧に關し多衆が集合し若くは隊伍を組んで往來し又は煙火、松明の類を用ひ若くは鐘鼓、喇叭の類を鳴らし旗幟其の他の標章を用ふる等氣勢を張

ろ行爲をし警察官吏の制止を受けても仍其の命に從はない者は六月以下の禁錮又は三百圓以下の罰金に處せられる。

第百二十五條　演說又は新聞紙、雜誌、引札、張札其の他何等かの方法で第百十二條、第百十三條、第百十五條、第百十八條、第百十九條、第百二十條、第百二十一條、第百二十二條、第百二十四條の罪を犯さしめる目的で人を煽動した者は一年以下の禁錮又は五百圓以下の罰金に處せられる。但し新聞紙及雜誌に付ては仍其の編輯人と實際編輯を擔當した者をも罰するのである。

第百二十六條　演說又は新聞紙、雜誌、引札、張札其の他何等かの方法で左の(一)(二)に揭ぐる行爲をした者は二年以下の禁錮又は千圓以下の罰金に處せられる。新聞紙及雜誌に付ては第百二十五條但書の例に依つて處罰するのである。

(一) 當選を得る目的又は他人に當選を得させる目的で議員候補者の身分とか職業とか又は經歷に關して虛僞の事項を公にしたとき

(二) 他人の當選を妨害する目的で議員候補者に關して虛僞の事項を公にしたとき

第百二十七條　選擧人でない者が投票したときは一年以下の禁錮又は五百圓以下の罰金に處せられる。

2 氏名を詐稱し其の他詐僞の方法で投票した者は二年以下の禁錮又は千圓以下の

罰金に處せられる。

3 投票を僞造し又は投票の數を增減した者は三年以下の懲役若くは三年以下の禁錮又は二千圓以下の罰金に處せられる。

4 選擧事務に關係のある官吏とか吏員とか立會人とか又は監視者が第三項の罪を犯したときは五年以下の懲役若くは五年以下の禁錮又は二千圓以下の罰金に處せられる。

第百二十八條　立會人が正當の事故がないに拘らず市制町村制又は市制町村制に基いて發する勅令に定めた義務を缺くときは百圓以下の罰金に處せられる。

第百二十九條　第九十六條の準用若くは第九十八條の準用の規定に違反した者又は第九十四條準用の規定に依る命令に從はない者は一年以下の禁錮又は五百圓以下の罰金に處せられる。

第百三十條　市制町村制施行令第二十九條第一項第二項の規定に依る定數を超え若くは衆議院議員選擧法第九十一條準用の規定に違反して選擧事務所を設置した者又は第九十二條準用の規定に違反して休憩所其の他之に類似する設備を設けた者は三百圓以下の罰金に處せられる。

2 市制町村制施行令第三十條の規定に依る定數を超えて選擧委員又は選擧事務員を選任した者は第一項と同樣處罰せられる。

第百三十一條　第八十九條第一項の準用、第九十九條の準用又は第百九條の準用の規定に違反した者は六月以下の禁錮又は三百圓以下の罰金に處せられる。

第百三十二條　第八十八條第五項第六項第七項の準用又は第八十九條第四項の準用の規定の屆出を怠つた者は百圓以下の罰金に處せられる。

2　第百條の準用の規定に依る命令に違反した者も第一項と同樣處罰される。

第百三十三條　選擧事務長又は選擧事務長に代つて其の職務を行ふ者が市制町村制施行令第三十一條第二項の規定に依り告示された額を超えて選擧運動の費用を支出し又は第百一條第一項但書の準用の規定に依る承諾を與へて支出させたときは一年以下の禁錮又は五百圓以下の罰金に處せられる。

第百三十四條　第百一條の規定に違反して選擧運動の費用を支出した者は一年以下の禁錮に處せられる。

第百三十五條　左に揭ぐる(一)から(五)迄の行爲をした者は六月以下の禁錮又は三百圓以下の罰金に處せられる。

(一)第百五條の準用の規定に違反して帳簿を備へないとき、又は帳簿に記載をしないとき若くは帳簿に虛僞の記入をしたとき

(二)第百六條第一項準用の屆出を怠り又は虛僞の屆出をしたとき

(三)第百七條第一項準用の規定に違反して帳簿又は書類を保存しないとき

（四）第百七條第一項準用の規定に依つて保存すべき帳簿又は書類に虚僞の記入をしたとき
（五）第百八條準用の規定に依る帳簿若くは書類の提出若くは檢査を拒み若くは是れを妨げ又は説明の求に應じないとき

第百三十六條　當選人が其の選擧に關して第百十一條準用から第百三十五條準用迄に掲ぐる罪を犯して刑に處せられたときは其の當選は無效となるものである。選擧事務長が第百十二條準川又は第百十三條準用の罪を犯して刑に處せられたときも同樣當選人の當選が無效となるのである。但し選擧事務長の選任と監督に付て相當の注意をしたときは當選が無效とはならない。

第百三十七條　第百十一條準用から第百三十五條準用迄に掲ぐる罪を犯した者であつて
（一）罰金の刑に處せられた者は其の裁判の確定した後五年間
（二）懲役禁錮の刑に處せられた者は其の裁判の確定した後刑の執行を終る迄の間と尙ほ其の後五年間但し特赦に依つて刑の執行の免除を受くる場合は裁判確定した後特赦を受くる迄の間と尙ほ其の後五年間、大赦特別特赦の場合或は刑の執行猶豫期間の經過した場合或は刑の時效期間滿了の場合は裁判確定した後刑の執行を受くることのなくなる迄の間は市町村會議員、市町村組合會議

員、區會議員、市制第六條の市の區會議員、北海道一級町村會議員、北海道二級町村會議員、島嶼町村會議員等の選擧權と被選擧權は勿論、衆議院議員の選擧權と被選擧權、其の他衆議院議員選擧法の罰則を準用する議會の議員例へば貴族院多額納税者議員、北海道會議員、府縣會議員、水利組合議員等の選擧權と被選擧權をも有しないのである。

尤も科料の刑に處せられた者は選擧權被選擧權の禁止を受くることはない。

2 第一項に規定する者であつても其の情狀に因つては裁判所は刑の言渡と同時に選擧權と被選擧權を失はない旨の宣告をなし又は選擧權と被選擧權を有しない期間を短縮する旨の宣告を爲し得るのである。

3 六年の懲役又は禁錮以上の刑に處せられた者は公民權のない者であり（是れは市制第九條第一項第五號に規定されて居る）從て選擧權も被選擧權もない者 町村制第七條
であるから是れ等の者には第一項第二項の選擧權被選擧權を有しないことに關する規定は適用されないのである。是れは當然のことである。

第百三十八條　第百二十七條第三項第四項準用の罪の時效は一年を經過すれば完成するのである。

2 第一項以外の第百十一條準用から第百三十五條準用迄の罪の時效は六月を經過すれば完成する。

第三十八條（町村制）特別ノ事情アル町村ニ於テハ府縣知事ハ其ノ町村ヲシテ町村會ヲ設ケス選擧權ヲ有スル町村公民ノ總會ヲ以テ之ニ充テシムルコトヲ得

2（町村制）町村總會ニ關シテハ町村會ニ關スル規定ヲ準用ス

町村總會の組織

【解釋】　本條は町村總會に付ての規定である。

第一項　山間僻陬の人煙稀なる小村などでは村公民の數が極めて尠い爲めに村會議員の選擧を行ひ其の代表者を選出して村會を組織させる樣な廻りくどい方法に依るよりも寧ろ選擧權を有する村公民の全員で町村會の爲すべき職務を行はしめる方が有效適切である場合があり得る。此の樣な特別の事情のある町村に付ては府縣知事は其の町村に町村會を設けないで選擧權を有する町村公民の總會を設けて町村會に代らしめることを得るのである。神奈川縣足柄下郡蘆の湯村が其の例である。

町村總會に準用する規定

第二項　町村總會は其の性質が町村會に代るものであるから町村會に關する規定であつて町村總會に付て必要なるもの例へば町村會の職務權限に關する規定の樣なものは町村總會に是れを準用するのである。

第二款　職務權限

本款は市町村會の職務の範圍と會議の方法に付ての規定である。

市町村會の議決すべき事件

第四十一條（第三十九條） 市町村會ハ市町村ニ關スル事件及法律勅令ニ依リ其ノ權限ニ屬スル事件ヲ議決ス

【解釋】 本條は市町村會の職務權限の中の議決すべき事件の範圍に付ての規定である。

市町村會は市町村なる法人の意思を決定することを以て其の本來の使命とする機關である。法人の意志を決定することは通例は議決なる形式で行はるるものである。それ故議決すると云ふことは市町村會の職務權限の中の最も重要なるものに屬するのである。市町村會が議決すべきものとされた事件の大體の範圍は左の通りである。

（一） 市町村に關する事件　是れは市町村制第二條に所謂法令の範圍内に於ける公共事務と從來法律命令又は慣例に依り及將來法律勅令に依り市町村に屬する事務とを云ふのである。從つて市町村に關する事件である限りは細大洩なく悉く市町村會の議決すべきものと云はなければならないのであるが其の議決した事件を執行することは市町村長の職權であるから市町村に關する事件であつて市町村長限り爲し得る範圍のものもある譯である。

（二） 法律勅令に依り市町村會の權限に屬する事件　是れは法律又は勅令に依つて直接に市町村會の權限と定められた事件を云ふのである。例へば府縣制第百九條の規定する府縣税の賦課の細目に係る事項を議決することなどである。

第四十二條（第四十條） 市町村會ノ議決スヘキ事件ノ概目左ノ如シ

一 市町村條例及市町村規則ヲ設ケ又ハ改廢スル事

二 市町村費ヲ以テ支辨スヘキ事業ニ關スル事但シ第九十三條（第七十七條）ノ事務及法律勅令ニ規定アルモノハ此ノ限ニ在ラス

三 歳入出豫算ヲ定ムル事

四 決算報告ヲ認定スル事

五 法令ニ定ムルモノヲ除クノ外使用料、手數料、加入金、市町村税又ハ夫役現品ノ賦課徴收ニ關スル事

六 不動產ノ管理處分及取得ニ關スル事

七 基本財產及積立金穀等ノ設置管理及處分ニ關スル事

八 歳入出豫算ヲ以テ定ムルモノヲ除クノ外新ニ義務ノ負擔ヲ爲シ及權利ノ抛棄ヲ爲ス事

九 財產及營造物ノ管理方法ヲ定ムル事但シ法律勅令ニ規定アルモノハ此ノ限ニ在ラス

十 市町村吏員ノ身元保證ニ關スル事

十一 市町村ニ係ル訴願訴訟及和解ニ關スル事

【解釋】本條は市町村會の議決すべき事件の中の主要なるものに付ての規定である。

市町村會の職務權限の概目

市町村會は市町村なる法人に關する事件と法律勅令に依り市町村會の權限に屬する事件を議決する職務を有するものであることは市／町村制第四十一／三十九條の規定するところである。此處に其の事件の主要なるものを擧ぐれば左の通りである。固より是れ等の事項は數多いものの中から例として抽き出したものであつて所謂例示に過ぎないのであるから尚ほ其の他にも幾多の議決すべき事項の存することは勿論である。

（一）市町村條例と市町村規則を設くること、改正すること、廢止すること　尤も例外として市／町村制第百四十五／百二十五條に依り設定する區會又は區總會を設くる條例の樣に市町村會の議決を要しないものもある。尚ほ市／町村制第十二／十條に述べたところを參照せられたい。

（二）市町村費を以て支辨すべき事業に關すること但し市／町村制第九十三／七十七條の事務と法律勅令に別段の規定あるものを除く　市町村の行ふ事業は是れに經費の件はない場合は極めて尠いのである。從つて殆んど總ての場合の市町村の事業に付ては市町村會の議決を要することになるのである。但し是れには例外があつて市／町村制第九十三／七十七條の規定に依つて市町村長其の他市町村吏員が掌る國府縣其の他公共團體の事務と法律勅令に依つて市町村が行はなければならない事務に付ては市町村會の議決を要しないのである。此の事務に付ては市町村は是れを行

ふか否かに付て考慮の餘地がないのである。

(三) 歳入出豫算を定むること　是れは第六/五章市/町村の財務の第二款歳入出豫算及決算に述べたところを參照せられたい。

(四) 決算報告を認定すること　是れは前の(三)と同樣である。

(五) 使用料、手數料、加入金、市町村税又は夫役現品の賦課徴收に關すること但し法律命令に規定あるものを除く　使用料に付ては市/町村制第百十二/九十二條第百十三/九十三條に、手數料に付ては市/町村制第百十三/九十三條第二項に、加入金に付ては市/町村制第百十二/九十二條に、市町村税と夫役現品に付ては市/町村制第百十六/九十六條に述べたところを參照せられたい。是れ等の賦課徴收に關する事項に付ては市町村會の議決を要するのであるが法律命令に規定ある事項に付ては市町村會が議決すべきものではないのである。

註　例へば市制町村制施行令の規定する市町村の内外に渉る國税に對する市町村税附加税の賦課に關すること、市町村税を徴收する方法に關すること、市/町村制第百二十五/百五條の規定する夫役現品を賦課することなどは所謂法律命令に規定ある事項である。

(六) 不動産を管理すること、處分すること、取得すること　不動産と云ふのは民法第八十六

不動産の管理の意味

不動産の處分の意味

條第一項の規定する土地と土地に定着する物例へば建物の様なものを指すことが通例であるが尙ほ其の他立木に關する法律に依り不動産と看做さるる立木の様なものもある。管理と云ふのは不動産を使用し又は不動産から生ずる利益を收むることである。處分と云ふのは不動産を賣却し或は贈與するなど其の所有權を他人に移轉すること又は不動産の上に地上權永小作權地役權質權抵當權を設定するなど所有權に制限を加へ、或は家屋の取毀ち立木の伐採原野を宅地と爲す様なことである。取得と云ふのは不動産を買受け讓受け又は家屋を新築する様なことである。

(七)　基本財産及積立金穀を設置すること、管理すること、處分すること　基本財産と積立金穀に付ては市町村制第百八十九條に述べたところを參照せられたい。又管理處分の意味に付ては前の(六)に述べたところを參照せられたい。

(八)　歳入出豫算を以て定むるものを除く外新に義務を負擔し或は權利を拋棄すること　昭和二年度の歳出豫算に市町村農會補助金が計上されて居る場合に同年度に於て豫算の執行として其の補助金を與ふる契約を爲すことは別に市町村會の議決を要しないのであるが未だ豫算に計上して居ないにも拘らず昭和三年度以降も尙ほ引續いて補助金を與ふることを昭和二年

度に於て豫め契約する様なことは是れは所謂豫算外新に義務を負擔することである。豫算外に權利を拋棄すると云ふのは市町村が有する債權を免除する様なことである。

（九）　財産營造物の管理方法を定むること但し法律勅令に規定あるものを除く　此處に所謂財産は前の（六）の不動産と（七）の基本財産積立金穀を除いた以外の財産であるから極めて狹い意味のものである。卽ち第六五章市町村の財務第一款財産營造物及市町村税のところに述べた第一財産の中の（三）公共の用に供する財産の（イ）公用物を指すのである。又營造物と云ふのは同じところの（ロ）狹い意味の營造物を云ふのである。是れ等のものの管理方法は市町村會の議決を要するのであるが法律勅令に規定のあるものに付ては議決を要しないのである。

註　例へば市町村制第百十九十條の習慣ある財産又は營造物の使用方法などは議決を要しないのである。

（一〇）　市町村吏員の身元保證に關すること　是れは市町村制第百七十一百五十一條に述べたところを參照せられたい。

（一一）　市町村に係る訴願訴訟及和解に關すること　訴願は市町村が自分で爲す場合は勿論他人の爲した訴願に對して辯明書を提出する場合をも含むのである。訴訟と云ふのは行政訴訟も民事訴訟も含む又市町村が原告である場合も被告である場合も或は參加人である場合も皆

含むのである。和解と云ふのは爭をして居る者が互に讓歩して其の爭を止むる契約であつて民法第六百九十五條と民事訴訟法第二百二十一條第三百八十一條に規定されて居る。

市會の權限の一部の委任

第四十三條 （市制）市會ハ其ノ權限ニ屬スル事項ノ一部ヲ市參事會ニ委任スルコトヲ得

【解釋】 本條は市會の權限を市參事會に委任することに付ての規定である。

市會は自分の權限であるところの事項の一部分を市參事會に委任し得るのである。委任し得る事項は市會の權限の中の議決すべき事項に限らるるのであつて議決以外の選擧とか決定とか云ふ樣な事項は委任し得ないことは市制第六十七條の市參事會の職務權限のところに市會の權限に屬する事件にして其の委任を受けたるものを議決することとあるのと照し合して見て明かであると思ふ。委任と云ふのは自分の權限であるところの事項を他人の權限に移すことである。從つて委任をした者は其の事項に付ての權限を失ひ是れに反して委任を受けた者は自分の權限として其の事項を取扱ひ得ることになるのである。尤も市會は其の委任を解除し得ることは勿論であるから此の場合は委任した事項は當然市會の權限に歸ることになるのである。

第四十四條 市
第四十一條 町村
會ハ法律勅令ニ依リ其ノ權限ニ屬スル選擧ヲ行フヘシ

【解釋】 本條は市町村會の職務權限の中の選擧に付ての規定である。

市町村會は選擧を行ふ權限もあるのである。其の行ふべき選擧は法律と勅令に依つて市町村會の權限と定められた事項に付てである。

市町村會の行ふ選擧

註　例へば市制町村制に規定する市町村長等の選擧、市町村會議長等の選擧、都市計畫地方委員會官制に規定する都市計畫地方委員の選擧などである。

市町村會の行ふ市町村事務の書面檢査

第四十五（四十二）條　市（町村）會ハ市（町村）ノ事務ニ關スル書類及計算書ヲ檢閲シ市（町村）長ノ報告ヲ請求シテ事務ノ管理、議決ノ執行及出納ヲ檢査スルコトヲ得

2　市（町村）會ハ議員中ヨリ委員ヲ選擧シ市（町村）長又ハ其ノ指名シタル吏員立會ノ上實地ニ就キ前項市（町村）會ノ權限ニ屬スル事件ヲ行ハシムルコトヲ得

【解釋】　本條は市町村會の職務權限の中の市町村事務の檢査に付ての規定である。

第一項　市町村會は市町村の事務即ち市（町村）制第二條の規定する固有事務と委任事務を檢査する權限を有するのである。市（町村）制第九十三（七十七）條の規定に依り市町村吏員の掌る國府縣其の他公共團體の事務は所謂市町村の事務ではないから市町村會が檢査し得ないものであることは勿論である。市町村會が市町村の事務を檢査する方法は二種ある。一は書面に依る檢査であり一は實地に就ての檢査である。檢査の目的は何れも市町村の事務の管理と議決の執行と出納である。事務の管理と云ふのは市町村長其の他市町村吏員の事務の取扱振りのことである。議決の執行と

云ふのは市町村會の議決した事項が市町村長等に依つて如何に執行されて居るか其の取扱振りのことである。出納と云ふのは金錢物品の出納に付ての市町村長の命令と其の命令に基く收入役の事務取扱振りの適否などのことである。書面に依る檢査の方法は左の通りである。

（一）市町村の事務に關する書類と計算書を取寄せて檢閲すること　書類と云ふのは事務を處理する爲めに作製したところの決議の書類、臺帳、往復文書などである。計算書と云ふのは會計に關する諸帳簿、計算表などである。

（二）市町村の事務に關し市町村長に報告を請求すること

市町村會の行ふ市町村事務の實地檢査

第二項　市町村會が市町村の事務を檢査する方法の一たる實地檢査は左の方法に依るのである。實地檢査と云ふのは檢査を爲すべき場所に臨んで檢査を爲すことである。檢査の目的は第一項と同樣である。

（一）市町村會議員中から委員を選擧して爲すこと　委員の數は別に規定がないが議員全員を以てすべきでないことは勿論である。委員の選擧の方法は市町村制第五十五／五十一條の規定に依るべきものである。

（二）市町村長又は市町村長の指名した市町村吏員の立會の上で爲すこと

市町村會の意見書の提出

第四十六條（町村制第四十三條） 市町村會ハ市町村ノ公益ニ關スル事件ニ付意見書ヲ市町村長又ハ監督官廳ニ提出スルコトヲ得

【解釋】本條は市町村會の職務權限の中の意見書の提出に付ての規定である。

市町村會は其の市町村の公益に關係ある事件に付て市町村會の名義で意見書を市町村長又は監督官廳に提出し得るのである。所謂市町村の公益に關する事件とは如何なるものを指すかは事實に就いて判定するの外はない。又意見書を提出するとあるから文書を以てすることに限らるるのであつて議員が出頭して口頭を以て意見を述ぶる樣なことは許されないのである。監督官廳に付ては市町村制第百五十七條（町村制第百三十七條）に述べたところを參照せられたい。

諮問に對する市町村會の答申

第四十七條（町村制第四十四條） 市町村會ハ行政廳ノ諮問アルトキハ意見ヲ答申スヘシ

2 市町村會ノ意見ヲ徵シテ處分ヲ爲スヘキ場合ニ於テ市町村會成立セス、招集ニ應セス若ハ意見ヲ提出セス又ハ市町村會ヲ招集スルコト能ハサルトキハ當該行政廳ハ其ノ意見ヲ俟タスシテ直ニ處分ヲ爲スコトヲ得

【解釋】本條は市町村會の職務權限の中の諮問に對する答申に付ての規定である。

第一項 市町村會は行政廳から諮問を受けた場合には自分の意見を答申しなければならないのである。行政廳と云ふのは行政事務を自分の名で處理する機關であつて內務大臣府縣知事の樣な

官廳は勿論市町村長をも含むのである。諮問と云ふのは行政廳が事件を處分する場合に參考の爲めに關係ある市町村會の意見を尋ねることであつて同意を求むることとは異るのである。從つて答申せられた意見に拘束さるるものではない、場合に依つては其の意見と反對な處分を爲すことも差支ないのである。

市町村會が意見を答申しない場合

第二項　行政廳が事件を處理するに付て市町村會に諮問し其の意見を徵する場合は二樣ある。一は市町村會に諮問し其の意見を徵することが法規上必要とされて居る場合であり、一は諮問すると否とは行政廳の任意である場合である。前の市町村會の意見を徵することが法規上必要とされて居る場合に種々の事故に依つて市町村會の意見の答申を得られない場合がある。是の場合に其の事故が左の(一)から(四)迄の何れかであるときは特に市町村會の意見の答申を俟たないで其の處分を爲し得るのである。

(一)　市町村會が成立しないとき　是れは議員が一人もない場合又は現に在職する議員の數が市町村制第五十二四十八條に規定する會議を開き得る數即ち議員定數の半數に滿ちない場合である。

(二)　市町村會が招集に應じないとき　是れは意見を答申する爲めに市町村會を招集したが議員が一人も招集に應じない場合又は招集に應じた議員の數が市町村制第五十二四十八條に規定する會

議を開き得る數即ち議員定數の半數に滿ちない場合である。

（三）　市町村會が意見を答申しないとき　是れは市町村會は開かれて居るが諮問に對する意見を答申することの議決をしない場合である。

（四）　市町村會を招集し得ないとき　是れは天災事變などの爲めに市町村會を招集し得ない場合である。

市會議長と副議長の選擧

議長と副議長の任期

第四十八條　（市制）市會ハ議員中ヨリ議長及副議長一人ヲ選擧スヘシ

2（市制）議長及副議長ノ任期ハ議員ノ任期ニ依ル

【解釋】　本條は市會議長と副議長の選擧と任期に付ての規定である。

第一項　市會には議長一人と副議長一人を置くのである。此の議長と副議長は市會に於て議員の中から選擧しなければならない。選擧の方法は市制第五十五條の規定に依るのである。

第二項　議長と副議長は任期がある。其の任期は議員の任期に依るのである。從つて議員が改選せらるる每に議長と副議長も改選せらるることになるのである。議長と副議長が辭任死亡等種種の事故で其の任期中闕員となつた場合は何時でも選擧を行つて是れを補充しなければならないのである。

第四十九條　(市制)議長故障アルトキハ副議長之ニ代ハリ議長及副議長共ニ故障アルトキハ臨時ニ議員中ヨリ假議長ヲ選擧スヘシ

2 (市制)前項假議長ノ選擧ニ付テハ年長ノ議員議長ノ職務ヲ代理ス年齢同シキトキハ抽籤ヲ以テ之ヲ定ム

【解釋】本條は市會議長の故障ある場合に付ての規定である。

市會議長の故障

第一項　市會議長に故障のある場合がある。此の場合は副議長が議長に代るのである。議長も副議長も共に故障のある場合もある。此の場合は市會に於て臨時に議員の中から假議長を選擧しなければならない。選擧の方法は市制第五十五條の規定に依るのである。議長と副議長の故障と云ふのは左の樣な場合である。

故障の意味

(一) 議長又は副議長が死亡し或は議長副議長の職を辭し或は議員の職を失ひ其の結果議長副議長の職をも失つた爲めに闕員となつた場合

(二) 總選擧後議長の選擧されない場合

(三) 議長又は副議長が病氣し或は忌引し或は旅行し或は自分の近親の一身上に關する事件の爲め議事に參與し得ない場合又は故意に職務を執らない場合

假議長選擧の場合の議長

第二項　市會の會議には必ず議長の職務を行ふものがなければならないのである。第一項の假議

長を選擧する場合に於ても亦同樣である。然るに此の場合は議長も副議長も共に故障があるのであるから不得止出席して居る議員の中の年長者が議長の職務を代理するのである。若し同年齢の者が二人以上あるときは抽籤して其の者の中から議長の職務を代理する者を定めるのである。抽籤の方法は別に規定がないから市會に於て適當に定め得るのである。

町村會議長となる者と其の故障

第四十五條（町村制）町村會ハ町村長ヲ以テ議長トス町村長故障アルトキハ其ノ代理者議長ノ職務ヲ代理ス町村長及其ノ代理者共ニ故障アルトキハ臨時ニ議員中ヨリ假議長ヲ選擧スヘシ

2（町村制）前項假議長ノ選擧ニ付テハ年長ノ議員議長ノ職務ヲ代理ス年齢同シキトキハ抽籤ヲ以テ之ヲ定ム

3（町村制）特別ノ事情アル町村ニ於テハ第一項ノ規定ニ拘ラス町村條例ヲ以テ町村會ノ選擧ニ依ル議長及其ノ代理者一人ヲ置クコトヲ得此ノ場合ニ於テハ市制第四十八條及第四十九條ノ規定ヲ準用ス

【解釋】本條は町村會議長となる者と其の故障ある場合に付ての規定である。

第一項　町村會には議長一人を置く。議長となる者は町村長である。町村長に故障のある場合がある。此の場合は町村長の代理者が議長の職務を代理するのである。町村長も町村長の代理者も共に故障のある場合もある。此の場合は臨時に議員の中から假議長を選擧しなければならな

い。選擧の方法は町村制第五十一條の規定に依るのである。町村長の代理者と云ふのは町村制第七十九條第二項の規定に依り助役を指すのであつて同第七十八條第二項の規定に依り町村長の事務の一部を臨時代理する町村吏員を含まないのである。故障の意味に付ては市制第四十九條第一項に述べたところを參照せられたい。

假議長選擧の場合の議長

第二項 第一項の假議長の選擧に付ては出席して居る議員の中の年長者が議長の職務を代理する。同年齢の者が二人以上あるときは抽籤で其の者の中から議長の職務を代理する者を定めるのである。尚ほ市制第四十九條第二項に述べたところを參照せられたい。

選擧に依る町村會議長と議長代理者

第三項 町村會議長となる者は町村長であることが通例であるが是れには例外がある。卽ち特別の事情ある町村では特に町村條例を設けて町村會で選擧したところの議長一人と議長代理者(副議長とは稱さない)一人を置くことを得るのである。

註 特別の事情と云ふのは例へば比較的大きい町であつて事務の狀況等が都市と餘り相違がない樣なものを指すのである。

此の場合は左の規定に依るのである。

市制第四十八條準用 町村會は議員の中から議長一人と議長代理者を一人を選

擧しなければならないのである。

2 議長と議長代理者の任期は議員の任期に依るのである。

市制第四十九條準用　議長が故障ある場合は議長代理者が代つて議長の職務を行ふのである。　議長も議長代理者も共に故障ある場合は臨時に議員の中から假議長を選擧しなければならないのである。

2 假議長の選擧に付ては年長の議員が議長の職務を代理するのである。　若し同年齢の者が二人以上あるときは抽籤で其の者の中から議長の職務を代理する者を定めるのである。

第五十條 第四十六條　市町村長及其ノ委任又ハ囑託ヲ受ケタル者ハ會議ニ列席シテ議事ニ參與スルコトヲ得但シ議決ニ加ハルコトヲ得ス

2 前項ノ列席者發言ヲ求ムルトキハ議長ハ直ニ之ヲ許スヘシ但シ之カ爲議員ノ演説ヲ中止セシムルコトヲ得ス

市町村會議員以外の者で市町村會の會議に參與する者

【解釋】　本條は市町村會議員以外の者が市町村會の議事に參與することに付ての規定である。

第一項　市町村會を構成する者は議長と議員であるから是れ等の者が會議に參與することは極めて當然のことであるが尚ほ其の外にも會議に參與し得る者があるのである。　それは市町村長と市町村長から會議に參與することの委任を受けた者又は囑託を受けた者である。　尤も是れ等の

者は議決には加はることは許されないのである。委任を受けた者と云ふのは市町村長から會議に參與することを命ぜられた市町村吏員である。囑託を受けた者と云ふのは市町村長から會議に參與することを依賴された者(市町村吏員を含まない)である。議事に參與すると云ふのは會議の席上で議案の説明を爲し或は質問に對して答辯を爲し或は意見を述べることなどである。此の規定は市町村會の行ふ議事に付てのものであつて選擧を行ふの場合に付ては別に規定はないのであるが此の場合も矢張り選擧權は行使し得ないが會議に參與し得ることは當然であると解するのが至當である。

會議に參與する者の發言

第二項 市町村長と市町村長から會議に參與することの委任又は囑託を受けた者が會議で發言を請求する場合がある。此の場合は議長は直ちに其の發言を許さなければならない。尤も議員の演説中に發言の請求があつた場合には是れが爲めに議員の演説を中止させることはできない。從つて此の場合は其の議員の演説の終つた後に發言を許すべきものである。

第五十一(四十七)條 市町村會ハ市町村長之ヲ招集ス議員定數三分ノ一以上ノ請求アルトキハ市町村長ハ之ヲ招集スヘシ

2 市町村長ハ必要アル場合ニ於テハ會期ヲ定メテ市町村會ヲ招集スルコトヲ得

3 招集及會議ノ事件ハ開會ノ日前三日目迄ニ之ヲ告知スヘシ但シ急施ヲ要スル場

合ハ此ノ限ニ在ラス

4　市町村會開會中急施ヲ要スル事件アルトキハ市町村長ハ直ニ之ヲ其ノ會議ニ付スルコトヲ得會議ニ付スル日前三日目迄ニ告知ヲ爲シタル事件ニ付亦同シ

5　市町村會ハ市町村長之ヲ開閉ス

【解釋】本條は市町村會の招集と開會閉會に付ての規定である。

市町村會を招集する者

第一項　市町村會を開會するには先づ是れを招集しなければならない。市町村會を招集することは市町村長の權限である。從つて市町村會を招集するか否かは市町村長が決することが通例である。併し乍ら是れには例外があつて議員定數の三分の一以上の者から請求がある場合は市町村長は市町村會を招集しなければならないのである。招集と云ふのは議員に對して會議に集合することを命ずる處分である。此の招集なる處分は現に議員の職に在る者全部に對して洩なく爲されなければならないのである。議員が市町村長に對して會議の招集を請求し得る場合は市町村會が自分で發案を爲し得る事件がある場合に限らるるのであるとするのが從來の取扱振りである。それ故それ以外の場合には議員に招集を請求する權限がないのであるから假令其の請求があつても市町村長は是れに應ずる義務はないと云はなければならない。

市町村會の會期

第二項　市町村會は會期を定めないで招集することが通例である。然し乍ら市町村長に於て會期

を定めることが必要であると認めた場合は會期を定めて招集することもできるのである。會期と云ふのは會議を爲し得る期間であつて例へば六月一日一日間とか六月一日から六月五日迄五日間と云ふ様なものである。會期を定めて招集した會議は其の會期を經過すれば當然閉會することになるのである。

招集と會議事件の告知

第三項 市町村會を招集するに付ては議員に豫め考慮の餘地を與ふることが適當であるから市町村會を招集すると云ふことと、其の會議に付議する事件は如何なる事件であるかと云ふことを市町村會を開會する日の前三日目迄に到達する樣に議員全部に對して告知しなければならないのである。是れが通例である。尤も此の規定は市町村長の行爲に對して制限を加へた規定であるから市町村會が自分で發案する事件に付ては此の制限は受けないものである。

註 開會する日の前三日目迄にと云ふのは例へば開會の日が一月三十日とすれば其の前一日目が二十九日、前二日目が二十八日、前三日目が二十七日に當るから一月二十七日迄に到達する樣にと云ふ意味である。

然し是れには例外がある。即ち急施を要する事件に付て市町村會を招集する場合の告知は開會の日前三日目でなくても差支ない。開會の日に告知をしても差支ないのである。急施を要する事件と云ふのは通例の告知の手續をして居る餘裕のない程急速に解決しなければならない事件

であつて例へば災害の應急の措置などである。

開會中の市町村會に急施事件を附議する場合

第四項 市町村會の開會中に急施を要する事件が發生した場合は第三項の規定する告知をすることなしに市町村長は直ちに其の事件を開會中の會議に附議し得るのである。又急施を要する事件でなくても會議に付議する日前三日目迄に告知した事件は矢張り開會中の市町村會に附議し得るのである。

註　例へば二月一日から五日迄引續いて會議が開かれて居る場合に二月二日に告知した事件であれば五日の會議には附議し得るのである。

市町村會の開會と閉會

第五項 市町村會は開會されて初めて會議を爲し得る狀態となるのである。卽ち開會と云ふのは機械を運轉する動力の樣なものである。從つて假令招集に應じて會議を開き得るだけの數の議員が參集しても開會されない間は單なる議員の集合に過ぎないのであつて會議としての行動を爲し得ないのである。又一旦開會された市町村會が閉會されたときは會議を爲し得ない狀態となるのである。卽ち閉會と云ふのは機關を運轉する動力を止むる樣なものである。此の後は矢張り會議としての行動を爲し得ないのである。此の市町村會を開會し或は閉會することは市町村長が爲すのである。此の市町村長の爲す市町村會の開會閉會と區別しなければならないのは市制第五十七條町村制第五十三條の規定に依り議長の爲す其の日の會議の開會閉會である。

第五十二條（第四十八條） 市町村會ハ議員定數ノ半數以上出席スルニ非サレハ會議ヲ開クコトヲ得ス但シ第五十四條（第五十條）ノ除斥ノ爲半數ニ滿タサルトキ、同一ノ事件ニ付招集再回ニ至ルモ仍半數ニ滿タサルトキ又ハ招集ニ應スルモ出席議員定數ヲ闕キ議長ニ於テ出席ヲ催告シ仍半數ニ滿タサルトキハ此ノ限ニ在ラス

市町村會の定足數

市町村會の定足數の例外

【解釋】本條は市町村會の定足數に付ての規定である。

市町村會は其の市町村の議員定數の半數以上の議員が出席しなければ會議を開くことを得ないのが通例である。此の會議を開く爲めに要する通例の數を定足數と云ふのである。議員定數と云ふのは市制第十三條（町村制第十一條）の規定に依つて定まるところの議員の數であつて現に在職する議員の數ではない。半數以上と云ふのは議員定數十八人の町村であれば九人以上を云ふのである。然し乍ら此の定足數の原則に對しては例外が認められて居る。即ち左に掲ぐる場合には出席議員が定足數即ち議員定數の半數に滿ちないでも會議を開き得るのである。尤も此の場合でも議長の外に議員二人の出席がなければ會議とならないと云ふのが從來の取扱振りである。

（一）市制第五十四條（町村制第五十條）の除斥の爲めに出席議員の數が議員定數の半數に滿ちない場合 是れは同條に述べたところを參照せられたい。

（二）同一の事件に付て二回招集したが出席議員の數が議員定數の半數に滿ちない場合 是れ

は或る事件に付て市町村長が市町村會を招集したところ出席議員が定足數に滿ちないで會議を開くことを得ない爲め再び同一の事件に付て市町村會を招集したところ仍ほ出席議員が定足數に滿ちない場合である。

(三)　議員が招集には應じたが出席者の數が議員定數の半數に滿ちない爲め議長に於て出席を催告したが仍ほ出席議員が半數に滿ちない場合　是れは市町村長が市町村會を招集したところ定足數の招集に應じた者があつて市町村會を開會した。從つて其の後は議長に於て其の日其の日の會議を開き得る狀態になつたのである。然るに議長が會議を開かうとする場合に出席議員が定足數を缺き議長から出席せられたい旨を招集に應じたが出席しない議員に對して催告したところそれでも出席議員が定足數に滿ちない場合又は一旦出席議員が定足數に滿ちて會議を開いたところ會議の中途で退席者を生じ定足數を缺くに至つた爲め議長が同樣出席を催告したがそれでも仍ほ出席議員が定足數に滿ちない樣な場合である。

第五十三條　市町村會ノ議事ハ過半數ヲ以テ決ス可否同數ナルトキハ議長ノ決スル所ニ依ル
第四十九條

2　議長ハ其ノ職務ヲ行フ場合ニ於テモ之カ爲議員トシテ議決ニ加ハルノ權ヲ失ハス

市町村會の議事を決する方法

【解釋】本條は市町村會の議事を決する方法に付ての規定である。

第一項　市町村會に於て行ふ議事は出席議員（但し市・町村制第五十四・五十條但書の規定に依る出席者を除く）の過半數の意見に依つて決するのである。若し可とする意見と否とする意見と同數の場合は議長が何れかに決するのである。議長の此の職權を裁決權と云ふのである。過半數と云ふのは出席議員が十八人の場合は十人以上を指すのである。此の場合の九人は正半數であつて過半數ではない。所謂議事の中には選擧を含まないことは勿論である。市町村會の行ふ選擧の方法は市・町村制第五十五・五十一條に規定されて居る。

議長たる議員の表決權と裁決權

第二項　市會と町村制第四十五條第三項の町村會では常に議員が議長となるのであるが其の他の町村會では議員でない者が議長となるのが通例である。議員が議長の職務を行ふ場合には議員として表決の權能を行ふと共に議長として裁決の權能をも行ひ得るのである。是れは從來爭のある問題であつたが今回の改正に依つて明瞭となり其の爭は一掃されたことになつたのである。

第五十四・五十條　議長及議員ハ自己又ハ父母、祖父母、妻、子孫、兄弟姉妹ノ一身上ニ關スル事件ニ付テハ其ノ議事ニ參與スルコトヲ得ス但シ市・町村會ノ同意ヲ得タルトキハ會議ニ出席シ發言スルコトヲ得

市町村會議員が市町村會の議事から除斥される場合に付ての規定である。

【解釋】本條は市町村會議員が市町村會の議事から除斥される場合に付ての規定である。

市町村會の議事を公正にする爲めには其の事件に利害關係のある者を其の議事に參與させないことが必要である。即ち議長と議員は自分の一身上に關する事件又は自分の父母、祖父母、妻、子孫、兄弟姉妹の一身上に關する事件に付ては其の議事に參與し得ないのである。尤も此の議事に參與し得ないが會議に出席して發言することに付て市町村會の同意を得たときはそれだけのことは爲し得るのである。然し議決に加はることに付ては市町村會と雖も同意を與へることは許されないのである。一身上に關する事件と云ふのは直接に利害關係のある事件と云ふ意味である。

註　例へば市町村が議員の所有地を買收する事件、議員の父を助役に定むる事件、議員の當選效力に關する異議の決定を爲す事件などである。

父母、祖父母、妻、子孫、兄弟姉妹と云ふのは自然の血族關係ある者即ち實父母實祖父母等は勿論準血族の關係ある者即ち養子と養親、養子と養親の血族との關係（民法第七百二十七條）繼父母と繼子との關係、嫡母と庶子との關係（民法第七百二十八條）ある樣なものを云ふのである。妻の父母祖父母子孫兄弟姉妹の樣な姻族關係の者は含まないのである。

第五十五條（五十一） 法律勅令ニ依リ市（町村）會ニ於テ選擧ヲ行フトキハ（本法中別段ノ規定アル場合ヲ除クノ外）一人毎ニ無記名投票ヲ爲シ有效投票ノ過半數ヲ得タル者ヲ以テ當選者トス過半數ヲ得タル者ナキトキハ最多數ヲ得タル者二人ヲ取リ之ニ就キ決選投票ヲ爲サシム其ノ二人ヲ取ルニ當リ同數者アルトキハ年長者ヲ取リ年齡同シキトキハ議長抽籤シテ之ヲ定ム此ノ決選投票ニ於テハ多數ヲ得タル者ヲ以テ當選者トス同數ナルトキハ年長者ヲ取リ年齡同シキトキハ議長抽籤シテ之ヲ定ム

2 前項ノ場合ニ於テハ第二十五條（第二十二條）及第二十八條（第二十五條）ノ規定ヲ準用シ投票ノ效力ニ關シ異議アルトキハ市（町村）會之ヲ決定ス

3 第一項ノ選擧ニ付テハ市（町村）會ハ其ノ議決ヲ以テ指名推薦又ハ連名投票ノ法ヲ用ウルコトヲ得其ノ連名投票ノ法ヲ用ウル場合ニ於テハ前二項ノ例ニ依ル

4 連名投票ノ法ヲ用ウル場合ニ於テ其ノ投票ニシテ第二十八條（第二十五條）第一號、第六號及第七號に該當スルモノ竝其ノ記載ノ人員選擧スヘキ定數ニ過キタルモノハ之ヲ無效トシ同條第二號、第四號及第五號ニ該當スルモノハ其ノ部分ノミヲ無效トス

5 連名投票ノ法ヲ用ウル場合ニ於テ過半數ノ投票ヲ得タル者選擧スヘキ定數ヲ超ユルトキハ最多數ヲ得タル者ヨリ順次選擧スヘキ定數ニ至ル迄ノ者ヲ以テ當選者トシ同數者アルトキハ年長者ヲ取リ年齡同シキトキハ議長抽籤シテ之ヲ定ム

【解釋】 本條は市町村會の行ふ選擧の方法に付ての規定である。

市町村會の行ふ選擧の方法の一

第一項　市町村會は法律勅令の規定に依つて選擧を行はなければならないことは市（町村）制第四十四（四十一）條の規定するところである。此の場合に行ふ選擧は左に掲ぐる方法に依るのである。尤も是れには例外もある。例へば名譽職市參事會員の選擧の方法に付ては市制第六十五條第二項に別段の規定がある様なものである。

選擧すべき者一人毎に無記名投票を爲し其の結果有效投票の過半數を得た者を當選者と定むるのである。過半數を得た者がない場合は最多數を得た者二人を取り其の中から決選投票に依つて當選者を定めるのである。最多數を得た者二人を取るに當り得票同數の者がある場合は年長者を取る。若し年齡も同じである場合は議長が抽籤して定めるのである。決選投票の場合には多數の得票ある者を當選者と定めるのであつて過半數の得票ある者でなくても差支ない。此の場合に得票が同數の者があるときは年長者を取る。若し年齡も同じであるときは議長が抽籤して當選者を定めるのである。數人を選擧する場合には此の方法を何回も繰返すのである。

註　例へば投票總數二十票內有效投票十九票無效投票一票とすれば有效投票の過半數は十票である。有效投票の內譯は甲九票乙五票丙五票とすれば過半數の得票者はないのである。從つて此の場合は決選投票を行はなければならない。決選投票の爲めに最多數を得た者二人を取るには得票最多數の甲と得票

同數の乙丙の中の年長者一人を取るのであるが若し乙丙が同年齢のときは議長が抽籤して乙丙の中の一人を取る。此の場合乙が抽籤に當つたとすれば甲乙二人に付て決選投票をするのである。其の結果投票總數二十票內有效投票十六票無效投票四票で有效投票の內譯は甲九票乙七票とすれば最多數の得票者甲を當選者とするのである。若し甲乙共に八票宛の得票である場合は年長者を取る。年齢も同じであるときは議長が抽籤して其の中から當選者を定むるのである。

第二項　第一項の選擧を行ふ場合に於ては左の規定に依るのである。

（一）市（町村）制第二十五（二十二）條と第二十八（二十五）條の市町村會議員の選擧の規定で準用さるるものがある。

市（町村）制第二十五（二十二）條準用　選擧は無記名投票を以て行ふのである。

2 投票は一人一票に限るのである。

5 投票用紙には自分で被選擧人一人の氏名を記載して投函しなければならない。

6 投票に關する記載に付ては勅令即ち市制町村制施行令に定むる點字は文字と看做さるるのである。

7 自分で被選擧人の氏名を書き得ない者は投票を爲し得ないのである。

8 投票用紙は議長の定むるところの一定の式に依るものを用ひなければならない

のである。

市制第二十八條／町村制第二十五條準用　左の投票は無效である。

（一）成規の用紙を用ひないもの

（二）現に選擧しやうとする地位に在る者の氏名を記載したもの

（三）一投票中に二人以上の被選擧人の氏名を記載したもの

（四）被選擧人の誰であるかを確認し難いもの

（五）被選擧權のない者の氏名を記載したもの

（六）被選擧人の氏名の外他事を記入したもの但し爵位職業身分住所又は敬稱の類を記入したものを除く

（七）被選擧人の氏名を自分で書かないもの

（二）特に規定されて居るものがある。即ち議長の決した投票の效力に付て議員が異議を申出た場合は市町村會が是れを決定するのである。

第三項　第一項の選擧に付ては第一項と第二項の規定する方法に依るのが通例であるが市町村會は其の議決に依つて左の特別の方法を用ひることもできるのである。

指名推薦の方法

（一）指名推薦の方法　指名推薦と云ふのは議長又は議員が口頭で被選擧人を指名して其の者の可否を會議に諮り過半數の贊成を得た場合に其の者を當選者と定むる方法である。此の方

法も選擧の一の方法であつて議事ではないのであるから假令可否同數の場合であつても議長が裁決權を行使して何れかに決すると云ふ譯には行かないのである。過半數の贊成を得た者がない場合は元に還つて通例の方法に依る選擧を行ふの外はないのである。

連名投票の方法の一

（二）連名投票の方法　連名投票と云ふのは選擧すべき人員の全部を一の投票用紙に書き連ねて選擧する方法であつて二人以上を選擧する場合に用ひらるるものである。此の方法を用ひる場合は第一項と第二項の例に依るのである。同項に述べたところを參照せられたい。

註　例へば二人を選擧する場合に投票總數二十票內有效投票十九票無效投票一票とすれば有效投票の過半數は十票である。有效投票の內譯は甲九票乙九票丙八票丁六票戊六票とすれば過半數の得票者はないのである。從つて此の場合は決選投票を行はなければならない。決選投票の爲めに最多數を得た者四人（是れは選擧すべき人數の倍數であつて三人選擧する場合は六人である）を取るには得票最多數の甲乙丙と得票同數の丁戊の中の年長者一人を取るのであるが若し丁戊が同年齡のときは議長が抽籤して其の中の一人を取る。此の場合丁が抽籤に當つたとすれば甲乙丙丁四人に付て決選投票を爲すのである。其の結果投票總數二十票內有效投票十六票無效投票四票で有效投票の內譯は甲二十七票乙二票丙二票丁一票とすれば最多數の得票者甲と得票同數者乙丙

の中の年長者を取る。乙丙が年齢も同じであるときは議長が抽籤して其の中から當選者を定むるのである。

同二

第四項　第一項の選擧に付て連名投票の方法を用ひる場合には左の投票は無效である。

（一）成規の用紙を用ひないものは其の投票全部が無效である。

（二）現に選擧しやうとする地位に在る者の氏名を記載したものは投票の中の其の部分だけが無效である。

（三）一投票中に記載した人員が選擧すべき者の定數を超えたものは其の投票全部が無效である。是れは十人選擧すべき場合に十二人記載してあつた樣な投票である。

（四）被選擧人の何人であるか確認し難いものは投票の中の其の部分だけが無效である。

（五）被選擧權のない者の氏名を記載したものは投票の中の其の部分だけが無效である。

（六）被選擧人の氏名の外他事を記入したものは其の投票全部が無效である。但し爵位職業身分住所又は敬稱の類を記入したものは有效である。

（七）被選擧人の氏名を自分で書かないものは其の投票全部が無效である。

同三

第五項　連名投票の方法に依る選擧に於ても過半數の得票者が當選者となることは第三項に述べた通りであるが此の場合には過半數の投票を得た者が選擧すべき者の定數を超えることがあ

る。此の場合には過半數の得票者の中最多數を得た者から順次選擧すべき定數に至る迄の者を以て當選者とするのである。此の場合得票同數の者があるときは年長者を取る。年齡も亦同じであるときは議長が抽籤して當選者を定むるのである。

註　例へば委員三人を選擧する場合に有效投票の總數二十票此の記載人員六十人て得票者の內譯は甲十四票乙十三票丙丁戊各十一票宛とすれば有效投票の過半數は十一票であるから五人共皆過半數の得票者であつて選擧すべき委員の定數を超えること二人である。此の場合には先づ甲と乙を當選者と定め次に得票同數の者であるところの丙丁戊の中から年長者を取るのである。若し丙と丁と年齡が同じで戊が年少者であるときは丙と丁の中から議長が抽籤して當選者を定めるのである。

第五十六條（市）第五十二條（町村）　市町村會ノ會議ハ公開ス但シ左ノ場合ハ此ノ限ニ在ラス

一　市長ヨリ傍聽禁止ノ要求ヲ受ケタルトキ
　　議長ノ意見ヲ以テ傍聽ヲ禁止シタルトキ

二　議長又ハ議員三（二）人以上ノ發議ニ依リ傍聽禁止ヲ可決シタルトキ

2　前項議長又ハ議員ノ發議ハ討論ヲ須ヰス其ノ可否ヲ決スヘシ

3　（町村制）第四十五條第三項ノ町村ニ於ケル町村會ノ會議ニ付テハ前二項ノ規定ニ拘ラス市制第五十六條ノ規定ヲ準用ス

【解釋】本條は市町村會の會議を公開することに付ての規定である。

市町村會の公開と傍聽禁止

第一項　市町村會の會議は是れを公開する。從つて市町村民は會議を傍聽し得ることが通例である。然し是れには例外があつて左の場合には傍聽を禁止して祕密會とするのである。

（一）　市會では市長から傍聽禁止の要求があつたとき又は議長又は議員三人以上の發議に依り傍聽禁止を可決したとき

（二）　町村會では議長の意見を以て傍聽を禁止したとき又は議員二人以上の發議に依り傍聽禁止を可決したとき

傍聽禁止は如何なる場合に爲すべきものであるかは別に規定がないのであるが會議を公開することが市町村の秩序を紊し或は公益を害する樣な場合に爲すべきものであらう。傍聽禁止と云ふことは一般の傍聽人の傍聽を禁ずる意味のものである。從つて市町村長と市町村長の委任又は囑託を受けて會議に參與する者或は監視の權能ある官吏の傍聽をも禁ずるものでないことは勿論である。

傍聽禁止の議決

第二項　市町村會の會議の傍聽禁止に付て議長又は議員の發議があつた場合は討論をしないで其の可否を決しなければならないのである。是の場合傍聽禁止の可否に付て甲論乙駁討論を用ひることは祕密會にしやうとすることの旨に悖る虞があるからである。

選擧された者の議長たる町村會の傍聽禁止

第三項（町村制）　町村制第四十五條の町村の町村會の選擧する議長と議長代理者を置く町村の町村會の會議に付ては町村制第五十二條第一項第二項の規定に依らないで市制第五十六條第一項第二項の規定を準用するのである。詳細は同條に述べたところを參照せられたい。

議長の職權

第五十七條（五十三）　議長ハ會議ヲ總理シ會議ノ順序ヲ定メ其ノ日ノ會議ヲ開閉シ議場ノ秩序ヲ保持ス

2 議員定數ノ半數以上ヨリ請求アルトキハ議長ハ其ノ日ノ會議ヲ開クコトヲ要ス此ノ場合ニ於テ議長仍會議ヲ開カサルトキハ第四十九條（四十五）ノ例ニ依ル

3 前項議員ノ請求ニ依リ會議ヲ開キタルトキ又ハ議員中異議アルトキハ議長ハ會議ノ議決ニ依ルニ非サレハ其ノ日ノ會議ヲ閉チ又ハ中止スルコトヲ得ス

【解釋】　本條は市町村會議長の職權に付ての規定である。

第一項　市町村會の議長は左に掲ぐる職權を有するのである。

（一）會議を總理すること　是れは市町村會が自分の名義で外部に對して意思を發表する様な場合に市町村會の代表者として何市町村會議長の名義で意思を發表する様なことも其の一である。

註　例へば市（町村）制第四十六（四十三）條の規定に依り公益に關する意見書を提出し、市（町村）制第四十七（四十四）條の規定に依り諮問に對して意見を答申し、其の他各種の異議を決定

する場合などには議長は市町村會を代表して其の名で意見書とか答申書とか決定書を發表するのである。

其の他會議に於て發言を許可すること採決することなどは皆議長の會議を總理する權能に屬するものである。

(二) 議事を整理すること　議長は會議の順序を定め其の日の會議を開會し或は閉會するのである。會議の順序を定むると云ふのは會議の事件を如何なる順序で議するかを定めること卽ち議事日程を定むることである。其の日の會議を開會し閉會すると云ふのは市制第五十一條町村制第四十七條の規定に依つて市町村長が市町村會を招集し開會してから閉會する迄の間の日々の會議を議長が開會し或は閉會することである。

(三) 議場の秩序を保持すること　是れは市制第五十九條町村制第五十五條と市制第六十條町村制第五十六條に規定されて居る樣なことである。

議員の請求に依り會議を開く場合

第二項　其の日の會議を開くことは第一項の規定に依つて議長の任意であることが通例である。然し是れには例外がある。卽ち議員の定數の半數以上の者から會議を開くことを請求された場合は議長は其の日の會議を開かなければならないのである。是れは議長の橫暴を防ぐ意味の規定である。若し此の場合に議長が仍會議を開かないときは議長が故障あるものとして市制町村制第

四十九 四十五條の例に依つて處置するのである。詳細は同條に述べたところを參照せられたい。此處に所謂半數以上と云ふのは議員定數十八人の場合は九人以上を指すのである。此の會議を開くことの議員の請求は市町村會に於て發案し得る事件ある場合には限らないのであつて附議されて居る事件のある場合は開會の請求を爲し得るのである。

議長限り會議を閉し得ない場合

第三項 其の日の會議を閉ぢ又は中止することは第一項の規定に依つて議長の任意であることが通例である。然し是れには例外がある。卽ち左の場合には議長は會議の議決を經た上でなければ其の日の會議を閉ぢ又は中止することを得ないのである。是れも議長の橫暴を防ぐ意味の規定である。中止と云ふのは其の日の會議を一時止むることであつて其の日の會議を閉ぢることとは異るのである。

（一） 第二項の議員の請求に依つて會議を開いた場合

（二） 其の日の會議を閉ぢ又は中止することに付て議員中異議を唱へるものがある場合

市町村會議員の心得の一

第五十八 五十四條 議員ハ選擧人ノ指示又ハ委囑ヲ受クヘカラス

2 議員ハ會議中無禮ノ語ヲ用ヰ又ハ他人ノ身上ニ渉リ言論スルコトヲ得ス

【解釋】 本條は市町村會議員の職務上の心得に付ての規定である。

第一項 市町村會議員は其の職務を盡す爲めには自分の良心の命ずるところに從つて行動しなけ

ればならないのである。他人の殊に選擧人の指示又は委囑を受けて自分の良心に反する様な行動を爲すことはできないのである。世間には市町村會議員は選擧人が選擧するものであるから其の代表者であるかの樣に思ふ者もないとは限らない。然し決して左樣な關係に在る者ではない。選擧人は議員を選擧すると云ふ一の公の役目を演じたに過ぎないのであつて其の爲めに議員との間に委任とか代理とか云ふ樣な關係は生じて來ないのである。指示と云ふことは指圖することであり委囑と云ふことは依賴することである。

同二

第二項　市町村會議員が會議に於て事件を審議する爲めに發言を爲し意見を討はすことは議員の當然の職務である。然し乍ら此の場合に無禮の語を用ひ或は人身攻擊をする樣なことは議事の妨害となり且議員の品位を傷くるものであるから爲し得ないのである。

第五十九條／五十五　會議中本法又ハ會議規則ニ違ヒ其ノ他議場ノ秩序ヲ紊ス議員アルトキハ議長ハ之ヲ制止シ又ハ發言ヲ取消サシメ命ニ從ハサルトキハ當日ノ會議ヲ終ル迄發言ヲ禁止シ又ハ議場外ニ退去セシメ必要アル場合ニ於テハ警察官吏ノ處分ヲ求ムルコトヲ得

2 議場騷擾ニシテ整理シ難キトキハ議長ハ當日ノ會議ヲ中止シ又ハ之ヲ閉ツルコトヲ得

市町村會の會議の秩序を保持する爲めの手段

【解釋】本條は市町村會の會議の秩序を保持することに付ての規定である。

第一項　市町村會の會議中に市制町村制の規定又は會議規則に違反し其の他議場の秩序を紊す樣な不心得な議員があるときは議長は左の(一)(二)の樣な處置を取り得るのである。市制町村制の規定に違反すると云ふのは市制第五十八條町村制第五十四條第二項の規定に違つて會議中無禮の語を用ひ又は人身攻擊をすることなどである。會議規則に違反すると云ふのは會議規則の規定に議員が發言しやうとするときは起立して議長と呼び自分の番號を告げて議長の許可を受けなければならないとある場合に此の規定に違つて勝手に發言をすることなどである。其の他議場の秩序を紊すと云ふのは暴行或は喧騷することなどである。

(一)　規定に違ひ其の他議場の秩序を紊す行爲を制止し又は發言の取消を爲さしむること　市制町村制の規定又は會議規則に違背し其の他議場の秩序を紊す議員に對して先づ其の行爲を制止し又は其の發言を取消さしめることができるのである。議長は此の制止又は取消を命じないで直ちに(二)の處置を爲し得ないのである。

(二)　(一)の命に從はない場合に發言を禁止し又は議場外に退去させ必要あるときは警察官吏の處分を求むること　議長が議員に對して(一)に述べた樣に行爲を制止し又は發言を取消さ

しめたに拘らず其の命に從はない場合は其の日の會議を終る迄發言を禁じ或は議場外に退去させ又場合に依つては警察官吏の處分を求め得るのである。此の處置を爲すには必ず先づ(一)の處置を爲し此の命に從はない場合でなければならない。(一)の處置をしないで直ちに此の處置を爲すことは許されないのである。發言を禁止された議員であつても採決の場合に可否の數に加はり選擧の場合に投票を爲すことは禁止されて居らないのであるから是れ等の職權を行使し得ることは勿論である。

秩序を保持し難き場合の市町村會の會議中止と閉會

第二項　議長は第一項の規定する樣な方法で議場の秩序を保つのであるが議場が騷擾であつて到底整理し難い場合は議長は其の日の會議を中止し又は閉ぢ得るのである。此の規定に依つて會議を閉ぢ又は中止する場合には市町村制第五十七条五十三條第三項の規定の適用はないのである。卽ち議員の請求に依つて開いた會議であつても又は議員中異議を唱へるものがあつても議長は會議の議決に依らないで會議を閉ぢ又は中止することを得るのである。

第六十六條五十六　傍聽人公然可否ヲ表シ又ハ喧騷ニ涉リ其ノ他會議ノ妨害ヲ爲ストキハ議長ハ之ヲ制止シ命ニ從ハサルトキハ之ヲ退場セシメ必要アル場合ニ於テハ警察官吏ノ處分ヲ求ムルコトヲ得

2 傍聽席騷擾ナルトキハ議長ハ總テノ傍聽人ヲ退場セシメ必要アル場合ニ於テハ

警察官吏ノ處分ヲ求ムルコトヲ得

【解釋】　本條は市町村會の會議の傍聽人の取締に付ての規定である。

第一項　市町村會の會議は公開するものであるから傍聽人のあることが通例である。此の傍聽人が議場で公然と可否の意見を述べ或は喧騷し其の他會議の進行を妨害する場合は議長は是れを制止し得るのである。若し傍聽人が其の命に從はない場合は最後の手段として議場から退去させることができる。又必要ある場合は警察官吏の處分をも求め得るのである。

市町村會の會議の傍聽人の取締の一

第二項　議長は第一項の規定する樣な方法で市町村會の會議の傍聽人を取締るのであるが傍聽席の多數の者が騷擾であつて第一項の樣な方法では到底取締り得ない場合には全部の傍聽人を退場させることができる。又必要ある場合は警察官吏の處分も求め得るのである。

同二

第六十一條（第五十七條）　市町村會ニ書記ヲ置キ議長ニ隷屬シテ庶務ヲ處理セシム

2　書記ハ議長之ヲ任免ス

市町村會の書記の身分と職務

【解釋】　本條は市町村會の書記に付ての規定である。

第一項　市町村會には書記を置くのである。是れは矢張り市町村會を構成する一の分子である。書記は議長に隷屬して議長の掌るところの諸般の事務に從事するものである。議長に隷屬すると云ふことは議長の部下となることである。それ故其の取扱ふ事務は市町村の事務ではあるけ

れども其の身分關係は市町村長に隷屬しないものであるから市町村制第四三章の所謂市町村吏員ではないのである。從つて市制町村制中に市町村吏員に適用するものとして規定された事項は市町村會の書記には適用がないのである。

註　例へば市制町村制第十八十五條第四項の市町村の有給吏員が市町村會議員を兼ね得ない規定、市町村制第八十九七十三條の市町村長の指揮監督を受くる規定、市町村制第百八十五五條第百八十六六條の給料及給與を受くる規定、市町村制第百七十百五十條の府縣知事の懲戒處分を受くる規定などの適用がないのである。

市町村會の書記の任免

第二項　書記を任命し或は罷免する者は議長である。書記を任命するに任期を定めた場合は其の任期滿了に依つて當然其の職を失ふことになる。任期を定めないで任命した場合は市町村會の解散があれば矢張り當然其の職を失ふことになるのであるが議員の任期滿了總辭職の場合には當然其の職を失ふことにはならないのである。

第六十二五十八條　議長ハ書記ヲシテ會議錄ヲ調製シ會議ノ顛末及出席議員ノ氏名ヲ記載セシムヘシ

2 會議錄ハ議長及議員二人以上之ニ署名スルコトヲ要ス其ノ議員ハ市町村會ニ於テ之ヲ定ムヘシ

3 （市制）議長ハ會議錄ヲ添ヘ會議ノ結果ヲ市長ニ報告スヘシ

3 （町村制）第四十五條第三項ノ町村ニ於ケル町村會ノ會議ニ付テハ市制第六十二條第三項ノ規定ヲ準用ス

市町村會の會議録とその記載事項

【解釋】 本條は市町村會の會議録に付ての規定である。

第一項 議長は書記に命じて市町村會の會議録を調製させなければならない。會議録に記載すべき事項は會議の顚末と會議に出席した議員の氏名である。會議録の調製方法とか其の樣式に付ては別に規定がない。從つて會議の開かれた都度調製してもよし又一會期の終りに纒めて調製しても差支ない。記載の方法は後日の證據となる樣重要な事項は洩なく記載すべきは勿論であるが尙ほ他日の紛議を釀すことのない樣に用紙の每葉に契印するとか文字の挿入削除訂正は認印するなど注意を拂ふことが肝要である。

會議録の署名

第二項 會議録には議長と議員二人以上の署名がなければならない。是れは會議録の正確であることを證明する爲めに必要のことである。署名と云ふのは自書の意味である。誰を署名すべき議員とするかは市町村會が定めるのである。此の議員が署名を拒んだ場合は會議録に其の旨を記載した附箋を貼つて置く外はないのである。

市會の會議の結果の報告

第三項（市制） 市會に在つては議長は會議録を添へて會議の結果を市長に報告しなければならな

い。會議錄と云ふのは正本であつて副本又は謄本を指すのではない。

町村會の會議の結果の報告

第三項（町村制）　町村制第四十五條第二項の規定に依つて町村條例を以て町村會の選擧する議長と其の代理者を置く町村の町村會の會議に付ては市制第六十二條第三項の規定が準用さるるのである。其の結果議長は會議錄を添へて會議の結果を町村長に報告しなければならないのである。是れは町村長が議長とならない點は市會と同樣であるからである。

會議規則と傍聽人取締規則

第六十三／五十九條　市／町村會ハ會議規則及傍聽人取締規則ヲ設クヘシ

2　會議規則ニハ本法及會議規則ニ違反シタル議員ニ對シ市／町村會ノ議決ニ依リ五日以內出席ヲ停止スル規定ヲ設クルコトヲ得

【解釋】　本條は市町村會の會議規則と傍聽人取締規則に付ての規定である。

第一項　市町村會は會議規則と傍聽人取締規則を設けなければならない。市町村會の會議に關する大綱は市制町村制の中に定められて居るのであるが其の詳細なる事項に付ては會議規則として市町村會が自分で定むべきものである。會議規則に規定すべき事項は開議、散會、延會、議事日程、發議、動議、讀會、討論、表決、委員、會議錄、速記錄、議場內の秩序、出席停止などに關することである。傍聽人取締規則に規定すべき事項は傍聽人が入場する場合に守らなければならない事項或は議場內で守らなければならない事項などである。

会議規則に規定すべき制裁

第二項　第一項の會議規則には市制町村制の規定或は會議規則に違反した議員に對して市町村會の議決に依り五日以内會議に出席することを停止する旨の規定を設け得るのである。

第三章　(市制)市參事會

本章は市會と相竝んで市の意思を決定する働きを爲すところの市參事會の組織と職務の範圍を規定したものである。

第一款　(市制)組織及選擧

本款は市參事會を組織する者と市參事會の選擧の方法に付ての規定である。

第六十四條　(市制)市ニ市參事會ヲ置キ左ノ職員ヲ以テ之ヲ組織ス

一　市長

二　助役

三　名譽職參事會員

2　(市制)前項ノ外市參與ヲ置ク市ニ於テハ市參與ハ參事會員トシテ其ノ擔任事業ニ關スル場合ニ限リ會議ニ列席シ議事ニ參與ス

市參事會員となる者の一

【解釋】　本條は市參事會の組織に付ての規定である。

第一項　市には其の意思を決定する機關として市會の外に市參事會を置くのである。市參事會は

左の職員を以て組織するのである。

(一) 市長　市長は法律上當然參事會員となるのである。

(二) 助役　助役も法律上當然參事會員となるのである。助役が二人以上あるときは何れも參事會員となるのである。

(三) 名譽職參事會員　是れは市制第六十五條に述べたところを參照せられたい。

同二

第二項　市參事會員となる者は通例は第一項に揭げた者であるが市參與を置く市では尙ほ市參與も參事會員となるのである。尤も市參與たる參事會員は自分の擔任して居る事業例へば電氣事業とか水道事業とかに關係ある場合の會議だけに列席し議事に參與し得るのであつて其の權限は第一項の參事會員よりは遙かに狹いものである。

第六十五條　(市制)名譽職參事會員ノ定數ハ六人トス但シ第六條ノ市ニ在リテハ市條例ヲ以テ十二人迄之ヲ增加スルコトヲ得

2 (市制)名譽職參事會員ハ市會ニ於テ其ノ議員中ヨリ之ヲ選擧スヘシ其ノ選擧ニ關シテハ第二十五條第二十八條及第三十條ノ規定ヲ準用シ投票ノ效力ニ關シ異議アルトキハ市會之ヲ決定ス

3 (市制)名譽職參事會員中闕員アルトキハ直ニ補闕選擧ヲ行フヘシ

4 （市制）名譽職參事會員ハ隔年之ヲ選擧スヘシ

5 （市制）名譽職參事會員ハ後任者ノ就任スルニ至ル迄在任ス市會議員ノ任期滿了シタルトキ亦同シ

6 （市制）名譽職參事會員ハ其ノ選擧ニ關シ第九十條ノ處分確定シ又ハ判決アル迄ハ會議ニ列席シ議事ニ參與スルノ權ヲ失ハス

名譽職參事會員の定數

名譽職參事會員の選擧方法

名譽職參事會員の補闕選擧

【解釋】 本條は名譽職參事會員の定數と、選擧の方法と、任期に付ての規定である。

第一項 名譽職參事會員の定數は六人である。但し市制第六條の市即ち東京市京都市大阪市では市條例を以て特に定數を十二人迄增加し得るのである。

第二項 名譽職參事會員となる者は市會に於て市會議員の中から選擧した者である。市會は名譽職參事會員の選擧を行はなければならない。其の選擧の方法は市會に於て行ふ選擧の通例の方法卽ち市制第五十五條の規定する方法に依らないで特に市制第二十五條と第二十八條と第三十條の規定する方法を準用して行ふのである。尤も投票の效力に關して議員が異議を唱へる場合は市會が其の投票の效力を決するのである。詳細は市制第二十五條と第二十八條と第三十條に述べたところを參照せられたい。

第三項 名譽職參事會員は其の任期中に辭職し死亡し失格するなど種々の事故の爲め闕員となる

ことがある。此の場合は市會は遲滯なく其の補闕選擧を行はなければならないのである。

名譽職參事會員選擧の時期

第四項　名譽職參事會員は隔年卽ち一年置きに選擧しなければならない。例へば昭和二年中に選擧を行つたときは中一年を置いて昭和三年中に改選しなければならないのである。此の改選の期日は前の選擧の期日と一致しなくても差支はないのである。從つて前の參事會員と次の參事會員の任期が一致しない場合はあり得るのである。

名譽職參事會員の任期

第五項　名譽職參事會員は後任の名譽職參事會員が就任する日の前日迄在職するのである。名譽職參事會員は市會議員であることが資格要件であるから若し任期中市會議員でなくなつたときは資格要件を缺くこととなり當然名譽職參事會員の職を失ふことになるのであるが然し是れには例外がある。卽ち市會議員でなくなつた原因が議員の任期の滿了した爲めである場合に限つて特に後任の名譽職參事會員が就任する迄は矢張り名譽職參事會員の職を失はないのである。

名譽職參事會員たることの未確定の間の地位

第六項　市會の行つた名譽職參事會員の選擧に付て監督官廳が市制第九十條第三項の規定に依つて取消の處分を爲す場合がある。此の場合は其の處分が確定する迄或は其の處分に對して行政訴訟があるときは其の判決のある迄は其の選擧に依つて選出された名譽職參事會員は會議に參與する權限を失はないのである。從つて假令其の選擧が無效となつても其の名譽職參事會員の

參加した會議が無效となる樣なことはないのである。

第六十六條 （市制）市參事會ハ市長ヲ以テ議長トス市長故障アルトキハ市長代理者之ヲ代理ス

市參事會議長となる者

【解釋】 本條は市參事會の議長に付ての規定である。

市參事會には議長が置かるるのである。議長となる者は市長である。是れは法律上當然議長となるのであつて別に何の手續も要しないのである。議長たる市長が故障あるときは市制第九十六條第二項の規定に依つて市長代理者たる助役が議長の職務を代理するのである。議長と共の代理者が會議から除斥された場合に付ては市制第七十條第三項の規定があるが其の他の故障ある場合如何にすべきかに付ては別に規定がないのであるから此の場合は會議を開き得ないものと解する外はない。

第二款 （市制）職務權限

本款は市參事會の職務の範圍と職務を行ふ方法に付ての規定である。

第六十七條 （市制）市參事會ノ職務權限左ノ如シ

一 市會ノ權限ニ屬スル事件ニシテ其ノ委任ヲ受ケタルモノヲ議決スル事

二　削除

三　其ノ他法令ニ依リ市參事會ノ權限ニ屬スル事件

市參事會の職務の範圍

【解釋】本條は市參事會の職務權限に付ての規定である。

市參事會は市會と相並んで市の意思を決定する機關であるが其の權限は市會に比して甚だ狹いものである。即ち其の職務の範圍は左の事件に限られて居るのである。

（一）市會の議決權限とされてある事件中で特に市會から委任されたものを議決すること　是れは市會の權限を市參事會に委任することの市制第四十三條の規定と照應するものであるから同條に述べたところを參照せられたい。

（二）其の他法令に依つて市參事會の權限と定められた事件

註　例へば意見書を提出すること（市制第四十六條）、諮問あるとき意見を答申すること（同第四十七條）、給料給與に付ての異議申立を決定すること（同第百七條）、年度を越えて納稅延期を許すこと（同第百二十八條）、市稅と夫役現品の賦課或は使用料手數料が入金の徵收或は財產營造物の使用權に付ての異議申立を決定すること（同第百三十條）、一時借入金の議決を爲すこと（同第百三十二條）、臨時出納檢査の立會人を互選すること（同第百四十一條）などである。

第六十八條 (市制)市參事會ハ市長之ヲ招集ス名譽職參事會員定數ノ半數以上ノ請求アルトキハ市長ハ之ヲ招集スヘシ

市參事會の招集

【解釋】 本條は市參事會の招集に付ての規定である。

市參事會は市長が自分だけの見込で招集するのが通例である。然し是れには例外がある。即ち名譽職參事會員の定數の半數以上の者から招集を請求された場合は市長は市參事會を招集しなければならないのである。尙ほ詳細は市制第五十一條第一項の市會の招集に付て述べたところの趣旨を參照せられたい。

第六十九條 (市制)市參事會ノ會議ハ傍聽ヲ許サス

市參事會の會議の傍聽禁止

【解釋】 本條は市參事會の會議の傍聽禁止に付ての規定である。

市參事會の會議の事項は市會の會議の事項とは異つて祕密を要する事項であることが通例である。それ故市參事會の會議は常に是れを祕密會とし傍聽を許さないのである。傍聽を許さないと云ふことは一般市町村民の傍聽を許さないと云ふ意味である。從つて市長の委任又は囑託を受けた者或は監督權のある官吏が傍聽を爲すことは固より差支ないことである。

第七十條 (市制)市參事會ハ議長又ハ其ノ代理者及名譽職參事會員定數ノ半數以上出席スルニ非サレハ會議ヲ開クコトヲ得ス但シ第二項ノ除斥ノ爲名譽職參事會員

其ノ半數ニ滿タサルトキ、同一ノ事件ニ付招集再回ニ至ルモ仍名譽職參事會員其ノ半數ニ滿タサルトキ又ハ招集ニ應スルモ出席名譽職參事會員定數ヲ闕キ議長ニ於テ出席ヲ催告シ仍半數ニ滿タサルトキハ此ノ限ニ在ラス

2 (市制)議長及參事會員ハ自己又ハ父母、祖父母、妻、子孫、兄弟姉妹ノ一身上ニ關スル事件ニ付テハ其ノ議事ニ參與スルコトヲ得ス但シ市參事會ノ同意ヲ得タルトキハ會議ニ出席シ發言スルコトヲ得

3 (市制)議長及其ノ代理者共ニ前項ノ場合ニ當ルトキハ年長ノ名譽職參事會員議長ノ職務ヲ代理ス

市參事會の定足數

【解釋】本條は市參事會の定足數と除斥に付ての規定である。

第一項　市參事會は議長又は其の代理者と名譽職參事會員が其の定數の半數以上出席しなければ會議を開くことを得ない。是れが通例である。但し是れには例外があつて左の(一)(二)(三)の場合に限つて名譽職參事會員の出席者が定足數卽ち定數の半數に滿ちなくても會議を開き得るのである。尤も此の場合であつても議長の外に參事會員二人の出席がなければ會議とはならないと云ふのが從來の取扱振りである。

(一)　第二項の除斥の爲め出席の名譽職參事會員が定數の半數に滿ちないとき　是れは第二項に述べたところを參照せられたい。

（二）同一の事件に付て再度招集をしたが仍ほ名譽職參事會員が定數の半數に滿ちないとき是れは市制第五十二條の市會の招集に付て述べたところの趣旨を參照せられたい。

（三）招集に應じたけれども出席した名譽職參事會員が定數を闕いた爲め議長が出席を催告したが尙ほ半數に滿ちないとき　是れは市制第五十二條の市會の招集に付て述べたところの趣旨を參照せられたい。

議事に參與し得ない場合

第二項　議長又は參事會員は自分の一身上に關する事件又は自分の父母、祖父母、妻、子孫、兄弟姉妹の一身上に關する事件に付ては其の議事に參與し得ないのである。但し市參事會の同意を得た場合は其の會議に出席して發言することだけは爲し得るのである。是れは市制第五十四條の市會議員の除斥に付て述べたところの趣旨を參照せられたい。

議長の除斥さるる場合の議長の職務

第三項　議長たる市長も又其の代理者も共に第二項の規定に依つて除斥された場合は出席して居る名譽職參事會員の中の年長者が議長に代つて其の職務を行ふのである。年長者を取る場合に同年齡の者があるとき如何にすべきかに付ては何の規定もないのであるが抽籤を爲す等適宜の方法に依ることなどが適當の措置ではあるまいか。

第七十一條　（市制）第四十六條第四十七條第五十條第五十一條第二項及第五項第五十

三條第五十五條第五十七條乃至第五十九條第六十一條竝第六十二條第一項及第二項ノ規定ハ市參事會ニ之ヲ準用ス

市參事會の職權と其の執行方法

【解釋】 本條は市參事會の職務を行ふことに關しての規定である。

市參事會の職務の範圍と職務を行ふ方法に關しては市會に關する左の規定が準用さるるのである。詳細は各條のところに述べた趣旨を參照せられたい。

(一) 市の公益に關する事件に付て意見書を市長又は監督官廳に提出すること　是れは市制第四十六條の規定の準用である。

(二) 行政廳の諮問あるとき答申する意見に關すること　是れは市制第四十七條の規定の準用である。

(三) 市長の委任又は囑託を受けた者の議事に參與すること　是れは市制第五十條の規定の準用である。

(四) 市參事會の招集に付て會期を定むることと市參事會の開閉に關すること　是れは市制第五十一條第二項第五項の規定の準用である。

(五) 市參事會の議事を決する方法に關すること　是れは市制第五十三條の規定の準用である。

（六）市參事會に於て行ふ選擧の方法に關すること　是れは市制第五十五條の規定の準用である。

（七）議長の職權に關すること　是れは市制第五十七條の規定の準用である。

（八）參事會員の職務上爲し得ない事項に關すること　是れは市制第五十八條の規定の準用である。

（九）議場の秩序を保持する方法に關すること　是れは市制第五十九條の規定の準用である。

（一〇）市參事會の書記に關すること　是れは市制第六十一條の規定の準用である。

（一一）會議錄の調製に關すること　是れは市制第六十二條第一項第二項の規定の準用である。

第四章　市町村吏員（第三章）

本章は市町村の事務を執行する働きを爲すところの市町村吏員の組織と職務の範圍に付ての規定である。市町村なる法人の事務に付て頭腦の働きをするものは市町村會であるとすれば手足の働きをするものは此の市町村吏員である。市町村の機關として極めて重要なるものである。

第一款（第一款）　組織選擧及任免

本款は市町村吏員は如何なる者を以て組織するか其の就職は如何なる手續に依るかに付ての規定である。

市町村長助役を置くことと其の定數

第七十二條（市）第六十條（町村） 市ニ市長／町村ニ町村長及助役一人ヲ置ク但シ第六條ノ市ノ助役ノ定數ハ内務大臣之ヲ定ム／町村條例ヲ以テ助役ノ定數ヲ増加スルコトヲ得

2（市制）助役ノ定數ハ市條例ヲ以テ之ヲ増加スルコトヲ得

3（市制）特別ノ必要アル市ニ於テハ市條例ヲ以テ市參與ヲ置クコトヲ得其ノ定數ハ其ノ市條例中ニ之ヲ規定スヘシ

【解釋】本條は市町村長助役市參與を置くことに付ての規定である。

第一項 市町村の事務を執行する機關として市町村に市町村長一人と助役一人を置くのである。尤も助役の定數に付ては増員を爲し得る途が開かれて居る。即ち市に在つては市制第六條の市の助役の定數は別に内務大臣が定むるのである。又第二項に依り市條例を設けて増員を爲すこともできるのである。

註　市制第六條の市の助役の定數は明治四十四年内務省令第一三號に依つて東京市三人京都市二人大阪市二人と定められて居る。

町村に在つては町村條例を設けて増員を爲し得るのである。然し是れは事務の繁多とか云ふ様な特別の事情ある町村に限つて認めらるる特例であらうと思ふ。

市助役の定員増加

第二項（市制）　市では市條例を以て助役の定數を增加し得るのである。是れも矢張り事務の繁多とか云ふ樣な特別の事情ある市に限つて認めらるる特例であらうと思ふ。

市參與を置くことと其の定數

第三項（市制）　特別の必要のある市では市條例を以て市參與を置くことを得るのである。市參與の定數は市參與を置くことを定むる市條例の中に規定しなければならない。特別の必要あると云ふのは市營の電氣とか瓦斯とか水道など大規模の事業を行ふ場合に其の事務を一般事務から分離して專門的に取扱を爲す者を置くことを必要とする樣な場合などである。

市長の性質と任期

第七十三條　（市制）市長ハ有給吏員トシ其ノ任期ハ四年トス

2 （市制）市長ハ市會ニ於テ之ヲ選擧ス

3 （市制）市長ハ其ノ退職セムトスル日前三十日目迄ニ申立ツルニ非サレハ任期中退職スルコトヲ得ス但シ市會ノ承認ヲ得タルトキハ此ノ限ニ在ラス

【解釋】　本條は市長の性質と、任期と、就職に付ての規定である。

第一項　市長は有給の市吏員である。從つて名譽職員とは異り市制第百七十條第六項の規定に依り懲戒解職されて二年を經ない者とか、其の他法令に依つて特に禁ぜられた者の外は市公民でなくても市長となり得るのである。市長は任期がある。其の任期は四年である。任期は市長に選擧されたる者が就職することを承諾した日から計算することが通例である。尤も現任市長の

任期中に後任市長を選擧して當選人が就職を承諾した場合は現任市長の任期の滿了した日の翌日就職するものであるから從つて其の日から任期を計算するのである。選擧の日から任期を計算すべきものではないのである。それ故當選者が就職を承諾すること或は承諾しないことの意思は書面に依つて表示させることに取扱ひ行違の起ることのない樣注意を拂ふことが肝要である。

市長の選擧

第二項　市長は市會に於て選擧するのである。選擧の方法は市制第五十五條の規定に依るべきものである。

市長の任期中の退職

第三項　市長が任期中に退職するには退職の豫定日の前三十日目迄に退職の申立をしなければならないのである。即ち退職申立の日の翌日から計算して三十日目に至つて退職ができるのである。尤も是れには例外があつて市會が退職の申立を承認したときは假令三十日の期間を經過しなくても退職ができるのてある。

第七十四條　(市制)市參與ハ名譽職トス但シ定數ノ全部又ハ一部ヲ有給吏員ト爲スコトヲ得此ノ場合ニ於テハ第七十二條第三項ノ市條例中ニ之ヲ規定スヘシ

2 (市制)市參與ハ市長ノ推薦ニ依リ市會之ヲ定ム

3 (市制)名譽職市參與ハ市公民中選擧權ヲ有スル者ニ限ル

【解釋】　本條は市參與の性質と就職に付ての規定である。

市參與の性質

第一項　市參與は名譽職の市吏員である。尤も是れには例外があつて市參與の定數の全部又は一部を有給吏員と爲し得るのである。此の場合は市制第七十二條第三項の市參與を置くことの市條例の中に其のことを規定しなければならないのである。

市參與の選定

第二項　市參與は市長に於て適當と認むる者を市會に推薦し市會は其の推薦に基いて是れを定むるのである。是れを通例選定と云ふのである。若し市會が其の者を市參與に定めなかつた場合は更に市長が適當と認むる者を推薦する外はないのである。市參與を定むることは選擧ではなく議事であるから市制第五十三條の規定に依るべきものである。

市參與たる資格

第三項　名譽職市參與となる者は市公民であつて市會議員の選擧權を有する者に限らるるのである。此の資格は市參與となるときだけでなく其の職に在る間常に缺くことのできないものである。有給市參與となる者に付ては別に其の資格を定めたものがないのであるから特に禁ぜられた者の外は誰でも差支ないのである。是れは市制第七十三條第一項に述べたところを參照せられたい。

第七十五條　（市制）助役ハ有給吏員トシ其ノ任期ハ四年トス

2 (市制) 助役ハ市長ノ推薦ニ依リ市會之ヲ定メ市長職ニ在ラサルトキハ市會ニ於テ之ヲ選擧ス

3 (市制) 第七十三條第三項ノ規定ハ助役ニ之ヲ準用ス

【解釋】本條は市の助役の性質と、任期と、就職に付ての規定である。

市助役の性質と任期

第一項 市の助役は有給の市吏員である。助役は任期がある。其の任期は四年である。任期に付ては市制第七十三條第一項に述べたところを參照せられたい。

市助役の選定と選擧

第二項 助役は市長に於て適當と認むる者を市會に推薦し市會は其の推薦に基いて是れを定むるのである。此の選定に付ては市制第七十四條第二項に述べたところを參照せられたい。此處に所謂市長は本當の市長を指すのであるから市長の職務を取扱ふ助役或は臨時代理者、職務管掌の官吏は助役を推薦することはできないのである。從つて市長が在職しない場合は助役の選定は爲し得ないのであるから此の場合は市會に於て助役を選擧するのである。選擧の方法は市制第五十五條に依るべきものである。市長が在職しない場合と云ふのは市長が闕員の場合は勿論のこと市制第八十四條第二項第百七十條第五項の規定に依り職務の執行を停止された場合などを云ふのである。

市助役の任期中の退職

第三項 市の助役が任期中に退職することに付ては市制第七十三條第三項の規定が準用さるるの

重要なる市吏員に對する公民權の附與

町村長と町村助役の性質

町村長助役を有給とする場合

である。同條に述べたところを參照せられたい。

第七十六條 (市制)市長有給市參與及助役ハ第九條第一項ノ規定ニ拘ラス在職ノ間其ノ市ノ公民トス

【解釋】 本條は重要なる有給市吏員に公民權を與ふことに付ての規定である。市長と有給市參與と市助役は何れも市の重要なる吏員であるが其の性質が有給吏員である爲めに市公民でない者が其の職に在る場合がある。此の場合には市制第九條第一項の規定する公民權の要件に拘らず特に其の職に在る間だけ是れ等の者を市公民とするのである。是れは重要なる職に在る市吏員を優遇する趣旨の規定である。從つて其の職を去れば其の後市制第九條第一項の公民權の要件を具へるに至つた場合の外は同時に公民權を失ふことになるのである。

第六十一條 (町村制)町村長及助役ハ名譽職トス

2 (町村制)町村ハ町村條例ヲ以テ町村長又ハ助役ヲ有給ト爲スコトヲ得

【解釋】 本條は町村長と町村助役の性質に付ての規定である。

第一項 町村長と町村の助役は名譽職の町村吏員である。尤も是れには第二項に例外が認められて居る。

第二項 町村長と町村助役は名譽職吏員であることを通例とすることは第一項の規定するところ

であるが町村は町村條例を以て是れを有給吏員とすることもできるのである。是れは有給吏員とすることが人材を得る爲め或は町村の事務を專ら掌らせる爲めに必要ある樣な場合に認めらるべき特例であらうと思はる。

町村長と町村助役の任期

第六十二條（町村制）町村長及助役ノ任期ハ四年トス

【解釋】 本條は町村長と町村の助役の任期に付ての規定である。

町村長と町村の助役には任期がある。其の任期は四年である。任期に付ては市制第七十三條第一項の市長の任期に付て述べたところを參照せられたい。

町村長の選擧

第六十三條（町村制）町村長ハ町村會ニ於テ之ヲ選擧ス

2（町村制）助役ハ町村長ノ推薦ニ依リ町村會之ヲ定ム町村長職ニ在ラサルトキハ前項ノ例ニ依ル

3（町村制）名譽職町村長及名譽職助役ハ其ノ町村公民中選擧權ヲ有スル者ニ限ル

4（町村制）有給町村長及有給助役ハ第七條第一項ノ規定ニ拘ラス在職ノ間其ノ町村ノ公民トス

【解釋】 本條は町村長と町村の助役の選擧、選定と公民權を與ふることに付ての規定である。

第一項、 町村長は町村會に於て選擧するのである。選擧の方法は町村制第五十一條の規定に依る

べきものである。

町村助役の選定と選擧

第二項　町村の助役は町村長に於て適當と認むる者を町村會に推薦し町村會は其の推薦に基いて是れを定むるのである。若し町村會が其の者を助役に定めなかつた場合は更に町村長に於て適當と認むる者を推薦する外はないのである。助役を定めることは選擧ではなく議事であるから町村制第四十九條の規定に依るべきものである。此處に所謂町村長は本當の町村長を指すのであるから町村長の職務を取扱ふ助役或は臨時代理者、職務管掌の官吏は助役を推薦することはできないのである。從つて町村長が在職しない場合は助役の選定は爲し得ないのであるから此の場合は町村會に於て選擧するのである。選擧の方法は町村制第五十一條に依るべきものである。町村長が在職しない場合の意味は市制第七十五條第二項の趣旨を參照せられたい。

名譽職町村長助役たる資格

第三項　名譽職の町村長と助役となる者は其の町村の公民で町村會議員の選擧權を有する者に限る而も此の資格は選ばるる當時は勿論その後其の職に在る間常に缺くことを得ないのである。

重要なる町村吏員に對する公民權の附與

第四項　有給町村長と有給助役は町村制第七條第一項の規定する公民權の要件に拘らず特に其の職に在る間だけ町村公民とするのである。尙ほ市制第七十六條に述べた趣旨を參照せられたい。

第六十四條（町村制）有給町村長及有給助役ハ其ノ退職セムトスル日前三十日目迄ニ

申立ツルニ非サレハ任期中退職スルコトヲ得ス但シ町村會ノ承認ヲ得タルトキハ此ノ限ニ在ラス

有給町村長と有給町村助役の任期中の退職

【解釋】本條は有給の町村長と町村の助役の退職に付ての規定である。

有給町村長と有給町村助役が任期中に退職するには退職の豫定日の前三十日目迄に退職の申立をしなければならないのである。即ち退職申立の日の翌日から計算して三十日目に至つて退職ができるのである。尤も是れには例外があつて町村會が退職の申立を承認したときは假令三十日の期間を經過しなくても其の承認のあつた日から退職ができるのである。

市町村長助役市參與の就職の制限

第七十七條（第六十五條） 市長（町村長）市參與……及助役ハ第十八條（第十五條）第二項又ハ第四項ニ掲ケタル職ト兼ヌルコトヲ得ス又其ノ市（町村）ニ對シ請負ヲ爲シ又ハ其ノ市（町村）ニ於テ費用ヲ負擔スル事業ニ付市長（町村長）若ハ其ノ委任ヲ受ケタル者ニ對シ請負ヲ爲ス者及其ノ支配人又ハ主トシテ同一ノ行爲ヲ爲ス法人ノ無限責任社員、取締役、監査役若ハ之ニ準スヘキ者、清算人及支配人タルコトヲ得ス

【解釋】本條は市町村長と市町村助役と市參與の他の職業に從事することの制限に付ての規定である。

市町村長と助役と市參與は其の職に在り乍ら左の（一）（二）の職を兼ぬることを得ない。又左の

（三）から（六）迄の者となることを得ないのである。從つて市町村長助役市參與が左の（一）（二）の職に就き又は（三）から（六）迄の者となるには市町村長助役市參與の職を辭さなければならないのである。又左の（一）（二）の職に在る者又は（三）から（六）迄の者が市町村長助役市參與の職に就くには（一）（二）の職を辭し又は（三）から（六）迄の者でなくなつてからでなければならないのである。卽ち市町村會に於て是れ等の者を市町村長助役市參與に選擧し或は選定することは差支ないのであつて唯選擧又は選定された者が就職を承諾するには（一）（二）の職を辭し又は（三）から（六）迄の者でなくなつた上でなければならない迄のことである。

（一）在職の檢事と警察官吏と收稅官吏　是れは市町村制第十八十五條第二項に述べたところを參照せられたい。

（二）市町村の有給の吏員敎員其の他の職員であつて在職中の者　是れは市町村制第十八十五條第四項に述べたところを參照せられたい。

（三）其の市町村に對して請負を爲す者

（四）其の市町村が費用を負擔する事業に付て市町村長或は市町村長から委任を受けた者に對して請負を爲す者

（五）前の（三）と（四）の請負を爲す者の支配人

（六）主として市町村に對して請負を爲し又は市町村が費用を負擔する事業に付て市町村長或は市町村長から委任を受けた者に對して請負を爲す法人の無限責任社員、取締役、監査役、取締役監査役に準ずべき者、淸算人、支配人

（三）から（六）迄の者に付ては市制第三十二條第六項第七項（町村制第二十九條第五項第六項）に述べたところを參照せられたい。

市町村の重要なる有給吏員の他の業務に從事することの制限の一

第七十八條（第六十六條） 市長（有給町村長）ハ府縣知事ノ許可ヲ受クルニ非サレハ他ノ報償アル業務ニ從事スルコトヲ得ス

2 市長……有給市參與及有給助役（有給町村長……有給助役）ハ會社ノ取締役監査役若ハ之ニ準スヘキ者淸算人又ハ支配人其ノ他ノ事務員タルコトヲ得ス

【解釋】本條は市長と有給の市參與町村長助役の他の職業に從事することの制限に付ての規定である。

第一項 市長と有給町村長は有給吏員であつて市町村から給料を受け專心公務を奉ずべき地位にある者であるから他の報償のある業務に從事することは許されないのである。尤も是れには例外がある。卽ち府縣知事の許可を受けた場合は他の報償ある業務に從事することも差支ないの

である。報償と云ふのは他人の依頼を受け或は他人に雇はれて働いた代りに受ける金錢物品などである。業務と云ふのは職業のことである。尤も此處に所謂業務の中には官公職を含まないのである。是れは業務と官公職とは區別する市町村制第十八條第二項の第二號と第四號の様な例などから看て明かであると思はれる。

第二項　市長、市助役と有給の市參與、町村長、町村助役は第一項と同様の理で會社の取締役、監査役、取締役監査役に準ずべき者、清算人、支配人、其の他の事務員となり得ないのである。其の他の事務員と云ふのは支配人以外の使用人のことである。市長、市助役、有給の市參與、町村長、町村助役が本項に掲ぐる者となり又本項に掲ぐる者が市長、市助役、有給の市參與、町村長、町村助役となることに付ては市町村制第七十七六十五條に述べた趣旨を參照せられたい。

第七十九六十七條　市町村ニ收入役一人ヲ置ク但シ市特別ノ事情アル町村ニ於テハ町村條例ヲ以テ副收入役一人ヲ置クコトヲ得

2　（町村制）收入役及副收入役ハ有給吏員トシ其ノ任期ハ四年トス

3,2　第七十五六十三條第一項及第二項、第七十六條、第七十七六十五條竝前條第二項ノ規定ハ收入役及副收入役ニ之ヲ準用ス

4,3　市町村長市參與又ハ助役ト父子兄弟タル縁故アル者ハ收入役又ハ副收入役ノ職ニ在

ルコトヲ得ス收入役ト父子兄弟タル緣故アル者ハ副收入役ノ職ニ在ルコトヲ得ス

5（町村制）特別ノ事情アル町村ニ於テハ府縣知事ノ許可ヲ得テ町村長又ハ助役ヲシテ收入役ノ事務ヲ兼掌セシムルコトヲ得

【解釋】 本條は收入役副收入役と其の定數、性質、任期、就職等に付ての規定である。

收入役副收入役を置くことと其の定數

第一項　市町村に收入役一人を置くのである。尙ほ市町村の事情に依つては市町村條例を以て副收入役を置くこともできるのである。副收入役の數は町村は一人に限られて居るが市は必要に應じて何人でも置き得るのである。

町村の收入役副收入役の性質と任期

第二項（町村制）　町村の收入役と副收入役は有給の町村吏員である。收入役と副收入役には任期がある。其の任期は四年である。任期に付ては市制第七十三條第一項の市長の任期に付て述べたところを參照せられたい。

收入役副收入役の選擧選定等

第三項　市町村の收入役と副收入役に付ては左の規定が準用さるるのである。

市制第七十五條第一項準用　市の收入役と副收入役は有給吏員である。其の任期は四年である。是れは市制第七十三條第一項に述べたところを參照せられたい。

市制第七十五條 町村制第六十三條 第二項準用　市町村の收入役と副收入役は市町村長が推薦した者に

付て市町村會が定めるのである。市町村長が在職しない場合は市町村會が選擧するのである。是れは市制第七十四條第二項と市町村制第七十五六十三條第二項に述べたところを參照せられたい。

市町村制第七十六六十三條……第四項準用　市町村の收入役と副收入役は第九七條第一項の要件を備へなくても其の職に在る間だけは其の市町村の公民である。尚ほ市制第七十六條に述べたところを參照せられたい。

市町村制第七十七六十五條準用　市町村の收入役と副收入役は第十八十五條第二項の規定する在職の檢事、警察官吏、收稅官吏又は同條第四項の規定する在職の市町村の有給の吏員敎員其の他の職員と兼ぬることを得ない。又其の市町村に對して請負を爲す者其の市町村に於て費用を負擔する事業に付て市町村長又は市町村長の委任を受けた者に對して請負を爲す者、是れ等の請負をする者の支配人又は主として是れ等と同じことを爲す法人の無限責任社員、取締役、監査役、取締役監査役に準ずる者、清算人、支配人となることを得ない。是れは市町村制第七十七六十五條に述べたところを參照せられたい。

市町村制第七十八六十六條第二項準用　市町村の收入役と副收入役は會社の取締役、監査役、取締役監査役に準ずべき者、清算人、支配人、其の他の事務員となることを得ない。是れは市町村制第七十八六十六條第二項に述べたところを參照せられたい。

父子兄弟の緣故ある收入役副收入役の就職制限

第三/四項　市町村長、市參與、市町村助役と父子兄弟の緣故のある者は收入役又は副收入役の職に在ることができないのである。收入役と父子兄弟の緣故のある者は副收入役の職に在ることを得ないのである。是れは近親の情實に囚はれて公正な事務の處理を期し難い弊を矯むる趣旨の規定である。父子兄弟の緣故の意味に付ては市/町村制第五十四/五十條に述べたところを參照せられたい。

註　例へば(一)甲が收入役又は副收入役に選定又は選擧された場合に甲の弟の乙が現に其の市町村の市町村長である場合は甲は收入役又は副收入役に就職することを得ない。(二)丙が收入役又は副收入役に就職した後市參與の丁の養子となつた場合は丙は當然收入役又は副收入役の職を失ふのである。(三)戊が收入役又は副收入役に就職した後に戊の父己が助役の職に就いた場合は戊は當然收入役又は副收入役の職を失ふ。卽ち市町村長市參與助役は常に收入役副收入役の優位に在るのである。(四)收入役と副收入役の間の關係も(一)から(三)迄の例と同樣であつて收入役が常に副收入役の優位に在るのである。

收入役の事務を兼掌する者

第五項(町村制)　收入役の事務が極く寡いとか云ふ樣な特別の事情のある町村では町村會の議決を經て府縣知事の許可を得收入役を置かないで町村長又は助役に收入役の事務を兼ねさせるこ

市制第六條の市の區長を置くことと其の任免

市制第六條の市の區長の他に就職することの制限

とを得るのである。

第八十條 (市制)第六條ノ市ノ區ニ區長一人ヲ置キ市有給吏員トシ市長之ヲ任免ス

2 (市制)第七十七條第一項及第七十八條第二項ノ規定ハ區長ニ之ヲ準用ス

【解釋】 本條は市制第六條の市の區長と其の定數、性質、任免、就職と業務の制限に付ての規定である。

第一項 市制第六條の市の區即ち東京市京都市大阪市の區に區長一人を置くのである。區長は有給の市吏員である。區長は市長が任命し又は罷免するのであつて別に任期の定めはないのである。

第二項 市制第六條の市の區長に付ては左の規定が準用さるるのである。

市制第七十七條(市制に第一項とあるのは誤りであらう)準用　區長は市制第十八條第二項又は第四項に掲げた職と兼ぬることを得ない。　又其の市に對して請負を為す者、其の市が費用を負擔する事業に付て市長或は市長の委任を受けた者に對して請負を為す者、是れ等の請負をする者の支配人、又は主として是れ等の請負を為す者と同じことをする法人の無限責任社員、取締役、監査役、取締役監査役に準ずべき者、清算人、支配人となることを得ない。　是れに付ては市制第七十七條に述べたところを參照せられたい。

市制第七十八條第二項準用　區長は會社の取締役、監査役、取締役監査役に準ずる者、清算人、支配人、其の他の事務員になることを得ない。是れに付ては市制第七十八條に述べたところを參照せられたい。

第八十一條　（市制）第六條ノ市ノ區ニ區收入役一人又ハ區收入役及區副收入役各一人ヲ置ク

2　（市制）區收入役及區副收入役ハ第八十六條ノ吏員中市長、助役、市收入役、市副收入役又ハ區長トノ間及其ノ相互ノ間ニ父子兄弟タル緣故アラサル者ニ就キ市長之ヲ命ス

3　（市制）區收入役又ハ區副收入役ト爲リタル後市長、助役、市收入役、市副收入役又ハ區長トノ間ニ父子兄弟タル緣故生シタルトキハ區收入役又ハ區副收入役ハ其ノ職ヲ失フ

4　（市制）前項ノ規定ハ區收入役及區副收入役相互ノ間ニ於テ區副收入役ニ之ヲ準用ス

市制第六條の市に區收入役區副收入役を置くことと其の定數

【解釋】　本條は市制第六條の市の區收入役區副收入役と其の定數、任免、就職の制限に付ての規定である。

第一項　市制第六條の市の區卽ち東京市京都市大阪市の區に區收入役一人又は區收入役一人と區副收入役一人を置くのである。

區收入役區副收入役の任命

第二項 區收入役と區副收入役は市制第八十六條の市有給吏員の中から市長が命ずるのである。尤も市長が任命するに付ては市長、助役、市收入役、市副收入役、區長の間又は區收入役と區副收入役との間に父子兄弟の緣故のない者の中から任命しなければならないのである。父子兄弟の緣故に付ては市制第五十四條に述べたところを參照せられたい。

區收入役區副收入役たる者と市長等との間に緣故關係を生じた場合

第三項 區收入役又は區副收入役に任命された後に市長、助役、市收入役、市副收入役、區長との間に父子兄弟の緣故が生じた場合は區收入役又は區副收入役は其の職を失つて普通の市制第八十六條の吏員となるのである。

區收入役と區副收入役との間に緣故關係を生じた場合

第四項 區收入役と區副收入役との間に父子兄弟の緣故が生じた場合は區副收入役は其の職を失つて普通の市制第八十六條の吏員となるのである。

第八十二條 第六十八條 第六條ノ市ヲ除キ其ノ他ノ市町村ハ處務便宜ノ爲區ヲ劃シ區長及其ノ代理者一人ヲ置クコトヲ得

2 前項ノ區長及其ノ代理者ハ名譽職トス市町村公民中選擧權ヲ有スル者ヨリ市町村長ノ推薦ニ依リ市町村會之ヲ定ム

3 (市制) 內務大臣ハ前項ノ規定ニ拘ラス區長ヲ有給吏員ト爲スヘキ市ヲ指定スルコトヲ得

4（市制）前項ノ區ニ付テハ第八十條第八十一條第九十四條第二項第九十七條第四項第九十八條及第九十九條ノ規定ヲ準用スルノ外必要ナル事項ハ勅令ヲ以テ之ヲ定ム

處務便宜の爲めに設くる區の區長區長代理者と其の定數

區長區長代理者の性質と選定

【解釋】本條は處務便宜の爲め設くる區の區長區長代理者と其の定數、性質、就職等に付ての規定である。

第一項　市（市制第六條の市即ち東京市京都市大阪市を除く）町村は市町村會の議決を經て事務取扱の便宜の爲めに區を設くることを得るのである。區は市町村內全部を分割して區を置いてもよし又或る一部の區域だけに區を置いても差支ないのである。此の區は事務取扱の便宜の爲めの區劃に過ぎないのであつて市制第六條の市の區の樣な法人ではないのである。區には區長一人と區長代理者一人を置くのである。

第二項　區長と區長代理者は名譽職の市町村吏員である。區長と區長代理者は市町村公民であつて市町村會議員の選擧權を有する者の中から適當と認むる者を市町村長が市町村會に推薦し市町村會は其の推薦に基いて是れを定めるのである。此の選定に付ては市制第七十五條第二項町村制第六十三條第二項に述べたところを參照せられたい。尤も此處に所謂推薦を爲す市町村長は本當の市町村長に限らないのであつて此の點は助役收入役副收入役の推薦を爲す場合とは異

るのである。

區長を有給吏員と爲す市の指定

第三項（市制） 區長は名譽職吏員であることが通例である。然し是れには例外がある。卽ち內務大臣は第二項の規定に拘らないで特に區長を有給吏員とする市を指定することを得るのである。其の指定は明治四十四年內務省令第十四號であつて指定された市は名古屋市である。

區長を有給吏員と爲す區に付ての規定

第四項（市制） 第三項の區長を有給吏員と爲す區卽ち名古屋市の區に付ては左の規定に依るのである。

第一　市制の規定を準用する事項がある。それは左の通りである。

第八十條準用　詳細は同條に述べたところを參照せられたい。

第八十一條準用　詳細は同條に述べたところを參照せられたい。

第九十四條第二項準用　詳細は同條に述べたところを參照せられたい。

第九十七條第四項準用　詳細は同條に述べたところを參照せられたい。

第九十八條準用　詳細は同條に述べたところを參照せられたい。

第九十九條準用　詳細は同條に述べたところを參照せられたい。

第二　市制町村制施行令を以て特に定めた事項がある。それは左の通りである。

第五條　新に區を設け又は區の區域を變更しやうとするときは市は市會の議決を經て內務大臣の許可を受けなければならない。

第二十一條　市會議員の選擧に付て區を以て選擧區とした場合には市制第二章市會第一款組織及選擧(但し第十六條第三項の規定を除く)の規定と施行令第二十二條の規定を適用するに付ては此の市を市制第六條の市と看做すのである。

委員の設置

第八十三條
第六十九條　市町村ハ臨時又ハ常設ノ委員ヲ置クコトヲ得

2　委員ハ名譽職トス市町村會議員、名譽職參事會員又ハ市町村公民中選擧權ヲ有スル者ヨリ市町村長ノ推薦ニ依リ市町村會之ヲ定ム但シ委員長ハ市町村長又ハ其ノ委任ヲ受ケタル市町村市參與若ハ助役ヲ以テ之ニ充ツ

3　委員ノ組織ニ關シテハ市町村條例ヲ以テ別段ノ規定ヲ設クルコトヲ得

【解釋】　本條は委員と其の性質、就職に付ての規定である。

委員の性質と選定と委員長

第一項　市町村は市町村會の議決を經て委員を置くことを得るのである。委員には常設のものと臨時のものとある。常設の委員は平常の事務の爲めに設くるものであり臨時の委員は臨時の事務の爲めに設くるものである。

第二項　委員は名譽職の市町村吏員である。委員は市町村會議員、名譽職市參事會員、市町村公民であつて市町村會議員の選擧權を有する者の中から適當と認むる者を市町村會に推薦し市町村會は其の推薦に基いて是れを定めるのである。此の選定に付ては市制第七十五條第二項町村制第六十三條に述べたところを參照せられたい。尤も此處に所謂推薦を爲す市町

村長は本當の市町村長に限らないのであつて此の點は助役收入役副收入役の推薦と異り市參與名譽職區長區長代理者の推薦と同樣である。委員は二人以上を以て組織することが通例であるから委員長が必要である。委員長となるものは市町村長或は市町村長から委任を受けた市參與又は助役である。

委員の組織に關する特例

第三項 委員の組織は第二項に依ることが通例である。然し是れには例外がある。即ち市町村條例を以て別段の規定を設くることを得るのである。

註 例へば委員長を委員の中から互選すること、委員の數を一人とすること、委員たる資格要件として市町村會議員、名譽職市參事會員、市町村公民であることの外に家屋の所有者たること或は醫師であることの樣なものを附け加へることなどが別段の規定である。

第八十四條（第七十條） 市（町村）公民ニ限リテ擔任スヘキ職務ニ在ル吏員又ハ職ニ就キタルカ爲市（町村）公民タル者選擧權ヲ有セサルニ至リタルトキハ其ノ職ヲ失フ

2 前項ノ職務ニ在ル者ニシテ禁錮以上ノ刑ニ當ルヘキ罪ノ爲豫審又ハ公判ニ付セラレタルトキハ監督官廳ハ其ノ職務ノ執行ヲ停止スルコトヲ得此ノ場合ニ於テハ其ノ停止期間報酬又ハ給料ヲ支給スルコトヲ得ス

【解釋】 本條は市町村吏員の失職と停職に付ての規定である。

名譽職市町村吏員の失職

第一項　市では名譽職市參與、名譽職區長、區長代理者、委員となる者町村では名譽職町村長、名譽職助役、區長、區長代理者、委員となる者は市町村公民であつて市町村會議員の選擧權のある者でなければならないことは前に規定するところである。

註　市制第七十四條第四項、町村制第六十三條第三項、市町村制第八十二六十八條第二項、第八十六十三九條第二項の規定がそれである。

是れは其の職に就く場合にだけ必要の要件ではなく在職中も必要の要件である。卽ち是れ等の職に在る者が市町村會議員の選擧權を有しなくなつた場合は其の職を失ふことになるのである。又市では市長、有給市參與、助役、收入役、副收入役町村では有給町村長、有給助役、收入役、副收入役は其の職に就いて居る間市町村制第九七條第一項の要件に拘らず特に市町村公民とされることは前に規定するところである。

註　市制第七十六條、町村制第六十三條第四項、市町村制第七十九六十七條第二三項の規定がそれである。

是れ等の職に就いた爲め市町村公民となつた者が其の職に就いた後市町村會議員の選擧權を有しなくなつた場合は矢張り其の職を失ふことになるのである。

市町村吏員の職務執行停止

第二項　第一項の職に在る者卽ち市町村長、市參與、助役、收入役、副收入役、名譽職區長、區

長代理者、委員が禁錮以上の刑即ち死刑、懲役、禁錮の刑に當る罪の爲め豫審に付せられた場合又は公判に付せられた場合は監督官廳即ち府縣知事或は内務大臣は是れ等の者が其の職務を執行することを停止し得るのである。是れは公務の信用を維持する爲めの規定である。此の處分を受けた者は職務の執行を停止されるだけであるから其の職を失ふものでないことは勿論である。職務の執行を停止した場合は其の間は報酬又は給料を支給することを得ないのである。禁錮以上の刑に當る罪と云ふのは刑法或は其の他の規定に「死刑ニ處ス」とか「懲役ニ處ス」とか「禁錮ニ處ス」とある場合は勿論「懲役若クハ禁錮又ハ何圓以下ノ罰金若クハ科料ニ處ス」とある場合をも指すのである。

其の他の市町村吏員を置くことと其の任免

第八十五（七十一）條 前數條ニ定ムル者ノ外市町村ニ必要ノ有給吏員ヲ置キ市町村長之ヲ任免ス

2 前項吏員ノ定數ハ市町村會ノ議決ヲ經テ之ヲ定ム

【解釋】 本條は前數條に定むる以外の市町村の有給吏員と其の就職、定數に付ての規定である。

第一項 市町村には市町村長、市參與、助役、收入役、副收入役、區長、區長代理者、委員等の市町村吏員を置き又は置き得ることは前に規定するところである。然るに市町村の事務は逐年繁雜となり是れ等の吏員だけで處理して行くことは到底望み得ないのが現在の實情である。即ち市町村は必要に應じて市町村會の議決を經有給の市町村吏員を置き得るのである。此の有給

吏員の名稱は別に規定がないのであるから書記主事技師技手事務員など市町村が適當に定め得るのである。此の有給吏員は市町村長が任命し或は罷免するのである。市町村に置かるる吏員の中には本條の規定に依らず他の法令の規定に依つて置かるるものもあるのである。汚物掃除法第五條の規定に依る掃除監督吏員などがそれである。

第二項　第一項の有給吏員の定數を何人にするかと云ふことは市町村會の議決を經て定むるのである。

其の他の市町村吏員の定數

第八十六條　(市制)前數條ニ定ムル者ノ外第六條及第八十二條第三項ノ市ノ區ニ必要ノ市有給吏員ヲ置キ區長ノ申請ニ依リ市長之ヲ任免ス

2 (市制)前項吏員ノ定數ハ市會ノ議決ヲ經テ之ヲ定ム

市制第六條第八十二條第三項の市の區の吏員の任免

【解釋】　本條は市制第六條と第八十二條第三項の市の區の有給吏員としての就職、定數に付ての規定である。

第一項　市制第六條の市即ち東京市京都市大阪市と同第八十二條第三項の市即ち名古屋市の區に區長、區收入役、區副收入役を置くことは前に規定する通りである。此の市の區には是れ等の市吏員の外に尙ほ必要に應じて有給の市吏員を置き得るのである。此の市吏員を任命し或は罷免することは區長の申請に基いて市長が爲すのである。此の有給吏員の名稱に付ては市制第八

十五條第一項に述べたところを參照せられたい。

同吏員の定數

第二項　第一項の有給吏員の定數を何人にするかと云ふことは市會の議決を經て定むるのである。

第二款　職務權限

本款は市町村吏員の掌る職務の範圍と其の執行方法に付ての規定である。

第八十七條（第七十二條）　市（町村）長ハ市（町村）ヲ統轄シ市（町村）ヲ代表ス

2　市（町村）長ノ擔任スル事務ノ概目左ノ如シ

一　市會及市參事會（町村會）ノ議決ヲ經ヘキ事件ニ付其ノ議案ヲ發シ及其ノ議決ヲ執行スル事

二　財產及營造物ヲ管理スル事但シ特ニ之カ管理者ヲ置キタルトキハ其ノ事務ヲ監督スル事

三　收入支出ヲ命令シ及會計ヲ監督スル事

四　證書及公文書類ヲ保管スル事

五　法令又ハ市（町村）會ノ議決ニ依リ使用料、手數料、加入金、市（町村）稅又ハ夫役現品ヲ賦課徵收スル事

六　其ノ他法令ニ依リ市（町村）長ノ職權ニ屬スル事項

市町村長の職務權限

市町村長の擔任する事務の概目

【解釋】本條は市町村長の職務權限に付ての規定である。

第一項　市町村長は內に在つては市町村の一切の事務を統轄し外に向つては自分の名を以て市町村なる法人を代表する機關である。此の點は助役名譽職區長委員等市町村長の職務を補助することを通例とする機關と異る點である。市町村長が市町村を統轄し代表するに付ても市町村會或は市參事會の議決を要する事件に付ては其の議決を俟つて爲すべきであることは勿論である。

第二項　市町村長は市町村の一切の事務を統轄するものであることは第一項に述べた通りである。從つて其の擔任する事務の範圍は極めて廣いものである。其の中の重なる事項を擧ぐれば左の通りである。固より是れ等の事項は例示に過ぎないのであつて市町村長の職權を限つたものではないのであるから其の他にも幾多の擔任事務のあることは勿論である。

（一）　市町村會と市參事會の議決を經べき事件に付て議案を發すること、其の議決を經た事件に付ては是れを執行すること　市町村會と市參事會の議決を經べき事件の議案は市町村長が發することが通例である。尤も是れには例外があつて市町村會又は市參事會が自分で議案を發する場合もある。

註　例へば市町村制第四十六四十三條に依り意見書を提出すること、同第六十三五十九條に依り會議規則と傍聽人取締規則を設くることなどである。

市町村會又は市參事會は通例は市町村長の發した議案に付て議決を爲すのである。從つて議案全部を可とし或は否とすることは勿論議案を修正することも差支ないのであるが唯修正の場合に市町村長の發した議案即ち原案に含まれて居ない事項を含ませる様なことは爲し得ないのである。是れは新しい議案を發すると同様の結果となり延いて市町村長の發案の權限を侵害することになるからである。

註　例へば豫算を議決する場合に全く原案に掲げられて居ない費用を新に計上すること、特別税條例を議決する場合に新に原案に含まれて居ない別箇の税種をも加へることなどである。

市町村會或は市參事會の議決した事項で執行を要するものに付ては假令自分の好まないものであつても市町村長は其の通り執行しなければならないのである。尤も議決が權限を超え又は法律命令若くは會議規則に背くと認むる場合、公益を害し又は收支に關し不適當と認むる場合は市町村制第九十七十四條の規定に依つて相當處置し得ることは勿論である。

（二）　財產營造物を管理すること但し特に管理者を置いた場合は其の事務を監督すること　市

町村の財産と營造物は市町村長が管理すべきものである。然し是れには例外があつて此の事務を助役に分掌し或は委員を置いて取扱はせる場合がある。此の場合は市町村長は其の事務を監督するのである。財産と云ふのは第六五章市町村ノ財務第一款財産營造物及市町村税のところに述べた第一財産の(一)(二)の財産である。歳入出豫算に屬する現金は收入役の管理するものであるから此處に所謂財産には含まれないのである。營造物と云ふのは第六五章市町村ノ財務第一款財産營造物及市町村税のところに述べた第一財産の(三)の財産即ち廣い意味の營造物である。管理の意味に付ては市町村制第四十二四十條第六號に述べたところを參照せられたい。

(三)　收入支出を命令すること、會計を監督すること　市町村の收入支出を命令する者は市町村長である。市町村の歳入出豫算に屬する現金の出納或は市町村に屬する物品の出納其の他の會計事務は市町村制第九十七八十條の規定に依つて收入役が掌るのであるが是れは市町村長の命令ある場合に其の命令に基いて實際の出納を掌るだけのことである。又市町村長は收入役の取扱ふ會計事務を監督するのである。是れは市町村を統轄する職責上當然のことである。

(四)　證書と公文書類を保管すること　此處に所謂證書は金錢貸借證書、土地小作證書、家屋

貸借證書などの契約書類である。公文書類と云ふのは市町村の一切の公簿文書である。是れ等は皆市町村長が保管するのである。尤も決算の終了しない間の會計事務に關する證書と公文書類に付ては收入役が保管すべきものである。

（五）法律命令又は市町村會の議決に依つて使用料、手數料、加入金、市町村稅、夫役現品を賦課徵收すること　此處に所謂使用料、手數料、加入金、市町村稅、夫役現品は法律命令に依り又は市町村會の議決に依つて市町村が賦課徵收するものを指すのである。從つて市町村長が市町村の機關としてではなく國とか府縣とかの機關として徵收する使用料、手數料などは假令それが市町村の收入となるものであつても此處に所謂使用料、手數料ではないのである。

（六）其の他法律命令に依つて市町村長の職權と定められた事項　前の（一）から（五）迄の事項は市町村長の擔任する事務の重なるものであるが其の他にも市町村制第二條に規定する市町村の事務であつて市町村長の職務權限と定められたものがある。

註　例へば市町村制第二十一十八條から第二十一十八條ノ五五迄に規定する市町村會議員選擧人名簿の調製、同第五十一四十七條の規定する市町村會の招集、同第百四十一百二十一條に規定する出納檢查などである。

第八十八條 （市制）削除

是れは今回の改正で削除されたものである。

第八十九條 第七十三條 市 町村長ハ市 町村吏員ヲ指揮監督シ之ニ對シ懲戒ヲ行フコトヲ得其ノ懲戒處分ハ譴責及十 五圓以下ノ過怠金トス

市町村長の行ふ市町村吏員の指揮監督と懲戒處分

【解釋】 本條は市町村長が市町村吏員を指揮監督し是れに對して懲戒を行ふことに付ての規定である。

市町村長は市町村吏員を指揮監督し場合に依つては懲戒處分を行ふことができるのである。是れは市町村長は市町村の事務を統轄する職務權限があることからして極めて當然の規定である。懲戒處分の意味に付ては市 町村制第百七十 百五十條第一項に述べたところを參照せられたい。市町村長の行ふ懲戒處分は譴責と市長は十圓以下町村長は五圓以下の過怠金を課することである。譴責に處するか過怠金を課するかは市町村長の自由なる判斷に依るのである。譴責と云ふのは吏員が義務に違反した行爲を指摘し將來を戒むるものであつて情狀の比較的輕い者に對して行ふものである。過怠金と云ふのは義務に違反した吏員から金錢を徴收して苦痛を與へ將來を戒むるものであつて情狀の稍重い者に對して行ふものである。懲戒處分として解職を爲すことは市町村長の爲し得ないところである。

第〔九十／七十四〕條　〔市／町村〕會又ハ市參事會ノ議決又ハ選擧其ノ權限ヲ越エ又ハ法令若ハ會議規則ニ背クト認ムルトキハ〔市／町村〕長ハ其ノ意見ニ依リ又ハ監督官廳ノ指揮ニ依リ理由ヲ示シテ之ヲ再議ニ付シ又ハ再選擧ヲ行ハシムヘシ其ノ執行ヲ要スルモノニ在リテハ之ヲ停止スヘシ

2　前項ノ場合ニ於テ〔市／町村〕會又ハ市參事會其ノ議決ヲ改メサルトキハ〔市／町村〕長ハ府縣參事會ノ裁決ヲ請フヘシ但シ特別ノ事由アルトキハ再議ニ付セスシテ直ニ裁決ヲ請フコトヲ得

3　監督官廳ハ第一項ノ議決又ハ選擧ヲ取消スコトヲ得但シ裁決ノ申請アリタルトキハ此ノ限ニ在ラス

4　第二項ノ裁決又ハ前項ノ處分ニ不服アル〔市／町村〕長〔市會〕又ハ〔市參事／町村〕會ハ行政裁判所ニ出訴スルコトヲ得

5　〔市／町村〕會又ハ市參事會ノ議決公益ヲ害シ又ハ〔市／町村〕ノ收支ニ關シ不適當ナリト認ムルトキハ〔市／町村〕長ハ其ノ意見ニ依リ又ハ監督官廳ノ指揮ニ依リ理由ヲ示シテ之ヲ再議ニ付スヘシ其ノ執行ヲ要スルモノニ在リテハ之ヲ停止スヘシ

6　前項ノ場合ニ於テ〔市／町村〕會又ハ市參事會其ノ議決ヲ改メサルトキハ〔市／町村〕長ハ府縣〔參事會／知事〕ノ〔裁決／處分〕ヲ請フヘシ

7　前項ノ〔裁決／處分〕ニ不服アル〔市／町村〕長〔市會〕又ハ〔市參事／町村〕會ハ內務大臣ニ訴願スルコトヲ得

8 (市制)第六項ノ裁決ニ付テハ府縣知事ヨリモ訴訟ヲ提起スルコトヲ得

8.9 第二項ノ裁決ニ付テハ府縣知事ヨリモ訴訟ヲ提起スルコトヲ得

【解釋】本條は市町村會と市參事會の爲した不法不當の議決又は選擧を匡正することに付ての規定である。

市町村會の越權違法の議決選擧に對する處置の一

第一項 市町村會又は市參事會の爲した議決又は選擧が其の權限を超え又は違法である場合がある。即ち左の(一)(二)の何れかに當る場合は市町村長は自分の意見に依り又は監督官廳即ち府縣知事或は内務大臣の指揮に依つて議決に付ては再議に付し選擧に付ては再選擧を行はしめなければならないのである。再議に付し又は再選擧を行はしめる場合には其の理由を示さなければならない。其の越權又は違法なる議決或は選擧が執行を要するものである場合は其の執行を停止しなければならないのである。再議に付し又は再選擧を行はしめると云ふのは市町村會又は市參事會をして自ら反省して前の越權又は違法なる議決又は選擧を改めさせることである。

(一)　市町村會又は市參事會の議決又は選擧が其の權限を越えたと認むる場合　是れは例へば議決に付ては豫算に新しい費目を加へた場合などである。選擧に付ては市町村長の推薦に依つて定むべき吏員を勝手に選擧した場合などである。

(二)　市町村會又は市參事會の議決又は選擧が法律命令又は會議規則に背いたと認むる場合

是れは例へば議決に付ては市/町村制第五十一/四十七條に違背し一部の議員を招集しないで會議を開き議決した場合、同第五十二/四十八條に違背し過半數の同意を得ないで議決した場合、會議規則に議事は三讀會を經べき旨の規定があるに拘らず三讀會を經ないで議決した場合などである。選擧付にては市/町村制第五十五/五十一條に違背し決選投票を行ふべき場合に是れを行はないで當選者を定めた場合などである。

同二

第二項 第一項の規定に依つて市町村長が越權違法の議決と認めて再議に付した場合に市町村會又は市參事會が反省して其の議決を改めた場合はそれで事は濟むのである。然るに再議に付せられたに拘らず尙ほ其の議決を改めない場合がある。此の場合は市町村長は府縣參事會の裁決を請はなければならないのである。尤も市町村會又は市參事會の再議に付しても到底反省の見込のない樣な特別の事由のある場合は再議に付せないで直ちに府縣參事會の裁決を請ふこともできるのである。越權又は違法の選擧に付ては本項の規定は適用されないのであるから越權違法である限り何回でも選擧の遣り直しを爲さしむる外はないのである。

同三

第三項 監督官廳卽ち府縣知事或は內務大臣は第一項の越權又は違法の議決或は選擧を取消すことができる。是れは市町村長に指揮して再議に付し又は再選擧を行はしめても到底反省の見込

のない場合とか再議又は再選擧の結果が矢張り越權違法である場合などに處する匡正方法である。尤も第二項の規定に依り市町村長から府縣參事會に裁決の申請があつた場合は其の裁決を待つべきものであつて監督官廳が取消の處分を爲すことはできないのである。

取消の意味

取消と云ふことは黑板に書かれた白墨を拭ひ去ると同じことであつて市町村會の爲した議決又は選擧を最初からなかつたことにする處分である。

匡正處分に對する救濟

第四項　第二項の府縣參事會の裁決又は第三項の監督官廳の取消處分に不服のある市町村長、市町村會、市參事會は行政裁判所に出訴し得るのである。出訴の期間は市制第百六十 町村制第百四十條第二項第三項の規定に依るべきものである。

市町村會の害公益又は收支不適當の議決に對する處置の一

第五項　市町村會又は市參事會の爲した議決が越權又は違法と云ふのではないが公益を害し又は市町村の收支に關して不適當である場合がある。即ち左の(一)(二)の何れかに當る場合は市町村長は自分の意見に依り又は監督官廳即ち府縣知事或は內務大臣の指揮に依つて再議に付さなければならないのである。再議に付する場合には何故再議に付するかの理由を明かに示さなければならない。若し其の議決が執行を要するものである場合は其の執行を停止しなければならないのである。

（一）市町村會又は市參事會の議決が公益を害するものであると認むる場合　公益を害すると云ふのは市町村の公共の利益を害することであつて如何なる場合がそれに當るかは事實に依つて認定する外はないのである。

（二）市町村會又は市參事會の議決が市町村の收支に關して不適當であると認むる場合　收支に關しと云ふのは歳入出豫算に關してと云ふ意味であつて歳入出豫算は勿論其の他豫算に關係ある繼續費支出方法、市町村税の課率、寄附の採納の議決などを指すのである。不適當と云ふのは權限を超ゆる議決、法律命令又は會議規則に背く議決、公益を害する議決を除いた以外の議決であつて妥當でない議決を指すのである。

同二

第六項　第五項の規定に依つて市町村長が再議に付した場合に市町村會又は市參事會が其の議決を改めた場合は事はそれで濟む。然るに再議に付せられたに拘らず尙ほ其の議決を改めない場合がある。此の場合は市長は府縣參事會の裁決を請はなければならない。又町村長は府縣知事の處分を請はなければならないのである。是れが所謂原案執行である。

匡正處分に對する救濟の一

第七項　第六項の府縣參事會の裁決に不服のある市長、市會、市參事會と府縣知事の處分に不服のある町村長、町村會は內務大臣に訴願を爲し得るのである。訴願の期間は市制第百六十條町村制第百四十條

第一項第三項の規定に依るべきものである。

同二　**第八項（市制）**　第六項の府縣參事會の裁決に付ては府縣知事からも內務大臣に訴願を爲し得るのである。訴願の期間は市（町村）制第百六十（百四十）條第一項第三項の規定に依るべきものである。

同三　**第九項（第八項）**　第二項の府縣參事會の裁決に付ては府縣知事からも行政裁判所に出訴し得るのである。出訴の期間は市（町村）制第百六十（百四十）條第二項第三項の規定に依るべきものである。

第九十一（七十五）條　市（町村）會成立セサルトキ、又ハ第五十二（四十八）條但書ノ場合ニ於テ仍會議ヲ開クコト能ハサルトキ（又ハ市長ニ於テ市會ヲ招集スルノ暇ナシト認ムルトキハ市長ハ市會ノ權限ニ屬スル事件ヲ市參事會ノ議決ニ付スルコトヲ得）（ハ町村長ハ府縣知事ニ具狀シテ指揮ヲ請ヒ町村會ノ議決スヘキ事件ヲ處置スルコトヲ得）

2（市制）前項ノ規定ニ依リ市參事會ニ於テ議決ヲ爲ストキハ市長市參與及助役ハ其ノ議決ニ加ハルコトヲ得ス

3（市制）市參事會成立セサルトキ又ハ第七十條第一項但書ノ場合ニ於テ仍會議ヲ開クコト能ハサルトキハ市長ハ其ノ議決スヘキ事件ニ付府縣參事會ノ議決ヲ請フコトヲ得

2.4　市（町村）會又ハ市參事會ニ於テ其ノ議決スヘキ事件ヲ議決セサルトキハ前項ノ例ニ依ル

3.5　市（町村）會又ハ市參事會ノ決定スヘキ事件ニ關シテハ前四（二）項ノ例ニ依ル此ノ場合ニ於ケル市參事會又ハ府縣參事會ノ決定（町村長ノ處置）ニ關シテハ各本條ノ規定ニ準シ訴願又ハ訴訟ヲ提起

スルコトヲ得

4.6 第一項及前三項ノ規定ニ依ル處置ニ付テハ次回ノ會議ニ於テ之ヲ市町村會又ハ市參事會ニ報告スヘシ

市町村會の故障等の場合議決事項の處置

【解釋】 本條は市町村會又は市參事會の權限に屬する事件を他の機關に取扱はせることに付ての規定である。

第一項 市町村會の議決を經べき事件がある場合に種々の事情で其の議決を經ることができない場合がある。卽ち市會に付ては左の(一)(二)(三)の何れかに當る場合は市長は市會の權限に屬する事件を市參事會の議決に付し其の議決に依つて處置することができる。又町村會に付ては左の(一)(二)の何れかに當る場合は町村長は府縣知事に事情を述べて指揮を請ひ其の指揮に依つて處置し得るのである。此の處置は議決に付てだけ認められて居るものであるから選擧に付ては此の措置を執り得ないことは勿論である。

(一) 市町村會が成立しない場合　是れは現任議員が一人もない場合又は現任議員が會議を開くに足る數卽ち議員定數の半數に滿ちない場合である。

(二) 市町村制第五十二四十八條但書の場合に於て尙は會議を開き得ない場合　是れは議長又は議員が自分の一身上に關する事件又は自分の父母祖父母妻子孫兄弟姉妹の一身上に關する事件の爲

めに除斥され出席者が議長の外に議員二名に滿たない場合、再回招集又は出席催告したが出席者が全くないか或は出席者が議長の外に議員二名に滿たない場合である。尙ほ市町村制第五十二四十八條に述べたところを參照せられたい。

（三）市長が市會を招集する暇がないと認むる場合　是れは其の事件が急を要するものであつて市會を招集して其の會議の議決を經て居る暇がない場合である。

市會に代り市參事會の議決する場合の特例

第二項（市制）第一項の規定に依り市參事會が市會に代つて議決をする場合には市長、市參與、助役は市參事會員ではあるが其の議決に加はることを得ないのである。此の議決は名譽職參事會員だけで爲すべきものである。

市參事會の故障の場合の議決事項の處置

第三項（市制）市參事會の議決を經べき事件がある場合に種々の事情で其の議決を經ることができない場合がある。即ち市參事會が左の（一）（二）の何れかに當る場合は市長は市參事會の議決すべき事件に付て府縣參事會の議決を請ひ其の議決に依つて處置することを得るのである。此の處置は議決に付てだけ認められて居るものであるから選擧に付ては此の措置を執り得ないことは勿論である。

（一）市參事會が成立しない場合　是れは現任名譽職參事會員が一人もない場合又は名譽職參

市町村會市參事會が議決すべき事件を議決しない場合の處置

市町村會市參事會の故障等の場合決定事項の處置

事會員が會議を開くに足る數に滿ちない場合である。

（二）市制第七十條第一項但書の場合に於て尙ほ會議を開き得ない場合　是れは第一項の（二）に述べた趣旨を參照せられたい。尤も議員とあるを名譽職參事會員と替へて讀まれたい。

第四二項　市町村會又は市參事會が議決すべき事件を付議されたに拘らず議決をしない場合がある。

註　例へば市町村會又は市參事會が市町村長の提出した議案を議決しない旨を表示した場合、會期を定めて招集した場合に故意に議事を遲らした爲めに會期中に議決ができなかつた場合、會期の定めがない場合に是れを口實として故意に議事を遲らして議決をしない場合などである。

此の場合は市長は市制の第三項の例に依り府縣參事會の議決を申請し其の議決に依つて處置し得るのである。又町村長は町村制の第一項の例に依り府縣知事に事情を陳べて指揮を申請し其の指揮に依つて處置し得るのである。此の處置は議決に付てだけ認められて居るものであるから選擧に付ては此の措置を執り得ないのである。

第五三項　市町村會又は市參事會の決定すべき事件がある場合に種々の事情で市町村會又は市參事會が其の決定を爲し得ない場合或は故意に決定をしない場合がある。此の場合は第一項第二項

第三/∴項第四/二項の例に依つて處置し得るのである。即ち左の通りである。

第一項の例　市町村會が決定すべき事件がある場合に市町村會が成立しない場合、市/町村制第五十二/四十八條但書の場合に尚ほ會議を開き得ない場合、市長が市會を招集する暇がないと認むる場合は市長は市參事會の決定に付し又町村長は府縣知事に事情を述べて指揮を請ひ處置し得るのである。

第二項の例（市制）　第一項の例に依り市參事會が市會に代つて決定する場合には市長市參與助役は參事會員ではあるが其の決定に加はることを得ないのである。

第三項の例（市制）　市參事會が決定すべき事件がある場合に市參事會が成立しない場合、市制第七十條第一項但書の場合に於て尚ほ會議を開き得ない場合は市長は市參事會の決定すべき事件に付て府縣參事會の決定を請ひ處置し得るのである。

第四/二項の例　市町村會又は市參事會が決定すべき事件を決定しない場合は市長は第三項の例に依り府縣參事會の決定を請ひ又町村長は第一項の例に依り府縣知事に事情を陳べて指揮を請ひ處置し得るのである。

此の場合の市參事會又は府縣參事會の決定或は町村長の處置に關しては夫々各本條の規定に準

じて訴願又は訴訟を爲し得るのである。

註　例へば町村吏員の給料給與に關する異議の決定を町村長が府縣知事の指揮を受けて處置した場合は其の本條の規定即ち町村制第八十七條に準じて其の町村長の處置に不服ある者は府縣參事會に訴願を爲し得るのである。

市町村長の處置の報告

第六（四）項　前の第一項、第二項、第三項、第四（二）項、第五（三）項、第六（四）項の規定に依つて處置した場合は次の會議の場合に市町村會の權限に屬する事項に付ては市町村會に市參事會の權限に屬する事項に付ては市參事會に市町村長から其の處置を報告しなければならないのである。

第九十二（七十六）條　市參事會（町村會）ニ於テ議決又ハ決定スヘキ事件ニ關シ臨時急施ヲ要スル場合ニ於テ市參事會（町村會）成立セサルトキ又ハ市（町村）長ニ於テ之ヲ招集スルノ暇ナシト認ムルトキハ市（町村）長ハ之ヲ專決シ次回ノ會議ニ於テ之ヲ市參事會（町村會）ニ報告スヘシ

2 前項ノ規定ニ依リ市（町村）長ノ爲シタル處分ニ關シテハ各本條ノ規定ニ準シ訴願又ハ訴訟ヲ提起スルコトヲ得

【解釋】　本條は市町村長の專決處分に付ての規定である。

專決處分

第一項　市參事會又は町村會の議決又は決定すべき臨時急施を要する事件がある場合に市參事會又は町村會が成立しないか或は市町村長が市參事會又は町村會を招集する暇がないと認むる場

合は市町村長は其の事件を專決し得るのである。專決と云ふのは其の事件の處置を自分限りで決することである。此の專決處分は次の會議で市町村長から市參事會又は町村會に報告しなければならないのである。臨時急施を要する場合であるか否かの認定は事實に基いて市町村長が認定するのである。

註　例へば震災に際して被難者の救護費の支出を要する場合、非常出水の防禦費の支出を要する場合傳染病の流行に當り豫防費の支出を要する場合などが所謂臨時急施を要する場合である。

專決處分に對する救濟

第二項　第一項の規定に依る市町村長の專決處分は市參事會又は町村會の議決又は決定に代るものであるから其の處分に關しては夫々各本條の規定に準じて訴願又は訴訟を爲し得るのである。尙ほ市制第九十一條第五項町村制第七十五條第三項に述べたところを參照せられたい。

市參事會の委任に依る專決處分

第九十二條ノ二（市制）　市參事會ノ權限ニ屬スル事項ノ一部ハ其ノ議決ニ依リ市長ニ於テ專決處分スルコトヲ得

【解釋】　本條は市參事會の委任に依る市長の專決處分に付ての規定である。

市長は市參事會の議決に依つて市參事會の權限に屬する事項の一部を專決處分することができる。專決處分と云ふのは其の事件の處置を自分限りで決することである。

法令の規定に依り市町村吏員の掌る事務

法令の規定に依り市町村吏員の掌る事務に要する費用

第九十三條（第七十七條） 市町村長其ノ他市町村吏員ハ法令ノ定ムル所ニ依リ國府縣其ノ他公共團體ノ事務ヲ掌ル

2 前項ノ事務ヲ執行スル爲要スル費用ハ市町村ノ負擔トス但シ法令中別段ノ規定アルモノハ此ノ限ニ在ラス

【解釋】本條は法令の規定に依り市町村吏員が取扱ふ事務に付ての規定である。

第一項　市町村長其の他の市町村吏員は市町村の事務を掌ることを本來の職務とするものであるが又法律命令の定むるところに依つて國、府縣、其の他の公共團體の事務をも掌るものである。此の事務は今日の實狀では其の種類と分量が甚だ多く殊に町村に在りては役場事務の大半を占むる有樣である。軒を貸して本屋を取られた感がないでもない。兎に角市町村吏員の職務の中でも重要なる事項に屬するものである。國の事務と云ふのは戸籍に關する事務、徴兵に關する事務などである。府縣の事務と云ふのは府縣會議員選擧に關する事務、府縣稅督促の事務などである。其の他公共團體の事務と云ふのは水利組合設置に關する事務、水利組合の管理に關する事務などである。詳細は第二編設例の解釋に掲げたところを參照されたい。

第二項　市町村長其の他の市町村吏員が第一項の規定に依り國、府縣、其の他公共團體の事務を行ふ爲めには費用が是れに伴ふのが通例である。此の費用は市町村が負擔するのである。尤も

法律命令に別段の規定がある場合は其の規定に依つて費用を負擔する者が定まるのである。

助役等に對する市町村長の事務分掌

第九十四（七十八）條 市（町村）長ハ其ノ事務ノ一部ヲ助役……又ハ區長ニ分掌セシムルコトヲ得但シ市（町村）ノ事務ニ付テハ豫メ市（町村）會ノ同意ヲ得ルコトヲ要ス

2 （市制）第六條ノ市ノ市長ハ前項ノ例ニ依リ其ノ事務ノ一部ヲ區長ニ分掌セシムルコトヲ得

2.3 市（町村）長ハ市（町村）吏員ヲシテ其ノ事務ノ一部ヲ臨時代理セシムルコトヲ得

【解釋】 本條は市町村長の事務の分掌と臨時代理に付ての規定である。

第一項 市長は自分の掌るところの事務の一部を助役に分掌させることができる。町村長は自分の掌るところの事務の一部を助役又は區長に分掌させることができるのである。市町村長の掌るところの事務には市（町村）制第二條に規定する市町村の事務と市（町村）制第九十三（七十七）條に規定する國、府縣、其の他公共團體の事務とあるのであるが此の中の市町村の事務を分掌させる場合には豫め市町村會の同意を得なければならないのである。如何なる事務を分掌させ得るかに付ては別に規定がないのであるが重要なる事務は市町村長が自ら掌ることが適當である。分掌と云ふのは市町村長の權限を助役又は區長に移すことである。從つて分掌した助役又は區長は自分の名を以て自分の責任で其の事務を取扱ふこととなり分掌させた市町村長は分掌を解かない限りは

其の事務を取扱ふ權限がなくなるのである。尤も此の場合であつても監督の責任は市町村長が有するのである。

有給の區長に對する市長の事務の分掌

第二項（市制） 市制第六條の市即ち東京市京都市大阪市の市長は第一項の例に依つて其の掌るところの事務の一部を區長に分掌させることができるのである。尙ほ第一項に述べたところを參照せられたい。

市町村長の事務の臨時代理

第三項（第二項） 市町村長は其の掌るところの事務の一部を市町村吏員に臨時代理させることができるのである。此處に所謂代理は第一項第二項の分掌とは異り市町村長の權限を市町村吏員に移すものではない。代理を命ぜられた市町村吏員は市町村長の代理者であることを明かにし自分の名を以て其の事務を行ふべきものである。其の代理者の行爲は市町村長の行爲と同樣の效力を生ずるものである。此の臨時代理と區別して考へなければならないのは法律上當然に市町村長の事務を代理する場合である。是れは市制第九十六條町村制第七十九條に述べたところを參照せられたい。

市參與の職務權限

第九十五條（市制） 市參與ハ市長ノ指揮監督ヲ承ケ市ノ經營ニ屬スル特別ノ事業ヲ擔任ス

【解釋】 本條は市參與の職務權限に付ての規定である。

市參與は市長の指揮監督を承けて市營の特別の事業を擔任することが其の職務である。市參與

も市吏員であるから市長の指揮監督を承けなければならないことは當然である。市營の特別の事業と云ふのは市が公共事務として特に經營する上下水道、瓦斯、電氣などの事業を云ふのであつて法律勅令の規定に依つて經營する小學校、圖書館、傳染病院などは含まないのである。擔任すると云ふのは市制第九十四條の分掌と同樣であつて自分の名を以て自分の責任で其の事務を取扱ふことを云ふのである。

助役の職務權限の一

第九十六條 第七十九條 助役ハ市町村長ノ事務ヲ補助ス

2 助役ハ市町村長故障アルトキ之ヲ代理ス助役數人アルトキハ豫メ市町村長ノ定メタル順序ニ依リ之ヲ代理ス

【解釋】 本條は助役の職務權限に付て規定である。

第一項 助役は市町村長の掌るところの事務を一般的に補助するものである。補助と云ふのは市町村長が事務を處理することに付ての手傳をすることである。從つて此の關係での助役の責任は市町村長に對するものであつて外部に對するものではないのである。

同二

第二項 助役は市町村長が故障ある場合は其の事務を代理するものである。助役が二人以上ある場合は豫め市町村長の定めた順序に依つて市町村長の事務を代理するのである。故障ある場合と云ふのは左の(一)(二)の場合などである。

（一） 市町村長が死亡、辭職、失職、任期滿了した爲めに闕員となつた場合

（二） 市町村長が病氣、忌引、旅行、停職など自分で事務を執ることを得ない場合

此處に代理と云ふのは法定代理であつて自分の名と自分の責任を以て市町村長の事務を取扱ふことである。從つて此の場合は假令市町村長が在つても助役の行爲に付ては何等の責任を負ふことはないのである。

第九十七條／第八十條 收入役ハ市町村ノ出納其ノ他ノ會計事務及第九十三條・七十七條ノ事務ニ關スル國府縣其ノ他公共團體ノ出納其ノ他ノ會計事務ヲ掌ル但シ法令中別段ノ規定アルモノハ此ノ限ニ在ラス

2. （町村制） 町村會ハ町村長ノ推薦ニ依リ收入役故障アルトキ之ヲ代理スヘキ吏員ヲ定ムヘシ但シ副收入役ヲ置キタル町村ハ此ノ限ニ在ラス

3 2 副收入役ハ收入役ノ事務ヲ補助シ收入役故障アルトキ之ヲ代理ス 副收入役數人アルトキハ豫メ市長ノ定メタル順序ニ依リ之ヲ代理ス

4.3 市町村長ハ收入役ノ事務ノ一部ヲ副收入役ニ分掌セシムルコトヲ得但シ市町村ノ出納其ノ他ノ會計事務ニ付テハ豫メ市町村會ノ同意ヲ得ルコトヲ要ス

4 （市制） 第六條ノ市ノ市長ハ前項ノ例ニ依リ收入役ノ事務ノ一部ヲ區收入役ニ分掌セシムルコトヲ得

5 （市制）副收入役ヲ置カサル場合ニ於テハ市會ハ市長ノ推薦ニ依リ收入役故障アルトキ之ヲ代理スヘキ吏員ヲ定ムヘシ

【解釋】 本條は收入役と副收入役の職務權限に付ての規定である。

収入役の職務權限

第一項 收入役は左に掲ぐる(一)(二)の會計事務を自分の名と自分の責任を以て取扱ふことが其の職務である。此の關係では市町村長と相對立するものである。即ち市町村長は收入支出を命令するけれども實際の出納は爲し得ないのであり收入役は市町村長の命令に基いて金錢物品を實際に出納するけれども命令がなければ出納を爲し得ないのである。

(一) 市町村の出納其の他の會計事務　是れは市町村の歳入出豫算に屬する現金の收納と支拂、市町村に屬する物品の收納と支拂其の他法律命令に依り市町村の事務とされた國税府縣税の收納と支拂、是れ等の場合の收納後支拂迄の間の金品の保管など市町村の收納支拂保管の一切の事務である。

(二) 市制第九十三條 町村制第七十七條の事務に關する國府縣其の他公共團體の出納其の他の會計事務　是れは市町村長其の他の市町村吏員が法律命令の定むる所に依つて取扱ふところの國府縣其の他公共團體の事務に關する金錢物品の收納支拂保管に關する一切の事務である。

尤も法律命令の中に收入役以外の者に是れ等の事務を取扱はせることの規定がある場合は收入

役は其の事務に付ては取扱の權能のないことは當然である。

註　例へば市町村制第八十七七十二條の規定に依り市町村の財産は市町村長が管理する場合、市制町村制施行規則第五十七條の規定に依り市町村金庫を置いた場合の現金の出納保管は市町村金庫が取扱ふ場合、同規則第五十七條の規定に依り現金前渡を受けた市町村吏員が其の現金の支拂をする場合などである。

町村の收入役代理吏員の設置

第二項（町村制）　副收入役を置かない町村では收入役が故障ある場合に其の事務を代理すべき町村吏員を定めなければならない。是れは所謂收入役代理吏員である。收入役代理吏員は町村長が適當と認むる吏員を町村會に推薦し町村會は其の推薦に基いて是れを定むるのである。卽ち選定するのであつて是れは一の議事であるから町村制第四十九條の規定に依るべきことは勿論である。此處に所謂町村長は本當の町村長に限らないのであるから其の事務を代理する助役或は臨時代理者が吏員を町村會に推薦することも差支ないのである。故障と代理の意味に付ては町村制第七十九條に述べた趣旨を參照せられたい。

副收入役の職務權限

第三二項　副收入役は收入役の事務を補助し又收入役が故障ある場合に其の事務を代理するものである。收入役の事務の代理に付ては副收入役が二人以上ある市では豫め市長の定めて置いた順序に依るのである。故障と代理の意味に付ては市町村制第九十六七十九條に述べた趣旨を參照せられた

い。

収入役の事務の分掌

第三項 市町村長は收入役の事務の一部を副收入役に分掌させることができるのである。尤も第一項の(一)に述べたところの市町村の出納其の他の會計事務を分掌させることに付ては豫め市町村會の同意を得なければならないのである。分掌の意味に付ては市制第九十四條町村制第七十八條に述べたところを參照せられたい。

市制第六條の市の收入役の事務の分掌

第四項(市制) 第六條の市即ち東京市京都市大阪市の市長は收入役の事務の一部を區收入役に分掌させることができるのである。尤も第一項の(一)に述べたところの市の出納其の他の會計事務を分掌させることに付ては豫め市町村會の同意を得なければならないのである。分掌の意味に付ては市制第九十四條町村制第七十八條に述べたところを參照せられたい。

市の收入役代理吏員の設置

第五項(市制) 副收入役を置かない市では收入役が故障ある場合に其の事務を代理すべき市吏員を定めなければならないのである。是れは所謂收入役代理吏員である。收入役代理吏員は市長が適當と認むる吏員を市會に推薦し市會は其の推薦に基いて是れを定むるのである。即ち選定するのであつて是れは一の議事であるから市制第五十三條の規定に依るべきことは勿論である。此處に所謂市長は本當の市長に限らないのであるから其の事務を代理する助役或は臨時代

理者が吏員を市會に推薦することも差支ないのである。故障と代理の意味に付ては市制第九十六條に述べた趣旨を參照せられたい。

第九十八條 (市制)第六條ノ市ノ區長ハ市長ノ命ヲ承ケ又ハ法令ノ定ムル所ニ依リ區內ニ關スル市ノ事務及區ノ事務ヲ掌ル

2 (市制)區長其ノ他區所屬ノ吏員ハ市長ノ命ヲ承ケ又ハ法令ノ定ムル所ニ依リ國府縣其ノ他公共團體ノ事務ヲ掌ル

3 (市制)區長故障アルトキハ區收入役及區副收入役ニ非サル區所屬ノ吏員中上席者ヨリ順次之ヲ代理ス

4 (市制)第一項及第二項ノ事務ヲ執行スル爲要スル費用ハ市ノ負擔トス但シ法令中別段ノ規定アルモノハ此ノ限ニ在ラス

市制第六條の市の區長の職務權限の一

【解釋】本條は市制第六條の市の區長と區所屬吏員の職務權限に付ての規定である。

第一項 市制第六條の市卽ち東京市京都市大阪市の區長は市長の命令を承け又は法律命令の規定に依つて市制第二條に規定する市の事務であつて區內に關係のあるものと市制第六條に規定する區の事務を取扱ふものである。

同二

第二項 區長と其の他の區に屬する吏員は左の(一)(二)の事務をも取扱ふものである。

(一) 市制第九十三條の規定に依つて市長の取扱ふ國、府縣、其の他の公共團體の事務であつ

て市長から取扱を命ぜられた事務

(二)　國、府縣、其の他公共團體の事務であつて法律命令の規定に依つて取扱を命ぜられた事務

註　例へば衆議院議員選擧法第百四十五條第二項の規定する衆議院議員選擧の事務、種痘法第四條の規定する種痘の事務、府縣制第八十條の規定する府縣知事から委任された事務などである。

市制第六條の市の區長故障の場合

第三項　區長が故障ある場合は區收入役又は區副收入役以外の區に屬する吏員の中の上席者から順次に區長の職務を代理するのである。故障と代理の意味に付ては市制第九十六條に述べた趣旨を參照せられたい。上席者と云ふのは地位の高下、任命の先後、俸給の多寡などに依るのであるが結局市役所處務規程或は市吏員任用規定などに依つて定むる外はないのである。

市制第六條の市の區吏員の掌る事務に要する費用

第四項　第一項と第二項に依つて區長と其の他の區に屬する吏員が事務を行ふ爲めには費用が是れに伴ふのが通例である。此の費用は市が負擔するのである。尤も法律命令に別段の規定のある場合は其の規定に依つて費用を負擔する者が定まるのである。

第九十九條　(市制)第六條ノ市ノ區收入役ハ市收入役ノ命ヲ承ケ又ハ法令ノ定ムル所ニ依リ市及區ノ出納其ノ他ノ會計事務竝國府縣其ノ他公共團體ノ出納其ノ他ノ

會計事務ヲ掌ル

2 （市制）區長ハ市長ノ許可ヲ得テ區收入役ノ事務ノ一部ヲ區副收入役ニ分掌セシムルコトヲ得但シ區ノ出納其ノ他ノ會計事務ニ付テハ豫メ區會ノ同意ヲ得ルコトヲ要ス

3 （市制）市長ハ市ノ出納其ノ他ノ會計事務ニ付前項ノ許可ヲ爲ス場合ニ於テハ豫メ市會ノ同意ヲ得ルコトヲ要ス

4 （市制）區副收入役ヲ置カサル場合ニ於テハ市長ハ區收入役故障アルトキ之ヲ代理スヘキ吏員ヲ定ムヘシ

5 （市制）區收入役及區副收入役ノ職務權限ニ關シテハ前四項ニ規定スルモノノ外市收入役及市副收入役ニ關スル規定ヲ準用ス

市制第六條の市の區收入役の職務權限

【解釋】本條は市制第六條の市の區收入役と區副收入役の職務權限に付ての規定である。

第一項 市制第六條の市卽ち東京市京都市大阪市の區收入役は市收入役の命令を受け又は法律命令の規定に依つて左の（一）（二）（三）の事務を取扱ふものである。區收入役と區長の關係は市收入役と市長の關係と同樣である。

（一） 市の出納其の他の會計事務

（二） 區の出納其の他の會計事務

（三）　國、府縣、其の他公共團體の出納其の他の會計事務

區收入役の事務の分掌

第二項　區長は市長の許可を得て區收入役の事務の一部を區副收入役に分掌させることができるのである。尤も區の出納その他の會計事務を分掌させる場合は豫め區會の同意を得なければならないのである。分掌の意味は市制第九十四條に述べたところを參照せられたい。

區收入役の事務分掌の手續

第三項　市長は市の出納其の他の會計事務を第二項の規定に依つて區副收入役に分掌させることの許可を與ふる場合は豫め市會の同意を得なければならないのである。

區收入役の代理吏員設置

第四項　區副收入役を置かない場合には市長は區收入役が故障ある場合に區收入役の事務を代理すべき吏員を定めなければならないのである。尙ほ市制第九十七條第五項に述べたところを參照せられたい。

區收入役と區副收入役の職務權限に關する事項

第五項　區收入役と區副收入役の職務權限に關しては第一項から第四項迄に規定するものの外は市收入役と市副收入役に關する規定が準用さるるのである。其の結果區副收入役は區收入役の事務を補助し區收入役が故障ある場合は其の事務を代理することになるのである。

第百八十一條　名譽職……區長ハ市町村長ノ命ヲ承ケ市町村長ノ事務ニシテ區内ニ關スルモノヲ補助ス

2 名譽職區長代理者ハ區長ノ事務ヲ補助シ區長故障アルトキ之ヲ代理ス

【解釋】本條は名譽職區長と其の代理者の職務權限に付ての規定である。

名譽職區長の職務權限

第一項 市の名譽職區長と町村の區長は市町村長の命令を承けて市町村長の事務であつて自分の區內に關係のあるものを一般的に補助するものである。補助の意味に付ては市制第九十六條（町村制第七十九條）に述べたところを參照せられたい。

區長代理者の職務權限

第二項 市の名譽職區長代理者と町村の區長代理者は第一項の區長の事務を補助し又區長が故障ある場合は其の事務を代理するものである。補助、故障、代理の意味に付ては市制第九十六條（町村制第七十九條）に述べたところを參照せられたい。

第百一條（第八十二條） 委員ハ市町村長ノ指揮監督ヲ承ケ財產又ハ營造物ヲ管理シ其ノ他委託ヲ受ケタル市町村ノ事務ヲ調查シ又ハ之ヲ處辨ス

委員の職務權限

【解釋】本條は委員の職務權限に付ての規定である。

委員は市町村長の指揮監督を承けて左の(一)(二)の事務を處理するものである。

(一) 市町村の財產又は營造物を管理すること 財產と云ふのは第六章（第五章）市町村ノ財務第一款財產營造物及市町村稅のところに述べた第一財產の(一)(二)のものである。營造物と云ふのは同じところの(三)のものである。此の財產又は營造物は市町村に屬するものだけであつて國

の營造物たる道路小學校などを含まないのである。管理の意味に付ては市（町村）制第四十二（四十）條第六號に述べたところを參照せられたい。

（二）委託された市町村の事務を調査し又は處辨すること　市町村の事務と云ふのは市（町村）制第二條の事務を指すのであつて市（町村）制第九十三（七十七）條の規定に依つて市町村長等の委任された事務は含まないのである。此の市町村長から委託された市町村の事務例へば勸業、衞生、土木などの事務を調査し又は處理することは市町村長の事務を補助するに過ぎないのである。從つて外部に對して自分の名と責任を以て事務を取扱ふものではないのである。

市町村長の任免する有給吏員の職務權限

第百二（八十三）條　第八十五（七十一）條ノ吏員ハ市（町村）長ノ命ヲ承ケ事務ニ從事ス

【解釋】本條は市町村長の任免する有給吏員の職務權限に付ての規定である。

市（町村）制第八十五（七十一）條の規定に依つて置かるる市町村の有給吏員は市町村長の命令を承けて諸般の事務を取扱ふものである。其の取扱ふところの事務に付ては市町村長に對して責任を負ふだけであつて外部に對して責任を負ふものではないのである。

第百三條　（市制）第八十六條ノ吏員ハ區長ノ命ヲ承ケ事務ニ從事ス

2　（市制）區長ハ前項ノ吏員ヲシテ其ノ事務ノ一部ヲ臨時代理セシムルコトヲ得

【解釋】本條は區の吏員の職務權限に付ての規定である。

區吏員の職務權限

第一項　市制第六條の市即ち東京市京都市大阪市の區と市制第八十二條第三項の市即ち名古屋市の區の區長、區收入役、區副收入役以外の有給吏員は區長の命令を承けて諸般の事務を取扱ふものである。其の取扱ふ事務に付ては區長に對して責任を負ふだけで外部に對しては何等の責任を負ふものではないのである。

區長の職務の臨時代理

第二項　區長は自分の事務の一部を第一項の吏員に臨時代理させることができるのである。臨時代理の意味に付ては市制第九十四條第三項に述べたところを參照せられたい。

第〔五／四〕章　給料及給與

本章は市町村の吏員職員に支給する給料其の他種々の給與に付ての規定である。

第〔百四／八十四〕條　名譽職〔市參與、市／町村長、名譽職助役、町村〕會議員、名譽職參事會員其ノ他ノ名譽職員ハ職務ノ爲要スル費用ノ辨償ヲ受クルコトヲ得

2　名譽職〔市參與、名譽職區長、名譽職／町村長、名譽職助役、區長、〕區長代理者及委員ニハ費用辨償ノ外勤務ニ相當スル報酬ヲ給スルコトヲ得

3　費用辨償額、報酬額及其ノ支給方法ハ〔市／町村〕會ノ議決ヲ經テ之ヲ定ム

【解釋】　本條は市町村の名譽職員に支給する費用辨償と報酬に付ての規定である。

費用辨償

第一項　名譽職市參與、名譽職町村長、名譽職町村助役、市町村會議員、名譽職市參事會員、其

の他の名譽職員が其の職務を行ふ爲めには旅費とか辨當料とか種々の費用を要するのが通例である。此の費用は市町村から辨償を受ける權利があるのである。從つて市町村は是れ等の費用を辨償する義務を負ふのであつて辨償するか否かを考慮する餘地がないのである。其の他の名譽職員と云ふのは例へば名譽職區長、區長代理者、委員、選擧立會人、投票立會人、開票立會人などである。費用の辨償と云ふのは實費を償ふことである。然し乍ら其の都度一々實費を計算することは辨償する市町村も辨償を受くる名譽職員も共に煩に堪へないことであるから豫め一定の辨償額を定めて置いて辨償することが通例の方法である。此の場合は假令辨償額が實費に比較して過不足があつても返付を要しないと共に追給もしないのである。

第二項　名譽職市參與、名譽職町村長、名譽職町村助役、名譽職區長、區長代理者、委員は市町村會議員、市參事會員などとは異り平常事務に從事するものであるから市町村會の議決を經て第一項の費用辨償の外に勤務に相當する報酬を支給することを得るのである。此の報酬を支給することは第一項の規定に依つて費用を辨償する場合とは異るのであつて報酬を支給するか否かは市町村の任意である。尤も報酬を支給する場合には其の額は勤務に相當する額でなければならない。如何なる額が勤務に相當する額であるかは支給を受ける吏員の地位と事務の繁閑な

報酬

どを考慮して定むる外はないのである。報酬と云ふのは名譽職員が其の職務の爲めに働いたことに對して與へらるる金錢であつて費用辨償とは其の性質が違ふのであるから兩方を併せて支給することは固より差支がないのである。

費用辨償額報酬額と支給方法

第三項 第一項の費用辨償の額を幾らにするか又其の支給方法は如何にするか、第二項の報酬の額は幾らにするか又其の支給方法は如何にするかに付ては市町村會の議決を經て是れを定むるのである。名譽職員費用辨償規程、名譽職員報酬規程などとして定めらるるものがそれである。

有給吏員の給料と旅費

第百八十五條 市長、有給市參與、有給町村長、有給助役其ノ他ノ有給吏員ノ給料額、旅費額及其ノ支給方法ハ市町村會ノ議決ヲ經テ之ヲ定ム

【解釋】 本條は市町村の有給吏員に支給する給料と旅費に付ての規定である。

市町村は市長、有給町村長、有給市參與、市助役、町村の有給助役、其の他の有給吏員に給料と旅費を支給しなければならないのである。其の給料の額を幾らにするか又其の支給方法は如何にするか、旅費の額を幾らにするか又其の支給方法は如何にするかに付ては市町村會の議決を經て是れを定むるのである。有給吏員給料規程、旅費規程などとして定めらるるのがそれである。給料と云ふのは有給吏員の地位に相當するだけの生活を爲さしめる爲めに與へる生活の

資料である。此の點は名譽職員に支給する報酬と異るのである。旅費と云ふのは職務の爲めに出張する場合の費用として支給する實費である。旅費額も名譽職員に支給する費用辨償と同樣豫め一定の額を定めて置いて支給するのが通例である。

退隱料退職給與金死亡給與金遺族扶助料

第百八十六條　有給吏員ニハ市町村條例ノ定ムル所ニ依リ退隱料、退職給與金、死亡給與金又ハ遺族扶助料ヲ給スルコトヲ得

【解釋】　本條は退隱料、退職給與金、死亡給與金、遺族扶助料に付ての規定である。

市町村の有給吏員は其の職務の爲めに全力を注ぐべき者であつて產を造り將來の生活の安定を計る樣な餘裕のないのが通例である。それ故是れ等の有給吏員をして將來の憂なく現職に勵ましむる爲めには相當の方法を講ずる必要があることは勿論である。卽ち市町村は市町村條例を以て有給吏員に對して退隱料、退職給與金、死亡給與金、遺族扶助料を支給することを定め得るのである。退隱料と云ふのは或る期間在職した有給吏員が退職した場合に其の者の終身間支給する生活の資料であつて官吏の普通恩給に當るものである。退職給與金と云ふのは退隱料を受くるに至らない有給吏員が退職した場合に其の者に一時限り支給する生活の資料であつて官吏の一時恩給に當るものである。死亡給與金と云ふのは有給吏員が在職中死亡した場合に扶助料を受けない其の遺族に一時限り支給する生活の資料であつて官吏の一時扶助料に當るもので

ある。遺族扶助料と云ふのは或る期間在職した有給吏員が死亡した場合に其の遺族に或る期間引續いて支給する生活の資料であつて官吏の扶助料に當るものである。名譽職員に對しては是れ等の給與を爲すべきでないことは勿論である。

給與に對する救濟の一

第百八十七條（第百六十七條） 費用辨償、報酬、給料、旅費、退隱料、退職給與金、死亡給與金又ハ遺族扶助料ノ給與ニ付關係者ニ於テ異議アルトキハ之ヲ市町村長ニ申立ツルコトヲ得

2 前項ノ異議ノ申立アリタルトキハ市町村長ハ七日以内ニ之ヲ市町村參事會ノ決定ニ付スヘシ關係者其ノ決定ニ不服アルトキハ府縣參事會ニ訴願シ其ノ裁決又ハ第三項ノ裁決ニ不服アルトキハ行政裁判所ニ出訴スルコトヲ得

3 前項ノ決定及裁決ニ付テハ市町村長ヨリモ訴願又ハ訴訟ヲ提起スルコトヲ得

4 前二項ノ裁決ニ付テハ府縣知事ヨリモ訴訟ヲ提起スルコトヲ得

【解釋】 本條は市町村の給與に對する異議に付ての規定である。

第一項 費用辨償、報酬、給料、旅費、退隱料、退職給與金、死亡給與金、遺族扶助料を受くる者が其の給與に付て異議ある場合は市町村長に異議申立を爲し得るのである。異議申立の期間は市（町村）制第百六十（百四十）條の規定に依るべきものである。

註 例へば支給を受けた金額が規定の金額よりも少い場合、支給日が規定の支給日より遲れて居る場合などは異議申立を爲し得るのである。然し乍ら支給に

關する市町村條例の規定に異議ある場合は異議申立を爲し得ないのである。

同二

第二項　第一項の異議申立があつた場合は市町村長は其の申立を受けた日の翌日から計算して七日以内に市長は市參事會の、又町村長は町村會の決定に付さなければならないのである。此の市參事會又は町村會の決定を受けた者が其の決定に不服ある場合は府縣參事會に訴願し得るのである。此の訴願に對する府縣參事會の裁決又は第三項の訴願に對する府縣參事會の裁決を受けた者が其の裁決に不服ある場合は行政裁判所に出訴し得るのである。異議の決定訴願の提起と裁決、行政訴訟の提起に付ては市（町村）制第百六十（百四十）條と第百六十（百四十）條ノ二の規定を參照せられたい。

同三

第三項　第二項の市參事會又は町村會の決定に付ては市町村長からも訴願を爲し得るのである。又同項の府縣參事會の裁決に付ては市町村長からも行政裁判所に出訴し得るのである。訴願又は訴訟を爲す期間は市（町村）制第百六十（百四十）條の規定に依るべきものである。

同三

第四項　第二項と第三項の府縣參事會の裁決に付ては府縣知事からも行政裁判所に出訴し得るのである。出訴期間は市（町村）制第百六十（百四十）條の規定に依るべきものである。

第百八十八條　費用辨償、報酬、給料、旅費、退隱料、退職給與金、死亡給與金、遺族扶助料其ノ他

市町村の給與の負擔者

財政と財政權

ノ給與ハ市町村ノ負擔トス

【解釋】 本條は市町村の給與の負擔者に付ての規定である。費用辨償、報酬、給料、旅費、退隱料、退職給與金、死亡給與金、遺族扶助料、其の他の給與金は何れも市町村が負擔するのである。是れは市町村の機關であるところの名譽職員と有給吏員の爲めに要する費用であるから市町村が此の費用を負擔することは當然のことである。此處に所謂其の他の給與は賞與金、療治料、弔祭料などを指すのである。

第六章 市町村ノ財務

本章は市町村の財政に付ての規定である。

市町村なる法人が種々の事務を處理するに付ては其の費用が必要である。從つて其の費用を支辨する爲めの收入も必要となるのである。此の關係は我等が生活の爲めに經濟を樹てることの必要であると同樣である。此の市町村の經濟を財政と云ふのである。唯市町村の經濟と我等の經濟と異る大きな點は市町村は收入の爲めに他人を强制し得る力を國から與へられて居る點である。此の强制し得る力を財政權と云ふのである。

第一款 財産營造物及市町村税

本款は市町村の財産と營造物と市町村税に付ての規定である。財産と營造物なる言葉は市制町村制中に屢々規定されて居る言葉である。それ故其の各條の下で説くことを略して便宜此處で其の意味を述べることにする。

財産の意味

第一　財産とは如何なるものか　最も廣い意味の市町村の財産は左の(一)から(四)迄のものを含むのである。各條に所謂財産は其の何れの意味の財産であるかは各條の下に述べたところを參照せられたい。

(一)　基本財産と積立金穀等　基本財産と云ふのは收入を得ることを目的とする財産である。目的が收入を得ることにありさへすれば現在收入が生じなくても矢張り基本財産である。

註　例へば賃貸することを目的とする土地家屋、利息を得ることを目的とする有價證券預金などである。

積立金穀等と云ふのは或る目的の爲めに積立てた金錢物品である。基本財産と異る點は基本財産は元本を費消しないで元本から生ずる收入だけを使用するものであるが積立金穀は元本をも費消するものであることである。

註　例へば學校建築の目的或は凶荒救濟の目的で毎年積立てる金錢穀類其の他

の物品などである。

（一）公用に供する財産　是れは直接公用に供する財産である。

註　例へば市役所町村役場の敷地、建物、備付品などである。

（三）公共の使用に供する財産　是れは直接に一般市町村住民の使用に供する財産であつて廣い意味の營造物である。是れは更に次の(1)と(2)に區別し得るのである。廣い意味の營造物は單に物だけで成立つものと物と人とで成立つものとある。

（イ）公用物　是れは單に物だけから成立つ設備であつて一般市町村住民の使用に供さるるものである。

註　例へば公園、墓地、山林、原野、牧場、溜池、種牡牛馬などである。

（ロ）狹い意味の營造物　是れは物と人とから成立つ設備であつて一般市町村住民の使用に供さるるものである。

註　例へば學校、圖書館、商品陳列所、電車、水道、電氣、瓦斯、市場などである。

(四）經費支辨の爲めに收入する財産　是れは歲入出豫算の執行の結果生ずる使用料、手數料などの稅外收入と市町村稅などである。此の財産は市制町村制では財産とは稱しないのである。

第二　營造物とは如何なるものか　營造物と云ふのは市町村住民の直接の利益を保護し或は增進する爲めに市町村が經營する物と人或は物から成立つ設備である。其の種類は前の(三)公共の使用に供する財產のところに述べたことを參照せられたい。

營造物の意味

第百八十九條　收益ノ爲ニスル市町村ノ財產ハ基本財產トシ之ヲ維持スヘシ
2　市町村ハ特定ノ目的ノ爲特別ノ基本財產ヲ設ケ又ハ金穀等ヲ積立ツルコトヲ得

【解釋】　本條は市町村の基本財產と積立金穀に付ての規定である。

基本財產

第一項　市町村の財產の中の收益の爲めにする財產は基本財產として維持しなければならないのである。是れは市町村の一般の經費を基本財產から生ずる收入で支辨させ樣とする理想から來て居る。然し此の理想は今日の現狀では單に理想だけに終りさうに見えることは遺憾である。此處に收益の爲めにすると云ふのは其の財產から收入を得ることを目的とすることである。從つて收益を目的にしない財產例へば營造物などから偶然收入を生ずることがあつてもそれが爲めに其の營造物は基本財產とはならないのである。或る財產を收益を目的とする財產にするか否かと云ふことは市町村の意思即ち市町村會の議決に依つて定まることである。其の財產が收益を目的とする財產であることが定まればそれは法律上當然基本財產となるのであつて基本財產にするか否かに付ては何人の意思も挾む餘地がないのである。維持と云ふことは基本

財産の元本を費消することなく保存することである。基本財産から生ずる利子等を費消することは固より此の規定に牴觸するものではないのである。

特別基本財産と積立金穀

第二項　市町村は市町村會の議決を經て左の樣な財産を有し得るのである。

（一）　特定の目的の爲めに設くる特別の基本財産　是れは或る特別の目的例へば小學校費の支辨とか水道修繕費の支辨とかの爲めに設くる基本財産である。此の目的以外の事項は第一項の普通の基本財産と同樣である。

（二）　特定の目的の爲めに積立つる金穀等　是れは或る特別の目的例へば小學校舍の改築費の支辨とか凶荒の場合の救濟費の支辨とかの爲めに積立てる金錢穀類木材などである。基本財産と異る點は基本財産は元本を費消しないものであるが積立金穀は積立の目的の爲めには元本をも費消し得ることである。

第百十・九十條　舊來ノ慣行ニ依リ市町村住民中特ニ財産又ハ營造物ヲ使用スル權利ヲ有スル者アルトキハ其ノ舊慣ニ依ル舊慣ヲ變更又ハ廢止セムトスルトキハ市町村會ノ議決ヲ經ヘシ

2　前項ノ財産又ハ營造物ヲ新ニ使用セムトスル者アルトキハ市町村ハ之ヲ許可スルコトヲ得

【解釋】本條は舊慣のある市町村の財産と營造物の使用に付ての規定である。

舊慣ある財産の舊慣の變更と廢止

第一項　市町村の財産又は營造物は市町村制第八六條第二項の規定に依つて一般市町村住民が共用し得るものであることが通例である。然し是れには例外がある。卽ち市町村の財産又は營造物の中には舊い習慣に依つて市町村住民の中の或る一部の者だけが使用する權利を有して居る場合がある。

註　例へば甲部落の者だけが市町村の有する山林から薪を採る權利があるとか或は市町村住民の中の數人だけが市町村の有する溜池から水を引く權利がある樣な場合である。

此の場合に舊い習慣を變更し又は廢止するには市町村會の議決を經なければならないのである。變更と云ふのは使用の權利或は使用の方法を變へることである。廢止と云ふのは使用の權利を喪はせることである。此處に所謂財産は第一款財産營造物及市町村稅のところに述べた第一財産の(三)公共の使用に供する財産の(イ)公用物である。營造物と云ふのは同じところの(ロ)狹い意味の營造物である。

舊慣ある財産の新規使用

第二項　第一項の舊い習慣のある市町村の財産又は營造物は或る特別の權利者だけが使用するのであるが新に其の財産又は營造物を使用したいと云ふ者がある場合は市町村は市町村會の議決

を經て是れを許可することができるのである。新規に使用を許すことは第一項に所謂舊慣の變更であるが第二項として特に明文を置いたのである。

舊慣ある財産の使用方法

第百十一／九十一條 市町村ハ前條ニ規定スル財産ノ使用方法ニ關シ市町村規則ヲ設クルコトヲ得

【解釋】 本條は舊慣ある市町村の財産の使用方法に付ての規定である。

市町村は市町村會の議決を經て市町村制第百十／九十條に規定する舊慣ある財産の使用方法に關して市町村規則を設け得るのである。市町村規則に付ては市町村制第十二／十條に述べたところを參照せられたい。

舊慣ある財産營造物の使用料と加入金

第百十二／九十二條 市町村ハ第百十／九十條第一項ノ使用者ヨリ使用料ヲ徴收シ同條第二項ノ使用ニ關シテハ使用料若ハ一時ノ加入金ヲ徴收シ又ハ使用料及加入金ヲ共ニ徴收スルコトヲ得

【解釋】 本條は舊慣ある市町村の財産と營造物の使用料と加入金に付ての規定である。

市町村は左の使用料或は加入金を徴收し得るのである。

（一） 市町村制第百十／九十條第一項の舊慣ある市町村の財産又は營造物の使用者から徴收する使用料

是れ等の使用者は其の使用に依つて相當の利益を受くるものであるから其の受くる利益に對して或る負擔を爲さしむることは相當のことである。此の負擔を使用料と云ふのである。

（二）市（町村）制第百十（九十）條第二項の舊慣ある市町村の財産又は營造物の新しい使用者から徴收する使用料と加入金　是れ等の使用者は其の使用に依つて相當の利益を受くるものであるから其の受くる利益に對して或る負擔を爲さしむることは相當である。此の負擔は使用料である。是れは（一）と同樣である。又新規の使用者は舊慣に依る從來の使用者が其の財産又は營造物の設備に付て相當の負擔を爲した爲めの利益を蒙る場合がある。此の場合には新規の使用者に從來の負擔を分擔させることが相當である。此の負擔が加入金である。使用料と加入金は共に徴收する場合と其の一方だけを徴收する場合とあるのである。

營造物の使用料

第百十三（九十三）條　市（町村）ハ營造物ノ使用ニ付使用料ヲ徴收スルコトヲ得

2　市（町村）ハ特ニ一個人ノ爲ニスル事務ニ付手數料ヲ徴收スルコトヲ得

【解釋】　本條は營造物の使用料と事務の手數料に付ての規定である。

第一項　市町村の營造物を使用する者は其の使用に依つて利益を受くることが通例である。それ故市町村は營造物を使用する者から使用料を徴收し得るのである。此處に所謂營造物は第一款財産營造物及市町村税のところに述べた第一財産の（三）公共の使用に供する財産の（イ）公用物と（ロ）狹い意味の營造物である。尤も市（町村）制第百十（九十）條に規定する舊慣ある財産又は營造物は含まれないのである。

事務の手數料

第二項　市町村は特に一個人の爲めにする事務に付て手數料を徵收し得るのである。一個人の爲めにする事務と云ふのは一個人の要求に依つて特に其の者の利益の爲めに市町村が吏員をして取扱はしめるところの事務である。

註　例へば一個人の請求に依つて爲す印鑑身分營業など各種の證明とか衞生試驗場の爲す水質の檢査の事務などである。

從つて法律命令の規定に依つて取扱ふ事務に付ては本條の規定に依つては手數料を徵收し得ないのである。此處に所謂手數料の中には法律命令の規定に依つて徵收する戶籍手數料寄留手數料馬籍手數料とか市町村制第百三十一百十一條の督促手數料を含まないのである。

市町村の爲す金錢上の契約

第百十四九十四條　財産ノ賣却貸與、工事ノ請負及物件勞力其ノ他ノ供給ハ競爭入札ニ付スヘシ但シ臨時急施ヲ要スルトキ、入札ノ價額其ノ費用ニ比シテ得失相償ハサルトキ又ハ市町村會ノ同意ヲ得タルトキハ此ノ限ニ在ラス

【解釋】本條は市町村が金錢上の契約を爲す場合に付ての規定である。

市町村は一個人と同樣の立場に於て種々の契約を爲すのである。此の契約の相手方を定むる方法は市町村の利害に關係することが尠くない。それ故市町村が左の契約を爲す場合は競爭入札の方法に依らなければならないのである。尤も是れには例外がある。即ち(イ)臨時急施を要す

る場合例へば天災の爲め應急工事の必要ある場合(ロ)入札の價格が入札の費用に比べて得失の相償はない場合例へば廣告料が多きに過ぎる場合(ハ)市町村會の同意を得た場合は競爭入札の方法に依らないで差支ないのである。競爭入札と云ふのは市町村が自分に最も有利な契約をする相手方を見出す爲めに相手方の間に競爭を爲さしめる方法である。競爭入札の普通の方法は契約の目的を公告して一定の日に一定の場所で契約希望者に契約の價格を入れさせ其の入札の中から自分の豫定してある價格よりも財産賣却の場合は最も多い價格のものを又工事請負等の場合は最も少い價格のものを選んで落札者と定め是れと契約をすることである。

(一)　財産の賣却貸與　此處に所謂財産は第一款財産營造物及市町村稅のところに述べた第一財産の(一)基本財産と積立金穀等と(二)公用に供する財産を指すのである。

(二)　工事の請負　此處に所謂請負は民法第六百三十二條の請負と同樣である。

(三)　物件勞力其の他の供給　物件の供給と云ふのは動產を市町村が買受け又は借受くることである。勞力の供給と云ふのは勞働者を集めて其の勞力を供給する者から市町村が供給を受くることであつて勞働者自身が直接市町村に傭はるる場合は含まれないのである。其の他の供給と云ふのは電氣瓦斯などの供給である。

寄附と補助

第百十五條（九十五） 市町村ハ其ノ公益上必要アル場合ニ於テハ寄附又ハ補助ヲ爲スコトヲ得

【解釋】 本條は市町村の爲す寄附と補助に付ての規定である。

市町村は市町村會の議決を經て市町村の公益上必要ある場合には寄附又は補助を爲し得るのである。如何なる場合が公益上必要ある場合に該るかは事實に就て認定するの外はない。寄附も補助も其の性質は共に民法第五百四十九條の贈與である。寄附と云ふのは通例市町村と對等の關係に在る公共團體例へば他の市町村など又は上級の團體例へば國、府縣などに對する贈與に付て用ひられる言葉である。補助と云ふのは通例一個人又は對等若くは上級の團體以外の團體例へば青年團とか軍人分會などに對する贈與に付て用ひらるる言葉である。

市町村の支辨する費用

第百十六條（九十六） 市町村ハ其ノ必要ナル費用及從來法令ニ依リ又ハ將來法律勅令ニ依リ市町村ノ負擔ニ屬スル費用ヲ支辨スル義務ヲ負フ

2 市町村ハ其ノ財産ヨリ生スル收入、使用料、手數料、過料、過怠金其ノ他法令ニ依リ市町村ニ屬スル收入ヲ以テ前項ノ支出ニ充テ仍不足アルトキハ市町村税及夫役現品ヲ賦課徴收スルコトヲ得

【解釋】 本條は市町村の支辨すべき費用の範圍と其の財源の順序に付ての規定である。

第一項 市町村が支辨する義務を負ふて居る費用は左の費用である。

（一）市町村の必要なる費用　是れは市町村制第二條の規定する市町村の事務に付ての費用である。

（二）從來法律命令に依り市町村の負擔に屬する費用　是れは市制町村制施行前卽ち明治四十四年九月三十日以前に（イ）法律命令の規定に依つて市町村長其の他の吏員に國、府縣等の事務を取扱はしめ其の費用を市町村の負擔としたものと（ロ）國、府縣等の事務に要する費用だけを市町村の負擔としたものである。

註　例へば河川法の規定に依る河川に關する費用の一部負擔とか砂防法の規定に依る砂防に關する費用の一部負擔などである。

（三）將來法律勅令に依り市町村の負擔に屬する費用　是れは市制町村制施行後卽ち明治四十四年十月一日以降に（イ）法律勅令の規定に依つて市町村長其の他の吏員に國、府縣等の事務を取扱はしめ其の費用を市町村の負擔としたものと（ロ）國、府縣等の事務に要する費用だけを市町村の負擔としたものである。

註　例へば市制第九十三條町村制第七十七條の規定に依る市町村長其の他の市町村吏員の事務取扱に要する費用の負擔とか或は道路法の規定に依る道路に關する費用の負擔などである。

費用を支辨する財源の順序

第二項　市町村は第一項の費用を支辨する義務を負ふて居るのであるがそれが爲めには財源がなければならないことは勿論である。市町村は先づ左の（一）から（六）迄の收入を財源として費用を支辨しなければならないのである。

（一）財產より生ずる收入　是れは基本財產から生ずる收入が大部分を占むるのである。

（二）使用料　是れは市／町村制第百十二／九十二條と第百十三／九十三條に述べたところを參照せられたい。

（三）手數料　是れは市／町村制第百十三／九十三條に述べたところを參照せられたい。

（四）過料　是れは市／町村制第百二十九／百九條と第百七十一／百五十一條に述べたところを參照せられたい。

（五）過怠金　是れは市／町村制第八十九／七十三條と第百七十／百五十條に述べたところを參照せられたい。

（六）其の他法律命令に依り市町村に屬する收入　是れは國稅徵收法第五條の規定に依る國稅徵收交付金、府縣制施行令第三十一條の規定に依る府縣稅徵收交付金、水利組合法第五十四條の規定に依る水利組合費徵收交付金、義務敎育費國庫負擔法の規定に依る義務敎育費國庫下渡金などである。

是れ等の收入を以て費用を支辨するに足らない場合は左の（一）（二）の收入を財源として費用を支辨し得るのである。

（一）市町村稅　是れは市／町村制第百十七／九十七條に述べたところを參照せられたい。

（二）夫役現品　是れは市／町村制第百二十五／百五條に述べたところを參照せられたい。

第百十七／九十七條　市／町村稅トシテ賦課スルコトヲ得ヘキモノ左ノ如シ

一　國稅府縣稅ノ附加稅

二　特別稅

2　直接國稅又ハ直接府縣稅ノ附加稅ハ均一ノ稅率ヲ以テ之ヲ徵收スヘシ但シ第百六十七／百四十七條ノ規定ニ依リ許可ヲ受ケタル場合ハ此ノ限ニ在ラス

3　國稅ノ附加稅タル府縣稅ニ對シテハ附加稅ヲ賦課スルコトヲ得ス

4　特別稅ハ別ニ稅目ヲ起シテ課稅スルノ必要アルトキ賦課徵收スルモノトス

市町村稅の種類

【解釋】本條は市町村稅の種類に付ての規定である。

第一項　市町村が市町村稅として賦課し得るものは左の（一）（二）のものである。市町村稅と云ふのは市町村の費用に充つる爲めに納稅の義務ある者から其の者の富力に應じて徵收する金錢である。金錢を徵收するものである點は夫役現品が人の勞力或は物品を徵收するものであることと異る點である。富力に應じて徵收するものである點は使用料手數料が其の者の受くる利益に應じて徵收するものであることと異る點である。

（一）國稅の附加稅と府縣稅の附加稅　國稅、府縣稅と云ふのは共に直接稅と間接稅の兩方を併せて云ふのである。附加稅と云ふのは國稅又は府縣稅として賦課した稅額を標準として賦課するものである。附加稅なる名稱のある所以であらう。

註　例へば國稅附加稅と云ふのは地租を標準として賦課する地租附加稅、營業收益稅額を標準として賦課する營業收益稅附加稅、所得稅額を標準として賦課する所得稅附加稅などである。府縣稅附加稅と云ふのは特別地稅を標準として賦課する特別地稅附加稅、家屋稅を標準として賦課する家屋稅附加稅などである。

（二）特別稅　特別稅と云ふのは附加稅の樣に本稅を標準として賦課するものではなく或る標準に依つて獨立に賦課するものである。

註　例へば資力を標準とする戶數割、段別を標準とする反別割などである。

市町村稅として賦課するものは附加稅でなければ特別稅であり特別稅でなければ附加稅である。此の二の中の何れにも屬さぬものはないのである。

附加稅の稅率

第二項　直接國稅の附加稅又は直接府縣稅の附加稅は均一の稅率で徵收しなければならないのである。尤も市／町村制第百六十七／百四十七條第六號の規定に依つて府縣知事の許可を受けた場合は均一の稅

率に依らないで徴收し得るのである。均一の稅率と云ふのは例へば營業收益稅附加稅を賦課する場合納稅の義務ある者總てに對して營業收益稅本稅一圓に付て附加稅の稅率六十錢とすることである。若し納稅の義務ある者の中甲には稅率六十錢乙には稅率五十錢とするときは不均一の稅率となるのである。

附加稅を賦課し得ないもの

第三項　府縣稅に對して附加稅を賦課し得ることは第一項に述べた通りであるが府縣稅の中には左の二種があるのであつて其の中の(一)の國稅の附加稅たる府縣稅に對しては市町村稅を賦課し得ないのである。從つて府縣稅に對する附加稅は結局(二)の獨立の府縣稅に對してだけ賦課し得ることになるのである。

(一)　國稅の附加稅たる府縣稅　是れは地租附加稅、營業收益稅附加稅、所得稅附加稅などである。

(二)　獨立の府縣稅　是れは特別地稅、家屋稅、營業稅、雜種稅などである。

特別稅の設定

第四項　市町村稅として賦課するものは國稅の附加稅と府縣稅の附加稅であることが通例であつて特別稅は別に稅目を起して課稅する必要ある場合に限つて賦課徵收し得るものである。

註　例へば財源不足の爲めに戶數割を賦課し、社會政策として遊與稅觀覽稅を設

くる様な場合である。

滯在者の納稅義務

第百十八條（九十八） 三月以上市町村內ニ滯在スル者ハ其ノ滯在ノ初ニ遡リ市町村稅ヲ納ムル義務ヲ負フ

【解釋】 本條は市町村內の滯在者の納稅義務に付ての規定である。

市町村住民は市町村制第八（六）條の規定に依つて市町村の負擔を分任する義務を負ふものであるから市町村內に住所を定めた其の日から直ちに市町村稅を納むる義務を負ふことになるのである。然し乍ら市町村稅を納むる義務を負ふ者は市町村住民だけではない。市町村內に滯在する者も其の滯在が三月に達すれば其の滯在の初に遡つて市町村稅を納むる義務を負ふのである。是れは滯在市町村との間に相當密接の關係を生じて來るのであるから當然の規定と思はるる。

註 例へば昭和二年四月一日に甲市町村に滯在を始めたものは七月一日に至れば滯在の初め即ち四月一日から甲市町村の市町村稅を納むる義務を負ふことになるのである。

滯在すると云ふのは居所を定めることである。三月以上と云ふのは間斷なく三月と云ふ意味である。それ故滯在の事實が中斷した場合に前後を通算することはできないのである。然し乍ら滯在者の身體が常に其の市町村內に在ることを要するのではない。用務の爲めに數日間他の市

町村に旅行宿泊しても滯在市町村を退去する事實のない限りは間斷なく滯在する者と云ふことを得るのである。

物の所有者營業者特定の行爲を爲す者の納稅義務

第百十九條（町村制第九十九條）　市（町村）内ニ住所ヲ有セス又ハ三月以上滯在スルコトナシト雖市（町村）内ニ於テ土地家屋物件ヲ所有シ使用シ若ハ占有シ、市（町村）内ニ營業所ヲ設ケテ營業ヲ爲シ又ハ市（町村）内ニ於テ特定ノ行爲ヲ爲ス者ハ其ノ土地家屋物件營業若ハ其ノ收入ニ對シ又ハ其ノ行爲ニ對シテ賦課スル市（町村）稅ヲ納ムル義務ヲ負フ

【解釋】　本條は市町村住民でもなく又三月以上の滯在者でもない者の納稅義務に付ての規定である。

市町村住民は市（町村）制第八（六）條の規定に依り又三月以上市町村内に滯在する者は同第百十八（九十八）條の規定に依り市町村稅を納むる義務があるのであるが市町村住民でもなく又市町村内に於ける三月以上の滯在者でもない者であつても市町村稅を納むる義務を負ふ者がある。それは左に掲ぐる者である。

（一）　市町村内に於て土地家屋物件を所有する者、使用する者、占有する者　是れ等の者は其の土地家屋物件又は土地家屋物件から生ずる收入に對して賦課された市町村稅を納むる義務を負ふのである。

註 例へば土地に對する地租附加税、家屋に對する家屋税附加税、物件卽ち船車家畜などに對する雜種税附加税、土地家屋物件から生ずる收入に對する所得税附加税などである。

（二） 市町村內に營業所を設けて營業を爲す者　是れ等の者は其の營業又は營業から生ずる收入に對して賦課された市町村税を納むる義務を負ふのである。營業と云ふのは利益を得る目的で自分の名を以て精神上の業務に屬さないところの物品の製造加工販賣勞力の供給其の他經濟上の取引をするところの連續した行爲である。從つて農業の樣に單に自然に生ずる物を收穫する業とか醫師辯護士の樣な精神的の能力を必要とする業は營業の中には含まれないのである。營業所と云ふのは物品販賣業者の店舖製造業者の工場などの樣な營業の爲めの設備である。從つて營業であつても營業所のないもの例へば行商などをする者は次の（三）の特定の行爲を爲す者として課税される場合は格別であるが此處に所謂營業としては課税を受けることはないのである。

註 例へば營業に對する營業收益税附加税、營業から生ずる收入に對する所得税附加税などである。

（三） 市町村內に於て特定の行爲を爲す者　是れ等の者は其の行爲に對して賦課された市町村

税を納むる義務を負ふのである。

註　例へば遊與を爲すことに對する遊與税の附加税、流木を爲すことに對する流木税の附加税、代書を爲すことに對する代書人税の附加税などの雜種税附加税である。

市町村外に在る課税標準

第百二十條（百）　納税者ノ市町村外ニ於テ所有シ使用シ占有スル土地家屋物件若ハ其ノ收入又ハ市町村外ニ於テ營業所ヲ設ケタル營業若ハ其ノ收入ニ對シテハ市町村税ヲ賦課スルコトヲ得ス

2 市町村ノ内外ニ於テ營業所ヲ設ケ營業ヲ爲ス者ニシテ其ノ營業又ハ收入ニ對スル本税ヲ分別シテ納メサルモノニ對シ附加税ヲ賦課スル場合及住所滯在市町村ノ内外ニ渉ル者ノ收入ニシテ土地家屋物件又ハ營業所ヲ設ケタル營業ヨリ生スル收入ニ非サルモノニ對シ市町村税ヲ賦課スル場合ニ付テハ勅令ヲ以テ之ヲ定ム

【解釋】本條は市町村外に在る課税の標準と市町村の内外に渉る課税標準に付ての規定である。

第一項　市町村住民は市町村制第八（六）條の規定に依り又三月以上の滯在者は市町村制第百十八（九十八）條の規定に依り市町村税を納むる義務を負ふものであるから是れ等の者に對しては如何なるものを標準として課税しても差支ない譯である。然し乍ら左に掲ぐるものは市町村制第百十九（九十九）條の規定に依つて土地家屋物件又は營業所の在る市町村で課税するのが通例であるから住所地又は三月以上

の滯在地の市町村では市町村稅を賦課することを得ないのである。

（二）市町村外に於て所有し使用し占有する土地家屋物件又は其の土地家屋物件から生ずる收入に對する市町村稅　是れは市町村制第百十九九十九條の（一）に述べたところを參照せられたい。

（三）市町村外に於て營業所を設けた營業又は其の營業から生ずる收入に對する市町村稅　是れは市町村制第百十九九十九條の（二）に述べたところを參照せられたい。

市町村外に於ける市町村制第百十九九十九條の（三）の特定の行爲に付ては別段規定はないのであるが其の課稅を許した意味ではないのである。

市町村の内外に涉る課稅標準の分別

第二項　市町村稅の課稅の標準となるものが二以上の市町村に涉る場合がある。卽ち左に揭ぐる場合に付ては勅令を以て規定さるるのである。

（一）二以上の市町村に營業所を設けて營業を爲す者が其の營業又は營業から生ずる收入に對する本稅卽ち國稅或は府縣稅を分別して納めない場合に其の者に對して營業所の在る市町村が市町村稅たる附加稅を賦課する場合

（二）二以上の市町村内に住所と滯在が涉る者の收入であつて土地家屋物件又は營業所を設けた營業から生ずる收入でないものに對して住所地と滯在地の市町村が市町村稅を賦課する場

合

此の勅令は市制町村制施行令であつて其の規定するところの要領は左の通りである。

第四十條　二以上の市町村に營業所を設けて營業を爲す者であつて其の營業又は收入に對する本税を分別して納めない者に對して附加税を賦課しやうとするときは市町村長は關係市長又は町村長(町村長に準ずべき者を含む)と協議の上で其の本税額の歩合を定めなければならない。

2 第一項の協議が調はないときは府縣知事が本税額の歩合を定めなければならない。關係市町村が數府縣に渉るものは內務大臣と大藏大臣が本税額の歩合を定めなければならないのである。

3 第一項の場合に直接に收入を生ずることのない營業所例へば甲市町村に製造場があり乙市町村に販賣所がある場合の甲市町村の製造場の樣なものがあるときは他の營業所即ち乙市町村の販賣所と收入を共通にするものと認めて第一項第二項の規定に依り本税額の歩合を定めなければならないのである。

4 府縣に於て數府縣に渉る營業又は其の收入に對して營業税附加税、營業收益税附加税又は所得税附加税賦課の歩合を定めたものがあるときは其の歩合に依る本税額を以て其の府縣に於ける本税額と看做すのである。

第四十一條　鑛區（砂鑛區域を含む以下同樣である）が二以上の市町村に涉る場合に於て鑛區稅（砂鑛稅を含む）の附加稅を賦課しやうとするときは鑛區の屬する地表の面積に依つて其の本稅額を分割し其の一部にだけ賦課しなければならないのである。

2　二以上の市町村に於て鑛業に關する事務所其の他の營業所を設けた場合に於て鑛產稅の附加稅を賦課しやうとするときは第四十條の例に依つて本稅額の步合を定めるのである。鑛區が營業所所在の市町村の內外に涉る場合も亦第四十條の例に依つて本稅額の步合を定めるのである。

第四十二條　住所と滯在が二以上の市町村に涉る者の收入であつて土地家屋物件又は營業所を設けた營業から生ずる收入でないものに對して市町村稅を賦課しやうとするときは其の收入を平分して其の一部にだけ賦課しなければならないのである。

2　第一項の住所又は滯在の時期が異なるとき例へば一月一日甲市町村に住所を有し三月一日乙市町村に住所を轉じ或は三月一日丙市町村に滯在し七月一日丙市町村から丁市町村に滯在を移したときは納稅義務の發生した翌月の初めから其の消滅した月の終迄月割で賦課しなければならない。但し賦課後納稅義務者の住所又は滯在に異動を生じても賦課額は變更しないのである。其の新に住所を

有し又は滯在する市町村では前の住所地又は滯在地の市町村で賦課しなかつた部分だけに賦課しなければならないのである。

3 住所と滯在が同一府縣内の二以上の市町村に涉る者が其の住所又は滯在の時を異にした場合に於て其の者に對して戸數割附加税を賦課しやうとするときは第二項の規定を準用するのである。

第百二十一條 所得税法第十八條ニ揭クル所得ニ對シテハ市町村税ヲ賦課スルコトヲ得ス

2 神社寺院祠宇佛堂ノ用ニ供スル建物及其ノ境内地並教會所説教所ノ用ニ供スル建物及其ノ構内地ニ對シテハ市町村税ヲ賦課スルコトヲ得ス但シ有料ニテ之ヲ使用セシムル者及住宅ヲ以テ教會所説教所ノ用ニ充ツル者ニ對シテハ此ノ限ニ在ラス

3 國府縣市町村其ノ他公共團體ニ於テ公用ニ供スル家屋物件及營造物ニ對シテハ市町村税ヲ賦課スルコトヲ得ス但シ有料ニテ之ヲ使用セシムル者及使用收益者ニ對シテハ此ノ限ニ在ラス

4 國ノ事業又ハ行爲及國有ノ土地家屋物件ニ對シテハ國ニ市町村税ヲ賦課スルコトヲ得ス

5 前四項ノ外市町村税ヲ賦課スルコトヲ得サルモノハ別ニ法律勅令ノ定ムル所ニ依

ル

市町村税を賦課し得ないものの一

【解釋】本條は市町村税を賦課することを得ないものに付ての規定である。

第一項　所得税法第十八條に揭ぐる所得卽ち左の(一)から(七)迄の所得に對しては市町村税を賦課し得ないのである。

(一)　軍人の從軍中の俸給と手當

(二)　扶助料、傷痍疾病者の恩給又は退隱料　恩給と退隱料は國又は公共團體の官吏又は吏員であつた者に終身支給する給與である。扶助料は是れ等の者の遺族に支給する給與である。此處に所謂恩給と退隱料は傷痍疾病者の受くるものに限る。

(三)　旅費、學資金、法定扶養料　旅費は旅行の爲め學資金は修學の爲めの實費支辨である。法定扶養料は民法第四編第八章扶養の義務のところに定むるものである。

(四)　郵便貯金の利子、産業組合貯金の利子、銀行貯蓄預金の利子

(五)　營利の事業に屬しない一時の所得　是れは偶然得た利益である。

(六)　日本の國籍を有しない者の外國又は朝鮮、臺灣、樺太に於ける資産、營業、職業から生ずる所得

第二項　左の(一)(二)のものに對しては市町村税を賦課し得ないのである。尤も(一)(二)の建物土地を借受けて使用して居る樣な場合に是れを貸付けて料金を取る者又は住宅を以て教會所說教所の用に充てて居る者に對しては其の土地建物に對する市町村税を賦課して差支ないのである。

(一)　神社、寺院、祠宇、佛堂の用に供する建物と其の境内地　神社と云ふのは神靈を鎭祭して公衆の參拜に供するものである。寺院と云ふのは宗派に屬して住職が管理し佛儀を營むものである。祠宇と云ふのは奉齋主神を鎭祭して神葬式を營み尙ほ公衆の參拜にも供するものであつて明治十七年太政官布達第二十五號墓地及埋葬取締規則發布以前に建造されたものである。佛堂と云ふのは大概宗派に屬しないで受持の僧侶が管理して公衆の參拜に供するものである。建物と云ふのは神社の本殿拜殿社務所神庫、寺院の法堂佛殿總門山門鐘樓經藏方丈書院庫裡などである。境内地と云ふのは社寺明細帳に登錄されたものである。

(二)　教會所、說教所の用に供する建物と其の構內地　教會所、說教所と云ふのは共に宗教の用に供する場所であつて明治三十二年內務省令第四十一號宗教の宣布地及堂宇會堂說教所の類設立廢止等の場合屆出に關する件に所謂宗教の用に供する堂宇會堂說教所又は講義所の類

同二

である。構內地の範圍は實際に付て認定するの外はないのである。

同三 **第三項** 國、府縣、市町村、其の他の公共團體に於て公用に供する家屋、物件、營造物に對しては市町村稅を賦課し得ないのである。尤も是れ等の家屋、物件、營造物を國府縣市町村などが借受けて使用して居る樣な場合に是れを貸付けて料金を取る者又は國、府縣、市町村などから借受けて使用し利益を得て居る者に對しては其の家屋、物件、營造物に對する市町村稅を賦課して差支ないのである。此處には土地に付ての規定がないのであるが是れは地租條例第四條の規定に依つて矢張り市町村稅を賦課さるることはないのである。

同四 **第四項** 國の事業、國の行爲、國の所有する土地家屋物件に對しては如何なる場合でも絕對に國に市町村稅を賦課し得ないのである。尤も國の所有する土地家屋物件を一個人が使用して利益を得て居る樣な場合は其の一個人に對して市町村稅を賦課することは差支ないのである。

同五 **第五項** 第一項から第四項迄に述べたものの外市町村稅を賦課し得ないものは別に法律勅令を以て定めらるるのである。

註 例へば地租條例第四條の規定する土地、地方稅制限に關する法律の規定する以外の土地營業所得などである。詳細は設例の解釋を參照せられたい。

市町村税の賦課を不適當とするもの

第百二十一條ノ二　市町村ハ公益上其ノ他ノ事由ニ因リ課税ヲ不適當トスル場合ニ於テハ命令ノ定ムル所ニ依リ市町村税ヲ課セサルコトヲ得

【解釋】本條は市町村税を課することを不適當とするものに付ての規定である。

市町村は公益上其の他種々の事由に因つて市町村税を課することを適當でないと認むる場合がある。此の場合には命令即ち勅令省令などの定むるところに依つて市町村税を課しないことができるのである。本條の規定は追つて命令が定めらるる迄は實際に働きをすることはないのである。此處に所謂命令は勅令省令を指すのであつて府縣令は含まないと解することが穩當ではなからうか。

第百二十二條　數人ヲ利スル營造物ノ設置維持其ノ他ノ必要ナル費用ハ其ノ關係者ニ負擔セシムルコトヲ得

2　市町村ノ一部ヲ利スル營造物ノ設置維持其ノ他ノ必要ナル費用ハ其ノ部内ニ於テ市町村税ヲ納ムル義務アル者ニ負擔セシムルコトヲ得

3　前二項ノ場合ニ於テ營造物ヨリ生スル收入アルトキハ先ツ其ノ收入ヲ以テ其ノ費用ニ充ツヘシ前項ノ場合ニ於テ其ノ一部ノ收入アルトキ亦同シ

4　數人又ハ市町村ノ一部ヲ利スル財産ニ付テハ前三項ノ例ニ依ル

数人を利する營造物の費用負擔

【解釋】本條は數人又は市町村の一部を利する營造物と財産の費用の負擔に付ての規定である。

第一項　市町村の營造物は一般市町村住民の利用に供するのが通例であるが中には單に數人だけの利用に供さるるものもある。

註　例へば灌漑用の水路溜池が其の灌漑を受ける田地の所有者、使用者、占有者だけに利用される樣な場合である。

斯樣な營造物を設置する費用、維持する費用、其の他營造物の爲めに必要な費用は其の關係者即ち營造物を利用する者に負擔させることができるのである。是れが所謂分擔金である。此の分擔金は實際の取扱は市町村税として賦課されるのが通例である。此處に所謂營造物は第一款財産營造物及市町村税のところに述べた(三)公共の使用に供する財産即ち廣い意味の營造物である。

市町村の一部を利する營造物の費用負擔

第二項　市町村の營造物の中には市町村の一部だけの利用に供さるるものがある。

註　例へば或る部落を保護する爲めに設けられる堤塘の樣なものである。

斯樣な營造物を設置する費用、維持する費用、其の他營造物の爲めに必要な費用は其の營造物の恩惠を蒙る一部の內で市町村税を納むる義務のある者即ち其の部內に住所を有する者、部內に三月以上滯在する者、部內に於て土地家屋物件を所有し使用し占有する者、營業所を設けて

營業を爲す者、特定の行爲を爲す者に負擔させることができるのである。是れも矢張り分擔金であつて實際の取扱は市町村税として賦課されるのが通例である。營造物の意味は第一項に述べたところと同樣である。市町村の一部と云ふのは市制第百四十四條町村制第百二十四條の所謂市町村の一部と符合する場合と符合しない場合とあるのである。又同條の所謂市町村の一部の設くる營造物は此處に所謂營造物でないことは勿論である。

數人又は一部を利する營造物の費用支辨賦課の順序

第三項　第一項の數人を利する營造物と第二項の一部を利する營造物の費用は先づ其の營造物から生ずる收入例へば營造物の使用料其の他不用物の賣却代などを以て其の費用に充てなければならないのである。それでも尙ほ足らない場合には第一項の關係者又は第二項の市町村税を納むる義務ある者に負擔させることができるのである。第二項の場合に營造物を利用する市町村の一部が市制第百四十四條町村制第百二十四條に所謂市町村の一部と同じである場合に其の市町村の一部が有する財産又は營造物から生ずる收入があるときは矢張り先づ其の收入を以て營造物の費用に充てなければならないのである。それでも尙ほ足らない場合には第二項の市町村税を納むる義務ある者に負擔させることができるのである。

數人又は市町村の一部を利する財産の費用負擔

第四項　數人又は市町村の一部の利用に供さるる市町村の財産の費用の負擔に付ては第一項第二

項第三項の數人又は市町村の一部の利用に供さるる營造物の費用の負擔と同樣の方法に依るのである。此處に所謂財産は市町村の基本財産を指すのであつて市制第百四十四條町村制第百二十四條の市町村の一部の有する財産は含まれないのである。

市町村税と其の賦課徴收を規定する勅令

第百三十三條 第百二十三條 市町村税及其ノ賦課徴收ニ關シテハ本法其ノ他ノ法律ニ規定アルモノノ外勅令ヲ以テ之ヲ定ムルコトヲ得

【解釋】 本條は市町村税と市町村税の賦課徴收に關する規定を勅令を以て定め得ることに付ての規定である。

本條の勅令 市制町村制施行令であつて其の規定されて居る事項の要領は左の通りである。

第四十三條 市町村税を徴收しやうとするときは市町村長は徴税令書を納税人に交付しなければならないのである。

第四十四條 徴税令書を受けた納税人が納期内に税金を完納しないときは市町村長は直ちに督促狀を發しなければならないのである。

第四十五條 督促をした場合には一日に付て税金額の萬分の四以内で市町村が市町村會の議決を經て定めた割合を以て納期限の翌日から税金完納又は財産差押の日の前日迄の日數に依つて計算した延滯金を徴收しなければならない。但し左の(一)(二)(三)の何れかに當る場合又は滯納に付て市町村長が酌量すべき情狀があ

ると認めたときは延滞金を徴收しなくてもよろしいのである。

(一)徴稅令書一通の稅金額が五圓未滿卽ち四圓九拾九錢以下であるとき

(二)納期を繰上げて徴收をするとき

(三)納稅者の住所と居所が帝國內にない爲め又は住所も居所も共に不明の爲めに公示送達の方法に依つて納稅の命令又は督促をしたとき

2督促狀の指定期限迄に稅金と督促手數料を完納したときは延滞金は徴收しないのである。

第四十六條　納稅人が左の(一)から(六)迄の何れかに當る場合は徴稅令書を交付した市町村稅に限つて納期前であつても市町村稅を徴收することを得るのである。

(一)國稅徴收法に依る滯納處分を受けるとき

(二)强制執行を受けるとき

(三)破產の宣告を受けたとき

(四)競賣の開始があつたとき

(五)法人が解散したとき

(六)納稅人が脫稅又は逋稅を謀る所爲があると認むるとき

第四十七條　相續が開始した場合には市町村稅、督促手數料、延滞金、滯納處分費は相續財團又は相續人から徴收しなければならない。但し戶主が死亡したこと以外

の原因で家督相續が開始したときは被相續人卽ち前の戸主からも徵收することを得るのである。

2　國籍喪失に因る相續人又は限定承認をした相續人は相續に因つて得た財產を限度として市町村稅、督促手數料、延滯金、滯納處分費を納付する義務があるのである。

3　法人が合併した場合には合併に因つて消滅した法人の納付しなければならない市町村稅、督促手數料、延滯金、滯納處分費は合併後引續いて存在する法人又は合併に因つて設立した法人から徵收しなければならないのである。

第四十八條　共有物、共同事業、共同事業に因つて生じた物件、共同行爲に關しての市町村稅、督促手數料、延滯金、滯納處分費は納稅者が連帶して納稅の義務を負擔するのである。

第四十九條　同一年度の市町村稅であつて既に納めた稅金が過納のときは其の過納の分を其の後の納期に徵收するところの同一稅目の稅金に充てることを得るのである。

第五十條　納稅義務者が納稅地に住所又は居所を有しないときは納稅に關する事項を處理させる爲め納稅管理人を定めて市町村長に申告しなければならない。其の納稅管理人を變更したときも矢張り同樣である。

第五十一條　徵稅令書、督促狀、滯納處分に關する書類は名宛人の住所又は居所に送

達するのである。名宛人が相續財團で財産管理人があるときは財産管理人の住所又は居所に送達するのである。

2 納税管理人があるときは納税の告知と督促に關する書類に限つて其の住所又は居所に送達するのである。

第五十二條　書類の送達を受くべき者が其の住所若くは居所で書類の受取を拒んだとき又は其の者の住所と居所が帝國内にないとき若くは住所と居所と共に不明のときは書類の要旨を公告し公告の初日から七日を經過したときは書類の送達があつたものと看做すのである。

第五十三條　內務大臣と大藏大臣の指定した市町村税に付ては市町村は市町村會の議決を經て其の市町村税の徴收の便宜を有する者に徴收させ得るのである。

2 第一項の市町村税の徴收に付ては第四十三條の規定に依らないでも差支ない。

第五十四條　第五十三條第一項の規定に依つて市町村税を徴收させる場合には納税人は其の税金を徴收義務者に拂込むことに依つて納税の義務を果したことになるのである。

第五十五條　第五十三條第一項の規定に依る徴收義務者は徴收すべき市町村税を市町村長の指定した期日迄に市町村に拂込まなければならない。其の期日迄に拂込まないときは市町村長は相當の期限を指定して督促狀を發しなければなら

ないのである。

第五十六條　市町村は市町村會の議決を經て第五十五條の徴收の費用として拂込金額の百分の四を徴收義務者に交付しなければならないのである。

第五十七條　第五十三條第一項の規定に依る徴收義務者が避け得られない災害に依つて既に收入した税金を失つたときは其の税金拂込義務の免除を市町村長に申請することを得るのである。

2　市町村長が第一項の申請を受けたときは七日以內に市參事會又は町村會の決定に付さなければならない。市參事會又は町村會は其の送付を受けた日から三月以內に是れを決定しなければならない。

3　第二項の決定に不服のある者は府縣參事會に訴願し其の裁決又は第四項の裁決に不服のある者は內務大臣に訴願することを得るのである。

4　第二項の決定に付ては市町村長からも訴願を提起することを得るのである。

5　第三項第四項の裁決に付ては市町村長又は府縣知事からも內務大臣に訴願することを得るのである。

6　府縣參事會が訴願を受理したときは其の日の翌日から計算して三月以內に裁決しなければならないのである。

7　市制第百六十條第一項から第三項迄又は町村制第百四十條第一項から第三項迄

の規定は本條第三項から第五項迄の訴願に之を準用するのである。

8　第二項の決定は文書で爲して其の理由を附し是れを本人に交付しなければならないのである。

第五十八條　第四十五條から第四十八條迄の規定は第五十三條第一項の規定に依つて市町村税を徴收させる場合に準用するのである。

市町村税夫役現品の不均一賦課と一部賦課

第百二十四條　數人又ハ市町村ノ一部ニ對シ特ニ利益アル事件ニ關シテハ市町村ハ不均一ノ賦課ヲ爲シ又ハ數人若ハ市町村ノ一部ニ對シ賦課ヲ爲スコトヲ得

【解釋】　本條は市町村税又は夫役現品の不均一賦課と一部賦課に付ての規定である。

市町村の事務は市町村全體の利益となることが通例である。然し是れには例外があつて或る數人の者又は市町村內の一部の者に對して特別に利益を與ふる結果となる事件がある。

註　例へば製絲技術者を傭ふて當業者を指導させることが數人の製絲業者の特別の利益となる場合、市町村の一部に汚物掃除法を施行する場合などである。

此の樣な事件に付ての費用は市町村は市町村會の議決を經て左の樣な方法で市町村税又は夫役現品として賦課し得るのである。

（一）不均一の賦課　是れは數人又は市町村の一部が特に利益ある事件に依つて受くるところの利益の厚い薄いに應じて賦課の率を定むるものである。此の不均一の賦課は附加税に付て

も特別税に付ても爲し得るのであつて此の點は市/町村制第百十七/九十七條第二項に依る不均一の賦課と異るのである。

（二）　一部の賦課　是れは特に利益ある事件に依つて特別の利益を受くるところの數人の者又は市町村の一部の者に對してだけ賦課し他の者又は市町村の他の部分の者に對しては全く賦課しないものである。

數人又は市町村の一部の利益となる營造物と財產に關する負擔に付ては市/町村制第百二十二/百二條に依るのであつて本條の規定に依るべきものではないのである。本條に所謂市町村の一部の意味に付ては市/町村制第百二十二/百二條に述べたところを參照せられたい。

第百二十五/百五條　夫役又ハ現品ハ直接市/町村稅ヲ準率ト爲シ直接町村稅ヲ賦課セサル町村ニ於テハ直接國稅ヲ準率ト爲シ且之ヲ金額ニ算出シテ賦課スヘシ但シ第百六十七/百四十七條ノ規定ニ依リ許可ヲ受ケタル場合ハ此ノ限ニ在ラス

2 學藝美術及手工ニ關スル勞務ニ付テハ夫役ヲ賦課スルコトヲ得ス

3 夫役ヲ賦課セラレタル者ハ本人自ラ之ニ當リ又ハ適當ノ代人ヲ出スコトヲ得

4 夫役又ハ現品ハ金錢ヲ以テ之ニ代フルコトヲ得

5 第一項及前項ノ規定ハ急迫ノ場合ニ賦課スル夫役ニ付テハ之ヲ適用セス

【解釋】本條は夫役現品の賦課に付ての規定である。

夫役現品の賦課

第一項　夫役又は現品は直接市町村税を標準として金額に算出して賦課すべきものである。直接町村税を賦課しない町村では直接國税を標準として金額に算出して賦課すべきものである。是れが通例の賦課方法である。然し是れには例外がある。即ち市町村制第百六十七條第百四十七條に依つて許可を受けた場合は別の賦課方法に依り得るのである。夫役と云ふのは勞務を提供させることである。現品と云ふのは木材の様な物品を提供させることである。夫役現品の性質は市町村税と同様であるが只市町村税は金錢を徴收し夫役現品は人の勞力又は物品を徴收する點が違ふのである。直接國税直接市町村税に付ては市町村制第百七十五條第百五十五條に述べたところを參照せられたい。

夫役を賦課し得ないもの

第二項　夫役の賦課は人の勞務を提供させるものであるが是れには制限がある。即ち學藝美術手工に關する勞務に對しては夫役を賦課し得ないのである。是れは特殊の智識と技能を要するものであつて一般の勞務を提供させる夫役の性質から看て其の提供を命ずることが適當でないからである。

夫役の納付

第三項　夫役を賦課された者は自分で其の勞務に當り又は適當の代人を出して其の勞務に當らせることもできるのである。適當の代人と云ふのは相當勞務に服し得る者を云ふのである。

夫役現品の代納

第四項　夫役又は現品を賦課することは其の勞務又は物品を提供させることが目的であるから其の賦課を受けた者は勞務又は物品を提供するのが當然である。然し場合に依つては勞務又は物品を提供することに代へて金錢を納付することをお互に便宜とすることがある。此の場合には金錢を納付して夫役現品に代へることも差支ないのである。第一項に夫役現品は金額に算出して賦課しなければならぬと規定したのは是れが爲めである。

急迫の場合に賦課する夫役

第五項　夫役の賦課が天災等の場合に應急の措置として爲さるることがある。此の場合の夫役の賦課に付ては第一項と第三項の規定は適用されないのである。即　賦課方法は直接市町村税又は直接國税を標準とし金額に算出する樣な通例の手續を履まないで差支ない。又金錢を以て代納することは許されないのである。是れは賦課の目的を達する上に於て當然の規定である。

第百二十六條　非常災害ノ爲必要アルトキハ市町村ハ他人ノ土地ヲ一時使用シ又ハ其ノ土石竹木其ノ他ノ物品ヲ使用シ若ハ收用スルコトヲ得但シ其ノ損失ヲ補償スヘシ

2　前項ノ場合ニ於テ危險防止ノ爲必要アルトキハ市町村長、警察官吏又ハ監督官廳ハ市町村内ノ居住者ヲシテ防禦ニ從事セシムルコトヲ得

3　第一項但書ノ規定ニ依リ補償スヘキ金額ハ協議ニ依リ之ヲ定ム協議調ハサルト

キハ鑑定人ノ意見ヲ徴シ府縣知事之ヲ決定ス決定ヲ受ケタル者其ノ決定ニ不服アルトキハ内務大臣ニ訴願スルコトヲ得

4 前項ノ決定ハ文書ヲ以テ之ヲ爲シ其ノ理由ヲ附シ之ヲ本人ニ交付スヘシ

5 第一項ノ規定ニ依リ土地ノ一時使用ノ處分ヲ受ケタル者其ノ處分ニ不服アルトキハ府縣知事ニ訴願シ其ノ裁決ニ不服アルトキハ内務大臣ニ訴願スルコトヲ得

非常災害の場合の使用收用處分

【解釋】　本條は非常災害の場合の處分に付ての規定である。

第一項　非常災害の爲めに必要がある場合は市町村は市町村會の議決を經て（場合に依つては市町村長が專決處分して）左の處分を爲し得るのである。尤も其の處分の爲めに損失を蒙つた者に對しては其の損失を補償しなければならないのである。非常災害と云ふのは烈しい水災火災震災暴風などを指すのである。

（一）　他人の土地を一時使用すること　他人と云ふのは使用處分を爲す市町村以外の一切の自然人と法人を云ふのであつて其の市町村の住民であると他の市町村の住民であるとを問はないのである。一時使用と云ふのは非常災害の爲めに必要ある期間使用することである。使用であるから次の（二）の收用とは異つて市町村に所有權が移ることはないのである。

（二）　他人の土石竹木其の他の物品を使用し又は收用すること　他人の意味は前の（一）に述べ

た通りである。其の他の物品と云ふのは縄梯子蓆米俵など災害を防禦する爲めに必要の物を指すのであつて家屋は含まれないのである。收用と云ふのは强制して所有權を取上ることである。

非常災害の場合の防禦命令

第二項 第一項の非常災害の場合に其の危險を防ぐ爲めに必要あるときは市町村長、警察官吏、監督官廳即ち府縣知事又は內務大臣は市町村內に居住して居る者に命じて防禦に從事させることができるのである。

補償金額の決定

第三項 第一項の非常災害の場合の處分に依つて損失を受けた者がある場合に其の者に對して損失を補償しなければならないことは同項但書の規定するところである。其の補償すべき金額は市町村と損失を受けた者との協議に依つて定むるのである。其の協議が調はない場合は鑑定人の意見を求めた上で府縣知事が補償金額を決定するのである。此の府縣知事の決定は市町村又は損失を受けた者の申請に依つて爲すべきものである。鑑定人は府縣知事が適當と認むる者を定むるものである。其の費用に付ては明治四十四年勅令第二百九十三號の規定がある。此の府縣知事の決定を受けた者が其の決定に不服ある場合は內務大臣に訴願を爲し得るのである。訴願期間は市制第百六十条町村制第百四十条の規定に依るべきものである。

補償金額決定の方式

第四項　第三項の府縣知事の決定は決定書を作り決定の理由をも記載して本人卽ち市町村と損失を受けた者に交付しなければならないのである。

土地の一時使用の處分に對する救濟

第五項　第一項の非常災害の場合の土地の一時使用の處分を受けた者が其の處分に不服あるときは府縣知事に訴願し得るのである。其の訴願に對する裁決に不服あるときは內務大臣に訴願し得るのである。訴願の期間は市（町村）制第百六十（百四十）條の規定に依るべきものである。

市町村税賦課に關する檢査の一

第百二十七條（**百四十七條**）　市（町村）税ノ賦課ニ關シ必要アル場合ニ於テハ當該吏員ハ日出ヨリ日沒迄ノ間營業者ニ關シテハ仍其ノ營業時間內家宅若ハ營業所ニ臨檢シ又ハ帳簿物件ノ檢査ヲ爲スコトヲ得

2　前項ノ場合ニ於テハ當該吏員ハ其ノ身分ヲ證明スヘキ證票ヲ携帶スヘシ

【解釋】本條は市町村税の賦課に關する檢査に付ての規定である。

第一項　市町村税を賦課するに付て其の正確を期し或は脫税を防止するなどの爲めに實際の狀態を知ることの必要ある場合がある。此の場合には當該吏員卽ち市町村長又は市町村長の命令を受けた吏員は日出から日沒迄の間卽ち晝間に於て、尙ほ營業者に付ては晝間は勿論特に夜間であつても其の營業時間內は左の方法で檢査を爲し得るのである。

（一）家宅或は營業所に臨檢すること　家宅と云ふのは住宅は勿論倉庫又は屋敷內の土地をも

含むのである。營業所に付ては市町村制第百十九九十九條に述べたところを參照せられたい。臨檢と云ふのは現場に臨んで市町村税の賦課に關し必要の事項を檢査することである。

（二）家宅又は營業所に臨んで帳簿物件を檢査すること　帳簿物件と云ふのは市町村税の賦課に關して必要のものを指すことは勿論である。臨檢又は檢査を拒む者は刑法の規定に依つて處罰されることがあるのである。

同二

第二項　第一項の規定に依つて臨檢又は檢査をする場合は其の吏員は檢査を爲し得る資格あることを證明する證票を携帶しなければならないのである。此の證票を携帶しない場合には臨檢又は檢査を拒まれても致方ない場合があるのである。

市町村税の納税延期

第百二十八百八條　市町村長ハ納税者中特別ノ事情アル者ニ對シ納税延期ヲ許スコトヲ得其ノ年度ヲ超ユル場合ハ市町村參事會ノ議決ヲ經ヘシ

2 市町村ハ特別ノ事情アル者ニ限リ市町村税ヲ減免スルコトヲ得

【解釋】本條は市町村税の納税延期と減免に付ての規定である。

第一項　市町村税の納税者の中には天災事變の爲め或は疾病などの爲めに納税を爲す力が著しく貧弱の者がある場合がある。斯樣な特別の事情のある者に對しては納税延期を許すことを得るのである。納税延期と云ふのは其の者の納むる市町村税の納期を繰下げることである。其の延

期が同一の年度内である場合は市町村長限り許し得るのであるが年度を超える場合は市では市參事會の議決を又町村では町村會の議決を經なければならないのである。

註　例へば昭和二年四月三十日の納期を昭和三年三月三十一日に繰下げることは昭和二年度内の延期であるから市町村長限り爲し得るのであるが昭和二年四月三十日の納期を昭和三年四月一日に繰下げることは昭和二年度を超えて昭和三年度に延期するものであるから市參事會又は町村會の議決を要するのである。

市町村税の減免

第二項　市町村は市町村會の議決を經て特別の事情のある者に限つて市町村税を減額し又は全く免除し得るのである。此處に所謂特別の事情は第一項に述べたところと同じである。それに比して納税を爲す力の一層貧弱な者を指すのである。市町村税の減免と云ふのは最初から減額した額を賦課し或は全く賦課しないことではなくて一旦賦課を受くる等納税義務の確定した者に對して其の市町村税の額を減少し或は全く免除することである。

第百二十九條　使用料手數料及特別税ニ關スル事項ニ付テハ市町村條例ヲ以テ之ヲ規定スヘシ

2　詐僞其ノ他ノ不正ノ行爲ニ依リ使用料ノ徴收ヲ免レ又ハ市町村税ヲ逋脱シタル者ニ付テハ市町村條例ヲ以テ其ノ徴收ヲ免レ又ハ逋脱シタル金額ノ三倍ニ相當スル

金額(其ノ金額五圓未滿ナルトキハ五圓)以下ノ過料ヲ科スル規定ヲ設クルコトヲ得

3 前項ニ定ムルモノヲ除クノ外使用料、手數料及市町村稅ノ賦課徵收ニ關シテハ市町村條例ヲ以テ五圓以下ノ過料ヲ科スル規定ヲ設クルコトヲ得財產又ハ營造物ノ使用ニ關シ亦同シ

4 過料ノ處分ヲ受ケタル者其ノ處分ニ不服アルトキハ府縣參事會ニ訴願シ其ノ裁決ニ不服アルトキハ行政裁判所ニ出訴スルコトヲ得

5 前項ノ裁決ニ付テハ府縣知事又ハ市町村長ヨリモ訴訟ヲ提起スルコトヲ得、

市町村條例を以て定むべき使用料手數料特別稅に關する事項

【解釋】 本條は市町村條例を以て定むべき使用料手數料特別稅と過料に付ての規定である。

第一項 市町村制第百十二・九十二條と第百十三・九十三條第一項の規定する使用料、同第百十三・九十三條第二項の規定する手數料、同第百十七・九十七條の規定する特別稅に關する事項に付ては必ず市町村條例を以て規定しなければならないのである。

註 例へば使用料手數料の額、納付義務者、徵收方法、徵收時期、或は特別稅の課稅物件例へば遊興稅に於ける遊興行爲の如き、課稅標準例へば遊興稅に於ける消費金額の如き、課率例へば遊興稅に於ける消費金額一圓に付十錢の如き、納稅義務者例へば遊興稅に於ける遊興を爲す者、賦課方法、徵收時期などがそれである。

使用料市町村税の逋脱者に對する過料

第二項　詐僞其の他不正の行爲に依つて使用料の徴收を免れ或は市町村税を逋脱した者に對しては市町村條例を以て過料を科する規定を設け得るのである。此の過料の額は徴收を免れ又は逋脱した金額の三倍に當る金額以下に限らるるのである。尤も其の三倍に當る金額が五圓に滿たない場合は五圓以下に限らるるのである。

註　例へば徴收を免れ又は逋脱した金額が百圓であれば其の三倍の三百圓以下、一圓六十七錢であれば其の三倍の五圓一錢以下に限らるるのである。若し徴收を免れ又は逋脱した金額が一圓六十六錢であれば其の三倍は四圓九十八錢であるから此の場合は五圓以下に限ることになるのである。

逋脱と云ふのは市町村税の賦課徴收を免るることであつて通例是れを脱税と稱するのである。過料と云ふのは行政上の法規に違背する者に對して行政上の制裁として科するところの金錢上の苦痛である。罰金或は科料の樣な刑事上の制裁とは異るのである。

使用料手數料市町村税の賦課徴收と財産營造物の使用に付ての過料

第三項　第二項に定むるものを除く外使用料手數料市町村税の賦課徴收に關しては市町村條例を以て五圓以下の過料を科する規定を設け得るのである。財産又は營造物の使用に付ても同樣市町村條例を以て五圓以下の過料を科する規定を設け得るのである。此處に所謂財産は第一款財産營造物及市町村税のところに述べた第一財産(三)公共の使用に供する財産の(イ)公用物であ

る。營造物と云ふのは同じところの（ロ）狹い意味の營造物である。使用と云ふのは私の關係即ち民法上の契約に依るものは含まないのであつて公法上の關係即ち市町村と市町村民と云ふ公の關係に依るものだけを指すのである。過料の意味は第二項に述べたところを參照せられたい。

過料の處分に對する救濟の一

第四項　過料の處分を受けた者が其の處分に不服あるときは府縣參事會に訴願し得るのである。其の府縣參事會の裁決に不服あるときは行政裁判所に出訴し得るのである。此の訴願の提起と裁決又は訴訟の提起に付ては市（町村）制第百六十（百四十）條と第百六十（百四十）條ノ二の規定に依るべきものである。

同二

第五項　第四項の府縣參事會の裁決に付ては府縣知事又は市町村長からも行政裁判所に出訴し得るのである。此の出訴期間は市（町村）制第百六十（百四十）條の規定に依るべきものである。

第百三十（百十）條　市（町村）税ノ賦課ヲ受ケタル者其ノ賦課ニ付違法又ハ錯誤アリト認ムルトキハ徴税令書ノ交付ヲ受ケタル日ヨリ三月以内ニ市（町村）長ニ異議ノ申立ヲ爲スコトヲ得

2 財産又ハ營造物ヲ使用スル權利ニ關シ異議アル者ハ之ヲ市（町村）長ニ申立ツルコトヲ得

市町村税賦課の異議

3 前二項ノ異議ノ申立アリタルトキハ市町村長ハ七日以内ニ之ヲ市町村參事會ノ決定ニ付スヘシ決定ヲ受ケタル者其ノ決定ニ不服アルトキハ府縣參事會ニ訴願シ其ノ裁決又ハ第五項ノ裁決ニ不服アルトキハ行政裁判所ニ出訴スルコトヲ得

4 第一項及前項ノ規定ハ使用料手數料及加入金ノ徴收竝夫役現品ノ賦課ニ關シ之ヲ準用ス

5 前二項ノ規定ニ依ル決定及裁決ニ付テハ市町村長ヨリモ訴願又ハ訴訟ヲ提起スルコトヲ得

6 前三項ノ規定ニ依ル裁決ニ付テハ府縣知事ヨリモ訴訟ヲ提起スルコトヲ得

【解釋】　本條は市町村税夫役現品の賦課使用料手數料加入金の徴收財産營造物使用の權利に關する異議に付ての規定である。

第一項　市町村税の賦課を受けた者が其の賦課に付て違法の點があり又は錯誤の廉があると認むる場合がある。此場合は徴税令書の交付を受けた日の翌日から曆に從ひ計算して三月以内に市町村長に異議の申立を爲し得るのである。

註　賦課の違法と云ふのは例へば市制第百二十一條町村制第百一條の規定に依つて賦課し得ないものに對して賦課したとか或は許可を得ないで制限外の課税をした樣な場合である。賦課の錯誤と云ふのは例へば税額の算出を誤るとか或は納税義務

財產營造物を使用する權利の異議

市町村稅の賦課と財產營造物の使用權の異議の決定と訴願訴訟

使用料手數料加入金の徵收と夫役現品の賦課の異議市町村長の爲す訴願訴訟

者が誤つた樣な場合である。

第二項 財產又は營造物を使用する權利に關して異議のある者は市町村長に異議申立を爲し得るのである。此の異議申立の期間に付ては市町村制第百六十百四十條の規定に依るべきものである。此處に所謂財產は市町村制第百十九十條第一項の規定する財產である。營造物と云ふのは市町村制第百十九十條と第百十三九十三條の規定する營造物である。

第三項 第一項第二項の規定に依る異議の申立があつた場合は市町村長は其の申立を受けた日の翌日から計算して七日以內に市では市參事會の、又町村では町村會の決定に付さなければならない。其の決定を受けた者が決定に不服ある場合は府縣參事會に訴願し得るのである。其の裁決又は第五項の裁決を受けた者が其の裁決に不服ある場合は行政裁判所に出訴し得るのである。異議の決定、訴願の提起と裁決、訴訟の提起に付ては市町村制第百六十百四十條と同第百六十百四十條ノ二の規定に依るべきである。

第四項 使用料手數料加入金の徵收と夫役現品の賦課に關する異議訴願訴訟に關しては第一項と第三項の規定が準用さるるのである。

第五項 第三項と第四項の規定に依る市參事會町村會の決定に付ては市町村長からも訴願を爲し

得るのである。又同項の府縣參事會の裁決に付ては市町村長からも行政訴訟を爲し得るのである。訴願訴訟の提起に付ては市町村制第百六十百四十條の規定に依るべきものである。

府縣知事の爲す訴訟

第六項　第三項、第四項、第五項の規定に依る府縣參事會の裁決に付ては府縣知事からも行政訴訟を爲し得るのである。訴訟の提起に付ては市町村制第百六十百四十條に依るべきものである。

第百三十一百十一條　市町村税、使用料、手數料、加入金、過料、過怠金其ノ他ノ市町村ノ收入ヲ定期内ニ納メサル者アルトキハ市町村長ハ期限ヲ指定シテ之ヲ督促スヘシ

2 夫役現品ノ賦課ヲ受ケタル者定期内ニ其ノ履行ヲ爲サス又ハ夫役現品ニ代フル金錢ヲ納メサルトキハ市町村長ハ期限ヲ指定シテ之ヲ督促スヘシ急迫ノ場合ニ賦課シタル夫役ニ付テハ更ニ之ヲ金額ニ算出シ期限ヲ指定シテ其ノ納付ヲ命スヘシ

3 前二項ノ場合ニ於テハ市町村條例ノ定ムル所ニ依リ手數料ヲ徴收スルコトヲ得

4 滯納者第一項又ハ第二項ノ督促又ハ命令ヲ受ケ其ノ指定ノ期限内ニ之ヲ完納セサルトキハ國税滯納處分ノ例ニ依リ之ヲ處分スヘシ

5 第一項乃至第三項ノ徴收金ハ府縣ノ徴收金ニ次テ先取特權ヲ有シ其ノ追徴還付及時效ニ付テハ國税ノ例ニ依ル

6 前三項ノ處分ニ不服アル者ハ府縣參事會ニ訴願シ其ノ裁決ニ不服アルトキハ行

政裁判所ニ出訴スルコトヲ得
7 前項ノ裁決ニ付テハ府縣知事又ハ市町村長ヨリモ訴訟ヲ提起スルコトヲ得
8 第四項ノ處分中差押物件ノ公賣ハ處分ノ確定ニ至ル迄執行ヲ停止ス

【解釋】 本條は市町村の公法上の收入を强制徵收することに付ての規定である。

公法上の收入の督促

第一項 市町村制第百十七九十七條の規定する市町村税、同第百十二九十二條と第百十三九十三條の規定する使用料、同第百十三九十三條の規定する手數料、同第百十二九十二條の規定する加入金、同第百二十九百九條の規定する過料、同第八十九七十三條と第百七十百五十條の規定する過怠金、其の他の收入を定められた期限迄に納めない者があるときは市町村長は期限を指定して納入を督促しなければならないのである。其の他の收入と云ふのは授業料戸籍手數料の樣な公法上の收入を指すのであつて寄附補助の樣な私法上の收入を含まないのである。私法上の收入に付ては民事訴訟の手續に依つて强制する外致方ないのである。

夫役現品の督促

第二項 夫役現品の賦課を受けた者が定められた期限迄に勞務又は物品を提供しないか或は夫役現品に代はるところの金錢を納めないときは市町村長は期限を指定して夫役現品に代る金錢を納むべき旨の督促をしなければならないのである。急迫の場合に賦課した夫役を履行しない者に對しては更に其の夫役を金額に算出し期限を指定して納付すべき旨を命じなければならない

のである。

督促手數料

第三項 第一項と第二項の規定に依つて督促を爲し又は命令を爲した場合には市町村條例の定むるところに依つて手數料を徵收し得るのである。是れが通例督促手數料と稱するものである。

滯納處分

第四項 滯納者が第一項又は第二項の規定に依る督促を受け或は命令を受けたに拘らず其の指定の期限內に是れを完納しない場合は最後の手段として國稅滯納處分の例に依つて處分しなければならないのである。完納と云ふのは督促を受けた稅額其の他の納付額は勿論其の他督促手數料延滯金などを全部納付することである。それ故其の一部分の納付がない場合は完納と云ふことはできないのである。國稅滯納處分の例に依つて處分すると云ふのは國稅徵收法第三章等の規定と同樣の方法で滯納處分を行ふことである。其の大要は次の通りである。

第一 國稅徵收法の例に依るもの

第三章　滯納處分

第十條　市町村長(市町村長の命令を受けた吏員を含む以下同樣である)は滯納者の財產を差押へなければならないのである。

第十一條　市町村長は滯納處分の爲め財產の差押を爲すときは其の資格を證明する證票を示さなければならないのである。

第十二條　差押ふべき財産の價格が督促手數料、延滯金、滯納處分費、國稅徵收法第三條に依り控除すべき債務額、國稅、府縣稅、其の他市町村稅に優先するものに充て殘餘を得る見込がないときは滯納處分を執行することを止めなければならないのである。

第十三條　市町村長が滯納者の財產を差押ふる際に質權の設定された物件があるときは質權を設定した時期の如何に拘らず質權者は質物を市町村長に引渡さなければならないのである。

第十四條　市町村長が財產の差押を爲した場合に第三者が其の財產の所有者であることを主張して差押財產の取戾を請求しやうとするときは賣却の行はるる五日前迄に所有者であることの證憑を具へて市町村長に申出なければならないのである。

第十五條　滯納處分を執行する場合に滯納者が財產の差押を免るる爲め故意に其の財產を讓渡し讓受人が其の事情を知つて讓受けた場合には市町村は其の行爲の取消を求むることを得るのである。

第十六條　左の(一)から(九)迄の物件は差押ふことができないのである。

(一)滯納者と其の同居の家族の生活上缺くべからざる衣服、寢具、家具、厨具

(二)滯納者と其の同居の家族の爲めに必要なる一箇月間の食料と薪炭

（三）實印其の他職業に必要なる印
（四）祭祀禮拜に必要と認むる物、石碑、墓地
（五）系譜其の他滯納者の家に必要なる日記書付類
（六）職務上必要なる制服、祭服、法衣
（七）勳章其の他名譽の章票
（八）滯納者と其の同居家族の修學上必要なる書籍器具
（九）發明又は著作に係る物であつて未だ公にしないもの

第十七條　左の（一）（二）の物件は他に督促手數料、延滯金、滯納處分費、税金其の他の徴收金を償ふに足る物件を提供するときは滯納者の選擇に依り差押をしないのである。

（一）農業に必要なる器具、種子、肥料、牛馬、牛馬の飼料
（二）職業に必要なる器具、材料

第十八條　差押をすれば其の效力は差押た物から生ずる天然果實例へば差押た馬から生れた仔馬などと法定果實例へば差押た土地家屋の賃貸料などにも及んで是れ等の物も差押を受けたことゝなるのである。

第十九條　滯納處分は裁判上の假差押又は假處分の爲めに其の執行を妨げらるることはないのである。

第二十條　市町村長が財産の差押を爲すときは滯納者の家屋、倉庫、筐匣箱の類)を搜索し又は閉鎖した戸扉或は筐匣を開かせ又は自分で開くことを得るのである。

2 滯納者の財産を占有する第三者が其の財產の引渡を拒んだ場合も同樣である。第三者の家屋、倉庫、筐匣に滯納者の財產を藏匿する疑があるときは市町村長は第一項に準じて處分を爲し得るのである。

3 第一項と第二項に依つて家屋、倉庫、筐匣を搜索するのは日出から日沒迄卽ち晝間に限るのである。

第二十一條　市町村長が第二十條の處分を爲す場合は滯納者とか第二十條の第三者とか又は滯納者或は第三者の家族雇人を立會せなければならないのである。若し是れ等の者が不在の場合又は立會に應じない場合は二人以上成年者とか市町村吏員とか警察官吏を證人として立會はせなければならないのである。

第二十二條　動產と有價證券の差押は市町村長が其の物を占有して爲すのである。尤も差押物件が運搬に困難である場合は滯納者又は第三者に保管させることもできるのである。此の場合には封印其の他の方法で差押したことを明白にしなければならないのである。

2 差押物件の保管證には印紙を貼付しないでよろしいのである。

第二十三條ノ一　債權の差押を爲す場合は市町村長は其の旨を債務者に通知しな

ければならないのである。

2　第一項の通知をした場合は市町村は督促手數料、延滯金、滯納處分費、稅金額、其の他の徵收金額を限度として債權者に代つて債務の辨濟を受け得るのである。

第二十三條ノ二　債權と所有權を除くそれ以外の財產權の差押を爲す場合は市町村長は其の旨を權利者に通知しなければならないのである。

2　第一項の財產權であつて其の移轉に付て登記又は登錄を要するものに付ては差押の登記又は登錄を關係官廳に囑託しなければならないのである。　差押の登記又は登錄を抹消し又は變更する場合も同樣である。

第二十三條ノ三　不動產又は船舶を差押へた場合は市町村長は差押の登記を所轄登記所に囑託しなければならないのである。　差押登記の抹消又は變更の登記に付ても同樣である。

2　差押の爲めに不動產を分割し又は區分した場合は市町村長は分割又は區分の登記を所轄登記所に囑託しなければならないのである。　其の合併又は變更の登記に付ても同樣である。

第二十三條ノ四　差押の解除に關しては登錄稅を納めないでよろしいのである。

第二十四條　差押た動產、有價證券、不動產、第二十三條ノ一の準用に依つて市町村長が第三債務者から給付を受けた物件は通貨を除く外公賣しなければならないの

である。公賣の手續は勅令が定むるのである。

2 公賣に付しても買受人がない場合又は買受人の希望價格が市町村長の見積價格に達しない場合は其の見積價格を以て市町村に買上げ得るのである。

3 債權と所有權を除くそれ以外の財産權に付ては第一項第二項の規定を準用するのである。

第二十五條　見積價格が僅少で其の公賣費用を償ふに足らない物件は隨意契約を以て賣却することができるのである。

第二十六條　滯納者、市町村吏員は直接と間接とを問はず其の賣却物件を買受くることを得ないのである。

第二十七條　滯納處分費と云ふのは財産の差押、保管、運搬、公賣に關する費用、通信費である。

第二十八條　物件の賣却代金、差押へた通貨、第二十三條ノ一の準用に依つて第三者から給付を受けた通貨は督促手數料、延滯金、滯納處分費、稅金、其の他の徵收金に充て尙ほ殘餘がある場合は是れを滯納者に交付するのである。

2 賣却した物件が質權、抵當權の目的物である場合は其の代金から先づ督促手數料延滯金、滯納處分費、稅金、其の他の徵收金を控除し次に其の債務額に充つる迄を債權者に交付し尙ほ殘餘がある場合は是れを滯納者に交付するのである。但し賣

却した物件が國稅徵收法第三條に揭げた質權、抵當權の目的である場合は其の代金から先づ督促手數料、延滯金、滯納處分費を控除し次に其の債務額に充つる迄を債權者に交付し次に稅金、其の他の徵收金を控除し尙ほ殘餘ある場合は是れを滯納者に交付するのである。

第二十九條　會社に對して滯納處分を執行する場合に於て會社の財產を以て督促手數料、延滯金、滯納處分費、稅金、其の他の徵收金に充て仍ほ不足ある場合は無限責任社員に就いて處分を爲し得るのである。

第三十條　此の法律に依つて債權者又は滯納者に交付すべき金錢は供託を爲し得るのである。

第三十一條　滯納處分を結了し又は中止した場合は市町村稅と其の他の徵收金、督促手數料、延滯金、滯納處分費を納付する義務は消滅するのである。

第二　國稅徵收法施行規則の例に依るもの

第十二條　質權又は抵當權の設定された財產を差押へる場合は市町村長は督促手數料、延滯金、滯納處分費、稅金其の他の徵收金額を其の債權者に通知しなければならないのである。

2　市町村稅其の他の徵收金に對して先取權を有する債權者が第一項の通知を受けて其の權利を行使しやうとするときは證憑書類を添へて其の事實を證明しなけ

ればならないのである。

第十三條　民事訴訟法に依つて假差押を受けた財産を差押へる場合は是れを執行裁判所又は執達吏或は强制管理人に通知しなければならないのである。假處分を受けた財産を差押へる場合も亦同樣である。

第十四條に代る明治四十年法律第三十四號租税其の他の收入徵收處分囑託の件第二條　差押ふべき財産が市町村の區域外に在る場合は市町村長は其の財産所在地の市町村長に滯納處分を囑託し得るのである。

第十五條　差押ふべき財産が數人の共有に係る場合は滯納者に屬する持分に就き滯納處分をしなければならない。其の持分の定めのないものは持分が相均しいものとして處分しなければならないのである。

第十六條　市町村長が財産を差押へた場合は左の(一)から(四)迄の事項を記載した差押調書を作り是れに自ら署名し捺印しなければならないのである。

(一)　滯納者の氏名、住所又は居所
(二)　差押へた財産の名稱、數量、性質、所在、其の他重要な事項
(三)　差押の事由
(四)　調書を作つた場所、年月日

2　國税徵收法第二十一條準用の場合に於ては市町村長は立會人と共に差押調書に

自ら署名し捺印しなければならないのである。但し立會人が署名捺印を拒み又は署名捺印することを得ない場合は其の理由を差押調書に附記しなければならないのである。

3 市町村長が差押調書を作つた場合は其の謄本を滯納者と立會人に交付しなければならないのである。但し債權と所有權を除くそれ以外の財產權だけを差押へた場合は謄本を交付しないで差支ないのである。

第十七條　市町村長が財產を差押へた場合に於て滯納者又は第三者から督促手數料、延滯金、滯納處分費、稅金其の他の徵收金を完納したときは其の財產の差押を解かなければならないのである。

第十八條　公賣は入札又は競賣の方法を以てしなければならないのである。

第十九條　國稅徵收法第二十四條の準用に依つて公賣をしやうとする場合は左の(一)から(六)迄の事項を公告しなければならないのである。

(一) 滯納者の氏名、住所又は居所
(二) 公賣する財產の名稱、數量、性質、所在、其の他重要の事項
(三) 入札又は競賣の場所、日時
(四) 開札の場所、日時
(五) 保證金を徵するときは其の金額

（六）代金納付の期限

第二十條　財産公賣の場合に於て必要と認むるときは加入保證金又は契約保證金を徴しなければならないのである。

2　加入保證金又は契約保證金は國債を以て代用し得るのである。

3　落札者又は買受人が義務を履行しない場合は其の保證金又は代用した國債は是れを市町村の所得とするのである。

第二十一條　公賣は財産の在る市町村内で爲さなければならないのである。但し市町村長が必要と認むる場合は他の地方でも爲し得るのである。

第二十二條　公賣は公告の初日から十日の期間を過ぎた後に行はなければならないのである。但し其の物件が不相應の保存費を要するもの或は著しく價格を減損する虞のあるものである場合は十日の期間の經過を待たないでも公賣を爲し得るのである。

第二十三條　財産を公賣しやうとする場合は市町村長は其の財産の價格を見積り是れを封書として公賣の場所に置かなければならないのである。

第二十四條　賣却した財産に付て滯納者をして權利移轉の手續を爲さしめる必要がある場合は市町村長は期限を指定して其の手續を爲さしめなければならないのである。

2 第一項の期間內に滯納者が其の手續をしない場合は市町村長は滯納者に代つて其の手續を爲し得るのである。

第二十五條　入札の方法で公賣に付する場合に落札となるべき同價の入札者が二名以上あるときは其の同價の入札人をして追加入札を爲さしめて落札者を定むるのである。追加入札の價額も亦同じであるときは抽籤を以て落札者を定むるのである。

第二十六條　財產を公賣に付しても買受望人がない場合又は其の買受希望價格が見積價格に達しない場合は更に公賣を爲すことがあるのである。

第二十七條　公賣財產の買受人が代金納付の期限迄に其の代金を完納しない場合は市町村長は其の賣買を解除し更に公賣を行はなければならないのである。

第二十八條　第二十六條第二十七條の規定に依り再公賣を爲す場合に於ては第二十二條準用の期間を短縮し得るのである。

第二十九條　國稅徵收法第四條ノ一の第一號から第六號迄に當る場合には市町村長は當該官廳、公共團體、裁判所、執達吏、淸算人等に督促手數料、延滯金、滯納處分費、稅金、其の他の徵收金の交付を求めなければならないのである。但し他に差押ふべき財產がある場合は是れを差押へても差支ないのである。

第三十條　滯納處分を結了した場合は市町村長は其の處分に關する計算書を作つ

て滯納者に交付しなければならないのである。

2 賣却した財產に對し質權又は抵當權を有する者は其の計算に關する記錄を閲覽することを市町村長に求むることを得るのである。

第三十一條　滯納處分に關する公告は市役所町村役場に爲さなければならないのである。但し必要と認むる場合は其の他適當の場所に公告し又は他の方法を以て公告をしなければならないのである。

第三　國稅徵收法施行細則の例に依るもの

第九條　滯納處分として財產差押を爲す者に交付する證票の樣式は左の通りである。(樣式は略す)

第十條　債權、債權及所有權以外の財產權差押の場合の差押通知書は第十號と第十一號の樣式に依らなければならないのである。(樣式は略す)

第十一條　差押調書の樣式は第十二號の樣式に依らなければならないのである。

(樣式は略す)

第十二條　市町村長が財產を賣却しやうとする場合に其の價格を見積り難いものがあるときは適當の鑑定人を選んで評價を爲さしめることを得るのである。

第十三條　入札の方法で財產を公賣する場合には買受望人は其の住所氏名買受財產の種類員數入札價格を記した入札書を封緘して差出さなければならないので

ある。

第十四條　入札書は公告に示した開札の場所日時に入札人の面前で開くのである。但し入札人又は其の代理人が開札の場所に出席しない場合は其の立會なくて開札を爲し得るのである。

第十五條　競賣の方法で財産を公賣する場合は競賣人を選んで是れを取扱はせることを得るのである。

第十六條　加入保證金又は契約保證金の割合は買受望人各自の公賣財産見積價格百分の五以上とし公賣の都度是れを定むるのである。

第十七條　公賣財産の買受人又は競賣人は納付書を添へて其の代金を市町村に納付しなければならないのである。

第十八條　督促又は滯納處分に關して使丁を以て書類を送達する場合は送達書(様式は略す)に受取人の署名捺印を求めなければならないのである。

第十九條　滯納處分を結了した場合は市町村長は計算書(様式は略す)を作つて滯納者に交付しなければならないのである。

第二十條　市町村長は債權者又は滯納者に交付すべき金錢を供託した場合は其の旨を債權者又は滯納者に通知しなければならないのである。

滯納處分に依る徵

第五項　第一項から第三項迄の徵收金は府縣の徵收金に次で先取特權を有するのである。先取特

權と云ふのは納付義務者の財產を分割するに付て他に優先する權利である。

註 例へば納付者の財產が百圓である場合に國税額が五十圓とすれば國税は國税徴收法第二條に依り第一順位に在るから五十圓を徴收する。府縣税額が四十圓とすれば府縣税は府縣制第百十五條に依り第二の順位に在るから四十圓を徴收する。市町村税額が三十圓とすれば市町村税は本條の規定に依り第三の順位に在るから其の中十圓だけを徴收し得るのである。

收金の先取特權

追徴還付時效

第一項から第三項迄の徴收金の追徴、還付、時效に付ては國税の例に依るのである。追徴と云ふのは逋脱又は賦課徴收洩のものを徴收することである。還付と云ふのは違法又は錯誤に依つて賦課徴收したものを還すことである。此處に所謂時效は一定の時が經過した爲めに權利が消滅するもの即ち消滅時效のことである。國税の例に依ると云ふのは追徴還付に付ては一般的の規定はないが時效に付ては會計法第三十二條の規定を準用することである。此の規定に依れば第一項から第三項迄の徴收金を徴收する市町村の權利は他の法律に別に規定がない場合は權利を行使し得るときから五年間是れを行はないときは消滅するのである。尚ほ時效の中斷等に付ては會計法第三十三條と第三十四條の規定が準用さるゝのである。

手數料徴收、滯納、

第六項 第三項の手數料の徴收處分、第四項の滯納處分、第五項の追徴還付の處分に不服のある

者は府縣參事會に訴願し得る。其の府縣參事會の裁決を受けた者が其の裁決に不服ある場合は行政裁判所に出訴し得るのである。訴願の提起と裁決、訴訟の提起に付ては市（町村）制第百六十（百四十）條と同第百六十（百四十）條ノ二の規定に依るべきものである。

追徵還付の處分に對する救濟の一

同二

第七項　第六項の府縣參事會の裁決に付ては府縣知事又は市町村長からも行政裁判所に出訴し得るのである。訴訟を提起する期間に付ては市（町村）制第百六十（百四十）條の規定に依るべきものである。

滯納處分中の公賣處分の執行

第八項　第四項の滯納處分中には差押處分もあれば公賣處分もあるのであるが其の中の差押物件を公賣する處分は財産差押の處分が確定する迄は行はないのである。是れは差押處分の確定前に公賣處分を行ふときは差押處分が無效となつた樣な場合に法律關係が複雜となる虞があるからである。差押處分は市（町村）制第百六十（百四十）條の訴願期間內に訴願がない場合は其の期間の經過したとき、訴願がある場合は通例其の裁決が確定したとき、訴訟が提起された場合は通例判決があつたときに確定するものである。

第百三十二（百十二）條　市（町村）ハ其ノ負債ヲ償還スル爲、市（町村）ノ永久ノ利益ト爲ルヘキ支出ヲ爲ス爲又ハ天災事變等ノ爲必要アル場合ニ限リ市（町村）債ヲ起スコトヲ得

2　市（町村）債ヲ起スニ付市（町村）會ノ議決ヲ經ルトキハ併セテ起債ノ方法、利息ノ定率及償還ノ方法ニ付議決ヲ經ヘシ

起債

3 市長《市町村》ハ豫算內ノ支出ヲ爲ス爲市參事會ノ議決ヲ經テ一時ノ借入金ヲ爲スコトヲ得

4 前項ノ借入金ハ其ノ會計年度內ノ收入ヲ以テ償還スヘシ

【解釋】 本條は市町村の公債に付ての規定である。

第一項 我々が經濟の都合上借金を爲す樣に市町村も財政の都合上矢張り借金を爲し得るのである。市町村の爲すところの借金は卽ち市町村債である。我々は必要に應じて如何なる場合でも借金を爲し得るのであるが市町村は左の(一)(二)(三)の場合に限つて市町村會の議決を經て市町村債を起し得るのである。

(一) 負債を償還する爲め必要ある場合 是れは旣に借入た市町村債の償還期限になつたが豫定の償還財源を失ひ償還を爲し難い爲め、高利の負債を低利の負債に借替へる爲め、他の團體の負債を引受けた爲めに必要ある場合などである。

(二) 永久の利益と爲るべき支出を爲す爲め必要ある場合 是れは上下水道の設備、道路港灣の修築、電氣瓦斯の供給、其の他學校病院市場住宅公園の設備經營等永久の利益となるべき事業の費用として必要ある場合などである。

(三) 天災事變等の爲め必要ある場合 是れは水害に依る道路橋梁堤防の修築、震災火災に依る建物等の復舊、傳染病豫防の施設等の爲めに必要ある場合である。

市町村會の議決を經べき事項

第二項　市町村債を起すことに付ては市町村會の議決を經なければならないことは勿論であるが此の場合には併せて左の(一)(二)(三)の事項に付ても議決を經なければならないのである。

(一)　起債の方法　是れは借入先、借入時期、其の他借入の方法である。

(二)　利息の定率　是れは借入金に對する利子の割合である。即ち年一割とか月一歩とか日歩一錢などである。

(三)　償還の方法　是れは償還財源例へば市町村稅或は使用料など、据置期間例へば借入の月から何年何月迄など、償還期限例へば何年度から何年賦などである。

一時借入金

第三項　或る年度の豫算内の支出を爲す場合に收入豫算はあるが未だ實際の收入がなく從つて支出を爲し難い場合がある。是れは年度始に看る現象である。此の樣な場合には其の支出に充てる爲めに市長は市參事會の議決を經又町村は町村會の議決を經て一時の借入金を爲し得るのである。此の議決を經る場合は矢張り借入の方法利息の定率償還の方法をも議決すべきは當然のことである。是れも矢張り市町村の負債ではあるが市制町村制に所謂市町村債ではないのであつて通例一時借入金と稱するものである。

一時借入金の償還

第四項　第三項の一時借入金は借入をした會計年度内の收入で償還しなければならないのであ

る。是れは其の性質上當然のことである。

第二款　歳入出豫算及決算

本款は市町村の歳入出豫算と歳入出決算に付ての規定である。豫算は歳入歳出の見積りである。市町村の經濟は此の豫算に依つて運用さるるものである。決算は豫算を實行した結果である。

通常豫算の議決

第百三十三條 百十三　市町村長ハ毎會計年度歳入出豫算ヲ調製シ遲クトモ年度開始ノ一月前ニ市町村會ノ議決ヲ經ヘシ

2　市町村ノ會計年度ハ政府ノ會計年度ニ依ル

3　豫算ヲ市町村會ニ提出スルトキハ市町村長ハ併セテ事務報告書及財産表ヲ提出スヘシ

【解釋】　本條は市町村の歳入出豫算の調製に付ての規定である。

第一項　市町村長は會計年度毎に歳入出豫算を調製して遲くとも會計年度の開始する一月前即ち昭和二年度の豫算であれば昭和二年二月末日迄に市町村會の議決を經なければならないのである。是れが通常豫算である。尤も此の規定は市町村長の職務に付ての規定であるから市町村會が年度開始の一月前以降即ち三月一日以降に豫算を議決したからとてそれが爲めに其の豫算の議決が當然無効のものとはならないのである。

會計年度

第二項　市町村の會計年度は政府の會計年度と同樣である。卽ち會計法第一條の規定に依れば會計年度は每年四月一日に始まり翌年三月三十一日に終るのである。例へば昭和二年度は昭和二年四月一日から昭和三年三月三十一日迄である。

事務報告と財產表

第三項　市町村長が市町村會の議決を經る爲めに豫算を市町村會に提出する場合は左の(一)(二)の書類をも併せて市町村會に提出しなければならないのである。

(一)　事務報告書　是れは市町村吏員が通例既往一年間に取扱つた事務の一切を記載する文書である。此處に所謂事務には市（町村）制第二（二）條に規定する市町村の事務は勿論市（町村）制第九十三（七十七）條の規定に依り市町村長或は其の他の吏員の取扱ふ事務をも含むのである。

(二)　財產表　是れは市町村の財產の一切を記載する表である。財產には第一款財產營造物及市町村稅のところに述べた第一財產の(一)(二)(三)の財產を含むのである。調製は可成提出する時期に接近した日の現在に依ることが適當である。

追加豫算と更正豫算

第百三十四（百十四）條　市（町村）長ハ市（町村）會ノ議決ヲ經テ既定豫算ノ追加又ハ更正ヲ爲スコトヲ得

【解釋】本條は市町村の追加豫算と更正豫算に付ての規定である。

市町村の歲入出豫算は市（町村）制第百三十三（百十三）條の規定に依つて會計年度每に調製さるるものである

が其の後種々の事情に因つて其の豫算の變更を必要とする場合がある。此の場合は市町村長は市町村會の議決を經て既に定まつて居る豫算に對して追加を爲し又は更正を爲し得るのである。豫算の追加と云ふのは市（町村）制第百三十三（百十三）條の規定に依り豫算の定まつた後に新に科目を設けて見積金額を定め或は新に豫算科目は設けないが既に定まつて居る豫算金額を增加することである。豫算の更正と云ふのは既に定まつて居る豫算の豫算科目を削除し或は豫算科目は削除しないが既に定まつて居る豫算金額の範圍内で豫算科目の金額を彼此增加減少することである。

第百三十五（百十五）條　市（町村）費ヲ以テ支辨スル事件ニシテ數年ヲ期シテ其ノ費用ヲ支出スヘキモノハ市（町村）會ノ議決ヲ經テ其ノ年期間各年度ノ支出額ヲ定メ繼續費ト爲スコトヲ得

【解釋】本條は市町村の繼續費に付ての規定である。

市町村費を以て支辨する各種の事件の中には一會計年度内に終るものと數會計年度に涉るものとあるのである。其の數會計年度に涉つて費用を支出しなければならないものに付ては市町村會の議決を經て其の各年度の支出額を定め是れを繼續費と爲し得るのである。

註　例へば昭和二年度から同四年度迄三箇年度間の繼續事業である舗装費に付

ては其の總額一、〇〇〇圓内譯昭和二年度支出額四〇〇圓同三年度支出額三〇〇圓同四年度支出額三〇〇圓と定むる樣なものである。

繼續費が定まつた場合は每年度の豫算には其の年度の支出額を計上するのである。其の豫算に計上された支出額は繼續費を變更しない限りは是れを增加し或は減少し得ないのである。

豫備費の設置

第百三十六條（**第百十六條**）　市（町村）ハ豫算外ノ支出又ハ豫算超過ノ支出ニ充ツル爲豫備費ヲ設クヘシ

2　特別會計ニハ豫備費ヲ設ケサルコトヲ得

3　豫備費ハ市（町村）會ノ否決シタル費途ニ充ツルコトヲ得ス

【解釋】　本條は市町村の豫備費に付ての規定である。

第一項　市町村は左の（一）（二）の支出に充てる爲めに市町村會の議決を經て豫算中に豫備費を設けなければならないのである。從つて市町村會が豫算を議決する場合に於て豫備費の金額を增加し或は減少し得ることは勿論であるが豫備費の科目を削除することはできないのである。

（一）　豫算外の支出　是れは豫算に見積られて居らない支出である。此の支出を爲す場合には會計帳簿に新に其の費目を記帳して整理しなければならないのである。

（二）　豫算超過の支出　是れは豫算に見積られて居る支出金額を超ゆる支出である。

特別會計と豫備費

第二項　第一項の規定に依つて市町村は豫算中に豫備費を設けなければならないことが通例であるが是れには例外がある。即ち市町村制第百三十八百十八條に規定する特別會計には豫備費を設けないでも差支ないのである。

豫備費支出の制限

第三項　豫備費は第一項の規定に依つて豫算外又は豫算超過の支出に充てるものであるが是れには制限がある。即ち市町村會が豫算を議決する場合に否決した費途に付ては支出を爲し得ないのである。是れは市町村の意思を尊重する趣旨に出づる規定である。

豫算の報告と告示

第百三十七百十七條　豫算ハ議決ヲ經タル後直ニ之ヲ府縣知事ニ報告シ且其ノ要領ヲ告示スヘシ

【解釋】　本條は市町村の豫算の報告と告示に付ての規定である。

市町村會が豫算を議決したならば市町村長は速かに其の豫算を府縣知事に報告し尚ほ其の豫算の要領を告示しなければならないのである。告示の方法は其の市町村の公告式の定むるところに依るべきである。府縣知事に對する報告は監督の方法であり要領の告示は市町村民に周知させる方法である。

第百三十八百十八條　市町村ハ特別會計ヲ設クルコトヲ得

【解釋】　本條は市町村の特別會計に付ての規定である。

特別會計

市町村の歳入出豫算は一であることが通例である。然し是れには例外がある。即ち市町村は市町村會の議決を經て特別會計を設け得るのである。特別會計と云ふのは或る特殊の事件例へば電氣事業とか基本財產の蓄積とかの爲め特別の經濟を樹つる必要がある樣な場合に一般會計から分離する會計である。特別會計を數多く設くることは豫算を不明瞭にする弊害が伴ふ虞があるから濫設は愼まなければならないのである。

豫算謄本の交付

第百三十九條（**百十九條**） 市（町村）會ニ於テ豫算ヲ議決シタルトキハ市（町村）長ヨリ其ノ謄本ヲ收入役ニ交付スヘシ

2 收入役ハ市（町村）長又ハ監督官廳ノ命令アルニ非サレハ支拂ヲ爲スコトヲ得ス命令ヲ受クルモ支出ノ豫算ナク且豫備費支出、費目流用其ノ他財務ニ關スル規定ニ依リ支出ヲ爲スコトヲ得サルトキ亦同シ

3 （町村制）前二項ノ規定ハ收入役ノ事務ヲ兼掌シタル町村長又ハ助役ニ之ヲ準用ス

【解釋】 本條は收入役に對する豫算謄本の交付と支拂の制限に付ての規定である。

第一項 市町村會に於て豫算を議決した場合は市町村長から其の豫算の謄本を收入役に交付しなければならないのである。若し其の豫算の中に監督官廳の許可を要する事項例へば寄附とか起債とか制限外課稅の樣なものが含まれて居る場合は其の許可を得た後に其の謄本を收入役に交

付することが適當であらうと思はるる。謄本と云ふのは豫算の原本の寫しである。

收入役の支拂制限

第二項　收入役は歲入出豫算に基いて支拂を爲すことが其の職務の重なる一であるが其の支拂は市（町村）制第八十七（七十二）條の規定に依り市町村長の命令ある場合又は市（町村）制第百六十三（百四十三）條の規定に依り監督官廳の命令ある場合でなければ爲し得ないのである。又其の命令があつてもそれが豫算に計上されて居らないものであつて且豫備費支出とか費目流用とか其の他財務に關する規定例へば市制町村制施行規則第三章の規定などに依つて支出を爲し得ないものである場合は矢張り支拂を爲すことができないのである。

町村長町村助役が收入役の事務を兼掌した場合

第三項（町村制）　町村長又は町村の助役が町村制第六十七條第五項の規定に依り收入役の事務を兼ねた場合に付ては矢張り第一項と第二項の規定が準用さるるのである。

市町村の支拂金の時效

第百四十（百二十）條　市町村ノ支拂金ニ關スル時效ニ付テハ政府ノ支拂金ノ例ニ依ル

【解釋】　本條は市町村の支拂金の時效に付ての規定である。

市町村が支拂ふところの金錢に關する時效に付ては政府の支拂ふところの金錢に關する時效の例に依るのである。即ち會計法第三十二條の規定が準用さるるのである。其の結果他の法律に別段の規定のない場合は市町村に對して支拂を請求し得るときから五年間請求しなければそれで支拂を請求し得る權利は消滅することになるのである。尙ほ時效の中斷等に付ては會計法第

三十三條と第三十四條の規定が準用さるるのである。唯市町村債の元利金の支拂に付ては明治三十九年法律第三十四號國債ニ關スル件第九條の規定が準用さるる結果市町村債の元金は十年、利子は五年、割引の方法で發行した市町村債は五年間市町村に對して支拂を請求しなければそれで支拂を請求し得る權利は消滅するのである。此處に市町村の支拂金と云ふのは費用辨償報酬給料旅費退隱料等の樣な公法上のものは勿論物品買入代金工事請負金人夫賃の樣な私法上のものをも含むのである。又時效と云ふのは一定の時が經過した爲めに權利が消滅するもの即ち消滅時效を指すのである。

出納檢査

第百四十一條／第百二十一條　市／町村ノ出納ハ毎月例日ヲ定メテ之ヲ檢査シ且毎會計年度少クトモ二回臨時檢査ヲ爲スヘシ

2　檢査ハ市長／町村長之ヲ爲シ臨時檢査ニハ名譽職參事會員／町村會ニ於テ互選／選擧シタル參事會員／議員二人以上ノ立會ヲ要ス

【解釋】　本條は市町村の出納檢査に付ての規定である。

第一項　市町村の出納即ち收入役の取扱ふところの市町村の金錢物品の收納と支拂に付ては其の正確を期する爲めに毎月一定の日を定めて檢査をしなければならないのである。是れは例月檢査である。尙ほ此の他に毎會計年度少くも二回は臨時檢査をしなければならないのである。即

ち市町村の出納は一會計年度內に少くも十四回は檢査しなければならないことになるのである。

出納檢査を爲す者

第二項　第一項の出納檢査を爲す者は市町村長である。例月檢査は市町村長限り行ふのであるが臨時檢査には市では名譽職參事會員から互選した參事會員二人以上の立會がなければならない。又町村では町村會で選擧した議員二人以上の立會がなければならないのである。

第百四十二條（市）第百二十二條（町村）　市町村ノ出納ハ翌年度五月三十一日ヲ以テ閉鎖ス

2 決算ハ出納閉鎖後一月以內ニ證書類ヲ併セテ收入役ヨリ之ヲ市町村長ニ提出スヘシ市町村長ハ之ヲ審査シ意見ヲ付シテ次ノ通常豫算ヲ議スル會議迄ニ之ヲ市町村會ノ認定ニ付スヘシ

3 （町村制）第六十七條第五項ノ場合ニ於テハ前項ノ例ニ依ル但シ町村長ニ於テ兼掌シタルトキハ直ニ町村會ノ認定ニ付スヘシ

4.3 決算ハ其ノ認定ニ關スル市町村會ノ議決ト共ニ之ヲ府縣知事ニ報告シ且其ノ要領ヲ告示スヘシ

5 （町村制）決算ノ認定ニ關スル會議ニ於テハ町村長及助役共ニ議長ノ職務ヲ行フコトヲ得ス

【解釋】　本條は市町村の出納閉鎖と決算に付ての規定である。

出納閉鎖

第一項　市町村の會計年度は毎年四月一日に始まり翌年三月三十一日に終ることは市町村制第百三十三百十三條第二項の規定するところであるが其の期間內に金錢物品の出納を終ることは殆んど望み難いことである。それ故其の實際の出納を整理する期間が必要となるのである。卽ち其の年度が經過しても五月三十一日迄は出納の整理を爲し得るのである。例へば昭和二年度の出納は昭和三年五月三十一日迄爲し得るのである。此の四月一日から五月三十一日迄の期間は單に出納を整理する期間に過ぎないのであるから收納に付ては其の年度內に收入命令の發せられたものを收納するだけであつて新に收納命令を發することはできない。然し支拂に付ては其の年度內に支拂命令の發せられたものを支拂することは勿論であるが尙ほ支拂の義務が其の年度內に確定して居るものに對しては支拂命令をも發し得るのである。

決算の調製と認定

第二項　決算は出納閉鎖後一月以內卽ち昭和二年度の決算に付ては同三年六月三十日迄に證憑書類を添へて收入役から市町村長に提出しなければならないのである。市町村長は提出された決算を審査し適當であるか否かの意見を付して市町村制第百三十三百十三條に規定する次の通常豫算を議する會議迄に是れを市町村會に提出して認定を求めなければならないのである。決算と云ふのは豫算を執行した結果を精算したものである。認定と云ふのは承認のことである。

収入役の事務を兼掌する吏員と決算

第三項（町村制） 町村制第六十七條第五項の規定に依つて町村長に収入役の事務を兼ねさせた場合には其の町村長は決算を直ちに町村會に提出して其の認定を求めなければならないのである。又助役に収入役の事務を兼ねさせた場合には第二項の収入役の場合の規定が準用さるるのである。

決算の報告と告示

第三四項 市町村長は決算と決算の認定に關する市町村會の議決とを府縣知事に報告し且つ其の決算の要領を告示しなければならないのである。告示の方法は其の市町村の公告式の定むるところに依るべきものである。

決算認定の町村會の會議

第五項（町村制） 決算を認定することに關する町村會の會議に付ては町村長も助役も共に議長の職務を行ふことを得ないのである。是れは議事の公正を保つ爲めの規定である。

豫算調製の式、費目流用、其の他財務に關する規定

第百四十三條 第百二十三條 豫算調製ノ式、費目流用其ノ他財務ニ關シ必要ナル規定ハ内務大臣之ヲ定ム

【解釋】 本條は市町村の財務に關する規定を内務大臣が定むることに付ての規定である。市町村の豫算調製の式、費目流用、其の他財務に關して必要の規定を定むることは内務大臣に委任されたのである。此の委任に依つて内務大臣の定めた規定は市制町村制施行規則第三章市町村の財務であつて其の要領は左の通りである。

第三十三條　市町村の豫算は歳入と歳出に大別するのである。歳入と云ふのは市町村税其の他一切の收入である。歳出と云ふのは一切の經費である。此の歳入と歳出は豫算に編入しなければならないのである。

第三十四條　甲年度の歳入と決定したものを以て乙年度の歳出に充てることは許されない。

第三十五條　歳入は左の(一)(二)(三)の區分に依つて何れの年度に屬するものであるかが定まるのである。

(一)　納期の一定して居る收入は其の納期の末日が屬して居る年度の歳入である。卽ち昭和二年三月三十一日が納期の末日とすれば是れは昭和二年度の歳入である。

(二)　一定して居る納期に賦課し得ない爲め特に納期を定めた收入又は隨時に生ずる收入であつて徵税令書、賦課令書、納額告知書を發するものは令書又は告知書を發した日が屬して居る年度の歳入である。

(三)　隨時の收入であつて徵税令書、賦課令書、納額告知書を發しないものは領收なした日の屬して居る年度の歳入である。尤も市町村債、交付金、補助金、寄附金、請負金、償還金其の他是れ等に類似の收入であつて其の收入を豫算した年度の出納閉鎖前に領收したものは其の豫算の屬する年度の歳入である。卽ち昭和二

年度の豫算に見積つた市町村債を昭和三年五月三十一日迄に領收すれば是れは昭和二年度の歲入である。

第三十六條　歲出は左の(一)から(六)迄の區分に依つて何れの年度に屬するものであるかが定まるのである。

(一)　費用辨償、報酬、給料、旅費、退隱料退職給與金、死亡給與金、遺族扶助料、其の他の給與、傭人料の類は其の支給すべき事實の生じた時の屬して居る年度の歲出である。尤も別に支拂期日が定まつて居る場合は其の支拂期日の屬して居る年度の歲出である。

(二)　通信運搬費、土木建築費、其の他物件の購入代價の類は契約をした時の屬して居る年度の歲出である。尤も契約に依つて定めた支拂期日がある場合は其の支拂期日の屬して居る年度の歲出である。

(三)　市町村債の元利金であつて支拂期日の定めのあるものは其の支拂期日の屬して居る年度の歲出である。

(四)　補助金、寄附金、負擔金の類は其の支拂を豫算した年度の歲出である。

(五)　缺損補塡は其の補塡の決定をした日の屬して居る年度の歲出である。

(六)　以上(一)から(五)迄のもの丶外は總て支拂命令を發した日の屬して居る年度の歲出である。

第三十七條　或る年度の歳計剩餘金即ち其の年度で領收した現金から支拂金を差引した殘金は翌年度の歳入に編入しなければならないのである。尤も市町村條例の規定又は市町村會の議決に依つて剩餘金の全部又は一部を基本財産に編入する場合には翌年度の歳入に繰越をしないで直ちに基本財産に編入し得るのである。

第三十八條　市町村税は徴税令書に依り、夫役現品は賦課令書に依り、負擔金使用料手數料加入金過料過怠金物件の貸貸料の類は納額告知書に依つて是れを徴收しなければならない。其の他の收入は納付書に依つて收入しなければならないのである。尤も市制町村制施行令第五十三條の規定に依り徴收の便宜を有する者に徴收させる市町村税、急迫の場合に賦課する夫役、納額告知書又は納付書に依り難いものに付ては令書告知書納付書に依らないで收入し得るのである。

第三十九條　支出は債主即ち市町村に對して請求の權利を有する者に對してでなければ爲し得ないのである。

第四十條　左の(一)(二)(三)の經費に付ては市町村吏員に現金の支拂を爲さしむる爲めに支拂の爲めの資金を其の吏員に前渡することを得るのである。

(一)　市町村債の元金利息の支拂をする經費

(二)　外國で物品を購入する爲めに必要な經費

（三）市町村の區域外の遠隔の地で支拂をなする經費

2 特別の必要がある場合には第一項の資金の前渡は市町村吏員以外の者に對しても爲し得る。

第四十一條　旅費と訴訟費用に付ては概算拂を爲し得るのである。

第四十二條　第四十條と第四十一條に掲げたもの丶外必要がある場合は市町村は市町村會の議決を經府縣知事の許可を得て資金前渡又は概算拂を爲し得るのである。

第四十三條　前金を支拂はなければ購入又は借入の契約を爲し難いものに付ては前金拂を爲し得るのである。

第四十四條　歲入の誤納卽ち全く誤つて納めたもの、過納卽ち餘分に納めたもの丶金額を拂戾す場合は歲出からではなく夫々先に收入した歲入から支拂はなければならないのである。

2 歲出の誤拂卽ち全く誤つて支拂つたもの、過拂卽ち餘分に支拂つたものの金額、資金前渡、概算拂、前金拂、繰替拂を返納するときは歲入に入れないで夫々先に支拂した歲出卽ち經費の定額に戾入れなければならないのである。

第四十五條　出納閉鎖した後の收入支出は現在の會計年度の歲入歲出としなければならない。出納閉鎖した後の第四十四條の拂戾金と戾入金も同樣である。

第四十六條　繼續費は毎年度の支拂殘額を繼續年度の終り迄順次に繰越して使用し得るのである。
第四十七條　歳入歳出豫算は必要がある場合は經常部と臨時部に別たなければならないのである。
2 歳入歳出豫算は款と項に區分しなければならないのである。
第四十八條　歳入歳出豫算には豫算說明を附けなければならないのである。
第四十九條　特別會計に屬する歳入歳出は一般會計とは別に豫算を調製しなければならないのである。
第五十條　市町村歳入歳出豫算は別に記載した市町村歳入歳出豫算樣式に依つて調製しなければならないのである。其の樣式は此處には省略する。
第五十一條　繼續費の年期と支出方法は別に記載した繼續費の年期及支出方法樣式に依つて調製しなければならないのである。其の樣式は此處には省略する。
第五十二條　豫算は會計年度の經過した後には更正又は追加を爲し得ないのである。
第五十三條　豫算に定めた各款の金額は彼の款から此の款と云ふ樣に流用することを得ないのである。
2 豫算に定めた同一の款の中の各項の金額は市町村會の議決を經て彼の項から此

の項と云ふ様に流用し得るのである。

第五十四條　決算は豫算と同一の區分に依つて調製し豫算に對する過不足の説明を附けなければならないのである。

第五十五條　會計年度の經過した後に至つて歳入が不足の爲めに歳出に充つることを得ない様な場合は府縣知事の許可を得て翌年度の歳入を繰上げて歳出に充つることを得るのである。

第五十六條　市は其の歳入歳出に屬する公金の受拂に付て郵便振替貯金の方法に依ることを得るのである。町村は此の方法に依ることを得ないのである。

第五十七條　市町村は現金の收納支拂と保管の爲めに市町村金庫を置き得るのである。

第五十八條　金庫事務の取扱を爲さしむる銀行は市町村會の議決を經て市町村長が定むるのである。

第五十九條　金庫は收入役の通知がなければ現金の收納支拂を爲し得ないのである。

第六十條　金庫事務の取扱を爲す者は現金の收納支拂と保管に付て市町村に對して責任を負ふのである。

第六十一條　市町村は金庫事務の取扱を爲す者から擔保を取らなければならない

のである。擔保の種類、價格、程度に關しては市町村會の議決を經て市町村會が定むるのである。

第六十二條　市町村は市町村會の議決を經て金庫事務の取扱を爲す者の保管する現金の中市町村の歳入歳出に屬するものに限り其の支出に差支のない限度で他に運用することを許可することを得るのである。

2　第一項の規定に依つて運用を許された場合には金庫事務の取扱を爲す者は市町村が市町村會の議決を經て定めたところに依つて運用金の利子を市町村に納付しなければならないのである。

第六十三條　收入役は定期と臨時に金庫の現金と帳簿を檢査しなければならないのである。

第六十四條　市町村は市町村會の議決を經て收入役に對して收入役の保管する市町村の歳入歳出に屬する現金を郵便官署、銀行、信用組合に預入させることができるのである。

2　第一項の銀行と信用組合に付ては市町村は府縣知事の許可を受けなければならないのである。

第六十五條　第三十三條から第六十四條迄に規定するもの丶外市町村は市町村會の議決を經府縣知事の許可を得て必要の規定を設け得るのである。

第六十六條　第三十三條から第五十五條迄と第六十五條の規定は市町村の一部に付て準用さるるのである。

第七章　市町村ノ一部ノ事務
（第六章　町村ノ一部ノ事務）

本章は市町村の一部であつて財産又は營造物を有するものの事務に付ての規定である。此の市町村の一部は法人であり法人の中の公法人に屬するものである。通例財産區と稱するのが是れである。

市町村の一部の財産と營造物の管理處分

第百四十四條（第百二十四條）　市（町村）ノ一部ニシテ財産ヲ有シ又ハ營造物ヲ設ケタルモノアルトキハ其ノ財産又ハ營造物ノ管理及處分ニ付テハ本法中市（町村）ノ財産又ハ營造物ニ關スル規定ニ依ル但シ法律勅令中別段ノ規定アル場合ハ此ノ限ニ在ラス

2　前項ノ財産又ハ營造物ニ關シ特ニ要スル費用ハ其ノ財産又ハ營造物ノ屬スル市（町村）ノ一部ノ負擔トス

3　前二項ノ場合ニ於テハ市（町村）ノ一部ハ其ノ會計ヲ分別スヘシ

【解釋】　本條は市町村の一部の財産と營造物の管理處分、費用の負擔、會計に付ての規定である。

第一項　市町村内の一部であつて財産を有して居るもの又は營造物を設けて居るものがある場合は其の財産又は營造物を管理し或は處分することに付ては市制町村制の中の市町村の財産又は

營造物に關する規定に依らなければならないのである。

註　例へば市町村條例市町村規則は市町村制第十二十條の規定に依り是れを設け、議決は同第四十二四十條の規定に依り市町村會が是れを爲し、事務の執行は同第八十七七十二條の規定に依り市町村長が是れを爲し、費用の負擔は同第百二十七百七條から第百三十一百十一條迄の規定に依り市町村税として賦課徴收し、市町村條例其の他財務に關する事項の許可は同第百六十五百四十五條から第百六十七百四十七條の規定に依り是れを爲す樣なものである。

尤も法律勅令中に別段の規定のある場合は市制町村制の中の市町村の財産又は營造物に關する規定に依らないで其の別段の規定に依るべきものである。

註　例へば市町村制第百四十五百二十五條に依つて區會又は區總會を設けた場合は議決を爲すのは區會又は區總會であつて市町村會は議決を爲すべきものではないのである。

市町村の一部が法人であるか否かに付ては明文はないが其の性質から看て法人であることは疑ないところである。而も法人の中の公法人に屬するものと思はるる。

市町村の一部の財産と營造物の費用負擔

第二項　第一項の市町村の一部の財産又は營造物の管理處分の爲めには費用が是れに伴ふのである。此の費用の中には市町村長の俸給の樣に他の費用と區分し難いものもあるが又一部の財産

營造物の事務の爲めに特に置かるる委員の費用の樣に其の區分の極めて明瞭なものもあるのである。此の一部の財產營造物の管理處分の爲めに特に要する費用は其の財產又は營造物の屬する市町村の一部が是れを負擔するのである。卽ち先づ其の財產營造物から生ずる收入を以て費用を支辨し尙ほ足らない場合は市町村稅として市町村の一部の者に賦課し得るのである。

市町村の一部の會計の分別

第三項 市町村の一部の財產又は營造物の管理處分に付ての收入は市町村の一般の會計から分けて特別會計として取扱はなければならないのである。是れは市町村と市町村の一部とは經濟を異にするものであるから當然の規定である。

區會又は區總會の設定

第百四十五條（百二十五） 前條ノ財產又ハ營造物ニ關シ必要アリト認ムルトキハ府縣知事ハ市（町村）會ノ意見ヲ徵シ府縣參事會ノ議決ヲ經テ市（町村）條例ヲ設定シ區會又ハ區總會ヲ設ケテ市（町村）會ノ議決スヘキ事項ヲ議決セシムルコトヲ得

【解釋】 本條は市町村の一部の區會と區總會を設くることに付ての規定である。

市町村の一部の財產營造物の管理處分に付ては市制（町村制）第百四十四（百二十四）條の規定に依つて市町村の財產營造物に關する規定に依る結果議決を要する事項は市町村會の議決に依ることになるのである。然し乍らそれでは市町村と市町村の一部と利害の相反する樣な場合には市町村會の議事が公正を缺く處がないとは云はれないのである。それ故府縣知事は必要があるものと認めた場合

は市の一部に付ては市會に諮問し其の意見を求めた上府縣参事會の議決を經て市條例を設定して區會を設け、又町村の一部に付ては町村會に諮問して其の意見を求め町村條例を設定して區會又は區總會を設け市町村會の議決すべき事項を議決させることができるのである。區總會と云ふのは町村總會の様なものである。區會又は區總會を設くることに付て市町村會に諮問する場合には區會又は區總會を設くることは勿論其の他市町村條例の中に規定すべき事項は全部諮問しなければならないのである。

第百四十六條（百二十六條） 區會議員ハ市町村ノ名譽職トス其ノ定數、任期、選擧權及被選擧權ニ關スル事項ハ前條ノ市町村條例中ニ之ヲ規定スヘシ區總會ノ組織ニ關スル事項ニ付亦同シ

2 區會議員ノ選擧ニ付テハ市町村會議員ニ關スル規定ヲ準用ス但シ選擧人名簿又ハ選擧若ハ當選ノ效力ニ關スル異議ノ決定及被選擧權ノ有無ノ決定ハ市町村會ニ於テ之ヲ爲スヘシ

3 區會又ハ區總會ニ關シテハ市町村會ニ關スル規定ヲ準用ス

【解釋】 本條は市町村の一部の區會區總會の組織選擧、職務權限に付ての規定である。

區會議員の性質定數任期選擧權被選擧權

第一項 市町村の一部の區會議員は市町村の名譽職員である。區會議員の定數、任期、選擧權、被選擧權に關する事項は市町村制第百四十五（百二十五）條の市町村條例の中に規定しなければならないのである。

區會議員選擧の規定

區會區總會の職務權限等

其の選擧權被選擧權は市町村會議員の選擧權又は被選擧權を有する者で其の區內に住所を有する者に與ふることが通例である。區總會に付ては區會と異つて區會議員がないのであるから其の定數、任期、選擧權、被選擧權に關する事項は規定を要しないことは勿論である。只區內に住所を有する町村公民全部を以て組織すると云ふ樣に組織に關する事項だけを町村制第百二十五條の町村條例の中に規定すべきものである。

第二項 區會議員の選擧に付ては市町村會議員の選擧に關する規定が準用さるるのである。尤も市/町村制第二十一/十八條ノ三/三の規定の準用に依る選擧人名簿に關する異議の決定、同第三十六/三十三條の規定の準用に依る選擧又は當選の效力に關する異議の決定、同第三十八/三十五條の規定の準用に依る被選擧權の有無の決定は區會でなく市町村會が爲さなければならないのである。

第三項 區會又は區總會の職務權限或は其の監督などに關しては市町村會に關する規定が準用さるるのである。

註 例へば市/町村制第四十六/四十三條の準用に依り意見書を提出し、同第四十七/四十四條の準用に依り意見を答申し、同第四十八/四十五條の準用に依り議長を定むることなどである。

第百四十七/百二十七條 第百四十四/百二十四條ノ場合ニ於テ市/町村ノ一部府縣知事ノ處分ニ不服アルトキハ內務大臣ニ訴願スルコトヲ得

市町村の一部の爲す訴願

【解釋】　本條は市町村の一部の爲す訴願に付ての規定である。

市町村の一部の財產又は營造物の管理處分に付ては町村の財產又は營造物の管理處分に關する規定に依るべきことは市／町村制第百四十四／百二十四條の規定するところである。從つて府縣知事は同第百六十七／百四十七條第五號の規定に依つて不許可の處分を爲す樣な場合がある。此の樣な府縣知事の處分に付て市町村の一部が不服ある場合は區會又は區總會が設けられてあるときは其の區會又は區總會の議決を經、其の他の場合は市町村會の議決を經て內務大臣に訴願を爲し得るのである。

訴願期間は市／町村制第百六十／百四十條の規定に依るべきものである。

市町村の一部の事務に關する勅令

第百四十八／百二十八條　第百四十四／百二十四條ノ市／町村ノ一部ノ事務ニ關シテハ本法ニ規定スルモノノ外勅令ヲ以テ之ヲ定ム

【解釋】　本條は市町村の一部の事務に關する規定を勅令に委任することに付ての規定である。

市町村の一部の事務に關しては市制町村制の中に規定するものの外は勅令を以て定むるのである。此の規定の委任に依つて定められた事項は市制町村制施行令第三十九條に依つて同令第五章市町村吏員の賠償責任及身元保證中市町村に關する規定を市町村の一部に準用することである。

第八（七）章 市町村組合

本章は市町村の事務を共同して處理する爲めに設くる市町村組合と町村組合に付ての規定である。

一部事務組合の設置

第百四十九條（百二十九條） 市町村ハ其ノ事務ノ一部ヲ共同處理スル爲其ノ協議ニ依リ府縣知事ノ許可ヲ得テ市町村組合ヲ設クルコトヲ得此ノ場合ニ於テ組合內各町村ノ町村會又ハ町村吏員ノ職務ニ屬スル事項ナキニ至リタルトキハ其ノ町村會又ハ町村吏員ハ組合成立ト同時ニ消滅ス

2 （町村制）町村ハ特別ノ必要アル場合ニ於テハ其ノ協議ニ依リ府縣知事ノ許可ヲ得テ其ノ事務ノ全部ヲ共同處理スル爲町村組合ヲ設クルコトヲ得此ノ場合ニ於テハ組合內各町村ノ町村會及町村吏員ハ組合成立ト同時ニ消滅ス

3.2 公益上必要アル場合ニ於テハ府縣知事ハ關係アル市町村會ノ意見ヲ徵シ府縣參事會ノ議決ヲ經テ前二項ノ市町村組合ヲ設クルコトヲ得

4.3 市町村組合ハ法人トス

【解釋】 本條は市町村組合、町村組合の設置と性質に付ての規定である。

第一項 市町村は市町村會の議決を經て市制町村制第二條に規定する市町村の事務の中の一部例へば役場事務とか衛生事務とかを共同處理する爲めに他の市町村と組合を設け得るのである。市と市又は市と町村の組合は市町村組合である。町村と町村の組合は町村組合である。組合を設置

するには市町村がお互の間で協議を爲し其の協議が纒つた上で府縣知事の許可を受くるのである。是れが通例一部事務組合と稱する組合である。市町村組合は市制の支配を受け町村組合は町村制の支配を受くるものである。町村が二以上の町村組合に加入した場合に其の町村會又は町村吏員の職務に屬する事項が全くなくなる場合がある。此の場合は其の町村會又は町村吏員は町村組合が成立すると同時に消滅するのである。町村組合が成立すると云ふのは組合を設くることに付て府縣知事の許可を得たときを指すのである。

註　例へば甲町村が乙町村と役場事務に付ての町村組合を設けた場合は甲町村の吏員は消滅する。尙ほ丙町村と役場事務を除いた以外の事務の全部に付て町村組合を設けた場合は町村會も消滅するのである。

全部事務組合の設置

第二項（町村制）　町村は特別の必要ある場合は町村會の議決を經て町村制第二條に規定する町村の事務の全部を共同處理する爲めに他の町村と町村組合を設け得るのである。特別の必要と云ふのは資力の貧弱な小町村などに於て事情あつて合併を爲すことは困難の爲めに其の事務だけを共同處理することを必要とする樣な場合である。組合を設置するには町村がお互の間で協議を爲し其の協議が纒つた上で府縣知事の許可を受けるのである。是れが通例全部事務組合と稱する組合である。此の組合が設けられた場合には組合內の各町村の町村會と町村吏員は町村組

合が成立すると同時に消滅するのである。成立の意味は第一項に述べたところと同様である。

組合の強制設置

第二三項 市町村組合と町村組合は前に述べた通り市町村の協議に依つて設くることが通例である。然し是れには例外がある。即ち府縣知事に於て公益上組合を設くることが必要であると認めた場合には府縣知事は關係のある市町村會に諮問し其の意見を求めた上府縣參事會の議決を經て市町村組合又は町村組合を設け得るのである。是れが所謂强制組合である。此の場合に町村會又は町村吏員が町村組合の成立と同時に消滅する關係は第一項と第二項の規定に依つて設くる所謂任意組合の場合と同様である。

組合の性質

第三四項 市町村組合と町村組合は市町村と同様矢張り法人である。而も公法人に屬するものである。法人の意味は市町村制第二條に述べたところを參照せられたい。

第百五十三條 第百三十條 市……前條第　項ノ町村組合ニシテ其ノ組合市……町村ノ數ヲ增減シ又ハ共同事務ノ變更ヲ爲サムトスルトキハ關係市……町村ノ協議ニ依リ府縣知事ノ許可ヲ受クヘシ

2 (町村制) 前條第二項ノ町村組合ニシテ其ノ組合町村ノ數ヲ減少セムトスルトキハ組合會ノ議決ニ依リ其ノ組合町村ノ數ヲ增加セムトスルトキハ其ノ町村組合ト新ニ加ハラムトスル町村トノ協議ニ依リ府縣知事ノ許可ヲ受クヘシ

3.2 公益上必要アル場合ニ於テハ府縣知事ハ關係アル市町村會又ハ組合會ノ意見ヲ徵シ府縣參事會ノ議決ヲ經テ組合市町村ノ數ヲ增減シ又ハ一部事務ノ爲設クル組合ノ共同事務ノ變更ヲ爲スコトヲ得

一部事務組合の市町村の數の增減と共同事務の變更

【解釋】本條は市町村組合又は町村組合の組合市町村の數の增加減少と共同事務の變更に付ての規定である。

第一項 市町村組合又は一部事務の町村組合が其の組合の市町村の數を增減し又は共同事務を變更することの必要を感ずる場合がある。此の場合には關係ある市町村は市町村會の議決を經てお互の間で協議を爲し協議が纏つた上で府縣知事の許可を受けなければならないのである。此處に所謂市町村組合と町村組合は任意組合と强制組合の兩方を含むのである。組合市町村の數の增減と云ふのは甲市乙町丙村の三市町村組合に付て新に丁村を加へること、丙村を除くこと、丙村を除くと同時に丁村を加へることなどである。共同事務の變更と云ふのは土木事務と衞生事務の組合に付て新に勸業事務を加へること、衞生事務を除くこと、衞生事務を除くと同時に勸業事務を加へることの樣なものである。一部事務を全部事務に變更し或は全部事務を一部事務に變更する樣なことは此處に所謂共同事務の變更ではないのである。

全部事務組合の町村數の增減

第二項(町村制) 全部事務の町村組合が組合町村の數を增減する必要を感ずる場合がある。此の

場合に組合町村の數を減ずるに付ては組合會の議決に依り府縣知事の許可を受けなければならないのである。又組合町村の數を增すに付ては組合は組合會の議決を經又新に加はらうとする町村は町村會の議決を經てお互の間で協議を爲し協議が纏つた上で府縣知事の許可を受けなければならないのである。

組合市町村數の增減と共同事務變更の强制處分

第二項　府縣知事は公益上必要であると認めた場合には左の手續に依つて組合市町村の數を增減し又は市町村組合と一部事務の町村組合の共同事務を變更し得るのである。組合市町村の數の增減と共同事務の變更の意味に付ては第一項に述べたところを參照せられたい。

（一）　市町村組合に付ては關係ある市町村會に諮問し其の意見を聽いた上で府縣參事會の議決を經ること

（二）　一部事務の町村組合に付ては關係ある町村會に諮問し其の意見を聽いた上で府縣參事會の議決を經ること

（三）　全部事務の町村組合に付ては組合會に諮問し其の意見を聽いた上で府縣參事會の議決を經ること

第百五十一條（第百三十一條）　市町村組合ヲ設クルトキハ關係市町村ノ協議ニ依リ組合規約ヲ定メ府縣知事ノ許可ヲ受クヘシ組合規約ヲ變更セムトスルトキ亦同シ

２（町村制）組合規約ヲ變更セムトスルトキハ一部事務ノ爲ニ設クル組合ニ在リテハ組合會ノ議決ヲ經關係町村ノ協議ニ依リ全部事務ノ爲ニ設クル組合ニ在リテハ組合會ノ議決ヲ經府縣知事ノ許可ヲ受クヘシ

３２公益上必要アル場合ニ於テハ府縣知事ハ關係アル市町村會又ハ組合會ノ意見ヲ徴シ府縣參事會ノ議決ヲ經テ組合規約ヲ定メ又ハ變更スルコトヲ得

市町村組合規約の設定と變更

【解釋】本條は市町村組合と町村組合の組合規約に付ての規定である。

第一項　市町村組合又は町村組合を設くる場合は關係ある市町村又は町村は夫々市町村會の議決を經てお互の間で協議を爲し組合規約を定めて府縣知事の許可を受けなければならないのである。市町村組合の組合規約を變更する場合も矢張り同樣である。

町村組合規約の變更

第二項（町村制）町村組合の組合規約を變更する場合は一部事務の町村組合では關係町村は夫々町村會の議決を經てお互の間で協議を爲し府縣知事の許可を受けなければならない。又全部事務の町村組合では組合會の議決を經て府縣知事の許可を受けなければならないのである。

組合規約の設定變更と强制處分

第三項（第二項）府縣知事が組合規約を定め或は變更することが公益上必要であると認めた場合には左の手續に依つて强制的に組合規約を定め又は變更し得るのである。

（一）市町村組合の組合規約に付ては關係ある市町村會に諮問し其の意見を聽いた上で府縣參

市町村組合の規約と全部事務の町村組合の規約に規定すべき事項

事會の議決を經ること

（二） 一部事務の町村組合に付ては關係ある町村會に諮問し其の意見を聽いた上で府縣參事會の議決を經ること

（三） 全部事務の町村組合に付ては組合會に諮問し其の意見を聽いた上で府縣參事會の議決を經ること

第百五十二條（百三十二） 組合規約ニハ組合ノ名稱、組合ヲ組織スル市町村、組合ノ共同事務及組合役場ノ位置、組合會ノ組織及組合會議員ノ選擧、組合吏員ノ組織及選任並組合費用ノ支辨方法ニ付ヲ定ムヘシ 規定ヲ設クヘシ

2 （町村制） 一部事務ノ爲ニ設クル組合ノ組合規約ニハ前項ノ外組合會ノ組織及組合會議員ノ選擧、組合吏員ノ組織及選任並組合費用ノ支辨方法ニ付規定ヲ設クヘシ

【解釋】 本條は市町村組合と町村組合の組合規約に規定すべき事項に付ての規定である。

第一項 市町村組合の組合規約には左に揭ぐる（一）から（七）迄の事項を規定しなければならない。又町村組合の組合規約には左に揭ぐる（一）から（四）迄の事項を規定しなければならないのである。

（一） 組合の名稱 組合は市町村と同樣法人であるから矢張り其の名稱の必要あることは勿論

である。其の名稱は甲市外何町村衞生組合或は甲町乙村組合などとするのが通例である。

（二）組合を組織する市町村或は町村　是れは市町村組合では其の組合を組織する市町村の名稱、町村組合では其の組合を組織する町村の名稱である。

（三）組合の共同事務　是れは組合の共同して處理するところの事務であつて市町村組合と一部事務の町村組合に付ては例へば衞生事務土木事務役場事務などである。又全部事務の町村組合では町村の事務の全部である。

（四）組合役場の位置　是れは組合の事務を取扱ふ場所であつて市町村の市役所町村役場と同樣のものである。

（五）組合會の組織と組合會議員の選擧　是れは組合會議員の定數、選擧權、被選擧權、任期、選擧の方法等である。

（六）組合吏員の組織と選任　是れは組合の管理者其の他の吏員の定數、資格、任期、選任の方法等である。

（七）組合費用の支辨方法　是れは組合の事務を處理する爲めに要する費用を組合市町村が如何なる方法と割合で負擔するか又其の費用を支出するには如何なる方法に依るか等である。

一部事務の町村組合の規約に規定すべき事項

第二項（町村制） 一部事務の町村組合の組合規約には第一項の（一）から（四）迄の事項の外尚ほ第一項の（五）から（七）迄の事項をも規定しなければならないのである。

市町村組合と町村組合の解除

第百五十三條
第百三十三條 市町村組合ヲ解カムトスルトキハ一部事務ノ爲ニ設クル組合ニ於テハ關係市町村ノ協議ニ依リ全部事務ノ爲ニ設クル組合ニ於テハ組合會ノ議決ニ依リ府縣知事ノ許可ヲ受クヘシ

2 公益上必要アル場合ニ於テハ府縣知事ハ關係アル市町村會又ハ組合會ノ意見ヲ徴シ府縣參事會ノ議決ヲ經テ市町村組合ヲ解クコトヲ得

【解釋】 本條は市町村組合と町村組合を解くことに付ての規定である。

第一項 市町村組合又は町村組合を解く場合は左の手續に依らなければならないのである。

（一） 市町村組合に付ては關係ある市町村が市町村會の議決を經て協議を遂げた上で府縣知事の許可を受くること

（二） 一部事務の町村組合に付ては關係ある町村が町村會の議決を經て協議を遂げた上で府縣知事の許可を受くること

（三） 全部事務の町村組合に付ては組合會の議決を經て府縣知事の許可を受くること

組合の强制解除

第二項 府縣知事が組合を解除することが公益上必要であると認めた場合には左の手續に依つて

市町村組合又は町村組合を强制的に解き得るのである。

（一）　市町村組合に付ては關係ある市町村會に諮問し其の意見を求めた上で府縣參事會の議決を經ること

（二）　一部事務の町村組合に付ては關係ある町村會に諮問し其の意見を求めた上で府縣參事會の議決を經ること

（三）　全部事務の町村組合に付ては組合會に諮問し其の意見を求めた上で府縣參事會の議決を經ること

組合の財産處分の一

第百五十四／百三十四條　第百五十／百三十條第一項第二項及前條第一項ノ場合ニ於テ財産ノ處分ニ關スル事項ハ關係市町村ノ協議、關係町村ト組合トノ協議又ハ組合會ノ議決ニ依リ之ヲ定ム

2　第百五十／百三十條第二項及前條第二項ノ場合ニ於テ財産ノ處分ニ關スル事項ハ關係アル市町村會又ハ組合會ノ意見ヲ徵シ府縣參事會ノ議決ヲ經テ府縣知事之ヲ定ム

【解釋】　本條は市町村組合又は町村組合の財産處分に付ての規定である。

第一項　左の（一）（二）（三）の場合の市町村組合又は町村組合の財産の處分に付ては夫々其の下に述ぶる手續に依るのである。此處に所謂財産は市／町村制第三／三條第二項の財産と同樣である。

（一）　市／町村制第百五十／百三十條第一項の場合　是れは關係ある市町村又は町村が任意に市町村組合又

は一部事務の町村組合の組合町村の數を增減し又は共同事務を變更する場合である。此の場合の財産の處分は關係ある市町村又は町村が市町村會又は町村會の議決を經てお互の間で協議を爲して定むるのである。

（二）町村制第百三十條第二項の場合　是れは組合又は關係ある町村が任意に全部事務の町村組合の組合町村の數を增減する場合である。此の場合の財産の處分は組合町村の數を增す場合には組合（組合會の議決を經ることは勿論である）と新に加はらうとする町村（町村會の議決を經ることは勿論である）との間の協議を爲して定むる。又組合町村の數を減ずる場合には組合會の議決に依つて定むるのである。

（三）市制第百五十三／町村制第百三十三條第一項の場合　是れは關係ある市町村、町村又は組合が任意に市町村組合又は町村組合を解く場合である。此の場合の財産の處分は市町村組合又は一部事務の町村組合に付ては關係ある市町村又は町村（市町村會又は町村會の議決を經ることは勿論である）の間で協議を爲して定むる。又全部事務の町村組合に付ては組合會の議決に依つて定むるのである。

同二

第二項　左の（一）（二）の場合の市町村組合又は町村組合の財産の處分に付ては夫々其の下に述ぶ

る手續に依るのである。此處に所謂財産は第一項の財産と同樣である。

（一）市制第百五十條第二項・町村制第百三十條第三項の場合　是れは公益上必要ある場合に府縣知事が强制的に市町村組合の組合市町村の數或は町村組合の組合町村の數を增減し又は市町村組合と一部事務の町村組合の共同事務を變更する場合である。此の場合の財産の處分は府縣知事が左の（イ）（ロ）（ハ）の區別に依つて定むるのである。

（イ）市町村組合に付ては關係ある市町村會に諮問し其の意見を聽いた上で府縣參事會の議決を經ること

（ロ）一部事務の町村組合に付ては關係ある町村會に諮問し其の意見を聽いた上で府縣參事會の議決を經ること

（ハ）全部事務の町村組合に付ては組合會に諮問し其の意見を聽き、尙ほ組合町村の數を增す場合は關係ある町村會にも諮問し其の意見をも聽いた上で府縣參事會の議決を經ること

（二）市制第百五十三條・町村制第百三十三條第二項の場合　是れは公益上必要ある場合に府縣知事が强制的に市町村組合と町村組合を解く場合である。此の場合の財産の處分は府縣知事が左の（イ）（ロ）（ハ）の區別に依つて定むるのである。

（イ）市町村組合に付ては關係ある市町村會に諮問し其の意見を聽いた上で府縣參事會の議決を經ること

（ロ）一部事務の町村組合に付ては關係ある町村會に諮問し其の意見を聽いた上で府縣參事會の議決を經ること

（ハ）全部事務の町村組合に付ては組合會に諮問し其の意見を聽いた上で府縣參事會の議決を經ること

第百五十五（百三十五）條 第百四十九（百二十九）條第一項及第二項、第百五十（百三十）條第一項及第二項、第百五十一（百三十一）條第一項及第二項、第百五十三（百三十三）條第一項竝（及）前條第二項ノ規定ニ依ル府縣知事ノ處分ニ不服アル市（町村）又ハ市（町村）町村組合ハ内務大臣ニ訴願スルコトヲ得

2 組合費ノ分賦ニ關シ違法又ハ錯誤アリト認ムル市（町村）ハ其ノ告知アリタル日ヨリ三月以内ニ組合ノ管理者ニ異議ノ申立ヲ爲スコトヲ得

3 前項ノ異議ノ申立アリタルトキハ組合ノ管理者ハ七日以内ニ之ヲ組合會ノ決定ニ付スヘシ其ノ決定ニ不服アル市（町村）ハ府縣參事會ニ訴願シ其ノ裁決又ハ第四項ノ裁決ニ不服アルトキハ行政裁判所ニ出訴スルコトヲ得

4 前項ノ決定及裁決ニ付テハ組合ノ管理者ヨリモ訴願又ハ訴訟ヲ提起スルコトヲ得

5 前二項ノ裁決ニ付テハ府縣知事ヨリモ訴訟ヲ提起スルコトヲ得

【解釋】 本條は市町村組合と町村組合に關する府縣知事の處分に對する訴願と組合費分賦の異議に付ての規定である。

府縣知事の處分に對する訴願

第一項 市町村組合又は町村組合に關して府縣知事の爲した左に掲ぐる處分に不服ある市町村、市町村組合、町村組合は夫々市町村會、市町村組合會、町村組合會の議決を經て內務大臣に訴願し得るのである。訴願期間は市（町村）制第百六十（百四十）條の規定に依るべきものである。

(一) 市（町村）制第百四十九（百二十九）條第一項第二項の規定に依る市町村組合町村組合を設置すること

(二) 同第百五十（百三十）條第一項第二項の規定に依る市町村組合町村組合の組合市町村數を增減し又は市町村組合と一部事務の町村組合の共同事務を變更すること

(三) 同第百五十一（百三十一）條第一項第二項の規定に依る組合規定を定め又は變更すること

(四) 同第百五十三（百三十三）條第一項の規定に依る市町村組合と町村組合を解くこと

(五) 同第百五十四（百三十四）條第二項の規定に依る財產を處分すること

組合費の分賦に關する救濟の一

第二項 組合の費用は市町村組合と一部事務の町村組合では組合內の市町村に分賦することが通例である。例へば甲市一、〇〇〇圓乙町五〇〇圓丙村三〇〇圓と分擔額を割當てる樣なもので

ある。此の分賦を受けた市町村が其の分賦に關して違法又は錯誤があることを認めた場合は市町村會の議決を經て組合費分賦の告知を受けた日の翌日から暦に從ひ計算して三月以内に組合の管理者に異議の申立を爲し得るのである。違法又は錯誤の意味は市町村制第百三十百十條第一項に述べたところと同様であるが尚ほ組合規約に違反する場合も含まるるのである。

同二

第三項　第二項の異議の申立があつた場合は組合の管理者は申立を受けた日の翌日から計算して七日以内に組合會の決定に付さなければならない。此の決定に不服のある市町村は市町村會の議決を經て府縣參事會に訴願し得る。其の裁決又は第四項の裁決に不服ある場合は行政裁判所に出訴し得るのである。訴願の提起と裁決、訴訟の提起に付ては市町村制第百六十百四十條と第百六十百四十條ノ二の規定に依るべきものである。

同三

第四項　第三項の市町村會の決定と府縣參事會の裁決に付ては組合の管理者からも矢張り府縣參事會に訴願を爲し又は行政裁判所に出訴し得るのである。訴願と訴訟に付ては第三項に述べたところを參照せられたい。

同四

第五項　第三項と第四項の府縣參事會の裁決に付ては府縣知事からも行政裁判所に出訴し得るのである。訴訟期間は市町村制第百六十百四十條の規定に依るべきものである。

市町村組合と町村組合に市町村に關する規定準用

第百五十六條百三十六條 市町村組合ニ關シテハ法律勅令中別段ノ規定アル場合ヲ除クノ外市町村ニ關スル規定ヲ準用ス

【解釋】 本條は市町村組合と町村組合に市町村に關する規定を準用することに付ての規定である。

法律と勅令中に別段の規定ある場合の外は市町村組合に關しては市に關する規定を準用する。又町村組合に關しては町村に關する規定を準用するのである。此處に別段の規定と云ふのは法律としては市町村制第八七章市町村組合の規定などであり勅令としては市制町村制施行令第七十三條の規定などである。

註 例へば全部事務の町村組合に關しては組合會の組織及組合會議員の選擧に付ては町村制第二章第一款の規定を、組合吏員の組織及選任に付ては町村制第三章第一款の規定を、組合費用の支辨方法に付ては町村制第五章中の規定を準用する樣なことである。市町村組合と町村組合に關しては組合條例又は組合規則に付ては第一章第三款の規定を、組合會の職務權限に付ては市町村制第二章第二款の規定を、組合吏員の職務權限に付ては市町村制第四三章第二款の規定を、給料及給與に付ては市町村制第五四章の規定を、組合の財務に付ては市町村制第六五章の規定を、組合の監督に付ては市町村制第九八章の規定を、尚市町村組合に關しては組

合參事會に付て市制第三章の規定を準用する樣なことである。

第九八章 市町村ノ監督

本章は市町村が其の事務を處理することに付て國家が監督を加へることの規定である。

第百五十七條百三十七條 市町村ハ第一次ニ於テ府縣知事之ヲ監督シ第二次ニ於テ內務大臣之ヲ監督ス

【解釋】 本條は市町村を一般的に監督する官廳即ち所謂普通監督官廳は如何なるものかに付ての規定である。

市町村の普通監督官廳

市町村が其の事務を處理するに付て官の監督を承くるものであることは市町村制第二條の規定するところである。通例市町村を監督する機關即ち所謂普通監督官廳は內務大臣と府縣知事である。內務大臣と府縣知事は他に特別の規定のない限り一般的に市町村を監督するものである。

監督の順序

其の監督を爲すに付ての順序は第一に府縣知事であり第二に內務大臣である。從來は町村は三次の監督制であつたが郡長廢止の結果二次の監督制となつたのである。

市町村の特別監督官廳

此の所謂普通監督官廳の外に或る特別の事件に付てだけ市町村を監督する機關即ち所謂特別監督官廳があるのである。例へば市町村の財務に付て大藏大臣も、教育事務に付て文部大臣も亦

監督を爲す様なものである。

監督處分に對する市町村の訴願

第百五十八（百三十八）條 本法中別段ノ規定アル場合ヲ除クノ外市町村ノ監督ニ關スル府縣知事ノ處分ニ不服アル市町村ハ内務大臣ニ訴願スルコトヲ得

【解釋】本條は府縣知事の監督處分に對して市町村が訴願を爲し得ることに付ての規定である。

第一次の監督官廳たる府縣知事が市町村を監督する爲めに爲した處分に不服ある市町村は市町村會の議決を經て内務大臣に訴願を爲し得るのである。此の訴願に付ては提出期間は市町村制第百六十（百四十）條第一項第三項の規定に依るべきであり其の他は訴願法の規定に依るべきであることは勿論である。

註 例へば市町村制第百六十七（百四十七）條の規定に依り市町村の爲した許可の申請に對して府縣知事が不許可の處分を與へた場合にそれに對して訴願を爲す場合などである。

然し乍ら市制町村制の中に別段の規定があつて其の規定に於て特に訴願を許して居る場合は本條に依つては訴願を爲し得ないのである。

註 例へば市町村制第百二十六（百六）條第三項の損失補償金額の決定に對する訴願などである。

第百五十九（百三十九）條 本法中行政裁判所ニ出訴スルコトヲ得ヘキ場合ニ於テハ内務大臣ニ

内務大臣に訴願を為し得ない場合

訴願スルコトヲ得ス

【解釋】　本條は內務大臣に訴願を爲し得ない場合に付ての規定である。內務大臣も行政裁判所も共に市町村の監督機關としては最高のものである。從つて其の何れか一の機關の判斷を爲す事件に付ては他の一の機關の判斷を求めさせる必要はない。それ故市制町村制の中に行政裁判所に訴訟を爲し得ることを規定されて居る場合には其の事件に付ては內務大臣に訴願は許されないのである。

註　例へば市制第九十町村制第七十四條第三項に依る府縣知事の取消の處分に付ては同條第四項に依つて行政裁判所に訴訟を爲し得るのであるから內務大臣に訴願はできないのである。

第百六十條 第百四十條　異議ノ申立又ハ訴願ノ提起ハ處分決定又ハ裁決アリタル日ヨリ二十一日以內ニ之ヲ爲スヘシ但シ本法中別ニ期間ヲ定メタルモノハ此ノ限ニ在ラス

2　行政訴訟ノ提起ハ處分決定裁定又ハ裁決アリタル日ヨリ三十日以內ニ之ヲ爲スヘシ

3　決定書又ハ裁決書ノ交付ヲ受ケサル者ニ關シテハ前二項ノ期間ハ告示ノ日ヨリ之ヲ起算ス

4　異議ノ申立ニ關スル期間ノ計算ニ付テハ訴願法ノ規定ニ依ル

5　異議ノ申立ハ期限經過後ニ於テモ宥恕スヘキ事由アリト認ムルトキハ仍之ヲ受理スルコトヲ得

6　異議ノ決定ハ文書ヲ以テ之ヲ爲シ其ノ理由ヲ附シ之ヲ申立人ニ交付スヘシ

7　異議ノ申立アルモ處分ノ執行ハ之ヲ停止セス但シ行政廳ハ其ノ職權ニ依リ又ハ關係者ノ請求ニ依リ必要ト認ムルトキハ之ヲ停止スルコトヲ得

異議申立訴願提起の期間の一

【解釋】　本條は異議の申立、訴願訴訟の提起、異議決定の方式に付ての規定である。

第一項　異議を申立て又は訴願を爲すには處分、決定、裁決のあつた日の翌日から計算して二十一日以内に宛名の者又は訴願を經由すべき行政廳に到達する樣申立書又は訴願書を提出しなければならない。但し市制町村制中に別に異議申立又は訴願の期間を定めてあるものに付ては其の期間に依るべきものであることは勿論である。此處に所謂處分、決定、裁決のあつた日と云ふのは是れ等の處分決定裁決が處分決定裁決を受くる者に對して效力を生じた日を指すのである。從つて通例は處分書決定書裁決書の交付のあつた日を指すことになるのである。尙ほ訴願に付ては訴願書を郵便に依つて差出した場合には其の遞送の日數は訴願期間たる二十一日の中に算入されない(是れは訴願法第十條第二項に規定されて居る)のであるから訴願期間の最終の日に郵便に付せば到達が其の後であつても差支ないのである。

行政訴訟提起の期間の一

第二項　行政訴訟を爲すには處分、決定、裁定、裁決のあつた日の翌日から計算して三十日以内に訴狀を提出しなければならないのである。處分、決定、裁定、裁決の意味は第一項に述べた通りである。尙ほ此の期間の計算に付ては行政裁判法第二十二條に依り民事訴訟法第百六十六條第百六十七條の規定が適用さるる結果期間が伸長する場合があるのである。

異議申立訴願訴訟提起期間の二

第三項　決定書又は裁決書の交付を受けない者が訴願又は行政訴訟を爲す場合は矢張り第一項と第二項の期間に依らなければならないのであるが唯其の期間は決定又は裁決のあつた日ではなく決定又は裁決の告示の日の翌日から起算するのである。

註　例へば市（町村）制第二十一（十八）條ノ三の選擧人名簿に關する訴願訴訟、同第三十六（三十三）條の選擧又は當選の訴願訴訟などである。

異議申立期間の計算方法

第四項　異議の申立の期間は第一項第二項に定められて居るのであるが其の期間を計算するに付ては訴願法の規定に依るのである。卽ち異議申立書を郵便に依つて差出した場合には其の遞送の日數は異議申立期間たる二十一日の中に算入されない。從つて異議申立期間の最終の日に郵便に付せば到達が其の後であつても差支ないのである。

異議申立期限經過の宥恕

第五項　異議の申立が申立期限の經過した後に提出された場合は受理しないで却下すべきが通例である。然し中には提出の遲れたことに付て宥恕すべき事由例へば天災其の他避け難い事故の

爲めに遲れた樣な同情に價する事情のある場合がある。此の場合にも尙ほ申立を却下すること は餘りに杓子定規の嫌がある。それ故此の樣な場合には特に其の異議申立を受理し審理し得る 途を開かれたのである。

決定の方式

第六項　異議の申立に對する決定は決定書を作り決定の理由をも記載して是れを申立人に交付し なければならないのである。此の方式に依らない決定は違法の決定である。

異議申立と處分の執行

第七項　行政處分に對して異議の申立があつた場合でも其の處分は其の儘執行さるるのであつて 特に規定のある場合の外異議申立の爲に其の執行が停止さるることのないのが通例である。尤 も行政廳は自分の職權に依り又は關係者の請求に依つて行政處分の執行を停止する必要がある と認めた場合には其の執行を停止し得るのである。

第百六十條ノ二（**百四十條ノ二**）　異議ノ決定ハ本法中別ニ期間ヲ定メタルモノヲ除クノ外其ノ決定 ニ付セラレタル日ヨリ三月以内ニ之ヲ爲スヘシ

2　府縣參事會訴願ヲ受理シタルトキハ其ノ日ヨリ三月以内ニ之ヲ裁決スヘシ

【解釋】　本條は異議の決定と訴願の裁決を爲すべき期間に付ての規定である。

異議の決定を爲すべき期間

第一項　異議に對する決定は其の決定を爲す者が決定に付せられた日の翌日から暦に從つて計算 して三月以内に爲さなければならないのである。尤も市制町村制の中に別に決定を爲すべき期

間が定められて居る場合は其の期間に依るべきであつて本條の規定に依るべきでないことは勿論である。決定に付せられた日と云ふのは市參事會町村會が市町村長から異議申立書を送付された日又は府縣參事會が府縣知事から異議を付議された日を指すのである。尙ほ此の規定は訓令的のものであるから假令誤つて此の期限を經過して決定したとしても其の效力には別段の變りはないのである。

訴願の裁決を爲すべき期間

第二項　府縣參事會の爲す訴願の裁決は其の訴願を受理した日の翌日から曆に從つて計算して三月以內に爲さなければならないのである。尙ほ府縣知事又は內務大臣の爲す訴願の裁決に付ては別に期限の定めがないのである。此の期限經過後に爲された裁決の效力に付ては第一項に述べた通りである。

第百六十二・百四十一條　監督官廳ハ市町村ノ監督上必要アル場合ニ於テハ事務ノ報告ヲ爲サシメ、書類帳簿ヲ徵シ及實地ニ就キ事務ヲ視察シ又ハ出納ヲ檢閱スルコトヲ得

2 監督官廳ハ市町村ノ監督上必要ナル命令ヲ發シ又ハ處分ヲ爲スコトヲ得

3 上級監督官廳ハ下級監督官廳ノ市町村ノ監督ニ關シテ爲シタル命令又ハ處分ヲ停止シ又ハ取消スコトヲ得

【解釋】　本條は市町村を監督する方法に付ての規定である。

書面報告と實地調査

第一項 監督官廳が市町村を監督するに付て先づ市町村の事務の行はるる模樣を知ることの必要であることは人體の健否を知る爲めに先づ診察の必要なると同樣である。それが爲めには左の(一)から(四)迄の方法を採り得るのである。

(一) 市町村の事務の報告を爲さしむること　是れは市（町村）制第三十四（三十一）條の市町村會議員選擧の結果、市（町村）制第百三十七（百十七）條の歲入歲出豫算、市（町村）制第百四十二（百二十二）條の歲入歲出決算の報告など市制町村制の中に規定されて居るものもあるが其の他監督官廳の訓令する市町村事務報告例などに依るものもある。

(二) 市町村の書類帳簿を徵すること　是れは書類帳簿を取寄せて其の內容を調査するものである。

(三) 實地に就いて市町村の事務を視察すること　前の(一)と(二)は書面に依る調査であるがそれだけでは市町村の事務の狀況を知るに不充分であると認むる樣な場合は更に一歩を進めて實地に就いて調査を遂げ其の眞相を究め得るのである。それが爲めには市町村吏員に對して質問を發し其の答辯を求めることもできるのである。

(四) 實地に就いて市町村の出納事務を檢閱すること　是れは市町村の收入支出の事務を實地

に就いて帳簿書類は勿論其の保管する現金有價證券物品等を調査することであつて現今の實況としては市町村の事務の監督の方法として最も有效なる働きを爲して居るものである。

命令と處分

第二項　監督官廳が市町村を監督する方法は種々規定されて居るのであるがそれだけでは萬一の場合に處して遺憾を感ずることがないとは限らない。それ故監督官廳は市町村を監督する上に於て必要があると認むる場合には市町村に對して命令を發し又は處分を爲し得るのである。然し乍ら是れは傳家の寶刀であつて容易に拔いて振り翳すべき筋のものではない。若し是れを濫用するときは官權萬能となり延て町村自治の精神に背反するに至る虞があるからである。

下級監督官廳の監督の矯正

第三項　上級の監督官廳（是れは通例は內務大臣である）は下級の監督官廳たる府縣知事が市町村の監督に關して爲したところの命令又は處分を停止し或は取消し得るのである。此處に所謂命令又は處分と云ふのは第二項の命令又は處分は勿論其の他一切の命令又は處分を指すのである。

停止

停止と云ふのは命令又は處分の執行を一時停めることである。從つて停止が解かるると又執行し得る狀態になることは取消の場合と異る點である。

取消

取消と云ふのは最初から命令又は處分がなかつたと同じ狀態にすることである。黑板に書かれた白墨を拭ひ去ると同じである。

第百六十二條（百四十二）　內務大臣ハ市町村會ノ解散ヲ命スルコトヲ得

2　市町村會解散ノ場合ニ於テハ三月以內ニ議員ヲ選擧スヘシ

【解釋】　本條は市町村會の解散に付ての規定である。

解散

第一項　市町村會が適當に其の職務を執行しない場合の處置に付ては市制町村制中に種々規定されて居るが其の樣な姑息な手段では到底市町村會の行動を正しい方面に導くことの望がない樣な場合がある。此の樣な場合には其の市町村會の組織を改めることが必要である。內務大臣には市町村會の解散を命ずることを得させたのは是れが爲めに外ならないのである。解散と云ふのは市町村會議員の任期の終らない前に議員たる資格を失はせることである。其の結果議員は全部なくなり從つて市町村會も成立しなくなるのである。

解散の場合の選擧の期限

第二項　市町村會が解散を命ぜられたときは其の命令書の傳達された日の翌日から曆に從つて計算し三月以內に市町村會議員の選擧を行はなければならないのである。此の場合の選擧は總選擧である。

第百六十三條 第百四十三條　市町村ニ於テ法令ニ依リ負擔シ又ハ當該官廳ノ職權ニ依リ命スル費用ヲ豫算ニ載セサルトキハ府縣知事ハ理由ヲ示シテ其ノ費用ヲ豫算ニ加フルコトヲ得

2　市町村長其ノ他ノ吏員其ノ執行スヘキ事件ヲ執行セサルトキハ府縣知事又ハ其ノ

委任ヲ受ケタル官吏吏員之ヲ執行スルコトヲ得但シ其ノ費用ハ市/町村ノ負擔トス

3 前二項ノ處分ニ不服アル市/町村又ハ市/町村長其ノ他ノ吏員ハ行政裁判所ニ出訴スルコトヲ得

【解釋】 本條は強制豫算と代執行に付ての規定である。

第一項 市町村は種々の費用を負擔する義務があるのであるが中には故意に其の義務を果さない樣なものがある場合がある。それ故市町村が左の(一)(二)の費用を豫算に載せない場合は府縣知事は理由を示して其の費用を豫算に加へることを得る途が拓かれたのである。是れが所謂強制豫算である。府縣知事が此の處分を爲した場合は市町村會の議決がなくても其の費用は豫算の歳出に計上され市町村會の議決を經たものと同樣に執行し得ることになるのである。此の強制豫算は支出に對してだけ爲し得るのであつて收入に對しては爲し得ないのである。從つて強制豫算の支出に對する財源の收入に付ては市町村會の議決を經なければならないのである。若し此の場合市町村會が收入豫算に付て議決をしないか或は議決はしても其の議決が不適當であるときは市/町村制第九十/七十四條第九十一/七十五條の規定に依つて處置し得ることは勿論である。

(一) 法令に依り負擔する費用　是れは市/町村制第百十六/九十六條に述べたところを參照せられたい。

(二) 當該官廳の職權に依り命ずる費用　是れは法令の規定に基いて權限のある官廳（監督官

廳だけではない）が命ずる費用であつて例へば行政訴訟の判決に依つて市町村の負擔すべきものとされた訴訟費用、道路法第三十三條第三項の規定に依り命ぜられた國道の新設改築に要する費用などである。

代執行

第二項　市町村長其の他の市町村吏員は其の擔任ずる事務を忠實に執行する義務を負ふて居るものであるが中には故意に其の事務の執行を怠る樣な者がある場合がある。それ故此の場合は府縣知事又は府縣知事から委任を受けた官吏吏員は市町村長其の他の市町村吏員に代つて其の事務を執行し得る途が拓かれて居るのである。是れが所謂代執行である。此の代執行の爲めに要した費用は市町村の負擔となるのである。其の費用の中には代執行の爲めに派遣された官吏吏員の旅費なども含まるるのである。

强制豫算と代執行に對する行政訴訟

第三項　第一項の强制豫算の處分に不服ある市町村は市町村會の議決を經て行政裁判所に出訴し得るのである。又第二項の代執行の處分に不服ある市町村長其の他の市町村吏員は矢張り行政裁判所に出訴し得るのである。

第百六十四條（百四十四條）　市（町村）長、助役、收入役又ハ副收入役ニ故障アルトキハ監督官廳ハ臨時代理者ヲ選任シ又ハ官吏ヲ派遣シ其ノ職務ヲ管掌セシムルコトヲ得但シ官吏ヲ派遣シタル場合ニ於テハ其ノ旅費ハ市（町村）費ヲ以テ辨償セシムヘシ

2　臨時代理者ハ有給ノ市町村吏員トシ其ノ給料額旅費額等ハ監督官廳之ヲ定ム

【解釋】　本條は市町村長等故障ある場合の處置に付ての規定である。

臨時代理者と職務管掌官吏

第一項　市町村の事務執行に付ての中心となるべき重要なる地位に在るところの市町村長、助役、收入役、副收入役に故障があるときは事務の進捗は忽ち支障を來すのである。市町村の事務は市町村民の利害に關係することが多い。從つて是れを其の儘に棄て置く譯には行かないのである。それ故此の樣な場合には應急の措置として監督官廳たる府縣知事又は內務大臣は臨時代理者を選任し又は官吏を派遣して市町村長、助役、收入役、副收入役の職務を管掌させることができるのである。臨時代理者を選任し又は官吏を派遣することは市町村長、助役、收入役、副收入役が全部故障ある場合は勿論のこと其の中の何れかの吏員だけが故障ある場合にも爲し得るのである。故障の意味に付ては市町村制第九十六七十九條第二項に述べたところを參照せられたい。

派遣官吏の旅費

官吏を派遣して職務を管掌させた場合の官吏の旅費は市町村費から辨償するのである。臨時代理者を解任し又は派遣官吏の職務管掌を解くことに付て別段の規定はないが市町村長、助役、收入役、副收入役の故障が止んだときは曩に臨時代理者を選任し又は官吏を派遣した監督官廳が臨時代理者を解任し又は派遣官吏を召還すべきであることは勿論である。

臨時代理者の性質と給料旅費

第二項　第一項に依つて選任された臨時代理者は有給の市町村吏員である。從つて其の給料旅費等は市町村が負擔すべきであることは勿論であるが給料の額旅費の額等は臨時代理者を選任した監督官廳が定むるのである。

内務大臣の許可事項

第百六十五條（百四十五條）　市（町村）條例ヲ設ケ又ハ改正セムトスルトキハ内務大臣ノ許可ヲ受クヘシ

【解釋】　本條は市町村條例を設け又は改正する場合の許可に付ての規定である。

市町村條例は市町村の定むる法規の最も重要なるものである。それ故市町村條例を新に設け又は前の市町村條例を改正しやうとする場合は内務大臣の許可を受けなければならないのである。此處に所謂市町村條例と云ふのは市（町村）制第百四十五（百二十五）條の規定に依つて府縣知事の定むるものをも含むのである。市町村條例を改正するには矢張り市町村條例なる形式を以てしなければならないことは法律を改正することは法律を以てしなければならないのと同樣である。單に市町村會の議決を以てしては市町村條例を改正し得ないのである。

第百六十六條（百四十六條）　左ニ揭クル事件ハ内務大臣及大藏大臣ノ許可ヲ受クヘシ

一　市（町村）債ヲ起シ竝起債ノ方法、利息ノ定率及償還ノ方法ヲ定メ又ハ之ヲ變更スル事但シ第百三十二（百十二）條第三項ノ借入金ハ此ノ限ニ在ラス

内務大藏兩大臣の許可事項

二　特別稅ヲ新設シ增額シ又ハ變更スル事

三　間接國稅ノ附加稅ヲ賦課スル事

四　使用料ヲ新設シ增額シ又ハ變更スル事

【解釋】本條は內務大藏兩大臣の許可を受くべき事項に付ての規定である。

市町村が左の(一)から(四)迄の事項を爲すに付ては內務大臣と大藏大臣の許可を受けなければならないのである。

(一)　市町村債を起すこと、起債の方法利息の定率償還の方法を定めること又は變更すること但し市／町村制第百三十二／百十二條第三項の一時借入金を爲すことに付ては許可を受けないでよろしい　是れは市／町村制第百三十二／百十二條に述べたところを參照せられたい。

(二)　特別稅を新に設くること、增額すること、變更すること　增額と云ふのは課率を增すことである。變更と云ふのは條例に定めた事項中課率を增すことを除いた外の事項を變更することである。尙ほ市／町村制第百十七／九十七條に述べたところを參照せられたい。

(三)　間接國稅の附加稅を賦課すること　間接國稅に付ては市／町村制第百七十五／百五十五條に述べたところを參照せられたい。

(四)　使用料を新に設くること、增額すること、變更すること　增額と變更の意味は(二)の特

別税に付て述べたところと大體同じである。尙ほ市町村制第百十二/九十二條と第百十三/九十三條に述べたところを参照せられたい。

第百六十七/百四十七條 左ニ掲クル事件ハ府縣知事ノ許可ヲ受クヘシ

一 市町村條例ヲ廢止スル事

二 基本財産及特別基本財産竝林野ノ處分ニ關スル事

三 第百十/九十條ノ規定ニ依リ舊慣ヲ變更又ハ廢止スル事

四 寄附又ハ補助ヲ爲ス事

五 手數料及加入金ヲ新設シ增額シ又ハ變更スル事

六 均一ノ税率ニ依ラスシテ國税又ハ府縣税ノ附加税ヲ賦課スル事

七 第百二十二/百二條第一項第二項及第四項ノ規定ニ依リ數人又ハ市町村ノ一部ニ費用ヲ負擔セシムル事

八 第百二十四/百四條ノ規定ニ依リ不均一ノ賦課ヲ爲シ又ハ數人若ハ市町村ノ一部ニ對シ賦課ヲ爲ス事

九 第百二十五/百五條ノ準率ニ依ラスシテ夫役現品ヲ賦課スル事但シ急迫ノ場合ニ賦課スル夫役ニ付テハ此ノ限ニ在ラス

十 繼續費ヲ定メ又ハ變更スル事

府縣知事の許可事項

【解釋】 本條は府縣知事の許可を受くべき事項に付ての規定である。

市町村が左の(一)から(一〇)迄の事項を爲すに付ては府縣知事の許可を受けなければならないのである。

(一) 市町村條例を廢止すること　市町村條例を廢止するに付ては市町村條例なる形式を以てしなければならないことは市（町村）制第百六十五（百四十五）條の市町村條例改正の場合と同樣である。

(二) 基本財産と特別基本財産の處分に關すること。尙ほ町村では其の外に林野の處分に關すること　基本財産と特別基本財産に付ては市（町村）制第百九（八十九）條に述べたところを參照せられたい。林野と云ふのは基本財産又は特別基本財産に屬さない山林原野である。處分の意味に付ては市（町村）制第四十二（四十）條第六號に述べたところを參照せられたい。

(三) 市（町村）制第百十（九十）條の規定に依り舊慣を變更し又は廢止すること　是れは同條に述べたところを參照せられたい。

(四) 寄附又は補助を爲すこと　是れは市（町村）制第百十五（九十五）條に述べたところを參照せられたい。

(五) 手數料と加入金を新設すること、增額すること、變更すること　手數料に付ては市（町村）制第百十三（九十三）條第二項第百三十一（百十一）條第三項に述べたところを又加入金に付ては市（町村）制第百十二（九十二）條

に述べたところを夫々參照せられたい。

(六)　均一の税率に依らないで國税又は府縣税の附加税を賦課すること　是れは市／町村制第百十七／九十七條に述べたところを參照せられたい。

(七)　市／町村制第百二十二／百二條第一項第二項第四項の規定に依り數人又は市町村の一部に費用を負擔させること　是れは同條に述べたところを參照せられたい。

(八)　市／町村制第百二十四／百四條の規定に依り不均一の賦課を爲すこと又は數人若くは市町村の一部に對し賦課をすること　是れは同條に述べたところを參照せられたい。

(九)　市／町村制第百二十五／百五條の準率に依らないで夫役現品を賦課すること但し急迫の場合に賦課する夫役に付ては許可を要しない　是れは同條に述べたところを參照せられたい。

(一〇)　繼續費を定め又は變更すること　是れは市／町村制第百三十五／百十五條に述べたところを參照せられたい。

第百六十八／百四十八條　監督官廳ノ許可ヲ要スル事件ニ付テハ監督官廳ハ許可申請ノ趣旨ニ反セスト認ムル範圍內ニ於テ更正シテ許可ヲ與フルコトヲ得

【解釋】　本條は監督官廳が更正許可を爲すことに付ての規定である。

更正許可

市町村の行動に付て市制町村制の中に監督官廳の許可を受けなければならないものと定められて居るものは數多いのである。監督官廳が是れ等の事件に付て許可の申請を受けた場合は單に許可するか許可しないかの處分を爲すだけでなく申請の趣旨に反しないと認むる範圍內で更正して許可を與へ得るのである。如何なる程度の更正は許可申請の趣旨に反しない範圍のものと認むべきであるかは事實に基いて判定する外はないのであるが大體許可を申請した事件の目的を達する上に支障のない程度を標準とすべきであらう。

註　例へば小學校增築費に充つる爲め一萬圓の起債の許可申請に對して其の增築は八千圓あれば充分爲し得ると認めた場合に起債額を八千圓に更正して許可を爲す樣なことなどは許可申請の趣旨に反しないものである。

委任許可と不要許可

第百六十九條 百四十九條　監督官廳ノ許可ヲ要スル事件ニ付テハ勅令ノ定ムル所ニ依リ其ノ許可ノ職權ヲ下級監督官廳ニ委任シ又ハ輕易ナル事件ニ限リ許可ヲ受ケシメサルコトヲ得

【解釋】　本條は監督官廳の許可權を委任し又は許可を受けしめないことに付ての規定である。

市制町村制の中に監督官廳の許可を要する事項と定められて居るものに付ても事務を簡捷にする方法として勅令を以て上級監督官廳たる內務大臣又は大藏大臣の許可の職權を下級監督官廳

たる府縣知事に委任し或は輕易な事件に限つて監督官廳の許可を要しないことに規定し得るのである。此の勅令は市制町村制施行令であつて其の中に規定されて居る要領は左の通りである。尙ほ此の勅令に關聯し注意を要するものは市制町村制の中の許可の職權を他のものに委任するに付ては必ず本條に所謂勅令の規定に依るべきものであることである。從つて府縣知事が其の許可の職權を地方官官制第十一條に依つて支廳長に委任することはできないのである。

第五十九條　市町村行政に關して主務大臣の許可を要する事項の中左の(一)から(八)迄のものは府縣知事が許可するのである。

(一)　基本財産、特別基本財産、造林、傳染病豫防救治に關する一時給與金、有給吏員の年功加俸、退隱料、退職給與金、療治料、救助金、手當金、死亡給與金、弔祭料及遺族扶助料竝に市町村助役の定數增加、町村長及町村助役の有給、市町村副收入役の設置、委員の組織、學務委員に關する條例を設くること又は改正すること

(二)　著しく人口の增減ありたるに因つて議員の定數增減に關する町村條例を設くること又は改正すること

(三)　浴場、共同宿泊所、病院、消毒所、住宅、産婆、胞衣及産穢物燒却場、市場、屠場、墓地、火葬場、棧橋、林野、土地、通船、用水、溜池其の他是れに類するものの管理及使用竝に其の使用料に關する條例を設くること又は改正すること

（四）手數料又は加入金に關する條例を設くること又は改正すること

（五）特別稅段別割を新設すること、增額すること又は變更すること及是れに關する條例を設け又は改正すること但し大正九年勅令第二百八十二號又は大正十五年勅令第百四十三號に依り府縣知事に於て許可する課稅の限度を超えないものに限る

（六）府縣の基金又は教育資金から借入るゝ市町村債及市町村に轉貸の爲め主務大臣の許可を得て借入れた府縣債の收入金から借入るゝ當該市町村債に關すること

（七）小學校舍の建築、增築、改築等に關する費用、傳染病豫防費、急施を要する災害復舊工事費に充つる爲め借入るゝ市町村債に關すること但し小學校舍の爲めにする市町村債であつて償還期限十年度を超ゆるものを除く

（八）借入の翌年度に於て償還する市町村債に關すること但し借入金を以て償還するものを除く

第六十條　市町村行政に關し監督官廳の許可を要する事項の中左の（一）から（十二）迄のものは許可を受けないでよろしい。

（一）耕地整理の爲め市町村の境界を變更すること但し關係ある市町村會の意見を異にする場合は許可を得なければならない

（二）所屬未定地を市町村又は市制第六條の市の區の區域に編入すること但し關係ある市町村會又は區會の意見を異にする場合は許可を得なければならない

（三）公告式、印鑑、書類送達及建物證明、市町村の一部の區會又は區總會に關する條例を設け又は是れを改正すること、廢止すること

（四）公會堂、公園、水族館、動物園、鑛泉、幼兒哺育場、商品陳列所、勸業館、農業倉庫、殺蛹乾燥場、種畜、牛馬種付所、斃獸解剖場、獸醫、上屋、荷揚場、貯水場、土砂採取場、石材採取場、動力農具の管理及使用並に使用料に關する條例を設くること、改正すること、廢止すること

（五）延滯金積立金穀等に關する條例を設くること、改正すること、廢止すること、又は使用料、手數料、加入金、特別税及委員に關する條例を廢止すること

（六）府縣費の全部の分賦を受くる市に於て特別税特別地税又は大正十五年勅令第三百三十九號第十七條第一項に掲ぐる種類と同種類の特別税の賦課に關する條例を設け又は改正すること但し特別税特別地税に付ては大正十五年勅令第百四十三號に依り府縣知事に於て許可する課税の限度を超ゆるもの及新に漁業に對し特別税を賦課し又は其の賦課率若くは賦課方法を變更するものは許可を得なければならない

（六ノ二）　特別税戸數割を新設すること、増額すること、變更すること、及是れに關す

ること、改正すること

（七） 三年度を超えない繼續費を定むること又は其の年期内に於て是れを變更すること

（八） 繼續費を減額すること

（九） 市町村債の借入額を減少すること、利息の定率を低減すること

（一〇） 市町村債の借入先を變更すること、又は債券發行の方法に依る市町村債を其の他の方法に依る市町村債に變更すること

（一一） 市町村債の償還年限を短縮すること又は其の償還年限を延長しないで低利借替を爲すこと若くは繰上償還を爲すこと但し外資に依つた市町村債の借替又は外資を以て借替することに付ては許可を受けなければならない

（一二） 市町村債の償還年限を延長しないで不均等償還を元利均等償還に變更すること又は年度内の償還期若くは償還期數を變更すること

第百七十條／第百五十條 府縣知事ハ市長、市參與、／町村長、助役、收入役、副收入役、區長、區長代理者、委員其ノ他ノ市／町村吏員ニ對シ懲戒ヲ行フコトヲ得其ノ懲戒處分ハ譴責、二十五圓以下ノ過怠金及解職トス但シ市長、市參與、／町村長、助役、收入役及、副收入役及第六條又ハ第八十二條第三項ノ市ノ區長ニ對スル解職ハ懲戒審査會ノ議決ヲ經テ府縣知事之ヲ行フ市長ニ付テハ勅裁ヲ經ルコトヲ要ス

2 懲戒審査會ハ内務大臣ノ命シタル府縣高等官三人及府縣名譽職參事會員ニ於テ

互選シタル者三人ヲ以テ其ノ會員トシ府縣知事ヲ以テ會長トス知事故障アルトキハ其ノ代理者會長ノ職務ヲ行フ

3 府縣名譽職參事會員ノ互選スヘキ會員ノ選擧補闕及任期竝懲戒審査會ノ招集及會議ニ付テハ府縣制中名譽職參事會員及府縣參事會ニ關スル規定ヲ準用ス但シ補充員ハ之ヲ設クルノ限ニ在ラス

4 解職ノ處分ヲ受ケタル者其ノ處分ニ不服アルトキハ内務大臣ニ訴願スルコトヲ得但シ市長ニ付テハ此ノ限ニ在ラス

5 府縣知事ハ市町村長、市參與、助役、收入役及、副收入役及第六條又ハ第八十二條第三項ノ市ノ區長ノ解職ヲ行ハムトスル前其ノ停職ヲ命スルコトヲ得此ノ場合ニ於テハ其ノ停職期間報酬又ハ給料ヲ支給スルコトヲ得ス

6 懲戒ニ依リ解職セラレタル者ハ二年間市町村ノ公職ニ選擧セラレ又ハ任命セラルルコトヲ得ス

【解釋】 本條は市町村吏員の懲戒に付ての規定である。

第一項 市町村吏員は公職を奉ずる義務を有する者である。市町村吏員が其の義務を忠實に行ふか否かは直ちに市町村民の利害に影響を及ぼすものであるから其の職務を怠る者に對しては或は將來を戒め或は其の職を解く等職務の圓滿に行はるる方法を講ずることは極めて必要なこと

である。是れが所謂懲戒處分である。府縣知事は市町村長、市參與、助役、收入役、副收入役、區長、區長代理者、委員、其の他の市町村吏員に對して懲戒を爲し得るのである。此の懲戒には三種類があつて一は譴責、一は二十五圓以下の過怠金、一は解職である。但し府縣知事が町村長、市參與、助役、收入役、副收入役、市制第六條又は第八十二條第三項の市の區長を解職することは懲戒審査會の議決を經た上で行はなければならない。又市長を解職することは懲戒審査會の議決を經た上尙ほ勅裁を經て行はなければならないのである。譴責、過怠金の意味に付ては市／町村制第八十九／七十三條に述べたところを參照せられたい。解職處分は市町村吏員が其の義務に違反する程度が重く將來其の地位に置くことが適當でないと認めた場合に一刀兩斷的に馘首の處分を爲し其の吏員たる地位を失はしめるものであつて懲戒處分の最も重いものである。市町村會の解散と相當るものである。

懲戒審査會の組織

第二項　市町村吏員の懲戒審査會は內務大臣の命じた府縣高等官三人と府縣名譽職參事會員の間で互選した者三人を以て會員とし府縣知事が其の會長となるのである。若し府縣知事が故障がある場合は其の代理者が會長の職務を行ふのである。故障の意味は市／町村制第九十六／七十九條第二項に述べたところを參照せられたい。府縣知事の代理者と云ふのは地方官官制第十條の規定に依つ

て定まるのである。

懲戒審査會員の選擧と懲戒審査會の會議

第三項　府縣名譽職參事會員の互選すべき懲戒審査會員の選擧と補闕と任期に付ては府縣制中の府縣名譽職參事會員に關する規定が準用さるるのである。尤も補充員は設けないのである。又懲戒審査會の招集と會議に付ては府縣制中の府縣參事會に關する規定が準用さるるのである。

解職處分に對する訴願

第四項　解職の懲戒處分を受けた者が其の處分に不服あるときは內務大臣に訴願し得るのである。尤も市長の解職の懲戒處分に付ては勅裁を經て行ふものであるから是れに對しては訴願を許されないものと解すべきは勿論である。

停職處分

第五項　府縣知事は市町村長、市參與、助役、收入役、副收入役、市制第六條又は第八十二條第三項の市の區長の解職を行ふ前に是等の者に對して停職を命じ得るのである。此の停職處分をした場合には其の停職期間內は報酬又は給料を支給し得ないのである。停職と云ふのは一時職務を執行することを禁止することである。停職の處分を解くことに付ては別に規定はないが停職を命じた府縣知事が爲し得べきであることは勿論である。

解職處分を受けた者の就職禁止

第六項　懲戒處分に依つて解職された者は其の解職處分の確定した日の翌日から暦に依つて計算して二年間は解職前在職して居つた市町村は勿論其の他何れの市町村の公職にも選擧さるるこ

とを得ない、又任命さるることもできないのである。

第百七十一條 市町村吏員ノ服務紀律、賠償責任、身元保證及事務引繼ニ關スル規定ハ命令ヲ以テ之ヲ定ム

2 前項ノ命令ニハ事務引繼ヲ拒ミタル者ニ對シ二十五圓以下ノ過料ヲ科スル規定ヲ設クルコトヲ得

【解釋】 本條は市町村吏員の服務紀律、賠償責任、身元保證、事務引繼に付ての規定である。

第一項 市町村吏員の服務紀律、賠償責任、身元保證、事務引繼に關する規定は命令を以て定むるものである。此の命令は服務規律に付ては明治四十四年內務省令第十六號市町村吏員服務紀律であり、賠償責任と身元保證に付ては市制町村制施行令であり、事務引繼に付ては市制町村制施行規則である。其の要領は左の通りである。

服務紀律

市町村吏員服務紀律

第一條 市町村吏員は忠實勤勉を旨とし法律命令に從つて其の職務を盡さなければならない。

第二條 市町村吏員は職務內であると職務外であるとに拘らず廉恥を破り其の他品位を傷ふ樣な行を爲してはならない。

2 市町村吏員は職務內であると職務外であるとに拘らず職權を濫用することなく

懇切で公平なることに務めなければならない。

第三條　市町村吏員は總て公務に關する機密を私かに洩し又は未だ公表しない事件を私かに洩し或は文書を私かに示すことができない。其の職を退いた後も同樣である。

2 裁判所の召喚に依り證人又は鑑定人と爲り職務上の秘密に就いて訊問を受くるときは指揮監督する者の許可を得たことに限つて供述することを得る。事實參考の爲めに訊問を受けた者も同樣である。

3 第二項の場合に於て市町村吏員の掌る國府縣其の他公共團體の事務に付ては國府縣其の他公共團體の代表者の許可又は承認を受けなければならない。

第三條ノ二　有給市參與、市町村助役、市町村收入役、市町村副收入役、市制第六條の市の區長、市制第八十二條第三項の市の區長は市町村長の許可を受けた場合の外は他の報償のある業務に從事することを得ない。

第四條　市町村吏員は其の職務に關して直接であると間接であるとに拘らず自分の爲めに又は其の他の者の爲めに贈與其の他の利益を提供させることを約束することを得ない。

2 市町村吏員は指揮監督をする者の許可を受けたときの外は其の職務に關して直接であると間接であるとに拘らず自分の爲めに又は其の他の者の爲めに贈與其

賠償責任と身元保證

の他の利益を受けることを得ない。

第五條　左の(一)から(五)迄の者と直接關係のある職務に在る市町村吏員は其の者の又は其の者の爲めにする者の饗燕を受くることを得ない。

(一) 市町村に對して工事の請負又は物件勞力供給の契約を爲す者

(二) 市町村に屬する金錢の出納保管を擔任する者

(三) 市町村から補助金又は利益の保證を受くる起業者

(四) 市町村と土地物件の賣買贈與貸借又は交換の契約を爲す者

(五) 其の他市町村から現に利益を得る者又は利益を得やうとする者

市制町村制施行令

第五章　市町村吏員の賠償責任及身元保證

第三十三條　市町村吏員が其の管掌する現金、證券其の他の財産を亡失し又は毀損したときは市町村は市町村會の議決を經て期間を指定し其の損害を賠償させなければならない。但し避け得られない事故に原因したとき又は他の者の使用に供した場合に於て合規の監督を怠らなかつたときは市町村は市町村會の議決を經て其の賠償の責任を免除しなければならない。

第三十四條　收入役、副收入役、收入役代理者、收入役の事務を兼掌する町村長助役が市制第百三十九條 町村制第百十九條第二項の規定に違反して支出をしたときは市町村は市町村會の

議決を經て期間を指定し是れに因つて生じた損害を賠償させなければならない。區收入役、區副收入役、區收入役代理者に付ても亦同樣である。

第三十五條　市町村吏員が其の執務上必要な物品の交付を受け故意又は怠慢に因つて是れを亡失し又は毀損したときは市町村は市町村會の議決を經て期間を指定して其の損害を賠償させなければならない。

第三十六條　第三十三條第三十四條第三十五條の處分を受けた者が其の處分に不服あるときは府縣參事會に訴願し其の裁決に不服あるときは行政裁判所に出訴することを得る。

2 第一項の裁決に付ては府縣知事又は市町村市町村會の議決を經てからも訴訟を提起し得るのである。

3 府縣參事會が訴願を受理したときは其の日の翌日から曆に從つて計算して三月以內に是れを裁決しなければならない。

4 市制第百六十町村制第百四十條第一項から第三項迄の規定は第一項と第二項の訴願と訴訟に付て準用するのである。

第三十七條　賠償金の徵收に關しては市制第百三十一町村制第百十一條の例に依るのである。

第三十八條　市町村吏員に對し身元保證を徵する必要があると認むるときは市町村は市町村會の議決を經て其の種類、價格、程度其の他の必要な事項を定めなけれ

ばならない。

第三十九條　本章中市町村に關する規定は市制第六條の市の區と市制第百四十四條町村制第百二十四條の市町村の一部に付て準用するのである。

市制町村制施行規則

第二章　市町村吏員の事務引繼

第二十三條　市町村長が更迭の場合には前任者は退職の日の翌日から計算して十日以内に其の擔任する事務を後任者に引繼がなければならない。若し後任者に引繼ぐことを得ない事情があるときは助役に引繼がなければならない。此の場合には助役が後任者に引繼ぐことを得るに至つたならば直ちに後任者に引繼がなければならない。

2 第一項の引繼の場合には書類帳簿財産の目錄を調製し處分未濟若くは未着手又は將來企劃すべき見込の事項に付ては其の順序方法と意見を記載しなければならない。

第二十四條　助役が退職する場合に其の分掌事務があるときは是れを市町村長に引繼がなければならない。

2 第二十三條の規定は第一項の事務の引繼に準用さるゝのである。

第二十五條　收入役の更迭の場合には前任者は退職の日の翌日から計算して十日

以内に其の擔任する事務を後任者に引繼がなければならない。若し後任者に引繼ぐことを得ない事情があるときは副收入役又は收入役代理者に引繼がなければならない。此の場合には副收入役又は收入役代理者は後任者に引繼ぐことを得るに至つたときは直ちに後任者に引繼がなければならない。

2 第一項の引繼の場合には現金書類帳簿其の他の物件に付ては各目錄を調製し仍現金に付ては各帳簿に對照した明細書を添付し帳簿に付ては事務引繼の日の最終の記帳の次に合計高と年月日を記入し且引繼をする者と引繼を受くる者と連署しなければならない。

第二十六條　副收入役が退職の場合に其の分掌事務があるときは是れを收入役に引繼がなければならない。

2 第二十五條の規定は第一項の事務引繼に準用さるゝのである。

第二十七條　第二十三條第二項、第二十四條第二項、第二十五條第二項、第二十六條第二項の規定に依つて調製すべき書類帳簿財產の目錄は現に設備してある目錄又は臺帳に依つて引繼を爲すときの現在を確認し得る場合には別に調製しないで現に在る目錄又は臺帳を以て充用することを得る。此の場合には其の旨を引繼書に記載しなければならない。

第二十八條　第二十三條又は第二十五條から第二十七條迄の規定は市制第六條又

は第八十二條第三項の市の區長と區收入役の更迭、分掌事務のある區副收入役の退職の場合に準用さるゝのである。又第二十四條と第二十七條の規定は分掌事務のある町村の區長の退職の場合に準用さるゝのである。

第二十九條　市町村の廢置分合に依り新に市町村を置いた場合には前の市町村の吏員の擔任する事務は市町村長、收入役、市町村長の臨時代理者若くは職務管掌の官吏に引繼がなければならない。市町村の境界變更があつたときも同樣である。

2 第二十三條から第二十七條迄の規定は第一項の事務引繼に準用さるゝのである。

第三十條　第二十三條から第二十九條迄の場合に所定の期間内に引繼を終ることを得ないときは其の事由を具へて府縣知事の許可を受けなければならない。

第三十一條　第二十三條から第二十九條迄の場合に引繼を拒んだ者に對しては府縣知事は二十五圓以下の過料を科することを得る。故なく引繼を延した爲めに市町村長が期日を指定して催告しそれでも仍應じない者に對しても亦同樣過料を科し得るのである。

第三十二條　第二十三條から第三十一條迄に規定するものゝ外市町村吏員の事務引繼に關して必要な事項は府縣知事が定むるのである。

事務引繼を拒む者に對する過料

第二項　第一項の命令には事務引繼を拒んだ者に對して二十五圓以下の過料を科する規定を設くることを得るのである。此の命令は市制町村制施行規則であつて其の第三十一條に科料の規定

が設けられて居るのである。

第十九章　雜則

本章は他の章に掲げた種々の事項に關聯して稀に生ずることのある事項と市制町村制を運用して行く上に必要なる種々の事項に付て規定したものであつて其の名の如く雜則である。

第百五十二條　（町村制）削除

是れは今回の改正で削除されたものである。

府縣知事

府縣參事

會の職權

の二府縣

以上に涉

る場合

第百七十二條
第百五十三條　府縣知事又ハ府縣參事會ノ職權ニ屬スル事件ニシテ數府縣ニ涉ルモノアルトキハ内務大臣ハ關係府縣知事ノ具狀ニ依リ其ノ事件ヲ管理スヘキ府縣知事又ハ府縣參事會ヲ指定スヘシ

【解釋】　本條は數府縣に涉る事件を管理する府縣知事と府縣參事會を指定することに付ての規定である。

府縣知事又は府縣參事會が其の職務權限に屬する事件を處理する場合に其の事件が二以上の府縣に涉つて居ることがある。

註　例へば甲乙兩府縣に涉る市の廢置分合の場合の財產處分、甲乙丙の三府縣に涉る市町村組合町村組合の監督などである。

此の場合各府縣知事各府縣參事會の中の何れかを其の事件の管理者と定めなければ處分が區々となる弊を生ずる虞がなしとしない。それ故內務大臣は關係ある府縣知事の具狀に依つて其の事件を管理する府縣知事又は府縣參事會を指定しなければならないのである。內務大臣から管理者と指定された府縣知事又は府縣參事會は其の事件に付ては他府縣の區域の市町村等に對しても自分の管轄內の市町村等に對すると同樣に其の職權を行ひ得るのである。

市制第六條の市の區に關する事項

第百七十三條　(市制)本法ニ規定スルモノノ外第六條ノ市ノ有給吏員ノ組織任用分限及其ノ區ニ關シ必要ナル事項ハ勅令ヲ以テ之ヲ定ム

【解釋】　本條は市制第六條の市に關し必要なる事項の規定を勅令に委任することに付ての規定である。

市制第六條の市卽ち東京市京都市大阪市の區に關しては市制の中に種々規定されて居るのであるが尙ほそれ以外に其の市の有給吏員の組織、任用、分限、其の他區に關して必要の事項は勅令を以て定むるのである。此處に所謂有給吏員の組織、任用、分限に關しては未だ勅令の規定はないが區に關して必要の事項は市制町村制施行令中に規定されて居る。其の要領は左の通りである。

第六十一條　府縣知事は市會の意見を徵し府縣參事會の議決を經て市條例を設定

して新に區會を設け得るのである。

第六十二條　區內に住所を有する市公民は總て區會議員の選擧權を有するのである。但し公民權停止中の者又は市制第十一條の規定に該當する者は選擧權がない。

第六十三條　區會議員の選擧權を有する市公民は區會議員の被選擧權を有するのである。

2 在職の檢事、警察官吏及收稅官吏は被選擧權がない。

3 選擧事務に關係ある官吏と市の有給吏員は其の關係ある區域內で被選擧權がない。

4 市の有給の吏員敎員其の他の職員で在職中の者は其の屬するところの區の區會議員と兼れることを得ない。

第六十四條　區會議員は市の名譽職である。

2 議員の任期は四年であつて總選擧の日から計算するのである。

3 議員の定數に異動を生じた爲め解任を要する者があるときは區長が抽籤して解任される者を定める。但し闕員があるときは其の闕員を以て解任される者とする。

4 第三項但書の場合に闕員の數が解任しなければならない者の數に滿ちないとき

は其の不足の員數に付て區長が抽籤して解任すべき者を定める。闕員の數が解任を要する者の數を超ゆるときは解任を要する者に充つべき闕員は最も先に闕員と爲つた者から順次是れに充て闕員と爲つた時が同じであるときは區長が抽籤して是れを定めるのである。

5 議員の定數に異動を生じた爲めに選擧された議員は總選擧に依つて選擧された議員の任期の滿了する日迄在任するのである。

第六十五條　區會の組織と區會議員の選擧に關しては前數條に定めたものゝ外市制第十三條、第十七條、第二十條から第三十九條迄竝に市制町村制施行令第七條から第二十條迄の規定を準用するのである。但し市制第十三條第四項の規定の準用に依る市條例を設定するに付ては市は區會の意見を求めなければならない。又市制第三十二條及第三十四條の規定の準用に依る報告は市長を經て爲さなければならない。

第六十六條　市制町村制施行令第三章市制第三十九條の二の市の市會議員の選擧に關する特例と第四章市制第三十九條の二の市の市會議員の選擧運動及其の費用並に公立學校等の設備の使用の規定は市制第三十九條の二の區の區會議員選擧に準用するのである。

第六十七條　區會の職務權限に關しては市會の職務權限に關する規定を準用する

のである。

2 區長と區會との關係に付ては市長と市會との關係に關する規定と市制第九十二條の規定を準用するのである。

第六十八條　區會を設けない區では區會の職務は市會が行ふのである。

第六十九條　市は區會の意見を徵して區の營造物に關して市條例又は市規則を設け得るのである。

2 市制第百二十九條の規定は第一項の場合に準用するのである。

3 區は前二項の市條例の定むる所に依つて區の營造物の使用に付て使用料を徵收し又は過料を科することを得るのである。

第七十條　區は其の財産と營造物に關して必要なる費用を支辨する義務を負ふものである。

2 第一項の支出は區の財産から生ずる收入、使用料其の他法律命令に依つて區に屬する收入を以て是れに充て仍不足あるときは市は其の區で特に賦課徵收する市税を以て支出に充てなければならないのである。

3 第二項の市税に付て市會の議決すべき事項は區會が是れを議決するのである。

但し市の定めた制限を超ゆることを得ない。

4 市制第九十八條第四項の規定に依つて市の負擔する費用に付ては第二項第三項

の規定を準用するのである。

第七十一條　前數條に定むるもの丶外區に關しては市制第百十四條、第百十五條、第百三十條第二項から第六項迄、第百三十一條第一項、第二項、第四項から第八項迄、第百三十三條から第百四十三條迄と市制町村制施行令第一條から第四條迄の規定を準用するのである。但し第百三十條第三項中市參事會とあるのは區會と、第百四十一條第二項中名譽職參事會員とあるのは區會議員とする。

2　第一項の規定に依つて市制第百三十一條第一項の規定を準用する場合には市は區會の意見を徴し市條例を定め區に手數料を徴收させることを得るのである。

第七十二條　區の監督に付ては市の監督に關する規定を準用するのである。

尙ほ市制町村制施行規則中に規定されて居る事項がある。それは左の通りである。

第六十七條　市制町村制施行規則第二條から第十六條迄と第十九條から第二十一條迄の規定は市制第六條の市の區の區會議員選擧に準用さるる、又市制町村制施行規則第十七條、第十八條、第二十二條の規定は市制第三十九條ノ二の區の區會議員選擧に準用さるゝのである。

第六十八條　市制町村制施行規則第三十三條から第六十五條迄の規定は市制第六條の市の區に準用さるゝのである。

第百七十四 百五十四條　第十三 十一條ノ人口ハ内務大臣ノ定ムル所ニ依ル

市町村會議員定數算出の標準人口

【解釋】 本條は市町村會議員の定數を算定する標準となる人口に付ての規定である。
市町村會議員の定數は人口の多寡に應じて定まるものであることは市制第十三町村制第十一條の規定するところである。其の所謂人口は如何なる人口であるかを定むることは內務大臣に委任されたのである。此の委任に依つて定められた規定は市制町村制施行規則第一條である。其の要領は左の通りである。

第一條　市制町村制に規定するところの市區町村の人口は內閣に於て官報を以て公示した最近の人口に依るのである。此の公示は昭和何年國勢調査の結果に據る昭和何年何月何日現在の道府縣郡島嶼市町村別人口として內閣告示の形式で官報に載るのが通例である。

2 第一項に依り公示された人口の現在の日以後に市區町村の廢置分合或は境界變更があり又は所屬未定地を市區町村の區域に編入した場合は人口に異動のあるのが通例であるから其の關係ある市區町村の人口は左の(一)から(四)迄の區別に依つて府縣知事の告示した人口に依るのである。但し市區町村の境界變更の地域又は所屬未定地を編入した地域に現住して居る者がないときは矢張り內閣の公示した人口に據るのである。

(一) 例へば甲市區町村の全部の區域を以て新に乙市區町村を置いた場合は元の

甲市區町村の內閣公示の人口、甲乙兩市區町村の全部の區域を以て新に丙市區町村を置いた場合は元の甲乙兩市區町村の內閣公示の人口を集計したもの、甲市區町村の全部の區域或は甲乙兩市區町村の全部の區域を其儘て丙市區町村の區域に編入した場合は元の甲市區町村又は元の甲乙兩市區町村の內閣公示の人口と丙市區町村の內閣公示の人口を集計したもの

(二) 前の(一)の場合を除いた他の場合例へば甲市區町村を廢し其の區域を分割して乙丙兩市區町村を置いた場合其の乙丙兩市區町村の人口は甲市區町村の內閣公示の人口を廢置分合の行はれた日の現在に依り府縣知事の調査した乙丙兩市區町村の地域の人口に按分して算出した人口、甲乙兩市區町村の一部の區域を集めて丙市區町村を置いた場合其の丙市區町村の人口は甲乙兩市區町村の內閣公示の人口を廢置分合の行はれた日の現在に依り府縣知事の調査した元の甲乙兩市區町村の內殘る部分と丙市區町村に編入の部分の地域の人口に按分して算出した元の甲乙兩市區町村の內丙市區町村に編入の部分の地域の人口を集計したもの、甲市區町村の一部を乙市區町村の區域に編入した場合其の乙市區町村の人口は甲市區町村の內閣公示の人口を境界變更の行はれた日の現在に依り府縣知事の調査した元の甲市區町村の內殘る部分と乙市區町村に編入の部分の地域の人口に按分して算出した元の甲市區町村の內乙市區町

村に屬する部分の人口を甲市區町村の內閣公示の人口に加算したもの、又此の場合甲市區町村の人口は元の甲市區町村の內閣公示の人口から乙市區町村の區域に編入の部分の地域の人口を控除したもの

(三) 甲所屬未定地を乙市區町村に編入したときは編入の日の現在に依り府縣知事の調査した甲の地域の人口を乙市區町村の內閣公示の人口に加算したもの

(四) 前の(一)から(三)迄の規定に依つて府縣知事が人口を告示した日の後になつて市區町村の廢置分合、境界變更或は所屬未定地編入をした日の以前の日の現在の調査に依る最近の人口が內閣から官報で公示されたときは更に其の公示の人口を基礎として(一)から(三)迄の規定に依つて算出したもの

3 市區町村の境界が例へば境界の爭論の結果に依り或は爭論はないが境界判明しない場合の處分の結果などに依り確定したときは第二項の規定を準用するのである。

4 第一項から第三項迄の人口の中には部隊艦船監獄內に在つた人員は含まないのである。此の人員は內閣の告示の中に他の人員と區別のできる樣に載せられてある。

第百七十五條
第百五十五條
本法ニ於ケル直接稅及間接稅ノ種類ハ內務大臣及大藏大臣之ヲ定ム

【解釋】 本條は直接稅と間接稅の種類に付ての規定である。

直接税と間接税の種類

市制町村制の中に直接税又は間接税なる言葉を用ひて居るところがある。

註　例へば市制第百十七条町村制第九十七条第二項の直接国税直接府県税、市制第百二十五条町村制第百五条の直接市町村税と直接国税(町村制)、市制第百六十六条町村制第百四十六条第三号の間接国税である。

此の直接税又は間接税なる言葉は決して定まつた用法がある譯ではないのであるから是れを使用する以上は如何なる税が直接税か如何なる税が間接税かを定めて置く必要がある。即ち此の種類は内務大臣と大蔵大臣が定むるのである。内務大臣と大蔵大臣の定めたものは大正十五年内務省告示第六十八號であつて其の要領は左の通りである。

第一國税

次の諸税は直接税であつて其の他は間接税である。地租、所得税(所得税法第三条第二種の所得中無記名債券の所得に係る所得税を除く)、営業税(大正十五年分迄)、営業収益税(大正十六年分から)、資本利子税(資本利子税法第二条甲種の資本利子中無記名債券の資本利子に係る資本利子税を除く)、鑛業税、砂鑛區税、取引所営業税

第二府縣税

次の諸税は直接税であつて其の他は間接税である。特別地税、戸数割(大正十五年度分迄)、家屋税、営業税、雑種税(遊興税と観覧税を除く)

第三市町村税

次の諸税は間接税であつて其の他は直接税である。遊興税、獻與税、宴席消費税、特別消費税、觀覽税、入湯税、遊興税附加税、觀覽税附加税

廢置分合境界變更の場合の市町村の事務

第百七十六條 百五十六條　市町村又ハ市町村組合ノ廢置分合又ハ境界變更アリタル場合ニ於テ市町村ノ事務ニ付必要ナル事項ハ本法ニ規定スルモノノ外勅令ヲ以テ之ヲ定ム

【解釋】　本條は市町村、市町村組合、町村組合の廢置分合又は境界變更の場合の市町村の事務に付ての規定である。

市町村、市町村組合、町村組合の廢置分合、境界變更のあつた場合の市町村の事務に付ては市制町村制の中にも種々規定されて居るが尚ほ其の他の必要の事項は勅令を以て定めらるるのである。此處に所謂勅令は市制町村制施行令であつて其の中に規定されて居る要領は左の通りである。

第一條　市町村の設置された場合には市町村長の臨時代理者又は職務管掌の官吏は歳入歳出豫算が市町村會の議決を經て成立するに至る迄の間必要なる收入支出に付て豫算を設け府縣知事の許可を受けなければならないのである。

第二條　市町村の設置された場合には府縣知事は必要の事項に付て市町村條例の設定施行さるゝに至る迄の間從來其の地域に施行されて居た市町村條例を新設の市町村の條例として其の地域に引續いて施行することを得るのである。

第三條　市町村の廢置分合あつた場合には其の地域の新に屬した市町村が其の事務を承繼するのである。其の地域に依り難いときには府縣知事は事務の分界を定め又は其の事務を承繼すべき市町村を指定するのである。

2 第一項の場合に於て消滅した市町村の收入支出は消滅の日を以て打切りとし其の市町村長(又は市町村長の職務を行ふ者)であつた者が決算するのである。

3 第二項の決算は事務を承繼した各市町村の市町村長が是れを市町村會の認定に付さなければならない。

4 市制第百四十二條第三項又は町村制第百二十二條第四項の規定は第三項の場合に是れを準用するのである。

第四條　市町村の境界變更あつた爲め事務の分割を要するときは其の事務の承繼に付ては府縣知事が是れを定めるのである。

第七十三條　市町村組合又は町村組合に關しては第一條から第四條迄の規定に拘らないで組合規約を以て別段の定を爲し得るのである。

第百七十七條（市制）本法中府縣、府縣制、府縣知事、府縣參事會、府縣名譽職參事會員、府縣高等官、所屬府縣ノ官吏又ハ有給吏員、府縣稅又ハ直接府縣稅ニ關スル規定ハ北海道ニ付テハ各地方費、道會法、道廳長官、道參事會、道名譽職參事會員、道廳高等官、道廳ノ官吏若ハ地方費ノ有給吏員、北海道地方稅又ハ直接北海道地方稅ニ、町村又ハ

町村會ニ關スル規定ハ北海道ニ付テハ各町村又ハ町村會ニ該當スルモノニ關シ之ヲ適用ス

市制の規定を北海道に適用する場合

【解釋】本條は市制の規定を北海道の市に適用する場合に付ての規定である。

北海道の市に市制を適用するに付ては北海道は內地と種々の方面に於て相違する點があるから別段の規定を設けて處置する必要があるのである。卽ち北海道に付ては市制中府縣に關する規定は北海道地方費(北海道地方費と云ふ名稱の法人である)に、府縣制に關する規定は北海道會法に、府縣知事に關する規定は北海道廳長官に、府縣參事會に關する規定は北海道參事會に、府縣名譽職參事會員に關する規定は北海道名譽職參事會員に、府縣高等官に關する規定は北海道廳高等官に、府縣稅又は直接府縣稅に關する規定は北海道地方稅又は直接北海道地方稅に、町村に關する規定は北海道一級町村又は二級町村に、町村會に關する規定は北海道一級町村の町村會又は二級町村の町村會に關して適用さるるのである。尙ほ此の外に法文に依れば所屬府縣の官吏若は有給吏員に關する規定は北海道廳の官吏若は北海道地方費の有給吏員に關して適用さるる規定があるが是れは舊市制第十八條第二項の規定がある場合には必要の規定であるが是れが改正された今日では無意味のものである。尙ほ市制町村制施行令を北海道の市に適用するに付て同令中に左の通りの規定がある。

第七十四條　市制町村制施行令中府縣、府縣知事、府縣參事會に關する規定は北海道に付ては各北海道、北海道廳長官、北海道參事會に、市制町村制施行令第一章中町村長、町村條例に關する規定は北海道に付ては各町村長又は町村條例に準ずべきものに是れを適用するのである。

第百七十七/百五十六條ノ二　本法中官吏ニ關スル規定ハ待遇官吏ニ之ヲ適用ス

【解釋】　本條は市制町村制中の官吏の意味に付ての規定である。

市制町村制の中には官吏なる言葉を用ひて居るところがある。

註　例へば市/町村制第十八/十五條第三項、第二十四/二十一條第一項、第三十二/二十九條第四項第五項、第百二十六/百六條第二項、第百六十三/百四十三條第二項、第百六十四/百四十四條第一項などである。

此の官吏なる言葉の意味は待遇官吏をも含むものか否かは相當疑のあるところである。それ故此處に官吏の中には待遇官吏をも含むものである旨を明かにしたのである。待遇官吏と云ふのは俸給を得て公務を奉ずる者であつて判任官待遇、奏任官待遇、勅任官待遇、親任官待遇を受くる者を指すのである。

第百五十七條（町村制）本法ハ北海道其ノ他勅令ヲ以テ指定スル島嶼ニ之ヲ施行セス

2 前項ノ地域ニ付テハ勅令ヲ以テ別ニ本法ニ代ハルヘキ制ヲ定ムルコトヲ得

【解釋】　本條は町村制を施行しない地域に付ての規定である。

町村制未施行地

第一項　町村制は内地である限りは雲霧の深く鎖す山村にも激浪の岩を嚙む孤島の漁村にも普く行はるべきものであるが左に掲ぐる地に付ては特別の事情あるものとして町村制の施行を見合せられたのである。尙ほ樺太（明治四十年法律第二十五號樺太ニ施行スヘキ法令ニ關スル件參照）、朝鮮（明治四十四年法律第三十號朝鮮ニ施行スヘキ法令ニ關スル件參照）、臺灣（大正十年法律第三號臺灣ニ施行スヘキ法令ニ關スル件參照）の地域は内地と別の法規の行はるることが通例であるから町村制の施行されないことは勿論である。

（一）　北海道

（二）　勅令を以て指定する島嶼　是れは大正十年勅令第百九十號に依つて東京府管下の小笠原島と伊豆七島が指定されて居る。

町村制未施行地の特別制度

第二項　第一項の町村制を施行しない（一）（二）の地域に付ては勅令を以て別に町村制に代る制度を定め得るのである。此の特別の制度は左の通りである。

（一）　北海道一級町村制（明治三十年勅令第百五十九號）

（二）　北海道二級町村制（明治三十五年勅令第三十七號）

（三）　島嶼町村制（明治四十年勅令第四十六號）

附　則（明治四十四年四月七日法律第六十八號及第六十九號）

明治四十四年市制町村制全部改正のときの施行期日

第百七十八條 百五十八條 本法施行ノ期日ハ勅令ヲ以テ之ヲ定ム

【解釋】本條は明治四十四年市制と町村制の全部を改正したときの施行期日に付ての規定である。

明治四十四年全部改正されたところの市制と町村制は何時から施行されるか、其の期日を定むることは勅令に委任されたのである。施行の期日と云ふのは市制と町村制が法律としての働きを爲し得る期日のことである。法律でも命令でも假令公布はあつたとしても施行の期日が來なければ働きを爲さないものである。本條の規定に基く明治四十四年勅令第二百三十八號に依れば市制と町村制は明治四十四年十月一日から施行されることに定められて居るのである。

第百七十九條 百五十九條 本法施行ノ際現ニ市會議員又ハ區會議員（町村會議員又ハ全部事務ノ爲ニ設クル町村組合會議員）ノ職ニ在ル者ハ從前ノ規定ニ依ル最近ノ定期改選期ニ於テ總テ其ノ職ヲ失フ

2 （市制）本法施行ノ際現ニ市長助役又ハ收入役ノ職ニ在ル者ハ從前ノ規定ニ依ル任期滿了ノ日ニ於テ其ノ職ヲ失フ

【解釋】本條は今日では最早や必要のない規定であるから別に説明はしないことにする。

第百八十條 百六十條 舊刑法ノ重罪ノ刑ニ處セラレタル者ハ本法ノ適用ニ付テハ六年ノ懲役又ハ禁錮以上ノ刑ニ處セラレタル者ト看做ス但シ復權ヲ得タル者ハ此ノ限ニ

在ラス

2　舊刑法ノ禁錮以上ノ刑ハ本法ノ適用ニ付テハ禁錮以上ノ刑ト看做ス

【解釋】本條は舊刑法の規定する刑に處せられた者に付ての規定である。

舊刑法の重罪の刑に處せられたる者

第一項　舊刑法（是れは明治十三年布告第三十六號の規定を指すのである）の重罪の刑即ち死刑、無期徒刑、有期徒刑、無期流刑、有期流刑、重懲役、輕懲役、重禁獄、輕禁獄に處せられた者は市制第九條町村制第七條第一項第五號の公民權の資格要件の關係では現行の刑法（是れは明治四十年法律第四十五號の規定を指すのである）の死刑、六年以上の懲役、六年以上の禁錮の刑に處せられた者と看做さるるのである。即ち同樣に取扱はるるのである。但し舊刑法の重罪の刑に處せられた者であつても復權を得た者は現行の刑法の死刑、六年以上の懲役、六年以上の禁錮の刑に處せられた者とは看做されないのである。

舊刑法の禁錮以上の刑に處せられたる者

第二項　舊刑法の重罪の刑即ち死刑、無期徒刑、有期徒刑、無期流刑、有期流刑、重懲役、輕懲役、重禁獄、輕禁獄と輕罪の刑の中の重禁錮、輕禁錮の刑は市制町村制の適用に付ては現行の刑法の死刑、懲役、禁錮の刑と看做さるるのである。此の規定は今日では殆んど必要のない規定である。

第百八十一條　本法施行ノ際必要ナル規定ハ命令ヲ以テ之ヲ定ム
百六十一

【解釋】本條は今日では殆んど必要のない規定であるから說明はしないことにする。

附　則（大正十年四月十一日法律第五十八號及第五十九號）

1　本法中公民權及選擧ニ關スル規定ハ次ノ總選擧ヨリ之ヲ施行シ其ノ他ノ規定ノ施行期日ハ勅令ヲ以テ之ヲ定ム

2（市制）沖繩縣ノ區ヲ廢シテ市ヲ置カムトスルトキハ第三條ノ例ニ依ル

【解釋】此の規定は今日では殆んど必要のないものであるから說明はしないことにする。

附　則（市制）（大正十一年四月二十日法律第五十六號）

1（市制）本法施行ノ期日ハ勅令ヲ以テ之ヲ定ム

2（市制）北海道ノ區ヲ廢シテ市ヲ置カムトスルトキハ第三條ノ例ニ依ル

【解釋】此の規定は今日では殆んど必要のないものであるから說明はしないことにする。

附　則（大正十五年六月二十四日法律第七十四號及第七十五號）

此の附則は今回改正せられた事項に付ての附則である。

1　本法中公民權及議員選擧ニ關スル規定ハ次ノ總選擧ヨリ之ヲ施行シ其ノ他ノ規定ノ施行ノ期日ハ勅令ヲ以テ之ヲ定ム

2（町村制）第三十八條ノ規定ニ依リ町村會ヲ設ケサル町村ニ付テハ本法ノ施行ノ期日ハ勅令ヲ以テ之ヲ定ム

3（町村制）次ノ總選擧ニ至ル迄ノ間從前ノ第十四條、第十七條、第十八條、第三十一條、第三十三條及第三十六條ノ規定ニ依リ難キ事項ニ付テハ勅令ヲ以テ特別ノ規定ヲ設クルコトヲ得

4.2 本法ニ依リ初テ議員ヲ選擧スル場合ニ於テ必要ナル選擧人名簿ニ關シ第二十一（十八）條乃至第二十一（十八）條ノ五ニ規定スル期日又ハ期間ニ依リ難キトキハ命令ヲ以テ別ニ其ノ期日又ハ期間ヲ定ム但シ其ノ選擧人名簿ハ次ノ選擧人名簿確定迄其ノ效力ヲ有ス

5.3 本法施行ノ際大正十四年法律第四十七號衆議院議員選擧法（又ハ大正十五年府縣制中改正法律）未タ施行セラレサル場合ニ於テハ本法ノ適用ニ付テハ同法ハ既ニ施行セラレタルモノト看做ス

6.4 本法施行ノ際必要ナル規定ハ命令ヲ以テ之ヲ定ム

【解釋】此の規定は大正十五年法律第七十四號市制中改正法律と大正十五年法律第七十五號町村制中改正法律を施行することに付ての規定である。

今回改正

第一項 改正の市制町村制中公民權と議員選擧に關する規定は次の總選擧から施行さるるのであ

市制町村制の施行期日

る。其の他の規定の施行の期日は勅令を以て定めらるるのである。此の勅令は市制中改正法律に付ては大正十五年勅令第二百七號、町村制中改正法律に付ては大正十五年勅令第二百八號であつてそれに依れば大正十五年七月一日から施行さるるのである。

註　公民權及議員選擧に關する規定と云ふのは例へば市／町村制第九／七條から第十一／九條迄、第十四／十一條から第二十五／二十二條ノ三迄、第二十七／二十四條から第三十九／三十四條ノ三／四迄、第……二十六條から第三十六條ノ二迄、第……百四十六條、附則の第二／四項第三／五項等である。尙ほ其の他にも第百六十／百四十條、第百六十／百四十條ノ二第百七十七／百五十六條ノ二等も公民權及議員選擧に關する範圍に於て次の總選擧から施行さるゝものである。

次の總選擧よりと云ふのは市制中改正法律と町村制中改正法律の公布の日である大正十五年六月二十四日に於て未だ總選擧の手續を開始しないもの即ち選擧人名簿の調製に着手しないものからと云ふ意味である。從つて六月二十五日以後の現在に依つて選擧人名簿を調製するものに對して改正法律が適用さるるのである。

町村總會を設くる町村の施行期日

第二項（町村制）　町村制第三十八條の規定に依り町村會を設けない町村に付ては町村制中改正法律を施行する期日は第一項に依らないで凡て勅令を以て定むるのである。此の勅令に依れば大正十五年七月一日から施行されることに定められて居る。

町村制暫行特例

第三項（町村制） 町村制中改正法律の中の選擧に關する規定は次の總選擧から行はるるものであることは第一項に述べた通りであるが次の總選擧に至る迄の間從前の卽ち改正前の町村制第十四條、第十七條、第十八條、第三十一條、第三十三條、第三十六條の規定に依り難い事項があるからそれに付ては勅令で特別の規定を設け得るのである。其の勅令は大正十五年勅令第二百九號町村制暫行特例であつて規定の要領は左の通りである。

第一條　町村制暫行特例は大正十五年町村制中改正法律附則第三項の規定に依る特例を定むるものである。

第二條　町村制第十四條、第十七條第一項、第十八條第十三項、第三十一條の規定に依る郡長の職務權限は府縣知事が行ふのである。

第三條　府縣知事は選擧又は當選の效力に關して異議があるときは選擧に關しては町村制第三十一條第一項の報告を受けた日から、當選に關しては同條第二項の報告を受けた日から二十日以內に府縣參事會の決定に付することを得る。

2 第一項の決定があつたときは同一事件に付て爲した異議の申立と町村會の決定は無效となるのである。

3 第一項の決定に不服のある者は行政裁判所に出訴することを得るのである。

4 第一項の決定に付ては府縣知事又は町村長からも訴訟を提起し得るのである。

第四條　本令卽ち町村制暫行特例に依る異議、訴願、訴訟に付ては町村制第三十六條と第百四十條の例に依るものである。

第五條　本令卽ち町村制暫行特例中郡長に關する規定は島司に之を適用するのである。

附則

1 本令卽ち町村制暫行特例は大正十五年七月一日から施行するのである。

2 町村制第十四條の規定に依つて郡長に爲した許可の申請は是れを府縣知事に爲した許可の申請と看做すのである。

3 町村制第三十三條第三項の規定に依つて郡長の爲した處分に不服のある者は府縣知事に異議の申立を爲し得る。此の場合に於ては府縣知事は二十日以内に府縣參事會の決定に付さなければならない。

4 第三項の決定に不服のある者は行政裁判所に出訴し得るのである。

5 第三項の決定に付ては府縣知事は町村長からも訴訟を提起し得るのである。

初めて選擧人名簿を作る場合の特例

第二(四)項　改正法律に依つて初めて市町村會議員を選擧する場合には改正法律に依る選擧人名簿を用ふるのであるが此の選擧人名簿を調製するに付て市(町村)制第二十一(十八)條から第二十一(十八)條ノ五(五)迄に規定する期日或は期間に依り難いときは命令を以て別に其の期日又は期間を定むる。但し此の

規定に依つて作られた選擧人名簿は次に調製する名簿が確定する迄效力を有するものである。

此の規定に依る命令は「大正十五年内務省令第二十二號改正市制附則第二項、町村制附則第四項及施行令附則第九項ノ規定ニ依ル命令ニ關スル件」であつて其の規定の要領は左の通りである。

1 大正十五年市制中改正法律又は町村制中改正法律に依つて初めて市町村會議員を選擧する場合に必要な選擧人名簿に關して市制第二十一條から第二十一條ノ五迄又は町村制第十八條から第十八條ノ五迄の規定に依る期日又は期間に依り難いときは府縣知事(北海道では北海道廳長官)が其の期日又は期間を命令即ち府縣令(北海道では道廳令)を以て定めなければならない。

2 第一項の規定は市制町村制施行令附則第九項の場合に準用さるゝのである。

市制町村制適用と衆議院議員選擧法並府縣制の關係

第五項 此の改正法律が施行されたときに大正十四年法律第四十七號衆議院議員選擧法が(同法附則第一項參照)尚ほ市制の關係では大正十五年府縣制中改正法律が(同法附則第一項參照)未だ施行されない場合には市制町村制を適用するに付ては是れ等の法律は既に施行されたものと看做すのである。即ち施行されたと同一に取扱ふのである。

市制町村制改正經過規程

第六項 此の改正法律を施行する際に必要の規定は命令を以て定むるのである。此の規定に依る命令は大正十五年勅令第二百十號市制町村制改正經過規程であつて其の要領は左の通りであ

る。

第一條　從前の市制第十條第二項又は町村制第八條第二項の規定に依つて爲した市町村稅增課の處分に付ては仍從前の規定に依るのである。

第二條　大正十五年七月一日現に在任する名譽職參事會員と其の補闕名譽職參事會員の任期に付ては仍從前の規定に依るものである。

第三條　第一項市會に於て市長候補者を選擧推薦して大正十五年六月三十日迄に裁可を得ない場合に於ては仍從前の規定に依るのである。

2　町村會に於て町村長を選擧し大正十五年六月三十日迄に認可を得ない場合に於ては同年七月一日に町村會に於て選擧したものと看做すのである。

第四條　市町村會に於て市町村助役、市町村收入役、市町村副收入役を定め又は選擧して大正十五年六月三十日迄に認可を得ない場合に於ては同年七月一日に市町村會に於て是れを定め又は選擧したものと看做すのである。

第五條　町村會に於て町村長を選擧し又は市町村會に於て市町村助役を定め若くは選擧した場合に於ては從前の町村制第六十四條第一項又は市制第七十五條第二項の規定に依つて府縣知事の爲した不認可の處分に不服あるものがあるときは仍從前の規定に依るのである。

第六條　市長又は市助役が退職の認可の申請を爲し大正十五年六月三十日迄に認

可を得ない場合に於ては同年七月一日市制第七十三條第三項又は第七十五條第三項の規定に依つて退職の申立を爲したものと看做すのである。

2　有給町村長又は有給町村助役が退職の申立を爲し大正十五年六月三十日迄に退職しない場合に於ては同年七月一日町村制第六十四條の規定に依つて退職の申立を爲したものと看做すのである。但し同日から三十日以内に從前の規定に依る期間の滿了する場合に於ては仍從前の規定に依るのである。

第七條　市會に於て市參與を選擧し大正十五年六月三十日迄に認可を得ない場合に於ては仍從前の規定に依るのである。

第八條　市町村に於て市町村收入役故障あるとき是れを代理すべき吏員を定め大正十五年六月三十日迄に認可を得ない場合に於ては仍從前の規定に依る。

第九條　從前の町村制第百二十五條の規定に依り郡長に於て町村會の意見を徵した場合に於ては町村制第百二十五條の規定に依り府縣知事に於て町村會の意見を徵したものと看做すのである。

第十條　從前の規定に依り郡長に爲した許可の申請であつて大正十五年六月三十日迄に許可を得ないものは新規定に依り府縣知事の許可を要する事項に限り是れを府縣知事に爲した許可の申請と看做すのである。

2　第一項の規定は從前の町村制第七十四條第六項の規定に依り郡長に爲した處分

の申請又は從前の町村制第七十五條第一項乃至第三項の規定に依り郡長に爲した指揮の申請に付て準用するのである。

第十一條　從前の町村制第百六條第五項の規定に依り郡長に爲した訴願であつて大正十五年六月三十日迄に裁決のないものは之を町村制第百六條第五項の規定に依り府縣知事に爲した訴願と看做すのである。

第十二條　從前の市制第百五十四條第一項又は町村制第百三十四條第一項の規定に依り府縣知事の爲した處分に對する訴願に付ては仍從前の規定に依るのである。

第十三條　從前の規定に依り郡長の爲した處分又は裁決に關する訴願に付ては仍從前の規定に依るものである。此の場合に於ては訴願の提起は處分又は裁決を爲した行政廳を經由しないでよろしい。

2 第一項の訴願の裁決に對する訴願と訴訟に付ては仍從前の規定に依るのである。

第十四條　從前市町村長に申立てた異議であつて大正十五年六月三十日迄に市參事會又は町村會の決定に付せられないものに付ては市制第百七條第二項若くは第百三十條第三項又は町村制第八十七條第二項若くは第百十條第三項の期間は同年七月一日から起算するのである。

第十五條　從前市町村組合又は町村組合の管理者に申立てた異議であつて大正十

五年六年三十日迄に組合會の決定に付せられないものに付ては市制第百五十五條第三項又は町村制第百三十五條第三項の期間は同年七月一日から起算するのである。

第十六條　從前市參事會町村會若くは市町村組合町村組合の組合會の決定に付せられた異議又は府縣參事會に於て受理した訴願であつて大正十五年六月三十日迄に決定又は裁決のないものに付ては市制第百六十條ノ二又は町村制第百四十條ノ二の期間は同年七月一日から起算するのである。

第十七條　本令即ち市制町村制改正經過規程中郡長に關する規定は島司に是れな適用するのである。

附　則

本令は大正十五年七月一日から之を施行するのである。

第二編　設例の解釋

緒言

第一編に於ては市制と町村制の條文に付て一箇條毎に一通りの解釋を與へたのであるから先づ月並の事實が生じた場合其の事實に適用すべき條文を引き出して筋道の通る様な解決を下して行くことが左程困難ではない筈である。例へば甲野乙太郎が市町村公民であるか否かと云ふ問題が起きたとする、此の場合は市町村公民の要件に付ての規定であるところの市／町村制第九／七條を引き出して其の要件に當るか否かを一々吟味してそれに依つて何れかに解決が付く譯である。然るに社會の事情は中々複雑であるばかりでなく刻々に變化して行く。從つて思ひも及ばぬ様な難問題が頻發する。月並な事件と同様に簡單には參らぬのである。其の場合に處して法規を巧みに運用し事件を處理して行くことは決して容易な業ではないのである。相當練達した其の道の玄人でもさうである。況んや法規に通曉しない素人などに至つては尚更のことである。

それ故本編に於ては主として市制町村制の運用に際して疑問の起きさうな點に付て、尚ほ一つには條文を容易に索り出す目標ともなる様な點に付て種々の例を假りに設けて其の場合如何に處

置すべきものかの解釋を與へることにする。本編に揭げたところと第一編に述べたところを併せて解釋の資料とせられたい。

念の爲め斷つて置きたいのは本編設例に付ての解釋は其の場合に類似する場合の内務省の解釋――(何年行實)とあるのがそれである――、或は行政裁判所の判決――(何年行判)とあるがそれである――或は司法裁判所の判決――(何年司刑判)或は(何年司民判)とあるがそれである――の趣旨を斟んだものであつて、已むを得ない場合の外は自分の私見は述べないこととしたことである。是れは獨斷的な說を立てて讀者を誤らせることを虞れたからである。

第一章　市町村の性質

第一款　市町村は法人であることに付て

一　市町村は法人か　是れは市町村制第二條に規定されて居る。同條に述べたところを參照せられたい。

(一)　市制町村制施行前の市町村は法人か　市制町村制施行前には市町村は法人であると明かに定めた法規の條文はないが市町村は實際に權利を得義務を負ふことを認められて居たから

矢張り法人である。（明治三六年司民判）

（二）學區は法人か　學區は法人であり又法人の中の公法人に屬するものである。（大正六年同八年行判）

第二款　市町村の事務に付て

一　市町村は如何なる事務を處理するか　是れは市町村制第二條に規定されて居る。同條に述べたところを參照せられたい。

第一項　市町村の固有事務に付て

一　市町村の固有事務は如何なるものか　是れは市町村制第二條に述べたところを參照せられたい。

（一）市町村は單に營利だけを目的とする事業を爲し得るか　是れは市町村は公共の利益を計ることを目的とするものであるから單に營利だけを目的とする事業は爲し得ないのである。（明治二五年、明治二七年行實行判）

（二）市町村は漁業を爲し得るか　漁業は其の性質が純然たる營業であるから爲し得ないのである。（明治二八年行判）

（三）市町村は請負事業を爲し得るか　是れは地元市町村の公益を計る爲め必要なる場合には爲し得るのである。（明治四三年行實）然し是れには反對の行政判例がある。（明治四一年行判）

（四）市町村は電氣事業或は瓦斯事業を爲し得るか　是れは市町村の公益上必要ある場合は爲し得るのである。（大正四年行實）

（五）市町村の經營する電氣瓦斯水道などを他市町村の住民にも使用させることは差支ないか　是れは他市町村の住民に使用させることが自分の市町村の公益上必要である場合は差支ないが單に電氣瓦斯水道に餘力があるからとて是れを使用させることはよろしくない。（大正元年行實同二年行實）

（六）市町村は質屋業を爲し得るか　是れは細民を救ふ爲めに質屋に類する業を爲すことは差支ない。（大正八年行實）

（七）市町村は法人の社員と爲ることは差支ないか　此の法人の事業が市町村の爲し得る事務の範圍內であり且市町村の公益上必要である場合は差支ない。（大正一三年行實）

（八）市町村は他人の債務を保證し得るか　是れは市町村の公益上必要である場合は爲し得るのである。（大正一四年行實）

（九）　市町村は請願を爲し得るか　是れは市町村の爲し得る事務の範圍內の事項に付ては爲し得るのである。其の請願は市町村會の議決を經て市町村長から提出すべきものであつて市町村長限り爲すべきでないことは勿論である。（明治二六年大正九年行　實）

（一〇）　市町村は號砲を設け得るか　是れは號砲を備へて其の發砲を旅團に委託することが市町村の公益上必要である場合は差支ない。（明治二四年行　實）

（一一）　市町村は傳染病院の外に特別病室を設け得るか　是れは傳染病院の外に特別病室を設けて使用料を徵收し傳染病患者を入院させることが市町村の公益上必要である場合は差支ない。（明治四五年行　實）

（一二）　市町村は軍人の歡迎又は艦隊の訪問を爲し得るか　是れは市制町村制の定むる市町村の公共事務とは認められないから爲し得ないのである。（明治四二年司　刑　判）

（一三）　市町村は商行爲を爲し得るか　是れは市町村の樣な公法人であつても法規で禁止されない限りは商行爲（商法第三編に規定がある）を爲し得るのである。（明治三二年司　民　判）

（一四）　市町村は農業倉庫業者として金融の斡旋を爲し得るか　是れは金融の斡旋は農業倉庫業法に認むる以外の事業であるから農業倉庫業者として爲し得ないのである。（大正七年行　實）

（一五）市町村は市役所町村役場の休暇日を加へ得るか　市町村會の議決を以て一定の日例へば開港紀念日などを休暇日と定むることは差支ない。（大正七年行實）

（一六）市町村は繭市場を經營する場合に乾繭業と倉庫業を兼營し且倉荷證券を發行して差支ないか又其の經營を當業者に依託して營業させることは差支ないか　是れは何れも差支ない。（大正九年行實）

第二項　市町村の委任事務に付て

一　市町村の委任事務は如何なるものか　是れは市町村制第二條に述べたところを參照せられたい。

二　從來の法律命令に依つて市町村が取扱つて來た事務は如何なるものか　是れは法律勅令に規定されて居るものを擧げると次の様なものである。

（一）傳染病豫防に關する事務（明治三〇年法律三六號傳染病豫防法）

（二）種痘を施行する事務（明治四二年法律三五號種痘法）

（三）地租と勅令を以て命ぜられた國税を徴收する事務（明治三〇年法律二一號國税徴收法）

（四）第三種の所得に係る所得税等を徴收する事務（明治三〇年勅令一九五號市町村ニ於テ徴收スヘキ國税ニ關スル件）

（五）尋常小學校を設置する事務と學務委員を設置する事務（明治三三年勅令三四四號小學校令）

（六）水利組合費を賦課徴收する事務（明治四一年法律五〇號水利組合法）

（七）耕地整理組合の事業の引繼を受くることと耕地整理組合費其の他の滯納處分を爲す事務（明治四二年法律三〇號耕地整理法）

（八）國有林野の保護を爲す事務（明治三二年法律八五號、明治三三年勅令三六四號國有林野法 國有林野委託規則）

（九）河川に關する事務（明治二九年法律七一號河川法）

三 從來の慣例に依つて市町村が取扱つて來た事務は如何なるものか　是れは明治十一年太政官第三十二號達戸長職務概目第十一に依り定められてある印鑑簿整備に關する事務などである。

四 將來の法律勅令に依り市町村の取扱ふ事務は如何なるものか　是れは次の樣なものである。

（一）府縣稅を徴收する事務（大正一五年勅令二〇〇號府縣制施行令）

（二）畜産組合の經費又は過怠金の滯納處分を爲す事務（大正四年法律一號畜産組合法）

（三）農會の經費又は過怠金の滯納處分を爲す事務（大正一一年法律四〇號農會法）

（四）保險料其の他の徴收金の滯納處分を爲す事務（大正一一年法律七〇號健康保險法）

（五）職業紹介所を設くる事務（大正一〇年法律五五號、同年勅令二九二號職業紹介法 職業紹介法施行令）

五　市制町村制施行以後は閣令省令府縣令を以て市町村に事務の執行を命ずることを得ないか
是れは明治四十四年法律第六十八號市制同年法律第六十九號町村制の施行せられた後は法律勅令を以てする外閣令省令府縣令を以て市町村に事務の執行を命ずることは爲し得ないのである。（大正九年行實）

第二章　市町村の構成

第一款　市町村の區域に付て

第一項　市町村の區域は何處か

第一條

一　市町村の區域は何處か　是れは市制町村制第一條に規定されて居る。同條に述べたところを參照せられたい。

（一）川の中心が市町村の境界である場合に其の川の流域が變更すれば境界は如何なるか　川の流域が變更しても市町村の境界迄當然に變更するものではない。（大正三年行判）

（二）領海は市町村の區域か　是れは從來から議論のあるところで未だ判例も實例もない。然し乍ら領海は市町村の區域に屬するものと解することが府縣知事が警察權を行ひ漁業を管轄

第五四條

ハ、漁業税を賦課する點などから考へて適當の解釋と思はるる。

二　市町村の境界に關する爭論又は市町村の境界判明しない場合の處置は如何にするか　是れは市町村制第五四條に規定されて居る。同條に述べたところを參照せられたい。

第二項　市町村の廢置分合に付て

一　市町村の廢置分合は如何なる場合に起るか　是れは市だけの廢置分合、町村だけの廢置分合、市と町村に涉る廢置分合の三の場合に區別ができる。

（一）　市だけ或は町村だけの廢置分合の場合

(1)　甲市（町村）の全部と乙市（町村）の全部を以て丙市（町村）を置く場合

(2)　甲市（町村）の全部と乙市（町村）の一部を以て丙市（町村）を置く場合

(3)　甲市（町村）の一部と乙市（町村）の一部を以て丙市（町村）を置く場合

(4)　甲市（町村）を廢して乙市（町村）と丙市（町村）を置く場合

(5)　甲市（町村）の一部を以て乙市（町村）を置く場合

(6)　甲市（町村）を廢して其の一部を以て乙市（町村）を置き他の一部を丙市（町村）に屬させる場合

(7) 甲市(町村)の全部を乙市(町村)に屬させる場合

(二) 市と町村に渉る廢置分合の場合

(1) 甲町村の全部を以て乙市を置く場合
(2) 甲町村の全部と乙町村の全部を以て丙市を置く場合
(3) 甲町村の全部と乙町村の一部を以て丙市を置く場合
(4) 甲町村を廢して乙市と丙市を置く場合
(5) 甲町村を廢して共の一部を以て乙市を置き他の一部を丙市に屬さぜる場合
(6) 甲町村の全部を乙市に屬させる場合
(7) 甲町村を廢して其の一部を乙市に屬させ他の一部を丙町村に屬させる場合
(8) 甲町村を廢して共の一部を乙市に屬させ他の一部を丙市に屬させる場合
(9) 甲市の全部を以て乙町村を置く場合
(10) 甲市の全部と乙市の全部を以て丙町村を置く場合
(11) 甲市の全部と乙市の一部を以て丙町村を置く場合
(12) 甲市を廢して乙町村と丙町村を置く場合

(13) 甲市を廢して其の一部を以て乙町村を置き他の一部を以て丙町村に屬させる場合
(14) 甲市の全部を乙町村に屬させる場合
(15) 甲市を廢して其の一部を乙町村に屬させ他の一部を丙市に屬させる場合
(16) 甲市を廢して其の一部を乙町村に屬させ他の一部を丙町村に屬させる場合
(17) 甲町村の一部と乙町村の一部を以て丙市を置く場合
(18) 甲町村の一部を以て乙市を置く場合
(19) 甲市の一部と乙市の一部を以て丙町村を置く場合
(20) 甲市の一部を以て乙町村を置く場合
(21) 甲市の一部と乙町村の一部を以て丙市を置く場合
(22) 甲市の一部と乙町村の一部を以て丙町村を置く場合
(23) 甲町村の全部と乙町村の一部を丙市に屬させる場合
(24) 甲市の全部と乙市の一部を丙町村に屬させる場合

二　市町村の廢置分合は如何なる手續で行はるるのか　是れは市町村制第三三條に規定されて居る。
同條に述べたところを參照せられたい。

（一）　市町村の廢置分合に付ての諮問に對する市町村會の意見は誰が發案するか　是れは市町村會が自分で發案するものであつて市町村長が發案するものではない。（大正七年行實）

（二）　町村を廢し其の區域を市の區域に編入する場合は如何にするか　是れは町村の廢止と市の境界變更と二の事件であるから町村制第三條と市制第四條の兩方の規定に依るべきものである。（大正三年行實）

（三）　市町村の廢置分合に付て關係市町村が自分から意見を申出た場合に市制町村制第三條諮問の手續を省略し得るか　此の場合であつても市制町村制第三條の町村會に對して諮問を爲し其の意見を徴することの手續は省略し得ないのである。（大正五年行實）

（四）　財産を從前の通りに爲し置くことも矢張り處分か　是れも矢張り市制町村制第三條の財産處分である。（大正三年同四年行實）

（五）　市町村費の決算殘金は市町村の財産として取扱ふべきものか　是れは市制町村制第三條に所謂財産ではない。從つて單に事務として取扱ふべきものである。（明治四五年大正二年同六年行實）

（六）　町村の廢置を爲す場合に部落有財産を新町村の財産と爲し得るか　此の場合町村制第三條第二項を適用して部落有財産を新に置かるる町村の財産とすることは適當でない。（大正元年行實）

年實）

（七）　一部事務の爲め設くる町村組合內の各町村を廢合する結果其の組合は自然消滅する場合は組合の財產は如何に處分すべきものか　是れは矢張り町村制第三條を適用して處分するのである。（大正二年行實）

（八）　公文書類の樣なものは市町村の財產として處分すべきものか　是れは市町村制第三三條の所謂財產ではない。從つて單に事務として取扱ふべきものである。（大正四年行實）

（九）　町村の廢置分合あるも町村內の財產區の區域に影響なき場合の區有財產の處分は如何にすべきものか　此の場合は財產處分を爲すべきではない。（大正八年行實）

（一〇）　市町村の廢置分合の場合の小學校或は幼稚園は如何に處置するか　是れは地方學事通則又は小學校令の中で市町村に屬する事務に付ては市制町村制施行令第三條第一項に依り新市町村が其の事務を承繼し又市町村長の掌る事務に付ては市制町村制施行規則第二十九條を適用するのである。（大正一四年行實）

（一一）　市町村の廢置分合の場合の市町村の事務に付ては如何なる規定があるか　是れは市町村制第百七十六百五十六條に規定されて居る。同條に述べたところを參照せられたい。

第三項　市町村の境界變更と所屬未定地の編入に付て

第四三條

一　市町村の境界變更は如何なる場合に起るか　是れは市だけの境界變更、町村だけの境界變更、市と町村に渉る境界變更の三の場合に區別ができる。

(一)　市だけ或は町村だけの境界變更の場合

(1)　甲市(町村)の一部を乙市(町村)に屬させる場合

(2)　甲市(町村)の一部を乙丙二市(町村)に屬させる場合

(3)　甲乙二市(町村)の一部を丙市(町村)に屬させる場合

(二)　市と町村に渉る境界變更の場合

(1)　甲市の一部を乙町村に屬させる場合

(2)　甲市の一部と乙町村の一部を丙町村に屬させる場合

(3)　甲町村の一部を乙市に屬させる場合

(4)　甲町村の一部と乙市の一部を丙市に屬させる場合

二　市町村の境界變更は如何なる手續で行はるるか　是れは市町村制第四三條に規定されて居る。同條に述べたところを參照せられたい。

（一）　市の境界變更に付ては豫め內務省に協議をしなければならないのか　是れは耕地整理の爲め境界變更をする場合の外府縣知事は市の境界變更に付て市町村制第四三條の手續をする前に豫め內務省と協議しなければならない。（大正一〇年同一三年行實）

（二）　市町村の一部（財產區）の區域に變更あるときの財產處分は如何にするか　市町村の境界の變更に伴ひ町村の一部の區域にも變更を生じた場合其の一部の財產があるときは市町村制第百四十四百二十四條に依り市町村制第四三條を適用して處分しなければならない。（明治四五年行實）

（三）　市町村の境界變更の區域內に住民のない場合にも財產處分をしなければならぬか　此の場合にも矢張り財產處分をしなければならぬ。（大正三年行實）

（四）　市町村の境界變更に依り異動する區域に財產なき場合も財產處分をしなければならぬか　例へば甲村の一部を乙市に編入し其の境界を變更する場合は其の區域に財產が無くても住民あるときは甲村の財產全部に付處分すべきものである。（大正一一年行實）

（五）　市町村の境界變更の場合の市町村の事務に付ては如何なる規定があるか　是れは市町村制第百七十六百五十六條に規定されて居る。同條に述べたところを參照せられたい。

三　所屬未定地を市町村の區域に編入することは如何なる手續で行はるるか　是れは市町村制第四三

條に規定されて居る。同條に述べたところを參照せられたい。

（一）所屬未定地の地種目を如何にするか　所屬未定地を市町村の區域に編入する場合に其の地種目を市町村海面として編入しやうとしても民有には海面の地種目がないから海成荒地として編入するの外はない。（大正元年行實）

（二）所屬未定地を市制第六條の市に編入する場合は如何にするか　此の場合は市制第四條に依り市の區域に編入する外尙ほ市制第六條に依り區の區域に編入するの手續をもしなければならぬ。（大正二年行實）

（三）土地臺帳に登錄洩の土地は所屬未定地か　是れは所屬未定地ではない。從つて字名を新に設けるときも是れを市町村の區域に編入する手續を採らないで差支ない。（大正一五年行實）

第四項　市町村の名稱變更と市役所町村役場の位置に付て

第七條
第五條

一　市町村の名稱の變更は如何なる手續で行はるるか　是れは市制第七條町村制第五條に規定されて居る。同條に述べたところを參照せられたい。

二　村を町とし或は町を村とすることは如何なる手續で行はるるか　是れは町村制第五條に規定されて居る。同條に述べたところを參照せられたい。

三　市役所町村役場の位置を定め又は變更することは如何なる手續で行はるるか　是れは町村役場に付ては町村制第五條に規定されて居る。同條に述べたところを參照せられたい。

（一）　數市町村が市町村稅の賦課徵收等の事務を取扱ふ爲めに納稅者の便宜を計り他市町村に事務所を設くるも差支ないか　是れは差支ない。（大正四年行判）

四　市町村の字名の改稱區域の變更等は如何なる手續で行はるるか　是れには次の様な規定がある。

（一）　各地に唱ふる字は漫に改稱變更すべからざる件（明治一四年太政官達八三號）
（二）　市町村內土地の字名改稱變更取扱規定（明治四四年內務省訓令二號）
（三）　市區町村內土地の字名改稱及區域變更に關する件（大正九年內務省通牒）
（四）　沖繩縣町村內土地字名改稱變更取扱方（明治四四年內務省訓令三號）
（五）　市町村內土地の字名改稱取扱方の件（大正一四年內務省訓令三號）
（六）　市內の町名改稱取扱方の件（大正一四年內務省通牒）

第二款　市町村住民に付て

第一項　市町村住民の資格に付て

第八六條

一　市町村住民の資格は如何なるものか　是れは市町村制第八六條第一項に規定されて居る。同條に述べたところを參照せられたい。

二　市町村住民の資格要件たる住所は民法に所謂住所と同じか　是れは生活の本據地を云ふのであつて民法の住所と同じである。（明治四五年大正二年同八年行判）

三　市町村住民の資格要件たる住所の有無の認定に付て

（一）　本籍地以外に轉籍したことのない者は本籍地の住民か　是れは本籍地以外に轉籍したことがないからとて必ずしも本籍地の住民であると謂ふことを得ない。（明治三二年行判）

（二）　本籍地甲村に家族を置き且自分の名で諸税を納むる者は單身で乙町に寄留しても其の住所は矢張り甲村に在るのか　是れは其の通りである。（明治三五年大正元年行判）

（三）　公務に從事する者の住所は其の勤務地に在るのか　是れは公務に從事する者は勤務地に居住する義務を有するものであるから反證のない限り勤務地を以て生活の本據地即ち住所と

認むべきものである。（大正二年行判）

（四）修學修業の爲めに一時寄寓する場所は其の者の住所か　是れは住所ではない。從つて從來の住所を廢さない限りは矢張り元の處に住所があるのである。（大正七年行判）

（五）懲役の刑に處せられ其の執行を受けた者は其の爲めに從來の住所を失つたのか　是れはそれだけで從前の住所を失つたものとすることはできない。（大正一一年行判）

（六）或る人の住所が何處に在るかは如何にして認定するのか　是れは其の或る人が其の地を以て生活の本據とする意思があるか如何かと且實際其の場所に常に住んで居る事實が有るか如何かと此の二つに依つて決すべきものであつて　如何なる狀況があれば　斯樣な意思があるものと認めらるべきかは事實問題であつて固より一定の具體的の標準があるものでない。（大正九年司民判）

（七）住所寄留の屆出又は其の變更の屆出があればそれだけに因つて住所が移轉したことになるのか　是れはそれだけで住所が移轉したものとすることを得ない。（大正一三年行判）

（八）災害の爲めに他の市町村に避難中の者は元の住所を失つたのか　是れは其の者が元の市町村内に自分の住居にする爲め假建築をし或は建築の準備をし或は建築中の家屋の借家の權

利を得或は一定の土地の借地の權利を設定する等其處に住所を構へることが外部に對して表はされた場合は元の市町村内に繼續して住所を有するものと認めて差支ない。然し乍ら元の市町村に住所を設くる意思はあつても種々の支障で其の意思を外部に表はして居らないものは元の市町村內に住所の有る者として取扱ふことはできない。（大正一三年行實）

（九）次の樣な者は現に在る地に住所を有するのか　是れ等の者は何れも一時滯在するに過ぎない者であつて住所を有する者ではない。

(1) 在營の軍人（明治二二年行實）
(2) 在學中の學生生徒（明治二二年行實）
(3) 出稼の勞働者
(4) 年期奉公の雇人
(5) 工場內に寄宿する工女
(6) 服役中の囚徒（大正一一年行判）
(7) 入院中或は溫泉海岸等に轉地療養中の患者（明治二二年行實）
(8) 別莊に避寒避暑中の者

(9) 店舗を構へ一定時間の營業中だけ店内に在る者

(一〇) 地先水面の船の中に生活の本據のある者は其の市町村に住所を有する者か　是れは其の通りである。(大正一五年行實)

第二項　市町村住民の權利義務に付て

第八六條

一　市町村住民は如何なる權利を有し如何なる義務を負ふか　是れは市町村制第八六條第二項に規定されて居る。同條に述べたところを參照せられたい。

二　市町村組合又は町村組合の組合市町村の住民は組合の營造物を使用する權利を有するか　是れは權利を有するのである。(大正九年行判)

第三款　市町村公民に付て

第一項　市町村公民の資格に付て

第九七條

一　市町村公民の資格は如何なるものか　是れは市町村制第九七條に規定されて居る。同條に述べたところを參照せられたい。

(一) 公民の要件たる帝國臣民の中には朝鮮人臺灣人樺太人をも含むのか　是れは其の通りで

ある。從つて他の要件を具ふるときは市町村公民と爲り得るのである。（大正九年行實）

（二）公民の要件たる二年以來市町村住民たる者に付て

(1) 甲市町村の區域内に碇繫場を設け時々他市町村の區域内に航行する船に住所を有する者は公民の要件たる二年以來甲市町村の住民であるか　是れは時々他市町村に航行するものであつて甲市町村に引續き二年以上住所を有する者ではない。（大正一五年行實）

(2) 市長有給町村長等其の職に在る爲め公民權を有する者に對して二年の制限を特免し得るか　是れ等の者は退職すれば公民權を失ふ者であるから退職後も公民權を有させる爲めに在職中の者に對して町村會が特免の議決をすることは差支ない。（大正一三年行判）

(3) 市町村の廢置分合境界變更の場合に前の市町村の爲した二年の制限の特免の效力は如何なるか　是れは其の效力は後の市町村には及ばないのである。（明治三五年行實）

(4) 二年以來と云ふのは滿二年以來の意味か　是れは其の通りである。（大正一四年行判）

(5) 公民權停止の處分を爲した後是れを特免し得るか　此の特免の議決は無效である。（大正一二年行判）

（三）公民の要件たる禁治産者準禁治産者となる時期は何時か　是れは禁治産準禁治産の宣告

の效力は其の決定の送達のあつた日から生ずるものである。從つて其の時から禁治産者準禁治者となるのである。（大正五年司民判）

（四）公民の要件たる貧困に因り生活の爲め公私の救助を受け又は扶助を受くる者と云ふのは如何なるものか　是れは貧困の狀態に在る者が貧困を原因として國道府縣市町村其の他公共團體又は私法人私人等から生活の爲めに全部又は一部の經濟的の補助を受くる者を云ふのである。例へば次の(1)から(6)迄の者は貧困に因り生活の爲め公私の救助を受け又は扶助を受くる者であるが、(7)から(20)迄の者はさうではない。（大正一五年行實）

(1) 乞食をする者

(2) 恤救規則に依り救助を受くる者

(3) 養老院に收容さるゝ者と養老院から院外救助を受くる者

(4) 貧困に陷つて舊子弟から生活上の扶助を受くる者

(5) 養子となつて他の家に入つたところ貧困に陷つた爲め實家から生活の補助を受くる者

(6) 生活の爲めに他から補助を受くる者の世帯に屬して居る者

(7) 軍事救護法に依つて救護を受くる者

(8) 廢兵院法に依つて救護を受くる者

(9) 罹災救助を受くる者

(10) 恩給法等に依つて恩給又は遺族扶助料を受くる者

(11) 工場法鑛業法傭人扶助令に依つて扶助を受くる者

(12) 各種の共濟組合から給與を受くる者

(13) 施藥施療を受くる者

(14) 學資の補助を受くる者

(15) 年末年始等に何等かの名義で施與を受くる者

(16) 傳染病豫防法に依つて生活費を受くる者

(17) 親戚故舊から體面を維持する爲めに補助を受くる者

(18) 父兄から扶養を受くる子弟、或は子弟から扶養を受くる父兄、其の他民法上の家族であると否とに拘らず同一の世帶内に在る者から扶助を受くる者

(19) 托鉢僧雲水巡禮等

(20) 軍人援護資金から救助を受くる者。（大正一五年行實）

（五）公民の要件たる住居に付て

(1) 住居と云ふのは如何なる意味か　是れは各人の生活の本據たる住所に付更に有形的の設備たる「すまゐ」の事實あるものを指すのであつて住所と居所を併せて稱するのではない。それ故一人で同時に二以上の住居あることはないのである。（大正一四年行實）

(2) 公民權の要件としては住所の外に一定の住居をも併せ用ふるのか　是れは其の通りである。（大正一五年行實）

（六）公民の要件たる刑期と云ふのは刑の言渡しに依る刑期を指すのか又は刑の執行を受けた期間を指すのか　是れは普通の場合は刑の言渡しに依る刑期を指すのであるが恩赦令第七條の減刑に依つて刑を變更せられた場合は其の變更せられた刑期を指すのである。（大正一五年行實）

此の刑期に關して起るべき問題を參考の爲めに掲ぐれば大凡次の樣なものである。

(1) 刑の執行猶豫の言渡を受け其の言渡を取消されないで猶豫期間を經過した場合（刑法第二五條から第二七條迄）　此の場合は刑の言渡の效力は消滅するから刑期の問題は起きない。

(2) 大赦のあつた場合（恩赦令第三條）　此の場合は刑の言渡の效力は消滅するから刑期の問題は起らない。

(3)　特赦され且將來に向つて刑の言渡の效力を失はしめられた場合（恩赦令第五條但書）　此の場合は刑の言渡の效力は消滅するから刑期の問題は起らない。

(4)　復權のあつた場合（恩赦令第九條第十條）　此の場合は法令の定むるところに依つて資格を失ひ又は停止された者も將來に向て其の資格を回復するものであるから刑期の問題は起らない。

(5)　勅令に依る減刑のあつた場合（恩赦令第七條第一項）　此の場合は將來に向つて刑を變更さるるものであるから刑期は變更さるるのである。

(6)　特定の者に對する減刑であつて刑を變更さるる場合（恩赦令第七條第二項）　此の場合は刑を變更さるるものであるから刑期は變更さるるのである。

(7)　特赦されても單に刑の執行を免除されただけで將來に向つて刑の言渡の效力を失はしめられない場合（恩赦令第四條第五條）　此の場合は刑の言渡の效力は依然として消滅しないから刑期は變更されない。

(8)　特定の者に對する減刑で單に刑の執行を輕減されただけで刑を變更されない場合（恩赦令第七條第二項）　此の場合は刑の言渡の效力は依然として消滅しないから刑期は變更されない

(9)　時效に依つて刑の執行を免除された場合（刑法第三一條）　此の場合は刑の言渡の效力は依然と

して消滅しないから刑期は變更されない。

(10) 假出獄の場合（刑法第二條） 此の場合は假に出獄させるだけであつて言渡された刑期は變更さるるものではない。

（七） 公民權の要件たる刑の執行を終りと云ふのは何時か 是れは刑期の終つた日の翌日ではなく受刑の最終の日である。（大正五年司刑判）

第百八十條 百六十

（八） 舊刑法の刑に處せられた者は公民の要件の關係では如何に取扱はれるか 是れは市町村制第百八十 百六十條に規定されて居る。同條に述べたところを參照せられたい。

第十八條

第二項 市町村公民の權利義務に付て

一 市町村公民は如何なる權利を有し如何なる義務を負ふか 是れは市町村制第十八條第一項に規定されて居る。同條に述べたところを參照せられたい。

二 公民權の停止に付て

（一） 公民權の停止の處分は何時でも爲し得るか 是れは名譽職辭任に因る場合には其の辭任の事實のあつた當時に於てだけ爲し得るのである。從つて辭任後三年餘も經過した樣な場合に停止の處分を爲すことは違法である。（大正一四年、昭和二年行實 行判）

（二）　公民權停止の處分は如何なる者に對して爲し得るか　是れは市町村制第十八條第二項に規定されて居る。例へば左に掲ぐる(1)から(8)迄の樣な者に對しては停止の處分を爲し得る。又(9)の樣な者に對しては爲し得ないのである。

(1)　理由を示さないで名譽職を辭した者（明治二六年行判）

(2)　疾病ではあるが公務に堪へる場合に疾病を理由として名譽職を辭した者（大正八年行判）

(3)　家族中に疾病あることを理由として名譽職を拒辭した者（明治三三年行判）

(4)　單に都合に依りと云ふことで名譽職を辭した者（明治三三年行判）

(5)　無届不參等其の義務を實際に執行しない者（明治三四年行判）

(6)　市町村事務の紊亂或は市町村民の狼藉喧擾を理由として名譽職を辭退した者（明治三四年行判）

(7)　自己の意見の行はれない爲めに不平を抱き其の職責を盡し得ないことを理由として名譽職を辭した者（明治四五年行判）

(8)　委員市町村長に職務上の失態ある爲め市町村會議員も責を分たなければならない依つて其の不明を市町村民に謝する爲めと云ふことを理由として市町村會議員を辭職した者（大行

（大正二年行判）

(9) 市町村會の會議中一時退席し且會期中の一日を無届缺席した市町村會議員（大正一一年行判）

（三） 市町村會は一旦爲したる公民權の停止の處分を解除し得るか　是れは解除し得ないのである。（明治二七年行實、明治三一年行判）

（四） 公民權停止の發案は誰が爲すのか　是れは市町村長が爲すのである。（明治三四年行實）

（五） 公民權停止の議案を急施事件と爲し得るか　是れは違法であつて爲し得ないのである。（大正四年行判）

（六） 公民權停止中の者が公民權を喪つたときは處分の效果は如何になるか　是れは公民權停止中の者が公民權を喪失すれば停止の處分も自然働きがないことになる。若し其の後停止の期間内に再び公民權を得たときは前に停止した期間と公民權喪失中の期間を控除した殘りの期間だけ更に公民權が停止さるるのである。（明治二二年行實）

三　名譽職を辭することに付て

（一） 名譽辭を退職する場合は如何なる手續を執るべきものか　是れは退職の屆書を市役所町村役場に提出するのである。其の屆書を提出すればそれと同時に退職者となるのであつて市

町村會の議決に依つて退職者となるものではない。（明治二七年同三三年大正二年大正五年、行判明治三三年大正一〇年民判司）

（二）名譽職が一旦提出した辭職屆は撤回し得ないのか　是れは一旦辭職屆を提出した上は假令後日に至つて屆書を撤回しても既に生じた辭職の效果は消滅するものではないのである。（大正二年行判）

第九十一條

四　家督相續に依つて相續人は被相續人の有した公民權を繼承するか　公民權は繼承しない。（明治三三年行判）

五　市町村の公務に參與することを禁ぜられて居る者に付て

（一）市町村の公務に參與することを一般的に禁ぜられて居る者は如何なるものか　是れは市制町村制第九十一條に規定されて居る。同條に述べたところを參照せられたい。

（二）市制町村制第九十一條に所謂召集中の者とは如何なるものか　是れは事實召集に應じたとき即ち部隊に編入されたときを云ふのであつて召集令狀を受けてもまだ部隊に編入されないか又は體格檢査の結果集合場から直ちに歸鄕を命ぜられた樣な者を含まないのである。（明治三八年、同年實行判）

第十二條・第十條

第四款　市町村の法規に付て

一　市町村は如何なる種類の法規を定め得るか　是れは市制第十二條町村制第十條に規定されて居る。同條に述べたところを參照せられたい。

二　市制町村制の中に條例を以て定むべき事項とされて居るのは如何なる事項か　是れは市制第十二條町村制第十條第一項の事項の外は次の様なものである。

（一）市町村會議員の定數を增減すること（市制第十三條第四項町村制第十一條第三項）

（二）市會議員選擧の選擧區を設くること（市制第十六條第一項第二項第三項第十九條第五項第七項）

（三）市制第六條の市の名譽職參事會員の定數を增加すること（市制第六十五條第一項）

（四）市町村助役の定數を增加すること（市制第七十二條第二項町村制第六十條第一項）

（五）市參與を設くること（市制第七十二條第三項）

（六）市參與をを有給とすること（市制第七十四條第一項）

（七）町村長町村助役を有給とすること（町村制第六十一條第二項）

（八）市町村の副收入役を設くること（市制第七十九條第一項町村制第六十七條第一項）

（九）委員の組織に關すること（市制第八十三條第三項町村制第六十九條第三項）

（一〇）有給吏員に退隱料退職給與金死亡給與金遺族扶助料を給すること（市制第百六條 町村制第八十六條）

（一一）使用料手數料特別稅に關すること（市制第百二十九條第一項 町村制第百九條第一項）

（一二）使用料市町村稅の逋脫者に過料を科すること（市制第百二十九條第二項 町村制第百九條第二項）

（一三）使用料手數料市町村稅の賦課徵收と財産營造物の使用とに關し過料を科すること（市制第百二十九條第三項 町村制第百九條第三項）

（一四）督促手數料を徵收すること（市制第百三十一條第三項 町村制第百十一條第三項）

（一五）市町村の一部の事務に付區會を設くること（市制第百四十五條 町村制第百二十五條）

三　市制町村制の中に市町村規則を以て定むべき事項とされて居るのは如何なる事項か　是れは次の樣なものである。會議規則と傍聽人取締規則は此處に所謂市町村規則ではない。

（一）市町村の營造物に關し市町村條例に規定する以外の事項（市制第十二條第二項 町村制第十條第二項）

（二）舊慣ある財産の使用方法に關する事項（市制第百十一條 町村制第九十一條）

四　市町村條例に規定する事項に付て

（一）左に揭ぐる事項は條例を以て規定して差支ないか　是れは條例を設けないで議決だけで執行する方がよろしい。

(1) 市町村税の徴收手續に關する事項但し特別税に關する事項を除く(明治二七年實行)

(2) 別段の規定を設けない委員に關する事項但し條例に依らなければならないものを除く(明治二七年實行)

(3) 區の設置と區長區長代理者の任期に關する事項(明治二七年實行)

(4) 夫役現品の徵收に關する事項(大正五年實行)

(5) 救助に關する事項(大正六年實行)

(6) 窮民救恤の爲め基金を積立てそれから生ずる收入で救恤の資に充てる事項(大正三年實行)

(二) 左に揭ぐる事項は條例を以て規定し得ない事項か 是れは警察權に屬する事項であるから條例を以て規定し得ないのである。(明治二七年大正七年實行)

(1) 火災豫防の爲め或る年期內に可燃質物家屋を漸次に改造して不燃質物家屋とする事項(明治二七年實行)

(2) 林野の火災の警備の爲めに區域を定めて役員を置き其の區內の警備に當らせ尙ほ區域外の警備にも應援させる事項(大正七年實行)

(三) 條例の中に或る事項は府縣知事の認可を受くるものとする旨規定し得るか 是れは適當

でない。（明治四五年行實）

（四）市町村條例で與へた權利を市町村條例で失はせることを得るか　是れは其の通りである。（大正三年行判）

五　市町村條例と市町村規則は如何なる手續で公布すべきものか　是れは市町村制第十二十條第三項に規定されて居る。同條に述べたところを參照せられたい。

（一）公報に登載して公布する町村條例町村規則は何時公布されたことになるか　是れは公報が外部に發送されたときに公布されたことになるのである。（大正九年行判）

（二）府縣知事が定むる市町村制第百四十五百二十五條の區會條例は如何なる方法で公布すべきものか　是れは矢張り市町村の公告式に依り府縣知事に於て告示すべきものであつて府縣令として公布すべきものではない（大正三年行實）

第五款　市制第六條の市の區に付て

市制第六條

一　市制第六條の市の區は如何なるものか　是れは市制第六條に規定されて居る。同條に述べたところを參照せられたい。

同第百七十三條

二　市制第六條の市の區の有給吏員の組織任用分限其の他區に關し必要なる事項は如何に定まつ

て居るか　是れは市制第百七十三條に規定されて居る。同條に述べたところを參照せられたい。

第三章　市町村會の組織と職務

第一款　市町村會議員の選擧に付て

第一項　市町村會議員の定數に付て

一　市町村會議員の定數は幾らか　是れは市町村制第十三十一條に規定されて居る。同條に述べたところを參照せられたい。

(一)　市町村會議員の定數を算定する標準となる人口は如何なるものか　是れは市町村制第百七十四百五十四條に規定されて居る。同條に述べたところを參照せられたい。

(二)　市制第十三條第三項に所謂人口十萬を加ふる毎に議員四人を増加すると云ふのは如何なる意味か　是れは人口が十萬人に達する毎に議員四人を増すと云ふ意味であつて九萬九千九百九十九人では十萬人に達しないから議員四人を増すことを得ないと云ふ意味である。(大正一〇年行判)

(三) 市町村條例を設けて法定の議員數を增減した後に其の市町村の人口に增減あつて其の結果法定の議員數が條例の議員數と同數となり又は法定の議員數が條例の議員數を超過するに至つたときは其の條例は如何になるのか　是れは其の條例は廢止の手續を俟たないで當然消滅するのである。(明治四四年大正一〇年實行)

第二項　市町村會議員の選擧權に付て

一　市町村會議員の選擧權は如何なる資格を備へる者が有するか　是れは市町村制第十四十二條に規定されて居る。同條に述べたところを參照せられたい。

(一) 市町村制第七十六六十三條第四…項と第七十九六十七條第二三項の規定に依つて市町村公民たる者も市町村會議員の選擧權を有するのか　是れは其の通りである。

(二) 公民權停止の處分を受けた者であつても其の處分の確定に至る迄は市町村會議員の選擧權は失はないのか　是れは其の通りである。尙ほ市町村制第十八條第四四項を參照せられたい。

(三) 充員召集に應じた者は市町村會議員の選擧權を失ふのか　是れは其の通りである。(大正八年判例) 尙ほ市町村制第十一九條を參照せられたい。

(四) 召集された者が其の後召集を解除された場合には既に喪つた市町村會議員の選擧權は喪

はなかつたことになるのか　是れは召集解除と云ふことは單に將來に向つて市町村會議員の選擧權を有せしむる效果を生ずるだけであつて既に召集の爲めに一旦失つた選擧權を失はなかつたことにする效果を生じさせるものではない。（大正七年行判）

（五）　大正十四年法律第四十七號衆議院議員選擧法の罰則に依り處罰され又は其の罰則を準用する貴族院多額納稅者議員北海道會議員府縣會議員北海道一級町村會議員北海道二級町村會議員の何れかの選擧に關する犯罪に依つて處罰された者は同法第百三十七條に定むる期間市町村會議員の選擧權をも有しないのか　是れは其の通りである。此の點は明治三十三年法律第七十三號衆議院議員選擧法の罰則の適用又は準用の場合と違ふのである。

第三項　市町村會議員の被選擧權に付て

一　市町村會議員の被選擧權は如何なる資格を備へる者が有するか　是れは市制第十八條町村制第十五條に規定されて居る。同條に述べたところを參照せられたい。

（一）　判事、行政裁判所長官、同評定官、會計檢查官、陸軍法務官、海軍法務官は市町村會議員の被選擧權があるか　是れは被選擧權がある。但し是れ等の者が在職中なる場合には現職を去つた後でなければ市町村會議員となり得ないのである。（裁判所構成法第七十二條、行政裁判法第四條、會計檢查院法第八條）

（二）市町村會議員の被選舉權のない所謂選舉事務に關係ある官吏と市町村の有給吏員に付て（陸軍軍法會議法第三十六條 海軍軍法會議法第三十六條）

(1) 市長と有給町村長は所謂選舉事務に關係ある市町村の有給吏員か　是れは其の通りである。

(2) 市助役と町村の有給助役は所謂選舉事務に關係ある市町村の有給吏員か　是れは市制町村制第九十六七十九條に依つて市町村長の事務を一般的に補助すべき職責を有するものである。從つて選舉事務に付ても亦市町村長を補助すべき職責ある吏員であるから實際上選舉事務に關係して居ると否とに拘らず選舉事務に關係ある市町村の有給吏員である。（明治三三年行判）又助役が二名ある場合は何れの助役も同樣である。（明治三二年行實）

(3) 市町村の收入役副收入役は所謂選舉事務に關係ある市町村の有給吏員か　是れは市制町村制第九十四七十八條第三二項に依つて市町村長から選舉事務に付て特に代理を命ぜられた場合の外は選舉事務に關係ある市町村の有給吏員ではない。（明治三三年大正六年行判）

(4) 町村の名譽職助役と市町村の區長（市制第六條の市の區の區長を除く）は所謂選舉事務に關係ある市町村の有給吏員か　是れは選舉事務に關係ある吏員であるが名譽職吏員であ

つて有給吏員ではない。（大正九年行判）

(5) 助役に選擧事務を分掌させた場合でも市長有給町村長は矢張り所謂選擧事務に關係ある市町村の有給吏員か　是れは其の通りである。（明治三三年行判）

(6) 市役所町村役場の書記は所謂選擧事務に關係ある市町村の有給吏員か　是れは市町村制第百二八十三條に依り市町村長の命を受け事務に從事すべき職務に在るものであるから實際選擧事務に關係すると否とに拘らず其の性質上選擧事務に關係ある市町村の有給吏員である。（明治三三年同四一年大正九年行判）　尤も是れには處務規定の定むるところに依り選擧事務に從事すべきものだけを云ふとする解釋もある。（明治三二年行實）

(7) 市町村の囑託は所謂選擧事務に關係ある市町村の有給吏員か　是れは市町村制第八十五七十一條の市町村の有給吏員は市町村長が任免するものであるから其の任命の形式に據らないところの囑託は市町村の有給吏員ではないのである。（大正八年行判）

(8) 選擧事務に關係ある官吏には待遇官吏を含むか　是れは市町村制第百七十七百五十六條ノ二の規定に依つて含まるるのである。

(9) 官吏の任命は何時から效力を生ずるか　是れは官吏の任命補職は當該官廳から本人に辭

令書を交付するか又は其の他の方法で之を本人に通告するに依つて效力を生ずるものである。（明治三八年同四〇年同四二年 司刑判）

（三）市町村會議員の被選擧權は市町村會議員の選擧人名簿に登錄された者でなければ有しないのか　是れはさうではない。選擧人名簿に登錄されて居らない者でも被選擧權は有し得るのである。（大正五年行判）

（四）懲戒解職を受けた市町村吏員は市町村會議員の被選擧權があるか　是れは市（町村）制第百七（百五）十條第六項に依つて被選擧權がないのである。

（五）大正十四年法律第四十七號衆議院議員選擧法の罰則に依り處罰され又は其の罰則を準用する貴族院多額納稅者議員北海道會議員府縣會議員北海道一級町村會議員北海道二級町村會議員の何れかの選擧に關する犯罪に依つて處罰された者は同法第百三十七條に定むる期間市町村會議員の被選擧權をも有しないのか　是れは其の通りである。此の點は明治三十三年法律第七十三號衆議院議員選擧法の罰則の適用又は準用の場合と違ふのである。

第四項　市町村會議員の選擧人名簿に付て

一　市町村會議員選擧人名簿の調製に付て

（一）選擧人名簿は誰が如何なる方法で調製するか　是れは市制町村制第二十一條第十八條に規定されて居る。同條に述べたところを參照せられたい。

（二）選擧人名簿の樣式は如何なるものか　是れは市制町村制施行規則の別記に定められて居る。參照せられたい。

（三）選擧人名簿に住所の記載のない者があるときは其の名簿は無效であるか　是れは違式の名簿ではあるが住所の記載がなくても選擧人が誰であるかを認め得らるる限りは其れが爲めに無效の名簿とはならないのである。（大正一五年司民判）

（四）選擧人名簿の住所の記載が不充分であるときは其の名簿は無效であるか　是れは住所は番地迄も書くべきものではあるが然し單に何市町村とだけ書いても他の記載事項と對照して選擧人が誰であるかを認め得らるる限りは其れが爲めに無效の名簿とはならないのである。（大正一〇年司民判）

（五）選擧人名簿の氏名と生年月日の記載が不充分であるときは其の名簿は無效であるか　是れも前の（三）（四）と同樣である。

（六）選擧人名簿の番號の記載は「日本數字ナンバリングマシン」を用ひ押捺して差支ないか

是れは適當ではない。（大正一三年行實）

（七）　選擧人名簿には毎葉に割印をしなければならないか　是れは法定の要件ではないが市區町村長の職印で割印することが適當である。（大正一三年行實）

（八）　選擧人名簿の卷末に記載する「……何年何月何日ヲ以テ確定セリ」の事項は市制第六條の市では區長が區長名を以て記載するのか　是れは市長が市長名で記載すべきものである。（昭和二年行實）

（九）　戸籍には死亡者となつて居るが實際は生存して居る者が選擧權の要件を具へて居る場合は戸籍の如何に拘らないで選擧人名簿に登錄して差支ないか　是れは差支ない。（大正一五年行實）

（一〇）　失踪の宣告を受けた者が選擧權の要件を具へて居る場合は其の宣告が取消されなくても選擧人名簿に登錄して差支ないか　是れは差支ない。（大正一五年行實）

（一一）　本籍がなく或は本籍が判明しない者の年齢其の他の資格要件は本人の供述又は近隣の者の證明に依つて調査推定して選擧人名簿に登錄する外はないのか　是れは其の通りである。（大正一五年行實）

（一二）　選擧人名簿中の住所の欄には番地の内更に細別の記號番號あるものはそれも記載すべ

きものか　是れは其の通りである。（大正一五年行實）

二　市町村會議員選擧人名簿の縱覽に付て

（一）選擧人名簿は如何なる方法で縱覽させるのか　是れは市制第二十一條ノ二・町村制第十八條ノ二に規定されて居る。同條に述べたところを參照せられたい。

（二）選擧人名簿縱覽期間の終りが休日でも矢張り期間に算入するのか　是れは其の通りである。（明治三四年行實）

（三）選擧人名簿縱覽の時間は如何に定むるか　是れは選擧人の便利の爲めに長時間縱覽させるがよろしい。けれども取締上の關係もあるから日出から日沒の間に於て少くとも通常の日の市役所町村役場の執務時間を含む様に市町村長に於て適當に定むべきものである。（大正一五年行實）

（四）法定の縱覽期間關係者の縱覽に供しなかつた選擧人名簿は無效か　是れは例へば市制第二十一條ノ二・町村制第十八條ノ二の規定する十一月五日から十一月十九日迄の十五日間縱覽に供すべきものを誤つて十一月六日から十一月二十日迄或は十一月四日から十一月十八日迄の十五日間縱覽に供した様なものは無效である。（大正三年行判、同一五年行實）此の場合は市制第二十一條ノ五・町村制第十八條ノ五第二項

に依つて更に名簿を調製する外はないのである。（大正一五年行實）

三　市町村會議員選擧人名簿の異議に付て

（一）選擧人名簿に付て異議ある場合は如何にすべきものか　是れは市制第二十一條ノ三町村制第十八條ノ三に規定されて居る。同條に述べたところを參照せられたい。

（二）選擧人名簿の異議申立あつた場合は縦覽期間滿了後三日以內に市町村會の決定に付すると云ふのは如何なる意味か　是れは縦覽期間滿了後三日以內に市町村會議長に送達すればそれで足る意味である。（大正一五年行實）

（三）選擧人名簿の異議申立に對する決定案は市町村長が市町村會に提出すべきものか　是れはさうではない。市町村長は單に異議申立を市町村會に送達するだけである。（大正二年行實）

（四）選擧人名簿に對する異議の決定を市町村會が爲さない爲め府縣參事會が代つて決定した場合に其の決定に不服ある者は如何にすべきものか　此の場合は直ちに行政裁判所に出訴するのである。（大正八年行實）

（五）選擧人名簿が無效となつたときは其の名簿に依つて行つた選擧の效力は如何になるか　是れは其の選擧は無效となるのである。（明治四〇年行判）

第二十一條ノ三　第十八條ノ三

（六）　選擧人名簿に關する行政訴訟は誰を相手方とすべきものか　是れは法律上別に規定がないから名簿調製者たる市町村長又は訴願裁決者たる府縣參事會の何れを相手方にしても差支ない。（大正二年同一四年行判）

（七）　選擧人名簿に關する異議申立期間の經過後に異議申立を爲した者が事由を擧げて宥恕を求めなかつた場合は如何にすべきものか　此の場合は其の異議申立を排斥して差支ないのである。（大正二年行判）

（八）　選擧人名簿の異議の決定に對する府縣參事會の裁決に付ては市町村會からも行政訴訟を起し得るか　是れは行政訴訟を起し得ないのである。（大正七年行判）

（九）　選擧人名簿に關する行政訴訟繫屬中に其の名簿の有效期間即ち其の確定の日から一年を經過した場合は如何になるか　此の場合に其の訴訟の目的が名簿の修正を求むるに在る場合は訴訟の目的が消滅する。（大正六年同一二年行判）然し訴訟の目的が名簿の無效を求むるに在る場合は訴訟の目的は消滅しない、從つて訴訟は繫屬するのである。（大正七年行判）

（一〇）　市會の委任に依り市參事會の爲した選擧人名簿に關する異議の決定は有效か　是れは無效である。此の樣な事件は市參事會に委任し得ない。從つて市參事會は是れを決定する權

限がないのである。（大正七年行判）

（一一）適法に爲した選擧人名簿に關する異議申立を市町村長が市町村會の決定に付しないで却下した場合には市町村會の決定を經ないで直ちに府縣參事會に訴願し得るか　是れは其の却下處分に對して府縣參事會に訴願を爲し得るのである。（大正一〇年行判）

第三十九條
第三十六條

（一二）異議申立に對する決定と訴願に對する裁決は告示しなければならないか　是れは市町村制第三十九條三十六條に規定されて居る。同條に述べたところを參照せられたい。

第二十一條ノ四
第十八條ノ四

四　市町村會議員選擧人名簿の修正に付て

（一）選擧人名簿を修正するには如何にすべきものか　是れは市町村制第二十一條ノ四十八條ノ四第三項第四項に規定されて居る。同條に述べたところを參照せられたい。

（二）選擧人名簿の修正と云ふのは如何なる意味か　是れは選擧人を追加し又は削除することだけでなく誤載を訂正することも含むのである。（大正一四年行實）

（三）市町村長は何時でも選擧人名簿を加除修正し得るか　是れは一旦縱覽に供した後は假令名簿に脫漏や誤載のあることを發見しても決定裁決判決の結果に依る外は市町村長限り加除修正し得ないのである。（明治三二年大正四年行實）

（四）未だ確定しない異議の決定又は訴願の裁決に基いて選擧人名簿を修正することは違法か　是れは違法である。決定又は裁決が確定してから修正すべきである。（明治二九年大正一一年行判）

（五）死亡失格等の事項を選擧人名簿に符箋することは選擧人名簿の修正であるか　是れは選擧人名簿の修正ではない。（大正五年同一〇年行判）

（六）選擧人名簿の確定後市町村長が勝手に選擧人數人を追錄したが其の後選擧の行はるる前に其の數人を削除した場合は是れは名簿の加除修正ではないのか　是れは其の通りである。（明治三五年行判）

五　市町村會議員選擧人名簿の確定と据置に付て

（一）選擧人名簿は何時確定し又何時迄据置くべきものか　是れは市町村制第二十一條ノ四第一項第二項に規定されて居る。同條に述べたところを參照せられたい。

（二）選擧人名簿の確定したと云ふことは其の名簿に登錄されて居る無資格者を有資格者と爲す效力を生ずるのか　是れは假令確定名簿に登錄されて居つても無資格者は有資格者とはならないのである。（明治三四年行判）

六　市町村會議員選擧人名簿を更に調製することに付て

第二十一條ノ五
第十八條ノ五

（一）選擧人名簿を更に作る場合と其の方法は如何なるものか　是れは市制第二十一條ノ五 町村制第十八條ノ五に規定されて居る。同條に述べたところを參照せられたい。

（二）選擧人名簿を裁判所に押收されて選擧期日に至つても返還されない場合は如何にすべきものか　此の場合は更に名簿を調製して選擧を行ふ外はない。（明治二八年行實）

（三）法定の調製期日に選擧人名簿を作ることを忘れた場合は如何にすべきものか　是れは天災事變等の爲め必要あるものとして更に調製する外はないのである。

（四）選擧人名簿は其の內容に錯誤がある場合は無效の名簿となるのか　是れは選擧人名簿が其の調製から確定までの間の手續に違法がある場合（例へば名簿調製の權限のない者が名簿を調製したとか或は法定の縱覽手續を盡さないとか云ふ場合）は格別であるが單に內容に錯誤あつたからとて無效となるものではないのである。（大正七年行判）

第五項　市町村會議員の選擧を行ふ場合に付て

第十三條
第十一條

一　市町村會議員の選擧は如何なる場合に行はるるか　是れは左の通りである。

（一）總選擧　是れは市制第十三條第五項 町村制第十一條第四項に述べたところを參照せられたい。

（二）增員選擧　是れは市制第十三條第五項 町村制第十一條第四項の規定に依る選擧である。

第二十七條　第三十三（三十）條　第三十七（三十四）條　第百六十二（百四十二）條

（三）補闕選擧　是れは市（町村）制第二十（十七）條の規定に依る選擧である。

（四）再選擧　是れは市（町村）制第三十三（三十）條と第三十七（三十四）條の規定に依る選擧である。

二　市町村會議員の選擧は何時迄に行ふべきものか　是れは左の通りである。

（一）總選擧　是れは任期滿了に依る場合は別に規定はないが其の日の翌日行ふことが通例である。解散に依る場合は市（町村）制第百六十二（百四十二）條第二項に規定されて居る。同條に述べたところを參照せられたい。

(1)　市町村會解散の場合に行ふべき總選擧の期間は何時から起算するか　是れは解散の命令書傳達の日から起算するのである。（大正一四年行實）

(2)　總選擧の期日は必ず現任議員の任期滿了の日の翌日に定めなければならないか　是れは其の通りである。然し乍ら其の日が衆議院議員の選擧期日と同日であるか或は接近して居る爲めに選擧を行ふ上に差支がある場合は數日後れて選擧期日を定めることも已むを得ないのである。（大正六年行實）

（二）增員選擧　是れは別に規定がない。

（三）補闕選擧　是れは市（町村）制第二十（十七）條に規定されて居る。同條に述べたところを參照せられ

たい。

（四）再選擧　是れは市（町村）制第三十三（三十）條と第三十七（三十四）條に規定されて居る。同條に述べたところを參照せられたい。

(1)　行政裁判所の判決に依り選擧無效と確定した場合に行ふ選擧は其の裁判宣告書の謄本の交付を受けた日の翌日から計算して三月以内に行ふべきものか　是れは判決ありたる日の翌日から計算して三月以内に行ふべきものである。（大正一五年行實）

第二十六（二十三）條

三　市町村會議員の選擧を合併して行ふのは如何なる場合か　是れは市（町村）制第二十六（二十三）條に規定されて居る。同條に述べたところを參照せられたい。

第六項　市町村會議員選擧の選擧區開票分會投票分會に付て

市制第十六條

一　選擧區を設くる場合は如何にすべきものか　是れは市制第十六條に規定されて居る。同條に述べたところを參照せられたい。町村では選擧區を設け得ないのである。

第二十七（二十四）條

二　開票分會を設くる場合は如何にすべきものか　是れは市（町村）制第二十七（二十四）條ノ四（四）に規定されて居る。同條に述べたところを參照せられたい。

第十七條
第十四條

三　投票分會を設くる場合は如何にすべきものか　是れは市町村制第十七十四條に規定されて居る。同條に述べたところを參照せられたい。

第七項　市町村會議員の選擧事務を執行する機關に付て

第二十三條
第二十條

一　市町村會議員選擧の選擧長に付て

（一）選擧長となるのは誰か　是れは市町村制第二十三二十條第一項第二項に規定されて居る。同條に述べたところを參照せられたい。

（二）市町村長助役が故障あるときは誰が選擧長となるのか　此の場合には監督官廳に於て臨時代理者を選任し又は官吏を派遣して市町村長の職務を管掌させるのである。（明治三一年行實）

（三）選擧長の事務を助役以外の吏員に臨時代理させることは差支ないか　是れは穩當でない。（大正一三年行實）

（四）選擧長たる市町村長が一時退席する際助役に假りに其の事務を取扱はせることは差支ないか　是れは差支ないのである。（明治二六年行判）

二　市町村會議員選擧の投票分會長に付て

（一）投票分會長となるのは誰か　是れは市町村制第二十三二十條第四三項に規定されて居る。同條に

述べたところを參照せられたい。

三　市町村會議員選擧の選擧立會人と投票立會人に付て

(一)　選擧立會人と投票立會人には誰がなるのか　是れは市（町村）制第二十三（二十）條第三（二）項第五（四）項に規定されて居る。同條に述べたところを參照せられたい。

(二)　二日に渉つて選擧の行はるる場合は選擧長と選擧立會人は選擧會場から退場し得ないか　是れは其の通りである。若し立會人中退場する者があるときは補充しなければならないのである。（大正一三年行實）

第八項　市町村會議員選擧の手續に付て

第二十二（十九）條

一　市町村會議員選擧の告示は如何にすべきか　是れは市（町村）制第二十二（十九）條と第二十七（二十四）條に規定されて居る。同條に述べたところを參照せられたい。

第二十七（二十四）條

(一)　投票の日と開票の日と別に定めて差支ないか　是れは投票の終つた後引續いて開票するのが通例であるが已むを得ない場合は投票の翌日開票することにしても差支ない。（大正一三年行實）

第二十五（二十二）條

二　市町村會議員の投票は如何なる方法で行はるるか　是れは市（町村）制第二十五（二十二）條に規定されて居る。同條に述べたところを參照せられたい。

（一） 選擧權のない者が選擧權ある者の氏名を詐稱して投票した後に眞の選擧人が投票に來た場合は如何にするか　此の場合は眞の選擧人にも投票させなければならない。尤も無資格者の投票の爲めに選擧の結果に異動を生ずる虞ある場合は選擧が無效になることはあるが已むを得ない。（明治二二年行實）

（二） 投票を了へた後選擧人が被選擧人の氏名の取消又は變更を申出たときは如何にすべきか　此の場合は其の申出を拒絕することは勿論である。（明治二二年行實）

（三） 點字は如何なるものか　是れは市制町村制施行令第十一條に依つて其の別表に定められて居る。

（四） 點字の樣式の小さい點は矢張り小さく現はさるるものか　是れは單に大きい點の位置を示す爲めに便宜示されて居るので點字として現はれるのは大きい點だけである。例へばァは•ヵは•　•サは•　•の樣なものである。

（五） 點字投票の假投票の取扱は如何にするのか　是れは先づ封筒に自ら選擧人の氏名を點字で記載させ次に假投票を封筒に入れ封緘させた後投函させるのである。（大正一五年行實）

（六） 假投票の封筒に自分の氏名を書き得ない者は投票を爲し得ないか　封筒は投票ではない

からそれに自分の氏名を書き得ないからとて投票を爲し得ないものではない。此の場合は選擧長が封筒に符箋して誰の爲した投票かを明かにして置く外はない。

（七）選擧長が誤まつて違式の投票用紙を交付したことを投票の途中で心付いた場合は如何にすべきものか　此の場合は發見後の者に成規の用紙を交付して投票を行はせ共の儘投票を終了すべきものである。途中で投票を中止することはよろしくない。（明治三二年行判）

（八）選擧立會人が投票用紙を交付することは差支ないか　是れは立會人の權限ではないから適法でない。（大正一四年行實）

（九）選擧人名簿に登錄された者が悉く投票を終つたときは所定の時間內であつても選擧會場を閉ぢ得るか　此の場合であつても所定の時間內は選擧會場を閉ぢ得ないのである。（明治三五年行實）

（一〇）一の選擧會場で使用する投票函は一個に限るか　是れは一個に限る方が適當である。（大正一四年行實）

三　市町村會議員選擧の投票を爲し得ない者は如何なる者か　是れは市制第二十五條ノ二町村制第二十二條ノ二に規定されて居る。同條に述べたところを參照せられたい。

第二十五條ノ二
第二十二條ノ二

第二十五／二十二條ノ三／三
第二十七／二十四條ノ二／二
第二十九／二十六條
第二十四／二十一條
第二十七／二十四條ノ三／三
第三十一／二十八條

（二）選擧人名簿に對する異議の決定が名簿確定後に確定した爲めに選擧人名簿に登錄せらるべき確定決定書を所持して選擧の當日選擧會場に來る者は投票を爲し得るか　是れは爲し得るのである。（大正一五年實行）

四　市町村會議員選擧の投票の拒否は如何なる手續に依るべきものか　是れは市／町村制第二十五／二十二條ノ三／三に規定されて居る。同條に述べたところを參照られたい。

五　市町村會議員選擧の開票は如何なる方法で行はるるか　是れは市／町村制第二十七／二十四條ノ二／二に規定されて居る。同條に述べたところを參照せられたい。

六　市町村會議員選擧の投票の效力は誰が決定するか　是れは市／町村制第二十九／二十六條に規定されて居る。同條に述べたところを參照せられたい。

七　市町村會議員選擧會場の取締は如何にするか　是れは市／町村制第二十四／二十一條に規定されて居る。同條に述べたところを參照せられたい。

八　市町村會議員選擧會は參觀を許すのか　是れは市／町村制第二十七／二十四條ノ三／三に規定されて居る。同條に述べたところを參照せられたい。

九　市町村會議員選擧の選擧錄投票錄は如何にして調製するか　是れは市／町村制第三十一／二十八條に規定

されて居る。同條に述べたところを參照せられたい。

(一) 立會人が選擧錄投票錄に署名を拒んだ場合は如何にすべきか　此の場合は其の旨を符箋して置く外方法がないのである。

第二十八條 第二十五條

第九項　市町村會議員選擧の投票の有效無效に付て

一　市町村會議員選擧の投票で無效なるものは如何なるものか　是れは市町村制第二十八條第二十五條に規定されて居る。同條に述べたところを參照せられたい。

二　無效投票の中の成規の用紙を用ひない投票に付て

(一) 投票用紙に市役所町村役場の印を押すことを定めて居る場合に是れを押してない用紙を用ひた投票は無效か　是れは無效である。(明治四五年大正二年同九年行判)

(二) 投票用紙が粗薄で被選擧人の氏名が透視される投票は無效か　是れは市町村長が投票用紙と定めた以上は有效である。(大正三年行判)

(三) 投票用紙に押した市役所町村役場の印が鮮明を缺き或は不完全な投票は無效か　是れは熟視して其の印章であることを認め得らるるときは有效である。(大正四年司民判)

(四) 糊貼封緘することを必要としない場合に糊貼封緘した投票は無效か　是れは市町村長の

定めた用紙を用ひた以上は投函の際糊貼封緘したからとて無效とはならないのである。（大正五年行判）

（五）被選擧人の氏名を用紙の裏に書いた投票は無效か　是れは有效である。（明治四五年大正一五年行判）

（六）被選擧人の氏名を用紙の所定欄外に書いた投票は無效か　是れは有效である。（大正六年司・民判）

（七）被選擧人の氏名を用紙の表と裏に書いた投票は無效か　是れは有效である。（大正一四年行判）

（八）點字投票用紙に普通の文字を以て記載し又は普通の投票用紙に點字を用ひて記載した投票は無效か　是れは何れも無效である。

（九）市町村長の定めた形式の投票用紙を用ひない投票は無效か　是れは投票用紙の式を定むるのは市町村長の職責であつて成規の用紙を用ふべきことは選擧人の義務である。此の用紙を用ひない投票は無效である。（明治三三年行判）

（一〇）投票用紙の印刷に誤字あるもの例へば「選擧投票用紙」とすべきを「選譽投票用紙」としたものを用ひた投票は無效か　是れは有效である。

三　無效投票の中の一投票中二人以上の被選擧人の氏名を記載した投票に付て

（一）同一の被選擧人の氏名を連記した投票は無效か　是れは二人以上の被選擧人の氏名を書いたものではない、從つて無效ではない。（大正二年行判）

（二）被選擧人の氏名に振假名を施した投票は無效か　是れは（一）と同様である。（大正三年行判）

（三）誤記を訂正する意味で被選擧人の氏名の傍に同一人の氏名を書いた投票は無效か　是れは（一）と同様である。（大正六年行判）

四　無效投票の中の被選擧人の誰であるかを確認し難い投票に付て

（一）被選擧人の氏だけ又は名だけを書いた投票は無效か　是れは選擧當時の事情を參酌して被選擧人の誰であるかを認め得るときは有效である。（大正一三年、明治三二年大正元年同三年同五年同六年同七年同一一年、同一三年行判　司民判　實行）

（二）被選擧人の誰であるかは投票の記載だけで判斷すべきものか　是れは單に投票の記載だけでなく選擧當時の事情を參酌して判斷すべきものである。（大正五年同六年同一〇年行判）

（三）被選擧人の氏名を漢字と假名を混じて書き或は假名だけで書いた投票は無效か　是れは有效である。（明治三二年同三三年行判）

（四）被選擧人の氏名の記載に誤字や脫字のある投票は無效か　是れは誰を指したかを認め得

るときは有效である。（明治二八年大正二年同三年同五年同七年同九年同一〇年同一一年行判）

註　例へば「惣十郎」と「宗十郎」、「枚野」と「牧野」、「コサツトジ」と「湯澤伊藤治」、「松太郎」と「松次郎」、「カジラキヨゾ」と「梶原喜代藏」、「嘉太郎」と「喜太郎」、「ニヒムラヒゾウ」又は「ニヒムラゾウ」と「新村廣藏」、「海平」と「梅平」、「ふりと」と「藤戸」、「鈴木與之介」と「鈴木義助」などの類である。是れは何れも上の記載は下の者を記載したものと認め得るのである。

（五）被選擧人の異名を書いた投票は無效か　是れは有效である。（明治二八年行判）

（六）被選擧人の氏名の記載の不完全な投票は無效か　是れは誰を指したものかを認め得るときは有效である。（明治三三年同四四年大正元年同二年同七年同一一年行判）

（七）被選擧人の氏を誤信する事情（例へば前の養家の氏を現在の氏であると信ずる等）のあつた場合に氏を誤記した投票は無效か　是れは有效である。（大正七年行判）

（八）被選擧人の實氏名でなく通稱を書いた投票は無效か　是れは有效である。（大正七年行判）

（九）同一市町村内に同氏名の者がある場合に氏名だけを書いた投票は無效か　是れは其の中の一人が議員の候補者であつたこと、他にも得票のあつたこと、或は補闕選擧などの場合に他の一人が現に議員の職に在ること等から推して誰を指した投票かを知り得るときは有效で

ある。類似の氏名の者ある場合の投票も同様である。(明治三五年同四四年大正二年同七年同一一年行判)

(一〇) 被選擧權のない者の氏名(例へば春野花雄)を書いてはあるが被選擧權ある者の中で類似の氏名(例へば春野花夫)の者がある場合の投票は無效か　是れは其の被選擧權のある者(例へば春野花夫)の投票として有效である。(明治二九年行判)

(一一) 甲候補者(例へば甲野一郎)の氏と乙候補者(例へば乙山二郎)の名を書いた投票(例へば甲野二郎)は無效か　是れは無效である。(大正一四年行判)

(一二) 同一氏名の候補者が二人ある場合に單に氏名だけを書いた投票は無效か　是れは無效である。(大正八年同一四年行判)

(一三) 字體不明の投票は無效か　是れは無效である。(明治三三年同三四年大正二年同九年行判)

(一四) 「吉」の一字の外判明しない投票は候補者佐々木慶吉の投票として有效か　是れは無效である。(大正二年行判)

(一五) 「伊トキク造」と書いた投票は候補者伊藤松男と候補者佐藤菊造の何れの得票か　是れは文字の種類と字體の巧拙と候補者に伊藤松男と佐藤菊造とある點から考へて「伊」と「佐」と

は認め難く結局何れの得票とも認め難い、從つて無效である。（大正三年行判）

（一六）「小一」と書いた投票は小畑市松と小倉市助の何れの得票か　是れは兩人共に其の頭字に依り「コイチ」と呼び又「小一」と記した事實ある場合は何れの得票とも認め難い、從つて無效である。（大正三年行判）

（一七）「イシキ忠次」と書いた投票は芦崎忠次の得票として有效か　是れは無效である。（大正六年行判）

（一八）「齋藤四郎」と書いた投票は齋藤四郎なる者がない場合齋藤久四郎齋藤豐四郎齋藤德四郎齋藤長四郎なる者の何れの得票か　是れは何れも被選擧權ある者なる場合は誰の得票とも認め難い、從つて無效である。（大正七年行判）

五　無效投票の中の被選擧權のない者の氏名を書いた投票に付て

（一）投票時間の中途で被選擧權を得た者に對する投票は有效か　是れは被選擧權を得る前の投票は無效とし被選擧權を得た後の投票は有效とすべきが當然であるが然し實際上是れを區分することは困難であるから其の者に對する投票は總て有效とする外はないのである。（大正一四年行實）

（二）自選投票卽ち選擧人が自分を被選擧人として書いた投票は無効か　是れは有効である。（大正一四年、同一五年行　實　行　判）

（三）投票する當時死亡して居る者の氏名を書いた投票は無効か　是れは無効である。

六　無效投票の中の被選擧人の氏名の外他事を記入した投票に付て

（一）選擧人の印章の押してある投票は無効か　是れは印章が投票の外封にある場合でも又被選擧人の名の下にある場合でも無效である。（明治二二年、明治三三年行　實　行　判）

（二）投票用紙の何の部分に拘らず一定の意味のある符牒と認めらるる文字或は其の他の記入のある投票は無效か　是れは無效である。（明治二七年同三四年同四五年行判）例へば左の樣なものである。

(1) 被選擧人の氏名の外に「カロイ」と書いた投票（明治二六年行判）

(2) 被選擧人の氏名の欄外に「ウ」と書いた投票（明治三九年行判）

(3) 被選擧人の氏名の下に「印」と書いた投票（大正三年行判）

(4) 被選擧人の氏名の上に△印を書いた投票（大正五年行判）

(5) 被選擧人の氏名の一字に圓圏を書いた投票（大正八年行判）

(6) 故意に用紙の裏面に墨痕を書き入れた投票（大正一一年行判）

(7) 被選擧人の氏名の下に「萬歳」と書いた投票（大正一二年行判）

(8) 用紙の右下端に「ウキ」と鉛筆で書いた投票（大正一二年行判）

(9) 被選擧人「古市忠八」の「八」の字の右肩に故意に書き入れた墨痕のある投票（大正一二年行判）

(10) 被選擧人の氏と名の間に句點を書いた投票（例へば明智、小五郎）（大正一四年同一五年行判）

(11) 被選擧人の氏名又は氏名及敬稱の下に「へ」と附記した投票（大正一四年同一五年行判）

(12) 故意に書き入れた墨痕のある投票（大正一四年行判）

(13) 被選擧人の氏名の上に「選擧シ」と書いた投票（大正六年行判）

(14) 被選擧人の氏名の下に縱線を書いた投票（大正一〇年行判）

(15) 「ナカヤマ〇イサミ」と書いた投票（大正一〇年行判）

(16) 「新《シ》三郎」と書いた投票（大正一一年行判）

(17) 被選擧人の氏名の上に「呈」と書いた投票（大正一〇年司民判）

(18) 投票用紙の裏面に算用數字の記載ある投票（明治三三年行判）

（三）被選擧人の氏名の外他の文字を書いた被選擧人の名刺を卷き込んだ投票は無效か　是れは無效である。（明治四五年行判）

（四）被選擧人の氏名の外普通の人を「何將軍」と書いた投票は有效か　是れは敬稱でない、從つて無效である。（明治四二年司民判）

（五）被選擧人の氏名の外殿閣下と書いた投票は有效か　是れは閣下と敬稱される地位の人に對する場合は有效である。（大正六年司民判）然しさうでない人を指す場合は無效である。

（六）被選擧人の氏名の外「君」「殿」「樣」「氏」或は是れ等の敬稱を假名で書いた投票は有效か　是れは有效である。（明治三三年大正一一年行判）

（七）補闕選擧の場合に被選擧人の氏名の上に「補闕員」と書いた投票は有效か　是れは有效である。（明治三四年行判）

（八）被選擧人の氏名の上に「議員」或は「市（町村）會議員」と書いた投票は有效か　是れは有效である。（明治三九年大正一一年行判）

（九）被選擧人の氏名の外「現縣（或は何）會議長」と書いた投票は有效か　是れは有效である。（大正一〇年司民判）

（一〇）「〆」なる文字を書いた投票は有效か　是れは封緘の意味と見らるるときは有效である。（明治三三年大正二年行判）

（一一）書き損じて抹消したものある投票は有效か　是れは有效である。（明治三三年大正二年、行判　大正九年司民判）

（一二）被選擧人の氏名の漢字の不完全なる爲めに假名を附記した投票は有效か　是れは有效である。（大正三年、大正六年行判　司民判）

（一三）被選擧人の氏名の外被選擧人の住所の屬する區域を（例へば何區）を書いた投票は有效か　是れは有效である。（大正三年行判）

（一四）一旦書いた被選擧人の氏名を抹消する意味で其側に墨點を附した投票は有效か　是れは有效である。（大正六年行判）

（一五）右方に「ウツミヤヤスヲ」と左方に「ウツヤヤミスヲ」と書いた投票は有效か　是れは宇都宮綏夫を指したもので左方の記載の誤りを右方の記載で訂正したものであつて有效の投票である。（大正七年行判）

（一六）被選擧人の氏名の外選擧人が故意に書いたものと認むることのできない墨痕のある投

票は有效か　是れは有效である。（大正一二年行判）

（一七）被選擧人の氏名の外に選擧人の書いたものでない數字の書いてある投票は有效か　是れは有效である。（大正五年司民判）

（一八）被選擧人の氏名の一部を殊更に大きく書いた投票は無效か　是れは有效である。（大正三年行判）

（一九）點字投票に被選擧人の誰であるかを明かにするために左の様に書いた投票は有效か　是れは有效である。

(1)「神山」を「上山」と區別する爲めに「カミ（シン）ヤマ」と記載した投票

(2)「練太郎」を「廉太郎」と區別する爲めに「レン（ネル）タラウ」と記載した投票

（二〇）被選擧人の氏名の外其の住所でない場所を書いた投票は有效か　是れは被選擧人の居所或は現在地或は本籍地を書いた場合は有效である。（大正一五年司民判）

―――

七　無效投票の中の被選擧人の氏名を自書しない投票に付て

（一）此處に所謂自書と云ふのは如何なる意味か　是れは被選擧人の誰であるかを認め得らる程度に自分で書くことである。（大正一三年行實）

（二）　型を用ひて書いた投票は無效か　是れは字體筆蹟文字の位置等から考へて型を用ひたものと認めらるる投票は無效である。（大正二年同三年同六年同一〇年同一四年同一五年行判）

（三）　被選擧人の名刺等を投票用紙の下敷として透寫した投票は無效か　是れは無效である。（大正七年行判）

（四）　代書投票は無效か　是れは無效である。（大正一四年行判）

（五）　他人の加筆に依る投票は無效か　是れは無效である。（大正一三年行判）

（六）　被選擧人の氏名に多少誤字脫字のある投票は有效か　是れは有效である。（大正三年行判）

（七）　被選擧人の氏名の五字の內一字だけ判明しない投票は有效か　是れは有效である。（大正一一年行判）

（八）　インキ又は鉛筆で書いた投票は有效か　是れは有效である。（大正一二年行判）

（九）　羅馬字で書いた投票は有效か　是れは有效である。（大正一三年、同一四年、同九年實行判司民判）

（一〇）　被選擧人の氏名を記載した紙片又は名刺を傍に置き是れを見て記載した投票は無效か　是れは有效である。（明治三二年行實）

（一一）　活字などで押した投票は無效か　是れは無效である。

（一二）左文字で書いた投票は有效か　是れは有效である。（大正五年司民判）

（一三）投票用紙に名刺などを貼付した投票は無效か　是れは無效である。

（一四）被選擧人の氏名の記載のない白紙の投票は無效か　是れは勿論無效である。

（一五）朝鮮文字で書いた投票は無效か　是れは無效である。（大正一三年昭和二年行實）

（一六）羅馬字以外の外國文字で書いた投票は無效か　是れは無效である。

八　其の他の無效投票に付て

（一）買收された者の爲した投票は無效か　是れは此の投票を無效とする規定はないから有效である。（大正一三年行判）

（二）選擧人でない者が選擧人の氏名を詐稱して爲した投票は無效か　是れは無效である。（大正一二年行判）

第十項　市町村會議員選擧の當選者に付て

第三十條
第二十七條

一　市町村會議員選擧の當選者となる者は如何なる者か　是れは市制第三十條町村制第二十七條に規定されて居る。同條に述べたところを參照せられたい。

第三十三條
第三十條

二　市町村會議員の選擧を行はないで當選者を定むる場合は如何なる場合か　是れは市制町村制第

三十三（三十）條第二項に規定されて居る。同條に述べたところを參照せられたい。

三　市町村會議員選擧の當選者が選擧期日後被選擧權を失つた場合は如何になるか　是れは市町村制第三十七條ノ二（二十七條ノ二）に規定されて居る。同條に述べたところを參照せられたい。

四　市町村會議員選擧の當選者が議員となるのは何時か　是れは市町村制第三十二（二十九）條に規定されて居る。同條に述べたところを參照せられたい。

（一）市町村制第三十二（二十九）條第六（五）項に所謂請負に付て

(1) 請負と云ふのは民法に所謂請負と同じ意味か　是れはさうではない。此處に所謂請負は廣い意味の請負であつて民法上の請負は勿論其の他普通に請負と稱するものは皆含まるるのである。（明治四五年大正元年同五年同一四年行判、明治三七年司民判）

(2) 新聞社が一定の料金を以て日々發行する新聞紙に市町村の公報等の掲載を引受くることは請負か　是れは請負である。（明治三四年大正一四年行判）

(3) 新聞社が公報の印刷を引受け市町村は其の報酬として發行の都度一定の部數を買上ぐることを約定したときは實際は少しも營利の餘地のないものであつても請負か　是れは請負である。（明治三四年行判）

(4)　市町村の金庫事務を取扱ふことは請負か　是れは請負である。（明治三六年同三八年同四一年大正五年行判）

(5)　電氣を一般に供給する目的の會社が市町村にも電氣を供給した場合は請負か　是れは請負ではない。（明治三八年大正二年行判）尤も是れには反對の大審院の判決がある。（大正九年司民判）

(6)　營利の意思の伴はないものも請負か　是れは其の通りである。（明治四五年行判）

(7)　市町村に對しセメントの供給を約し其の代金の支拂を受くることは請負か　是れは假令契約書中に請負なる文詞があつても賣買契約であつて請負ではない。（明治四五年行判）

(8)　市町村に對し汚物を塵芥棄場に運搬することを引受けそれに對して報酬を受くることは請負か　是れは假令其の報酬が市町村の意思に依つて定まるものであり又其の報酬支拂の時期が運搬完了の前であつても矢張り請負である。（大正二年行判）

(9)　市町村に對して豫約をすることは請負か　是れは請負ではない。例へば木炭賣却の豫約或は新聞經營者が市町村の申込に應じて廣告を掲載した場合に料金の一定の割引をする豫約をした樣な場合である。（大正三年同七年同八年行判）

(10)　市町村醫又は學校醫を囑託された者は請負を爲す者か　是れは市町村醫又は校醫として

受くる手當は服務に對する報酬であるから請負ではない。(大正五年同七年行判)

(11) 市町村に對し一定の印刷物を一定の代金を以て完成して納入することは請負か　是れは請負である。(大正七年行判)

(12) 市町村に對し食品市場の業務を執行することを引受け其の報酬を受くることは請負か　是れは請負である。(大正一四年行判)

(13) 曩に請負をしたことのある者、將來請負を爲さうとする者、豫約だけで未だ請負契約をしない者、既に請負契約に因る義務を履行し單に報酬を受くる權利を有し又は瑕疵擔保の義務を負ふに過ぎない者は請負を爲す者か　是れは請負を爲す者ではない。(大正七年行判)

(14) 請負と云ふのは繼續的なると一時的なるとに拘らないのか　是れは其の通りである。(大正七年行判)

(15) 主として市町村に對し請負を爲し又は市町村に於て費用を負擔する事業に付市町村長又は其の委任を受けたる者に對し請負を爲す法人と云ふのは如何なるものか　是れは單に請負を主とする法人を云ふのではなくて主として市町村等に對して請負を爲す法人を云ふのである。法人の業務が市町村等に對する請負を主とするか否かは其の問題を決定すべき時

期に接着する既往の業務上の實際の成績に依つて法人の市町村等から受くる收入が法人の收入の主要な部分を占むるか否かに依つて決定すべきものである。（大正三年同五年同七年行判）例へば金庫事務を取扱ふ銀行ならば其の營業の目的業務の範圍取扱金額及利益金額から觀て金庫事務取扱が同銀行の主要なる部分を占むるか否かを決定するのである。（大正一四年行判）市町村に對する請負だけを業務とする會社は主として市町村等に對し請負を爲す法人であることは勿論である。（大正一四年行判）

(16)　主として市町村等に對して請負を爲す法人の役員が辭任した以上は假令商業登記簿には未だ辭任の記載がなくても其の法人の役員ではなくなつたものとして取扱つて差支ないか　是れは差支ないのである。（明治三三年行判）

第三十四條 第三十一條

五　市町村會議員選擧の當選者が定まり又は確定した場合の手續は如何にすべきものか　是れは市制第三十二條町村制第二十九條と第三十四條第三十一條に規定されて居る。同條に述べたところを參照せられたい。

第十一項　市町村會議員選擧の有效無效に付て

第三十五條 第三十二條

一　市町村會議員の選擧は如何なる場合に無效となるか　是れは市制第三十五條町村制第三十二條に規定されて居る。同條に述べたところを參照せられたい。

二　市町村會議員選擧人名簿と選擧の效力に付て

（一）　法定の期間關係者の縱覽に供しないところの選擧人名簿に依つて行つた選擧は無效か　是れは適法の確定名簿ではない、從つて此の名簿に依つて行つた選擧は全部無效である。（大正二年同三年行判）

（二）　法定の手續を經て確定はしたが其の中に無資格者が登錄されて居るとか其の他錯誤のある選擧人名簿に依つて行つた選擧は無效か　是れは有效である。（大正七年同一一年行判）

（三）　選擧人が他市町村に轉住し或は死亡したこと等失格の事由を市町村長が符箋した選擧人名簿に依つて行つた選擧は無效か　是れは市町村長が勝手に名簿を修正したものではない。從つて其の名簿に依つて行つた選擧は有效である。（大正一〇年行判）

（四）　選擧を終つた後に選擧人名簿に登錄せらるべき者であることの判決を受けた者ある場合に其の者を參與させなかつた選擧は無效か　是れは有效である。（大正一二年行判）

（五）　異議の決定の確定に依つて選擧人名簿に登錄せらるべき者がある場合に誤つて決定の確定前に其の者を登錄した選擧人名簿に依つて行つた選擧は無效か　是れは決定の確定前に登錄したことは違法ではあるが其の決定が確定すれば其の登錄も適法のものとなるから其の確

定後其の名簿に依つて行つた選擧は有效である。(大正一三年行判) 然し其の決定が確定しない前に其の名簿に依つて行つた選擧は選擧の結果に異動を生ずる虞ある場合に於ては無效である。(大正一〇年同一二年行判)

三 市町村會議員選擧に關する告示と選擧の效力に付て

(一) 法定の期限内に市町村制第二十二十九條の告示をしないで行つた選擧は無效か　是れは無效である。(明治三三年大正一〇年行判)

(二) 市町村制第二十二十九條に依つて告示した場所以外の場所で行つた選擧は無效か　是れは無效である。(明治三一年行判)

(三) 市町村制第二十二十九條に依つて告示した選擧會の場所たる議事堂が其の後移轉した場合に其の儘移轉した場所で行つた選擧は有效か　是れは移轉した議事堂を告示したときは最初の選擧會場の告示に依つて當然移轉した新議事堂で選擧を行ひ得るのである。從つて其の選擧は有效である。(明治四二年行判)

四 市町村會議員選擧を行ふべき場合と選擧の效力に付て

(一) 議員の任期中に行はれた總選擧は無效か　是れは例へば昭和二年一月一日に議員の任期

の満了する場合は其の翌日即ち昭和二年一月二日に總選擧が行はるることが通例である。其の選擧が議員の任期の滿了しない昭和元年十二月三十一日又は其れ以前に行はれたときは無效である。（大正九年行判）

（二）總選擧の期日を議員の任期滿了の翌日でなく數日後に定めて行つた選擧は無效か　是れは有效である（大正六年行實）

（三）總選擧で當選者となつた甲の當選の效力に付て異議申立訴願訴訟等が繫屬中に同じ總選擧の當選者たる乙が死亡したときに行つた補闕選擧は有效か　是れは有效である。（大正一一年行判）

（四）市町村會議員の選擧犯罪に依り檢擧された者が其の事件が繫屬中に市町村會議員の職を辭した爲めに補闕選擧を行ふたところ其の後其の者が罰金刑に處せられた場合は前の補闕選擧は無效か　是れは此の辭職は有效であるから補闕選擧を行うて差支ない。從つて其の選擧は有效である。（大正七年行實）

（五）市制第三十七條町村制第三十四條に所謂當選無效と確定したときの中には市制第四十條町村制第三十七條に依つて準用さるる衆議院議員選擧法第百三十六條に依つて當選無效となつたときをも含むのか　是れ

は其の通りである。（大正三年行判）

五　市町村會議員選擧の投票用紙と選擧の効力に付て

（一）成規の投票用紙でないものを交付して行つた選擧は無效か　是れは違法の處置である。從つて選擧の結果に異動を生ずる虞あるときは其の選擧は無效である。單に其の投票だけが無效となるに止まらないのである。（大正六年行判）

（二）選擧人が自分で勝手に調製した投票用紙を用ひた選擧は無效か　是れは其の投票だけが無效であつて選擧は有效である。

（三）投票用紙を細かに折り疊んで選擧人に交付した選擧は無效か　是れは選擧の規定に違背しない。從つて其の選擧は有效である。（大正一〇年行判）

（四）市町村長の定めた投票用紙が粗薄で被選擧人の氏名を透視し得る場合其の投票用紙を用ひた選擧は無效か　是れは假令其の用紙が粗薄であつても矢張り市町村長の定めた用紙に外ならないのであるから其の選擧は有效である。（大正三年行判）

（五）市町村長が様式を告示しない投票用紙を用ひた選擧は無效か　是れは投票用紙の様式を市町村長に於て定めたときは是れを選擧人に周知させることは必要であるが必ずしも告示し

なければならないものではない。從つて選擧人に周知させる方法を執りさへすれば告示しなくても其の選擧は無效とはならないのである、（大正一四年同一五年行判）尤も周知させる方法を執らない場合には其の選擧は無效となるのである。

六　市町村會議員選擧の立會人と選擧の效力に付て

（一）　立會人の中に一時席を離れた者があつたときは選擧は無效か　是れは其の爲めに無效とはならない。（明治二四年同三四年同三五年行判）排便又は晝食の爲め僅かの時間一時其の席を退去した場合も同樣である。（大正九年司民判）自分で投票する爲めに一時其の席を離れた場合も同樣である。（明治四一年行判）

（二）　立會人中闕席者があつても其の數が二人（市制第三十九條二の市では三人）を下らない場合の選擧は有效か　是れは有效である。（明治三四年同四三年同四四年行判）

（三）　資格のある立會人が一人であつたとき又は全くなかつたときの選擧は無效か　是れは其の間に爲された投票は無效であつて其の爲めに選擧の結果に異動を生ずる虞ある場合は其の選擧は無效である。（大正二年同七年行判）

（四）　被選擧人の氏名を自書し得ない者を立會人として行つた選擧は無效か　是れは斯樣な者

も立會人と爲り得るのであるから其の爲めに選擧は無效となることはない。（明治四一年行判）

（五）指定の時刻に遲れた立會人を其の儘立會人として行つた選擧は無效か　是れは指定の時刻に遲れたからとて立會人が當然其の資格を失ふものではない。從つて是れ等の者を立會人として行つた選擧は有效である。（大正九年司民判）

（六）市に於て投票分會を設けた場合に其の區域から選擧會の選擧立會人を選任して行つた選擧は違法か　是れは違法ではない。尤も是れには反對の實例がある。即ち投票分會を設けたときは投票分會の投票立會人は分會の區域內の者から又選擧會の選擧立會人は投票分會を除いた以外の區域の者から定むべきものであるから是れに反した選擧は違法であると云ふのである。（大正一五年行實）

（七）資格のない者を誤つて立會人に選任したが其の立會人が選擧に立會はなかつたときは其の選擧は有效か　是れは違法ではあるが其の選擧は無效とはならないのである。（明治四二年行判）

七　市町村會議員選擧の投票時刻を誤つた選擧の效力に付て

（一）豫定時刻前から投票を開始した選擧は無效か　是れは選擧權を行ふことの妨げとはならないものであるから有效である。（明治四三年行判）

（一二）豫定時刻に遲れて投票を開始した選擧は無效か　是れは違法であつて其の爲めに選擧の結果に異動を及ぼす虞のある場合は無效である。（大正一〇年行判）

八　市町村會議員選擧の選擧會場の不完全又は不秩序と選擧の效力に付て

（一）選擧長と立會人が自分で直接に投票記載所内の選擧人の行動を監視しなかつた選擧は無效か　是れは必ずしも自分が直接監視しなくても監視官席や取締員席を適當に配置して相呼應して監視すれば其の選擧は違法ではない。（大正一一年司民判）從つて無效とはならないのである。

（二）選擧事務を補助させる爲めに市町村吏員又は給仕小使を選擧會場に入場させた選擧は無效か　是れは違法ではない。（明治四三年行判）從つて無效とならないのである。

（三）選擧權のない者が選擧會場に入場した選擧は無效か　是れは違法ではあるが選擧の結果に異動を生ずる虞のない限り選擧は有效である。（大正二年同三年同七年行判）

（四）選擧會場の障壁が不完全の爲め外部から其の模樣を窺ふことができ或は又選擧權のない者が多數侵入して選擧會場を騷がした選擧は無效か　是れは其の爲めに選擧權の行使を妨げられて投票を爲し得なかつた者があるか又は選擧權のない者が投票した事實のない限り其の選擧は有效である。（大正三年行判）

（五）選擧人でない者が選擧會場に入り且當選者の爲めに選擧人を威壓する樣な行爲をした選擧は無效か　此の場合であつても選擧人が威壓された爲めに自分の意思を枉げて投票した事實の認められない限り其の選擧は有效である。（大正七年行判）

（六）選擧會場外で爲した勸誘が會場内に聞えた場合の選擧は無效か　是れは其の爲めに選擧が無效とはならないのである。（大正八年行判）

（七）投票記載所の設備が不完全である場合は其の選擧は無效か　是れは程度の問題である。

(1) 投票記載所に選擧人相互の間或は選擧人と立會人の間に窺覗を避くる樣な設備のない爲め立會人の一人が選擧人の投票を覗つて一々手記した樣な事實ある場合の選擧は無效か　是れは其の爲めに選擧人が自分の意思を枉げた事實の認められない限りは其の選擧は有效である。（大正一〇年行判）

(2) 投票記載所の設備が不完全で祕密選擧の趣旨に反し選擧の自由公正を害する程度に達した場合の選擧は無效か　是れは何の設備もない公の場所で爲された投票と同樣であるから其の選擧は無效である。（大正六年同一〇年司民判）

(3) 投票記載所の設備が不完全であつても投票人が相當の注意を以て他の窺覗を防ぎ得る程

度のものである場合は其の選擧は有效か　是れは有效である。（大正六年同一〇年司民判）
（八）立會人或は選擧人か選擧會場内で他の選擧人に對して或る者に投票すべき旨を强要し又は勸誘したにも拘らず選擧長が其の行爲を制止しなかつた場合の選擧は無效か　是れは其の爲めに選擧人が自分の意思を枉げた事實のない限りは其の選擧は有效である。（大正一四年行判）
（九）投票記載所の卓子の目隱枠板に候補者の氏名を書いたものがあり又是れと前後して會場内に候補者の名刺を撒布したものあつてそれを入場した選擧人の多數が目擊した場合の選擧は無效か　是れは有效である。（大正六年行判）
（一〇）選擧の參觀を許さなかつた場合の選擧は無效か　是れは騷擾が甚しく妨害の虞がある場合は參觀を許さなくては差支ない。從つて其の選擧は有效である。（明治三七年行判）

九　市町村會議員選擧の無資格者の投票と選擧の效力に付て

（一）選擧の效力に關する決定裁決判決を爲すに付て選擧權のない者の爲した投票は誰の得票になつて居るかを調査することは差支ないか　是れは假令選擧權のない者の爲した投票でも其れが誰を選擧したものであるかを調査することは無記名投票の制度の精神に反するものであつて爲し得ないことである。（大正一一年同一二年同一三年同一四年同一五年、大正七年行判司民判）然し大

審院刑事部は是れに反する判決をして居る。（大正一四年司刑判）

（二）選擧權のない者が投票した選擧は無效か　是れは此の場合其の投票は無效であり又選擧は違法である。而して是れが爲め選擧の結果に異動を生ずる虞のあるか否かは假りに其の無效なるべき投票數を當選者の得票數から控除して其の結果を次點者の得票數に比べて見るのである。それでも尙ほ當選者の得票數が多いときは選擧の結果に異動を來す虞のないものであるから其の選擧は有效である。若し當選者の得票數が次點者の得票數より少くなるときは選擧の結果に異動を來す虞あるものであるから其の選擧は無效である。（大正三年同八年同九年同一二年行判）

一〇　市町村會議員選擧の有權者の投票拒絶と選擧の效力に付て

（一）選擧長が選擧人の投票を拒絶した選擧は無效か　是れは違法である。其の結果選擧の結果に異動を生ずる虞あるか否かは假りに其の拒絶した選擧人が投票したものとして其の數を次點者の得票數に加へ其の結果を當選者の得票數に比べて見るのである。それでも尙ほ當選者の得票數が多いときは選擧の結果に異動を及ぼす虞のないものであるから其の選擧は有效である。是と相反する場合は其の選擧は無效である。（明治四二年行判）

一　市町村會議員選擧の投票函と選擧の效力に付て

（一）一の選擧會場で二個以上の投票函を使用した選擧は無效か　是れは投票函は一個に限る方が適當である。（大正一四年行　實）然し乍ら二個以上使用したからとて其の爲めに選擧が無效となることはないと思はるる。

（二）投票函の內蓋外蓋投票口は共に鎖鑰を用ふべき場合に其の何れか例へば內蓋を鑰で鎖さないで紙片で封緘した選擧は無效か　是れは違法ではあるが實際上選擧の自由公正を害する程度に至らないときは選擧は無效とはならないのである。（大正一〇年司　民　判）

（三）投票函が送致の途中で一時投票分會長投票立會人の管理を離れた選擧は無效か　是れは其の爲めに投票函に何の異變も生じないことが明白である場合は其の函內の投票も異變のないものと認むるのが相當である。從つて其の選擧は有效である。（大正七年行　判）

二　市町村會議員選擧の選擧錄と選擧の效力に付て

（一）選擧錄が法定の形式を備へない場合の選擧は無效か　是れは其の爲めに選擧の效力に影響を及ぼすことはない。從つて其の選擧は有效である。（明治二七年、大正一一年行　判　司　民　判）

（二）選擧錄に選擧長立會人の署名がなく又は其の氏名が自書でない場合の選擧は無效か　是

れは矢張り前の(一)と同様である。(明治三〇年、大正一一年行判　司　民　判)
(三)　選擧の效力に關する決定裁決判決を爲すに付て選擧錄に記載のない事項を判斷の資料と爲し得るか　是れは爲し得るのである。例へば選擧錄に記載のない事項は投票を證據と爲し得る。(明治三〇年行判)選擧が適法に行はれたことは選擧錄以外の證據で證明し得る。(大正一一年司　民　判)然し乍ら一個人(例へば立會人の或者)が隨意に作つた證明書の樣なものは選擧錄を打消す效力がないのである。(明治二八年同二九年大正二年行判)

【三】　市町村會議員選擧の一部無效に付て

(一)　選擧の一部と云ふのは如何なるものか　是れは例へば甲市に第一選擧區と第二選擧區とを設けた場合の第一選擧區內の選擧だけ又は第二選擧區內の選擧だけ、或は市町村に開票分會を設けた場合の選擧會內の選擧だけ又は開票分會內の選擧だけと云ふ樣に理論上分割し得べき選擧の一部を云ふのである。從つて選擧區又は開票分會を設けなかつた場合には選擧の一部の無效と云ふことは起らない。常に選擧の全部の無效が起るだけである。(大正四年同五年同六年同七年行判)

【四】　市町村會議員選擧の無效となる原因の一であるところの選擧の規定に違反すると云ふのは

如何なる意味か　是れは選擧の執行に關する手續が成規に違背した場合を云ふのである。從つて市制町村制に準用さるる衆議院議員選擧法の罰則に規定されて居る投票買收等の犯罪行爲のあつた場合の如きを含まないのである。（明治四五年行判）

第十二項　市町村會議員の選擧又は當選の効力に關する爭訟に付て

一　市町村會議員の選擧又は當選の效力に關する爭は如何なる方法で行はるるか　是れは市制町村制第三十六條第三十三條に規定されて居る。同條に述べたところを參照せられたい。

二　市町村會議員の選擧の效力に關する爭訟と當選の效力に關する爭訟との區別に付て

（一）選擧の效力に關する爭訟であるか或は當選の效力に關する爭訟であるかに付ては如何にして判斷すべきものか　是れは異議申立書訴願書訴狀の內容に依つて判斷すべきものである。（大正六年行判）

（二）選擧の效力に關する爭訟と當選の效力に關する爭訟との區別は其の爭を決定裁決判決する機關を拘束するのか　是れは異議の申立訴願訴訟並に府縣知事の處分に付て選擧の效力に關するものと當選の效力に關するものとを區別したのは選擧人が爭訟を起し又は府縣知事が

處分を爲す場合に關しての區別に過ぎないのであるから異議申立訴願訴訟を審理する機關が決定裁決判決する場合には必ずしも此の區別に拘束されないのである。（大正八年行判）

（三）無資格者が選擧に參與したから選擧が無效であると主張することは選擧の效力に關する爭訟か　是れは其の通りである。（明治三一年行判）

三　市町村會議員選擧の效力に關する爭訟に於て投票の效力又は當選の效力を審査することに付て

（一）選擧の效力に關する爭訟に於て投票の效力を審査し得るか　是れは選擧の有效無效は選擧に關係のある諸般の事項を調査した上でなければ決し得ないものである。從つて假令異議申立人訴願人等の要求がなくても選擧の結果に影響すべきものである以上は決定裁決を爲す機關が投票の效力をも判斷して其の結果に付て選擧の效力に關して決定裁決を爲し得るのである。（大正三年行判）

（二）異議申立に於ては選擧の效力に關してだけ爭ひ次に訴願に於ては選擧の效力の外當選の效力に付ても爭ふことは差支ないか　是れは差支ないのである。（大正一五年行判）

四　市町村會議員の當選の效力に關する爭訟に於て選擧の效力を審査することに付て

（一）　當選の效力に關する爭訟に於て選擧の效力を審査し得るか　是れは當選の效力の爭に付て審査中に選擧の無效なることを發見した場合に其の選擧の無效を決定裁決判決することを得ないものとせば甚だ不條理な結果を生ずるから假令衆議院議員選擧法第八十二條第二項の樣な明文がなくても進んで選擧の效力に付て決定裁決判決し得るのである。（大正三年同七年行判）

五　市町村會議員の選擧の效力と當選の效力に付て爭訟を爲し得る者に付て

（一）　市制第三十六條町村制第三十三條に所謂選擧人と云ふのは如何なる者か　是れは左の通りである。

(1)　選擧人と云ふのは其の選擧當時の選擧人だけを指すのか　是れは其の通りである。（大正四年行判）

(2)　選擧人と云ふのは其の選擧當時選擧人であつたが其の後選擧權を失つた者をも含むのか　是れは其の通りである。從つて假令異議申立訴願訴訟の繫屬中に其の申立人訴願人原告が選擧人たる資格を失つたからとて其の爲めに異議申立訴願訴訟を爲す權利を失ふものではない。（大正七年行判）

(3)　選擧人と云ふのは所屬選擧區の選擧人だけを指すのか　是れはさうではない。他の選擧區の選擧人をも含むのである。（大正十三年行判）

(4) 選擧人と云ふのは選擧人名簿に登錄された者だけを指すのか　是れはさうではない。假令選擧人名簿に登錄されて居らなくても眞に選擧權のある者は矢張り此處に所謂選擧人である。（大正一三年行判）

(5) 選擧人と云ふのは其の選擧に於て實際投票を爲した者だけを指すのか　是れはさうではない。實際投票はしなくても其の選擧の選擧人であれば皆含まれるのである。（大正五年司民判）

（二） 市制第三十六條 町村制第三十三條に所謂不服ある者と云ふのは如何なる者か　是れは左の通りである。

(1) 不服ある者と云ふのは決定又は裁決を受けた本人だけを云ふのか　是れはさうではない。其の選擧の選擧人で不服ある者は誰でも皆含まれるのである。（明治二五年同三九年大正一二年同一三年行判）

(2) 不服ある者と云ふ中には市町村長も含まるるのか　是れは含まれないのである。（大正一〇年行判）

（三） 市町村會は選擧又は當選の效力に關して訴願訴訟を提起し得るのか　是れは市町村會に訴願訴訟を爲し得ることは認められて居ないのである。（大正二年行判）

（四） 選擧人が死亡した場合に其の相續人は異議申立訴願訴訟を提起する權利を承繼するか

是れは此の權利は選擧人の一身に專屬した權利であるから相續人は承繼するものではないのである。（大正五年行判）

六　市町村會議員の選擧の效力に關する爭訟と當選の效力に關する爭訟の出訴期間に付て

（一）市町村制第三十六條第三十三條に所謂選擧の日とは投票の日を指すのか　是れは其の通りである。（明治四一年行判）

（二）市町村制第三十六條第三十三條に所謂選擧の日より七日以內と云ふのは如何なる意味か　是れは投票の日の翌日から計算して七日以內と云ふ意味である。（明治四一年同四四年行判）

（三）市町村制第三十六條第三十三條に所謂當選に關しては告示の日よりとあるのはそれ以前には異議申立を許さない意味か　是れはさうではない。告示の日よりとあるのは單に異議申立の期限を定むる爲に必要な起算點を示したに過ぎないのであつて苟も選擧會に於て當選者を決定した以上は其の告示の前でも異議申立は許す意味である。（大正三年同五年同七年同八年行判）

（四）市町村制第三十六條第三十三條に所謂報告を受けたる日と云ふのは實際市町村長の報告を受けた日を云ふのか　是れは其の通りである。（大正三年行判）

（五）當選の效力に關する訴願に付ての裁決書が其の裁決の告示の日よりも後に訴願人に交付

された場合の行政訴訟を爲す期間は何時から計算するのか　此の場合は訴願人は勿論のこと訴願人でない者に付ても裁決書が訴願人に交付された日の翌日から計算すべきものである。（大正二一年行判）

七　市町村會議員の選擧の效力に關する爭訟と當選の效力に關する爭訟の提起に付て

（一）　市町村長に申立つべきものを市町村會に申立てた場合の異議申立は適法か　是れは提起すべき行政廳を誤つたものであつて訴願法第九條第二項に所謂訴願書の方式を缺くに止まるものではなく同條第一項に所謂適法の手續に違背するものである。從つて却下さるべきものである。（明治四四年行判）

（二）　市町村會の決定に對する訴願を決定を爲した市町村會を經由しないで提出した場合は如何にすべきものか　是れは訴願法第九條第一項に依つて却下すべきものである。（大正二年同三年行判）

（三）　誰の當選を取消すべきかを指定しない當選の效力に關する異議申立又は訴願は有效か是れは選擧會で當選者と定められた者の當選を取消され度旨を包含する限り有效のものである。（大正三年行判）

（四）當選者である者を當選者と定められ度旨の異議申立訴願訴訟を當選者又は選擧人から提起し得るか　是れは爲し得ないのである。（大正三年行判）

（五）單に當選者の得票數の增加を求むる異議申立訴願訴訟は提起し得るか　是れは選擧又は當選の效力に關する爭訟ではない。從つて爲し得ないのである。（大正三年同六年同一〇年行判）

（六）記載が不完全でも全體の文意から異議申立と看らるるものは受理して差支ないか　是れは例へば市町村長に提出した書面に訴願と題し其の中に訴願裁決等の文詞があつても全體を通覽して異議申立を爲す趣旨と認めらるるときは是れ等の文詞の訂正がなくても異議申立として受理すべきである。（大正四年同一五年行判）

（七）記載が不完全でも全體の文意から當選の效力に關する訴願と見らるるものは受理して差支ないか　是れは例へば訴願書には直接に當選の效力に關する字句の記載がなく單に市町村會が甲某の有效投票と決定した一票の無效なる旨の記載あるに過ぎない場合であつても其の一票が甲某の當落に關係を及ぼすものである以上は其の訴願は當選の效力に付て裁決を求むる趣旨と解すべきである。從つて受理すべきものである。（大正七年行判）

（八）市町村會の決定と府縣參事會の裁決を經ないで提起された訴訟は如何に取扱はるるか

是れは適法の手續に違背するものであるから却下さるべきものである。（大正八年行判）

（九）適法に爲した異議申立を市町村長が市町村會の決定に付しないで却下した場合に訴願を爲し得るか　此の場合は其の却下處分に對して府縣參事會に訴願を爲し得るのである。（大正一〇年行判）

（一〇）決定又は裁決の效力の發生しない前に訴願又は訴訟を提起し得るか　是れは決定裁決は文書を以て爲し申立人又は訴願人に交付すべきものであるから其の交付があつて初めて效力を生ずるものである。而して未だ其の交付のない前に提起された訴願訴訟は却下さるべきものである。（大正一〇年行判）

八　市町村會議員の選擧の效力に關する爭訟と當選の效力に關する爭訟の審理に付て

（一）市町村會又は府縣參事會が當選の效力に關する異議申立の決定又は訴願の裁決に於て誰が當選者であるかを定めて差支ないか　是れは定めることができないのである。市町村會又は府縣參事會は單に當選者の當選が有效か無效かを判斷するだけである。其の決定又は裁決の結果當選者の當選が無效となつた場合に次の當選者を定めることは選擧會の爲すべきことである。（大正三年同四年同六年行實）

（二）當選の效力に關する爭訟で申立人又は當事者間に爭のない投票に付ても審査し得るか　是れは決定裁決判決に必要な場合は投票全部に付て審査し得るのである。（大正二年同三年行判）

（三）選擧の效力に關する異議申立又は訴願に於ては決定裁決ある迄は何時でも選擧の效力に關係ある一切の理由を追加し得るか　是れは選擧の有效無效は關係ある諸般の事項を調査した上でなければ決し得ないものであるから決定廳裁決廳は申立の有無に拘らず是れ等の事項を審査すべきものである。從つて異議申立人訴願人も關係ある一切の理由を決定又は裁決ある迄は何時でも追加し得るものである。其の追加した理由が前の理由と性質を異にしても差支ない。（大正二年行判）

（四）選擧の效力に關する異議申立又は訴願に付て選擧人名簿の效力に關しても決定又は裁決し得るか　是れは選擧の效力に關する救濟と選擧人名簿の效力に關する救濟とは區別されて居るから選擧の效力に關する訴願を審査するに當つてそれに關係のある範圍で選擧人名簿を審査し得ることは勿論であるが延て選擧人名簿の效力に付て決定又は裁決を與ふることはできないのである。（大正三年行判）

（五）或る者の當選の效力に關する異議申立又は訴願が提起されたときは其の選擧の當選者全

部の當選の效力に付て決定又は裁決を爲し得るのか　是れは例へば異議申立人又は訴願人が特定の當選者を指摘して其の者の當選の效力を爭つた場合であつても其の當選者だけでなく其の他の當選者も全部當選の效力が確定しないのである。從つて決定又は裁決を爲す者が異議申立人又は訴願人の指摘した者以外の當選の效力を審査し其の結果に基いて決定又は裁決することは差支ない。（大正六年行判）

（六）　當選の效力に關する訴訟に付ては裁判所は當事者の申立ない事項に付ても職權調査を爲し得るか　是れは當選の效力に關する訴訟は其の性質が公益に關する事件であるからそれに關係のある以上は假令當事者の主張しないものでも職權で調査し其の結果に基いて判決を爲し得るのである。（大正七年行判）

（七）　訴願の裁決の際主張しなかつた事實に付ても選擧の效力に影響するものなる以上は行政裁判所で主張することは差支ないか　是れは其の通りである。（大正八年行判）

（八）　訴願裁決廳は裁決を爲すに當り訴願人の申立た異議の理由に拘束されるか　是れは拘束されないのである。（大正九年行判）

（九）　府縣參事會が裁決を爲すに當り市町村會の決定の理由は相當と認めたが他に違法の事實

あることを認めて其の爲めに市町村會の決定と反對の裁決を爲すことは差支ないか　是れは差支ないのである。（大正九年行判）

（一〇）　市町村會に於て當選の效力に關する異議申立を審議する際には當選無效を求められた當選者を會議から退席せしむべきものか　是れは其の者の一身上に關する事件であるから退席せしむべきものである。（大正一一年行判）

（一一）　選擧又は當選の效力に關する異議申立に對する市町村會の決定に參與した市町村會議員が更に府縣參事會員として市町村會の決定に對する訴願の審査に付府縣參事會の議事に參與し得るか　是れは府縣制第七十四條の規定に依つて準用する同第五十四條に所謂自己の一身上に關する事件ではないから參與して差支ないのである。（大正一一年行判）

（一二）　當選の效力に關する訴訟の繫屬中に其の當選者が議員を辭職した場合は其の訴訟は如何になるか　是れは選擧又は當選爭訟の目的は單に議員たる資格を維持することにあるのではなく選擧又は當選の適法と公正を維持するに在るのであり又一面假令其の議員が辭職したからとて其の當選の效力に關する府縣參事會の裁決は矢張り其の效力を失はないのであつて其の裁決の當否の確定に依つては後任者を定める上に差別を生ずるのであるから其の者の辭

職に依つて當選訴訟の目的は消滅するものではない。（大正一〇年行判）

（一三）　選擧又は當選の效力に關する訴訟の繫屬中に原告が死亡した場合は訴訟は如何になるか　此の場合は訴訟は消滅するのである。

（一四）　知事が參事會議長たる資格でなく單に知事として參事會に關係のない府縣廳在勤の官吏をして訴願の受理、投票の開披、訴願の審査、裁決書の立案に關與させ又發案したときは其の府縣參事會の裁決は違法か　是れは假りに如斯事實が違法であるとしても是れは裁決の準備手續に違法があるだけであつて裁決其のものには違法があるものではないのである。（大正一五年行判）

第三十九條
第三十六條

九　市町村會議員選擧の效力と當選の效力に關する異議の決定と訴願の裁決は告示しなければならないか　是れは市町村制第三十九條三十六條に規定されて居る。同條に述べたところを參照せられたい。

市制第三十九條ノ二

第十三項　市町村會議員選擧に議員候補者制度を採る市に付て

一　市町村會議員の選擧に議員候補者制度を採る市に於ては如何なる規定に依るべきか　是れは市制第三十九條ノ二に規定されて居る。同條に述べたところを參照せられたい。

第十四項　市町村會議員選擧の運動に付て

一　市町村會議員選擧の運動に付ては如何なる規定に依るべきものか　是れは市町村制第三十九條三十六條ノ二に規定されて居る。同條に述べたところを參照せられたい。

(一)　選擧事務に關係ある官吏吏員は選擧運動を爲し得ないか　是れは市町村制第三十九條三十六條ノ二に依つて準用さるる衆議院議員選擧法第九十九條第二項に依つて其の關係ある區域內では選擧運動が出來ないのである。

(二)　選擧事務に關係ある市町村の名譽職吏員は假令自分が議員候補者となつた場合でも選擧運動を爲し得ないのか　是れは選擧事務に付て關係ある區域內では選擧運動を爲し得ないことは前の(一)の通りである。

(三)　選擧事務に關係ある吏員と云ふのは如何なるものか　是れは第三項被選擧權に付ての(二)に述べたところを參照せられたい。尙ほ此處に所謂吏員は名譽職と有給の兩方を含むのである。從つて市(市制第六條の市の區長を除く)町村の區長なども關係ある吏員である。

(四)　市町村の區長(市制第六條の市の區長を除く)は如何なる範圍が關係ある區域か　是れは其の職務を行ふべき區內を指すのである。市町村全體を指すのではない。(大正元年行例)

第十五項　市町村會議員選擧の罰則に付て

一　市町村會議員選擧に付ては如何なる罰則があるか　是れは市町村制第四十三十七條の規定に依つて衆議院議員選擧法の罰則が準用さるるのである。

（一）市町村制第四十三十七條に所謂衆議院議員選擧に關する罰則を準用すと云ふことは市制町村制公布の當時既に行はれて居た衆議院議員選擧に關する罰則だけでなく其の後行はるべき罰則をも準用する意味か　是れは其の通である。（明治三七年司刑判）

（二）市會に於て市參事會員を選擧する場合にも衆議院議員選擧法の罰則が準用さるるのか　是れはさうではない。衆議院議員選擧法の罰則が準用さるるのは市會議員選擧の樣な市公民が議員を選擧する場合に限らるるのであつて市會が市參事會員を選擧する場合には準用されないのである。（明治四五年司刑判）

（三）選擧長選擧立會人が共に他人と謀り選擧錄に虛僞の事實を記載し市役所町村役場に備付け其の寫を添へて報告した行爲は刑法第二百三十六條に所謂詐僞となるか　是れは其の通りである。（大正五年司刑判）

（四）選擧長が反對派の投票を減ずる目的を以て不正の手段を施して選擧人數名の投票を無效

第四十三十七條

ならしめた行爲は舊刑法第二百三十五條の罪に該るか　是れは其の通りである。（大正七年 司刑判）

（五）選擧長が或投票用紙の一端に朱肉又は黑肉を以て指紋を附し被選擧人の氏名を認知したことは選擧に關する犯罪行爲に該るか　是れは其の通りである。（大正九年 司刑判）

（六）投票の有效無效に付て疑義があり解釋の餘地の存するものに付て是れを決するのは選擧長の職權裁量の範圍であるから有效無效何れに決するも是れは適法の職權の行使であるから投票數增減の罪を構成することはないのか　是れは其の通りである。（大正一一年 司刑判）

（七）選擧長が議員候補者を指定し其の名札在中の封筒を投票所で選擧人に交付することは從來の慣行に基いて選擧人の間の協議に出でたものである場合は選擧人の投票に關渉した罪を構成しないのか　是れは此の樣な場合であつても矢張り正當の事由なくして選擧人の投票に關渉した罪を構成するのである。（大正一一年 司刑判）

第十六項　町村總會に付て

一　町村總會は如何にして置かるるか　是れは町村制第三十八條に規定されて居る。同條に述べたところを參照せられたい。

第二款　市町村會議員の資格任期退職に付て

第一項　市町村會議員たる資格に付て

一　市町村會議員は如何なる資格を備へて居らなければならないか　是れは市町村制第三十八（三十五）條に規定されて居る。同條に述べたところを參照せられたい。

第二項　市町村會議員の任期に付て

一　市町村會議員の任期は何年か　是れは市町村制第十九（十六）條と第二十（十七）條に規定されて居る。同條に述べたところを參照せられたい。

（一）　市町村會議員の任期の計算は如何にするか　是れは暦年に依るべきものである。（明治三二年同三五年同三八年行判）

（二）　總選擧の全部が無效となり更に總選擧を行つた場合に無效となつた總選擧の當選者で當選に異動を生ずる虞がない爲めに當選を失はなかつた議員があるときは其の者の任期は何れの總選擧の日から計算するのか　是れは更に行はれた總選擧の日から計算すべきものである。從つて其の者の實際の任期は四年よりも長くなることがあるが是れは已むを得ないこと

第三十八條　第三十五條
第十九條　第十六條
第二十條　第十七條

である。

第三項　市町村會議員の辭職失職等に付て

一　市町村會議員の辭職に付て

（一）市町村會議員の辭職は何時から效力を生ずるか　是れは市町村會議員の辭職は其の屆出を爲せばそれで直に效力を生じ退職者となるのである。（大正五年行判）其の屆出は屆書を市役所町村役場に提出することに依つて完了するものである。（明治二七年行判）又市町村長其の他の者の承諾を必要とするものでもなく（明治二七年行判）決して市町村會の議決に依つて退職となるものでもないのである。（大正二年行判）

（二）市町村會議員の辭職屆は誰に宛てて爲すべきものか　是れは法令の中に何の規定もないのであるから市町村會議長又は市町村長の何れに宛てても差支ないのである。（大正二年行判）

（三）市町村會議員が市町村長に對して郵便を以て辭職屆を發送した後其の到達前に電報で辭表見合せの旨を申立てたときは前の辭職屆の效力は如何になるか　是れは辭職屆の效力の發生しない前に其の效力を發生させない意思を表示したものであるから退職屆は效力を生じない。從つて議員の職は失はないのである。（明治四二年行判）

第三十八條
第三十五條

（四）　市町村會議員が一旦辭職屆を提出した以上は假令後日に至つて是れを撤回しても既に發生した辭職屆の效力を消滅させることはできないのか　是れは消滅させることができないのである。（大正二年行判）

二　市町村會議員の失職に付て

（一）　市町村會議員は如何なる場合に其の職を失ふものか　是れは市町村制第三十八條、三十五條に規定されて居る。同條に述べたところを參照せられたい。

(1)　議員失職決定書に附する送達書の日附に誤記があつても決定の效力には影響がないか　是れは影響しないのである。例へば一月十一日の決定を誤つて一月十日と送達書に書いた樣な場合である。（明治三五年行判）

(2)　議員失職決定理由の說明に法文を擧げてなくても違法とはならないのか　是れは其の理由の說明に付て法律上何の規定もないのであるから法文を擧げてなくても違法ではないのである。（明治三六年行判）又決定書に其の根據となる事實を揭げ其の法律上の關係を擧示した以上は法令の條項を一々枚擧しなくても差支ないのである。（明治四五年行判）

(3)　議員が一度其の資格を失つたときは假令其の後資格を囘復しても前に生じた資格喪失の

事實を打消すことはできないのか　是れは其の通りである。（大正八年行判）從つて一度被選擧權を失つた者が其の後再び被選擧權を有するに至つた後に例へば戰時に召集されて被選擧權を失つた者の除隊後に失職の決定を爲すことは差支ないのである。（明治四四年行判）

(4) 議員の資格要件たる被選擧權の有無と云ふのは市町村會が決定を爲す當時の被選擧權の有無を指すのか　是れは單にそれだけではない、苟も議員たる間に生じた事實である以上は過去の被選擧權の有無も含むのである。（大正五年同一三年行判）

(5) 急施を要しない事件を急施を要するものとして招集した市町村會に於て爲した議員失職の決定は違法か　是れは違法である。（大正六年行判）

(6) 議員たる者が公民權を停止された場合も其の被選擧權の有無に付ては市町村會の決定を經なければならないのか　是れは其の通りである。（明治三五年同四五年行實）

(7) 議員が市町村の有給吏員となつた場合も其の被選擧權の有無に付て市町村會の決定を經なければならないのか　是れは其の通りである。（明治四二年行判）

(8) 議員失職決定の取消を求むる訴訟の繫屬中原告が議員の職を辭したときは訴訟は如何になるか　此の場合は訴訟は尙ほ繫屬するのである。（大正一〇年行判）

(9) 議員に當選し其の當選が確定して議員となつた者は假令議員の資格要件たる被選擧權に缺くるところがあつても被選擧權の有無に關する市町村會の決定のない限りは矢張り市町村會議員と謂ひ得るのか　是れは其の通りである。（大正三年行判）

(10) 市町村會に於て議員失職の決定をしない場合は決定すべき事件を決定しないものとして市制第九十一條第五項町村制第七十五條第三項に依つて處理し得るのか　是れは其の通りである。（大正五年行判）

(11) 市町村會は議員の資格に關して行政訴訟を爲し得るか　是れは爲し得ないのである。（大正六年行判）

(12) 市町村會の爲す議員の資格に關する決定は必ず文書を以てしなければならないのか　是れは其の通りである。決定は文書を以てすることが決定の成立する要件である。（大正一一年行判）

(13) 市町村會の爲した議員の資格の決定に關する訴願の裁決に於ては市町村會の決定の適當不適當だけでなく議員の資格の有無に付ても裁決すべきものか　是れは其の通りである。（大正一一年行判）

第三款　市町村會の職務に付て

第一項　市町村會の爲す議決に付て

一　市町村會は如何なる事項を議決するか　是れは市町村制第四十一條第三十九條に規定されて居る。同條に述べたところを參照せられたい。

(一)　市町村會は付議された議案が自己の權限以外のものなることを理由として審議を拒み得るか　是れは拒み得ないのである。市町村會議員は付議された議案が市町村會の議に付せらるべきものか否かに付ても自由なる意見を以て審議する職責があるものである。(明治四四年司刑判)

(二)　一旦請負契約の成立した後に契約の內容を變更しないで唯請負人だけを替へることは市町村會の議決を經なければならないか　是れは市町村の事務の執行に過ぎないのであるから市町村長限り爲し得ることであつて市町村會の議決を要しないのである。(大正五年行判)

(三)　職業紹介法に依る職業紹介委員の定數、組織及事業執行に關する規程を制定することは市町村會の議決を經なければならないのか　是れは市町村長限り定むべきものである。(大正一四年行實)

第四十二條
第四十條

二　市町村會の議決すべき事件の概目は如何なるものか　是れは左の通りであつて市制第四十二條町村制第四十條に規定されて居る。同條に述べたところを參照せられたい。

（一）市町村條例と市町村規則を設け又は改廢すること
（二）市町村費を以て支辨すべき事業に關すること但し市制第九十三條町村制第七十七條の事務及法律勅令に規定あるものを除く

(1) 市町村費を以て市役所町村役場を建築することは市町村會の議決を要するか　是れは議決を要するのである。（明治二二年行實）
(2) 市町村費を以て午砲を發することを旅團等に依託することは市町村會の議決を要するか　是れは議決を要するのである。（明治二四年行實）
(3) 市町村費を以て勸業會を設くる樣なことは市町村會の議決を要するか　是れは議決を要するのである。（明治二九年行實）
(4) 市町村費を以て公園を設くることは市町村會の議決を要するか　是れは議決を要するのである。（明治三〇年行實）
(5) 市町村費を以て市町村立小學校生徒の運動場を設くることは市町村會の議決を要するか

是れは議決を要するのである。（明治三七年司刑判）

（三）歳入出豫算を定むること

（四）決算報告を認定すること

（五）法律命令に定むるものを除く外使用料、手數料、加入金、市町村税又は夫役現品の賦課徴收に關すること

(1) 豫算案中の歳入の部に地所使用料の增額を表明した場合に市町村會が是れを可決したときは歳入豫算と使用料の增額を共に議決したことになるか　是れは其の通りである。而して其の議決の效力が特に一年限りとしない以上は翌年度に於ても矢張り其の增額を襲用し得るのである。（明治三七年行判）

(2) 市町村長が市町村税賦課に關する規定中或一部の改正案を提出した場合に市町村會が同規定中の發案なき他の部分を改正することの議決を爲すことは差支ないか　是れは越權の議決である。（明治三六年大正五年行判）

（六）不動産の管理處分及取得に關すること

(1) 市町村が寄附する縣道改修潰地の買收價格を決定することを委員に一任する旨の議決を

爲すは差支ないか　是れは市町村會が自分で決定すべきであつて委員に一任する議決を爲すべきものではない。（大正四年行實）

(2)　市町村會が立木を賣却することだけを議決して賣却方法に付ては議決しない場合は市町村長が一旦定めた賣却方法を變更することに付ても市町村會の議決を要しないのか　是れは市町村長限り爲し得ることであつて市町村會の議決を要しないのである。（明治四四年司民判）

(3)　立木は是を伐採の目的で賣買しても伐採しない間は矢張り不動産か　是れは不動産である。（明治三四年、司刑判　大正八年司民判）

(4)　土地建物の賃貸に關することは市町村會の議決を要するか　是れは議決を要するのである。（明治四四年司刑判）

(5)　市町村の財産の處分に基いて權利を得やうとする者は市町村會の議決或は監督官廳の許可があるか否か等に付て注意して調査しなければならないのか　是れは其の通りである。若し此の注意を缺くときは其の者は過失があることになるのである。（大正二年司民判）

（七）　基本財産及積立金穀等の設置管理及處分に關すること

(1)　市町村長が市町村會の議決を經ないで基本財産を學校敷地買入費に充てたことは違法か

是れは違法である。（明治四二年行判）

（八）歳入出豫算を以て定むるものを除く外新に義務を負擔し權利を抛棄すること

(1) 歳入出豫算の議決あるも未だ年度開始に至らない場合に年度開始後の支拂期日を定めて契約することは市町村制第四十四條第八號に所謂新に義務を負擔するものとして市町村會の議決を要するか　是れは議決を要しないのである。（大正一三年行實）

(2) 歳入出豫算額以外の代金額に買增を爲す土地の買收は市町村會の議決を要するか　是れは議決を要するのである。（大正二年司民判）

(3) 市町村會の議決を經ないで市町村長限り爲したところの豫算外の債務の負擔及權利の抛棄は市町村に對して效力を生ずるか　是れは市町村に對して效力を生じないのである。（大正五年司民判）

（九）財產及營造物の管理方法を定むること但し法律勅令に規定あるものを除く

（一〇）市町村吏員の身元保證に關すること

（一一）市町村に係る訴願訴訟及和解に關すること

(1) 市町村が訴訟を起す場合に豫め市町村會の議決を經ないで後に至つて市町村會の承認を

得た場合の訴訟行爲は無效か　是れは法律上代理人が訴訟を爲すに付て必要な授權の欠缺は事後に補正し得るものであるから此の場合の訴訟行爲は有效である。（明治三六年行判）

(2)　市町村が訴訟を爲すに付て最初市町村會の議決を經た場合は上級裁判所即ち控訴或は上告裁判所に於ても有效に訴訟行爲を爲し得るか　是れは其の通りである。（明治四三年、大正五年司民判司民同六年判）

(3)　市町村長は市町村が犯罪に依つて受けた被害事實に付て告訴を爲すには市町村會の議決を經なければならないか　是れは市町村會の議決を要しないのである。（市制第四十二條町村制第四十條）第十一號に所謂訴訟は民事訴訟或は行政訴訟の類を指すのであつて告訴を爲すことは含まないのである。（大正九年司刑判）

第二項　市會の權限を市參事會に委任することに付て

市制第四十三條

一　市會は自分の權限に屬する事項を市參事會に委任し得るか　是れは市制第四十三條に規定されて居る。同條に述べたところを參照せられたい。

（一）　府縣制第百九條第一項の規定に依り市會が委任を受けた府縣稅賦課の細目に係る事項例へば家屋稅の各自課額等の議決を爲すことを市參事會に委任することは差支ないか　是れは

違法である。（大正七年行判）

（二）市會は市制第二十一條ノ三、同第三十六條等の規定する決定を爲す權限を市參事會に委任することは差支ないか　是れは委任することを得ないのである。（明治四五年大正六年、行實）（大正七年行判）

（三）法律命令の規定に依つて市會が選擧を行ふ權限を市參事會に委任することは差支ないか　是れは委任することができないのである。

（四）市參事會に對する委任事項に付ては誰が發案すべきものか　是れは市會が自ら發案すべきものである。（明治四四年行實）

第三項　市町村會の行ふ選擧に付て

一　市町村會に於ては如何なる選擧を行ふか　是れは市町村制第四十四條第四十一條に規定されて居る。同條に述べたところを參照せられたい。

（一）市町村會に於て選擧を行ふ場合は如何なる場合か　是れは例へば左の様な場合である。

(1) 市町村長の選擧（市制第七十三條町村制第六十三條）

(2) 助役の選擧（市制第七十五條町村制第六十二條）

(3)　收入役と副收入役の選擧（市制第七十九條　町村制第六十七條）
(4)　名譽職市參事會員の選擧（市制第六十五條）
(5)　市會議長と副議長の選擧（市制第四十八條）
(6)　町村會議長と其の代理者の選擧（町村制第四十五條）
(7)　假議長の選擧（市制第四十九條　町村制第四十五條）
(8)　市町村事務檢査委員の選擧（市制第四十五條　町村制第四十二條）
(9)　町村臨時出納檢査委員の選擧（町村制第百二十一條）
(10)　都市計畫地方委員の選擧（都市計畫委員會官制第八條）

(二)　市町村會は自分で自分の行つた選擧の效力を審査して取消し得るか　是れは取消し得ないのである。取消の議決を爲すことは越權である。（大正六年行判）

第四項　市町村會の爲す市町村の事務の檢査に付て

第四十五條
第四十二條

一　市町村會は市町村の事務の檢査を爲し得るか　是れは市制第四十五條町村制第四十二條に規定されて居る。同條に述べたところを參照せられたい。

第五項　市町村會の提出する意見書に付て

一　市町村會は意見書を提出し得るか　是れは市/町村制第四十六/四十三條に規定されて居る。同條に述べたところを參照せられたい。

（一）　意見書を提出し得る事項の認定に付て

(1)　豫算案の形式を論爭することに關して意見書を提出し得るか　是れは提出し得ないのである。（明治三五年行判）

(2)　市町村金庫の事務を取扱ふ銀行の變更を望む旨の意見書を提出することは差支ないか　是れは差支ないのである。（明治三四年行判）

(3)　市町村吏員等が各種團體の囑託を受け寄附金又は會員の募集に從事し爲めに市町村事務の澁滯を來し又は民人の本意に反する支出を爲さしむる樣の所爲あるときは市町村會は其の所爲に付て意見書を提出することは差支ないか　是れは差支ないのである。（明治四二年行判）

(4)　國府縣等に屬する事業であつても市町村の利害に關係あるものに付ては意見書を提出し得るか　是れは提出し得るのである。（明治二八年行判）

(5)　一般に係る法規の改廢に關する意見書を提出し得るか　是れは提出し得ないのである。

（明治二四年行實）例へば地價修正に關する法案の撤回を要求し（明治三九年行實）國稅の廢止に關する意見書を提出すること等は爲し得ないのである。（大正三年行實）

(6) 市町村長等の辭職勸告の意見書を提出することは差支ないか　是れは爲し得ないのである。（大正一三年行實）

(7) 市制第六條の市の區會が稅法改廢に關する意見書を提出することは差支ないか　是れは爲し得ないのである。（大正三年同八年行實）

（二）意見書を提出する方法に付て

(1) 市町村會に於て意見書を提出する爲めに起草委員を選定することは差支ないか　是れは差支ないのである。（明治二八年行判）

(2) 市町村會の提出する意見書の發案權は誰にあるか　是れは市町村會に發案權があるのである。（明治二七年行實）

(3) 意見書を提出し得る監督官廳は第一次監督官廳だけに限らるるか　是れは第一次監督官廳にだけ限らるるものではない。（明治四四年行實）

(4) 市町村會が上級監督官廳に意見書を提出する場合は下級監督官廳を經由しなければなら

ないか　是れは其の通りである。（大正八年行實）

(5) 市町村會は自分の意見を貫徹する爲めに實行委員を設けて外部に對して行動を爲すことは差支ないか　是れは適當ではないのである。（大正八年行實）

第六項　市町村會の爲す諮問に對する意見の答申に付て

一 行政廳の諮問ある場合は市町村會は意見を答申しなければならないのか　是れは市町村制第四十七四十四條に規定されて居る。同條に述べたところを參照せられたい。

(一) 行政廳が處分を爲すに付て市町村會の意見を徵さなければならないと規定されて居るのは如何なる場合か　是れは例へば左の様な場合である。

(1) 消防組を數部に分けること、消防組員の手當及被服等に關すること、消防組に必要なる器具及建物に關することを府縣知事が定むる場合（明治二七年勅令一五號消防組規則）

(2) 傳染病毒に汚染した建物に對して地方長官が別段の處分を行ふ場合（明治三三年法律三六號傳染病豫防法）

(3) 市町村長が市道町村道の路線の認定、變更、廢止を爲す場合（大正八年勅令四六〇號道路法施行令）

(4) 地方長官が公有水面の埋立を免許する場合（大正一〇年法律五七號公有水面埋立法）

(5) 道路管理者が地方長官に對して軌道敷設に關する意見を答申する場合（大正一二年內務及鐵道省令軌道法施行規則）

(6) 其の他市町村制中に規定ある場合

(二) 消防組規則第五條第十一條第十二條に依り府縣知事が諮問を爲す場合に諮問すべき事項に付て市町村會が既に其の必要を認めて決議をし決議錄を添附して申出を爲すなど市町村會の意思が明瞭である場合は諮問を省略して差支ないか　是れは差支ないのである。（大正元年行實）

第五十一四十七條

第四款　市町村會の招集と開會閉會に付て

第一項　市町村會の招集に付て

一　市町村會の招集は如何なる手續に依るか　是れは市町村制第五十一四十七條に規定されて居る。同條に述べたところを參照せられたい。

(一) 市町村會を招集する者に付て

(1) 市町村長助役に故障ある場合は監督官廳は官吏を派遣し又は臨時代理者を選任して市町

村會を招集せしめ得るか　是れは其の通りである。（明治二八年行實）

(2) 議員が市町村長に對し市町村會を招集することを請求し得るのは市町村會に發案權ある事件ある場合に限るか　是れは其の通りである。（明治二八年行實）

(3) 議員が市町村會の招集を請求しても市町村長が應じない場合は如何にするか　此の場合は監督官廳の監督權の發動を促す外致方がないのである。

（二） 市町村會の招集を受くる者に付て

(1) 總選擧又は議員定數半數以上の補闕選擧の場合に市町村會を招集し得る時期は何時か　是れは市（町村）制第三十二（二十九）條第二項の期間を經過したときである。尤も同條第三項第五項に該當し當選に應ずる旨を申立てた者に對しては其の時に招集を爲し得ることは勿論である。（大正三年行實）

(2) 市町村會を招集する前に辭職屆を提出した議員に對しては招集の手續をしないで差支ないか　是れは辭職屆を提出すると同時に議員の資格を失つたものであるから招集の手續をしないで差支ないのである。（明治二七年行判）

(3) 市町村會の招集は當選の效力に付て係爭中の議員に對しても爲さなければならないか

是れは其の通りである。（大正一二年行判）

(4) 議員中の一人を正當の事由なく招集しない場合の市町村會の議決等の效力は如何なるものか　是れは違法であつて取消さるべきものである。（大正六年同一二年行判）然し其の爲めに例へば其の市町村會に於て爲した決定が法律上市町村會の決定でないと云ふことはできないのである。（大正一一年行判）

（三）市町村會の會期を定むることに付て

（1）市町村會の會期を會議規則で定むることは差支ないか　是れは定め得ないのである。市町村會の會期は市町村長が定むべきものである。（大正六年行判）

（四）市町村會の招集と會議の事件の告知に付て

(1) 市制第五十一條・町村制第四十七條第三項に所謂招集及會議の事件は開會の日前三日目迄に之を告知すべしと云ふのは如何なる意味か　是れは例へば二月四日に開會する爲めには少くとも中二日を隔てた二月一日迄には招集及會議の事件を告知しなければならないと云ふことである。

(2) 市町村長等の選擧も會議の事件として告知しなければならないか　是れは告知を要しな

いのである。（大正八年行實）

(3) 招集及會議の事件の告知は開會の日前三日目迄に議員に到達しなければならないか　是れは其の通りである。從つてそれ迄には到達する樣見計つて告知をしなければならないのである。

(4) 市町村會の招集及會議の事件の告知を爲したる後に市町村制第三十二／二十九條第二項の期間を經過し議員となつた者ある場合に其の議員に對し法定の告知を爲す暇がなくても會議に參與させることは差支ないか　是れは差支ないのである。（大正一五年行實）

(5) 市町村會の招集狀は必ず議員の住所に送達しなければならないか　是れはさうではない。招集狀は何れの場所であつても其の本人に交付すれば足るのであつて必ずしも住所に送達することを要しないのである。（明治三六年行判）

(6) 市町村會の招集の告知の方法は如何にすべきものか　是れは郵便に付し或は使丁に依る等議員各自に對し招集を了知させ得る方法に依り通知する趣旨と解すべきである。從つて單に公告式に依つて市町村會の招集を公告しただけでは招集の告知をしたと云ふことができないのである。（大正六年行判）

(7)　市町村會の招集の告知は口頭では爲し得ないか　是れは爲し得ないことはない。然し書面を以てするのが通例であり又適當であると思はるる。

(五)　急施を要する場合の市町村會の招集と會議の事件の告知に付て

(1)　或る議案を急施を要する事件とするか否かは市町村長が自由裁量に依つて定め得るか　是れは市町村長の自由裁量に委ねたものではない。(大正四年行判)

(2)　同日の市町村會に付議すべき數事件中の一事件が急施を要する事件である場合は其の爲めに他の事件も急施を要する事件となるのか　是れは會議の事件が急施を要するか否かは各事件に付て決定すべきものであるから此の場合一事件が急施を要するものだからとて其の爲めに他の事件も急施を要するものとはならないのである。(大正六年行判)

(3)　市町村會議員の被選擧權の有無等の決定を爲す事件は急施を要する事件か　是れは急施を要する事件ではないのである。(大正六年行判)

(4)　急施を要する事件と云ふのは如何なるものか　是れに付ては次の様な參考になる行政判例がある。

某縣會議規則中に所謂緊急の議案と云ふのは議案の內容たる事項を執行することが急を要

するのであつて通常の手續に從ひ第三讀會を開くものとせば執行の時期を失つて其の目的を達し得ないことになるべき議案を云ふのである。（大正一四年行判）

第二項　市町村會の開會と閉會に付て

第五十一條　第四十七條

一　市町村會の開會と閉會は誰が爲すか　是れは市制第五十一條町村制第四十七條第五項に規定されて居る。同條に述べたところを參照せられたい。

（一）會議規則に定めた時間外に市町村長が市町村會を閉會しても違法ではないか　是れは違法ではない。市町村會を開會閉會することは市町村長の權限である。（大正一三年行實）

（二）市町村長は市町村會の議事の進行中に閉會を爲すことは差支ないか　是れは違法であつて爲し得ないのである。若し閉會した場合は是れは取消さるべきものである。（大正四年行實）尤も市町村長が會期を定めて招集した場合に其の會期の滿了したときは格別である。

第五款　市町村會の會議に付て

第一項　市町村會の議長と書記に付て

第四十八條　第四十五條

一　市町村會の議長を定むることは如何なる手續に依るか　是れは市制第四十八條町村制第四十五條に規定されて

居る。同條に述べたところを參照せられたい。

（一）市會は自分で自分の行つた議長副議長の選擧を取消し得るか　是れは取消し得ないのである。（大正六年行判）

（二）市會議長が違法なる手續に依つて選擧された場合に其の選擧が取消さるる迄の間に議長として爲した行爲は有效か　是れは有效である。（大正一〇年行判）

（三）町村長が町村會議長の資格を表すには何町村會議長何町村長某と記すべきものか　是れは其の通りである。（明治二九年行判）

（四）市會議長又は副議長の辭表は誰に差出すべきものか　是れは議長は副議長に差出し副議長は議長に差出すべきである。若し議長又は副議長の一方が缺員の場合は議長副議長共に故障あるものとして假議長に提出すべきである。（明治二七年行實）

第四十九 四十五條

二

市町村會の議長故障ある場合は如何にすべきものか　是れは市制第四十九條と町村制第四十五條に規定されて居る。同條に述べたところを參照せられたい。

（一）議長の故障あるときと云ふのは如何なる場合か　是れは法律命令上議長の職務を執り得ない場合又は事實上議長の職務を執り得ない場合と其の職務を執り得るにも拘らず執らない

様な一切の場合を指すのであつて單に積極的に職務を執り得ない事由ある場合だけを云ふのではない。（大正六年行實）

（二）議長の故障の中には病氣の場合を含むか　是れは含むのである。（明治四一年行實）

（三）假議長選擧の場合に議長の職務を代理する年長の議員は其の職務を辭退し得るか　是れは市町村會が正當の理由あるものと認めた場合は辭退し得るのである。（明治二六年行實）

（四）町村長故障あるときは助役は代理者の名義で議長となるのか　是れは其の通りである。（明治二二年行實）

第六十一（五十七）條

三　市町村會の書記を定むることは如何なる手續に依るか　是れは市（町村）制第六十一（五十七）條に規定されて居る同條に述べたところを參照せられたい。

第二項　市町村會の會議を開く定足數に付て

第五十二（四十八）條

一　市町村會の會議を開くには議員何人の出席を要するか　是れは市（町村）制第五十二（四十八）條に規定されて居る。同條に述べたところを參照せられたい。

（一）現任議員の數が議員定數の半數に滿ちない場合は選擧を行つて闕員を補充した上でなければ市町村會の會議を開き得ないか　是れは其の通りである。（明治二二年行實）

二　市町村會の再囘招集と定足數に付て

（一）　市町村會の再囘招集の場合にも市町村制第五十一四十七條第三項の告知期間の規定に依らなければならないか　是れは其の通りである。（大正一一年行判）

（二）　市町村會の再囘招集又は議員の出席催告を爲した場合の會議の出席議員は何人でも差支ないか　是れは明文の上では出席議員數の制限はないけれども二人以上の出席がなければ會議と謂ひ得ないのであるから會議を開くには議長及議員二人以上の出席を要するのである。（明治三三年行實）

（三）　市町村會の再囘招集又は議員の出席催告を爲して會議を開いた場合は其の會議に於て出席者が一旦定足數以上に達し中途に於て再び定足數を闕いた場合であつても其の儘會議を續けて差支ないか　是れは差支ないのである。（大正一〇年行實、明治二五年行判）

（四）　市町村會の再囘招集をした場合に議員半數以上招集に應じたが出席議員が半數に滿ちないときは其の儘會議を開いて差支ないか　是れは差支ないのである。此の場合議長が出席を催告することは法律上必要なことではない。從つて假りに議長が出席催告をしたとしてもそれは市町村制第五十二四十八條但書に依る出席催告と認むべきではないのである。（大正三年行實）

（五）市町村會の再回招集に依つて開いた會議には前と同一の事件でなければ附議し得ないのか　是れは其の通りである。（大正三年行實）尤も急施を要する事件は格別である。

（六）市町村會の再回招集あつた場合に延期の請求書を出して闕席した議員あるときは自分の故障で出席しないものとして會議を開いて差支ないか　是れは差支ないのである。（明治二三年行實）

三　市町村會議員の出席催告と定足數に付て

（一）議長が參集の時間を指定して市町村會議員の出席催告をした後其の時間を變更して繰上げ又は繰下げることは差支ないか　是れは差支ないのである。（大正六年行實）

（二）議長が會議の前日に爲した出席催告は有效か　是れは例へば二月一日の會議は出席議員定數を闕く爲めに議長が翌二日午後一時に出席すべき旨を催告した様な場合は有效である。（大正六年行實）

第三項　市町村會の會議の開閉に付て

一　市町村會の其の日の會議を開閉する者は誰か　是れは市町村制第五十七/五十三條に規定されて居る。同條に述べたところを參照せられたい。

二　市町村會の其の日の會議を開くことに付て

（一）議長は如何なる場合に其の日の會議を開くべきものか　是れは市町村制第五十七（五十三）條第一項第二項に規定されて居る。同條に述べたところを參照せられたい。

（二）議長に於て無期休會中新に會議を開く場合に一部の議員に對して開會期日を通告しなかつた場合は其の會議に於て爲した議決又は選擧は違法か　是れは違法である。（大正一四年行實）

三　市町村會の其の日の會議を閉ぢることに付て

（一）議長が閉會を宣告した後に殘留して居る議員に於て爲した會議は無效か　是れは市町村會の行爲と認むることを得ないから無效である。（明治四四年行實）閉會後一部の議員が議場に入り行つた會議も同樣である。（大正九年行實）

（二）市會に於て議長の閉會宣告に對して議員中に異議の意思を有する者があることの狀勢が明瞭であるにも拘らず議長が異議の意思ある議員をして異議を申立る機會を有せしめないで退場し副議長も亦退場した場合に議場に居殘りの定足數以上の議員が假議長を選擧して其の儘議事を繼續するは差支ないか　是れは議長の閉會の宣告に對して異議があり從つて閉會の宣告は效力を失つたものであるから會議を繼續することは差支ないのである。（大正八年行判）

(三)　町村會に於て其の日の會議を閉ぢ又は中止することに對して議員中に異議を唱ふる者があるにも拘らず町村長臨時代理者たる議長が其の採決をしないで退席し議長の職務を代理すべき者もない場合は假議長を選擧して會議を續行して差支ないか　是れは差支ないのである。（大正一五年行實）

四　市町村會の會議の時間と議場に付て

(一)　會議の時間は議長限り適宜定め得るか　是れは其の通りである。（明治四四年行實）

(二)　會議の議場を常用の議場以外に變更することは議長限り爲し得るか　是れは其の通りである。但し議長は議場の變更したことを出席議員が知り得る樣な方法を採らなければならない。（大正九年行實）

第四項　市町村會の議事の方法に付て

第五十三條
第四十九條

一　市町村會の議事は如何なる方法に依つて決するか　是れは市制第五十三條町村制第四十九條に規定されて居る。同條に述べたところを參照せられたい。

(一)　議長が議員である場合に議員として議決に加はると共に其の議事が可否同數であるときは更に議長として其の裁決を爲し得るか　是れは爲し得るのである。從來行政廳側では同樣

の解釋を爲し來つたが行政裁判所は反對の解釋を爲し互に讓らなかつたのである。然し乍ら今回の改正に依つて市制第五十三條町村制第四十九條第二項が新に設けられた結果將來は行政裁判所の解釋も行政廳側の解釋と一致することと思はれる。

二　議長及議員が議事に參與し得ない場合は如何なる場合か　是れは市制第五十四條町村制第五十條に規定されて居る。同條に述べたところを參照せられたい。

（一）選擧の全部又は一部に對する異議は議員の一身上に關する事件か　是れは一身上に關する事件ではない。（明治二二年行實）

（二）議員の實費辨償額等を議する事件は議員の一身上に關する事件か　是れは一身上に關する事件ではない。（明治二二年行實）

（三）議員の失格に關する事件は其の議員の一身上に關する事件か　是れは一身上に關する事件である。

（四）議員四名の失格に關する決定を一案に纏めて附議した場合に其の關係議員四名を議事から除いて決定すべきものか　是れは一案であつても其の內容は甲乙丙丁四名各自の身上に關する甲乙丙丁四箇の事件を含むものであるから其の決定の際は甲の事件に付ては甲だけを除

き他の乙丙丁は議事に參與させる樣な方法を採るべきである。（明治四四年行判）議員全員に關する場合にも同樣である。（明治四一年行判）

（五）議員が自己の一身上に關する事件に付て表決に加つた場合の市町村會の決議は有效か　是れは其の者の投票を控除して尙ほ決議の結果に影響を及ぼさない場合は有效である。（大正一一年行判）

（六）市町村會の選擧に付指名推薦の法を用ひた場合に議員が指名された場合は此の指名推薦は其の議員の一身上に關する事件か　是れは一身上に關する事件ではない。（大正九年行實）

第五項　市町村會の行ふ選擧の方法に付て

一　市町村會の行ふ選擧は如何なる方法に依るのか　是れは市町村制第五十五條五十一條に規定されて居る。同條に述べたところを參照せられたい。

（一）市町村會に於て行ふ選擧に用ふる投票用紙の式は誰が定めるのか　是れは議長が定むるのであつて市町村長が定むべきものではない。（大正一五年行實）

（二）市町村會に於て行つた選擧の投票は保存すべきものか　是れは適宜議長に於て相當期間保管する方がよろしい。（明治三二年行實）

二　決選投票に依る選擧に付て

（一）市町村會に於て選擧を行ひたるに得票同數であつて有效投票の過半數を得た者がない場合は市町村會の議決を經て決選投票を行はないこととし更に選擧を行ふことは差支ないか　是れはよろしくない。必ず決選投票を行ふべきものである。（大正六年行實）

（二）決選投票を行つたところ投票が全部無效となつた場合は再び決選投票を行はなければならないか　是れは決選投票を行はないで新に選擧の手續を爲すべきである。（大正六年行實）

（三）決選投票を行ふ場合に其の被選擧人であるところの議員は其の選擧に參與しても差支ないか　是れは差支ないのである。（明治二九年大正九年行實）

（四）決選投票を行ふ場合に其の二人の被選擧人以外の者の氏名を記載した投票は無效か　是れは無效である。（明治二六年行實）

（五）自選投票は有效か　是れは有效である。（明治二二年行實）

三　指名推薦に依る選擧に付て

（一）指名推薦の方法は如何なるものか　是れは議長又は議員に於て被指名者を指名し其の被指名者を會議に諮ひ過半數の賛成を得た場合に是れを當選者と定むる方法である。（明治二七年行

年同三三年實）

（二）指名推薦の法を用ひた場合に被指名者の可否を會議に諮ふたところ過半數の贊成を得なかつたときは如何にすべきか　此の場合は更に選擧を行ふ外はないのである。（大正六年同九行年實）

（三）市町村會に於て市町村長を選擧する場合に指名權を議長に一任すると共に議長の指名する被指名者に對しては異議なく承認すると云ふ豫め同意の議決をし是れに基いて行つた指名推薦は違法か　是れは違法ではないのである。（大正七年行實）

（四）指名推薦は議事か又は選擧の一方法か　是れは選擧の一方法であつて議事ではない。從つて市町村制第五十三四十九條に依つて可否同數の場合議長が決する樣な議事の方法を採るべきものではない。（大正一一年行判）

（五）指名推薦の法を用ふることの議決は被指名者に對する可否同數の場合に何れかに決することをも指名者に委任したものと解すべきものか　是れはさうではない。此の場合の議決の趣旨は指名者に對して指名を爲さしむることだけであつて可否同數の場合の裁決を爲すこと迄も指名者に委任したものではない。（大正一一年行判）

第六項　議長又は議員以外の者で市町村會の會議に參與し得る者に付て

第五十四／四十六條　一　議長又は議員以外の者で市町村會の會議に參與し得る者は如何なる者か　是れは市町村制第五十四／四十六條に規定されて居る。同條に述べたところを參照せられたい。

第七項　市町村會の會議を公開することに付て

第五十六／五十二條　一　市町村會の會議は公開するのか　是れは市町村制第五十六／五十二條に規定されて居る。同條に述べたところを參照せられたい。

（一）　會議の傍聽を禁止した場合にも監督權ある官吏は臨場して差支ないか　是れは差支ないのである。（明治二一年實行）

第八項　市町村會の會議の取締に付て

第五十七／五十三條　一　市町村會の議場の取締を爲す者は誰か　是れは市町村制第五十七／五十三條に規定されて居る。同條に述べたところを參照せられたい。

第五十九／五十五條　二　市町村會議員が會議の秩序を紊す場合は如何にすべきか　是れは市町村制第五十九／五十五條に規定されて居る。同條に述べたところを參照せられたい。

第六十（五十六）條

第五十八（五十四）條

第六十二（五十八）條

三　傍聽人が會議の秩序を紊す場合は如何にすべきか　是れは市（町村）制第六十（五十六）條に規定されて居る。同條に述べたところを參照せられたい。

第九項　市町村會議員の心得に付て

一　市町村會議員は如何なることを爲し得ないか　是れは市（町村）制第五十八（五十四）條に規定されて居る。同條に述べたところを參照せられたい。

第十項　市町村會の會議錄に付て

一　市町村會の會議錄は如何にして調製するか　是れは市（町村）制第六十二（五十八）條に規定されて居る。同條に述べたところを參照せられたい。

（一）市町村會の會議錄の不備であることは會議の效力に影響を與へるか　是れは會議が適法である限りは會議錄が不備である爲めに會議の效力に影響を與へるものではない。（明治二九年同三六年行實）

（二）市町村會の會議錄を作成する者は誰か　是れは會議錄に署名する議長と議員である。（明治四三年大正六年同九年司刑判）

（三）市町村會の會議錄に虚僞の記載をした場合は刑法第百五十六條の公文書僞造罪が成立す

るか　是れは公文書僞造罪が成立するのである。（大正一四年 司刑判）

（四）會議録に署名する議員は議長の指名を以て定むる旨會議規則に規定することは差支ないか　是れは市町村會が定むべきものであるからよろしくない。（大正一五年 行實）

第十一項　市町村會の會議規則と傍聽人取締規則に付て

一　市町村會の會議規則と傍聽人取締規則は如何にして設くるか　是れは市町村制第六十三 五十九條に規定されて居る。同條に述べたところを參照せられたい。

（一）會議規則と傍聽人取締規則の議案は誰が發するか　是れは市町村會が發すべきである。

（二）會議規則に市町村會の會期を定むることは差支ないか　是れは定め得ないのである。會期を定むることは市町村長だけの權限である。

（三）會議規則中に議員が發言するには議長の許可を要する旨の規定がある場合に其の許可を得ないで爲した發言は無効か　是れは無効である。（大正七年 行判）

（四）會議規則の中に議事日程の變更は市町村會の決定を經べき旨規定することは差支ないか　是れは議長の權限に屬する事項であるから市町村會に諮ふは格別であるが其の決定を經べきものではないのである。（大正一五年 行實）

第六十三 五十九條

第四章　市參事會の組織と職務

第一款　市參事會の組織と選擧に付て

市制第六十四條
同第六十五條
同第六十六條
同第六十七條

一　市參事會は如何なる者を以て組織さるるのか　是れは市制第六十四條に規定されて居る。同條に述べたところを參照せられたい。

二　名譽職參事會員の選擧は如何なる方法で行はるるか　是れは市制第六十五條に規定されて居る。同條に述べたところを參照せられたい。

三　市參事會の議長となるのは誰か　是れは市制第六十六條に規定されて居る。同條に述べたところを參照せられたい。

第二款　市參事會の職務に付て

一　市參事會の職務は如何なるものか　是れは市制第六十七條に規定されて居る。同條に述べたところを參照せられたい。

（一）　尚ほ第三章第三款第二項市會の權限を市參事會に委任することに付てのところに掲げた事項を參照せられたい。

同第六十九條

二　市參事會の會議は公開しないのか　是れは市制第六十九條に規定されて居る。同條に述べたところを參照せられたい。

（一）　市參事會の會議錄を行政裁判所から證憑書類として提出を要求された場合は會議が公開されないものであることを理由として提出を拒み得るのか　是れは拒み得ないのである。（大正一五年行實）

同第六十八條　同第七十條　同第七十一條

三　市參事會の會議は如何なる方法に依るべきものか　是れは市制第六十八條から第七十一條迄に規定されて居る。同條に述べたところを參照せられたい。

第五章　市町村吏員の組織と職務

第一款　市町村吏員の組織に付て

第一項　市町村吏員の種類に付て

市制第七十二條

一　市町村には如何なる種類の吏員が置かるるか　是れは次の樣なものである。

（一）　市に置かるる吏員

市長　是れは市制第七十二條に述べたところを參照せられたい。

同條

助役　是れは市制第七十二條に述べたところを參照せられたい。

同條

市參與　是れは特別の必要ある市に限つて置かるるのである。尙は市制第七十二條に述べたところを參照せられたい。

(1)　小さい市にて上水道事業又は瓦斯事業の爲めに市參與を置くことは許可せらるるか　是れは許可せられない。（大正四年同八年行實）

同第七十九條

收入役　是れは市制第七十九條に述べたところを參照せられたい。

同條

副收入役　是れは必要ある市に限つて置かるるのである。尙ほ市制第七十九條に述べたところを參照せられたい。

同第八十二條

名譽職區長及其の代理者　是れは必要ある市に限つて置かるるのである。尙ほ市制第八十二條に述べたところを參照せられたい。

同第八十三條

委員　是れは必要ある市に限つて置かるるのである。尙ほ市制第八十三條に述べたところを參照せられたい。

同第八十五條

其の他必要の有給吏員　是れは必要ある市に限つて置かるるのである。尙ほ市制第八十五條に述べたところを參照せられたい。

同第八十條
第八十二條
同第八十一條
第八十二條
同　條
同第八十六條
町村制第六十條
同　條
同第六十七條
同　條
同第六十八條

（二）　市制第六條及第八十二條第三項の市の區に置かるる吏員

區長　是れは市制第八十條と第八十二條第三項に述べたところを參照せられたい。

區收入役　是れは市制第八十一條と第八十二條第四項に述べたところを參照せられたい。

區副收入役　是れは市制第八十一條と第八十二條第四項に述べたところを參照せられたい。

其の他必要の市有給吏員　是れは市制第八十六條に述べたところを參照せられたい。

（三）　町村に置かるる吏員

町村長　是れは町村制第六十條に述べたところを參照せられたい。

助役　是れは町村制第六十條に述べたところを參照せられたい。

收入役　是れは町村制第六十七條に述べたところを參照せられたい。尤も特別の事情ある町村では收入役を置かないで町村長又は助役に兼ねさせることもできる。

副收入役　是れは特別の事情ある町村に限つて置かるるのである。尙ほ町村制第六十七條に述べたところを參照せられたい。

區長及其の代理者　是れは必要ある町村に限つて置かるるのである。尙ほ町村制第六十八條に述べたところを參照せられたい。

同第六十九條　同第七十一條　第百六十四條 第百四十四條

(1) 名譽職區長及其の代理者を置くことは單に市町村會の議決に依つて定めて差支ないか　是れは差支ない。それ故條例を以て定めることは避くる方がよろしい。（明治二七年 行實）

(2) 市町村會の會議錄に「區長の選擧を行ひたるに左記の者當選せり」とあつて各大字名を掲げ其の下に當選者の氏名ある場合は市町村會に於て各大字に依り數區に分ち區長を置くことを議決したものと認むることを得るか　是れは其の通りである。（大正二年 行判）

委員　是れは必要ある町村に限つて置かるるのである。尙ほ町村制第六十九條に述べたところを參照せられたい。

其の他必要の有給吏員　是れは必要ある町村に限つて置かるるのである。尙ほ町村制第七十一條に述べたところを參照せられたい。

（四） 此の外市町村に市町村長助役收入役副收入役の臨時代理者が置かるる場合がある。是れは市制第百六十四條 町村制第百四十四條に規定されて居る。同條に述べたところを參照せられたい。

第二項　市町村吏員の定數に付て

一　市町村吏員の定數は何人か　是れは次の様なものである。

（一） 市町村の吏員

第七十二・六十條

市町村長　一人　是れは市町村制第七十二・六十條に述べたところを參照せられたい。

同　條

助役　一人　是れは特に增加し得るのである。尚ほ市町村制第七十二・六十條に述べたところを參照せられたい。

市制第七十二條

市參與　是れは市制第七十二條第三項に述べたところを參照せられたい。

第七十九・六十七條

收入役　一人　是れは市町村制第七十九・六十七條第一項に述べたところを參照せられたい。

同　條

副收入役　是れは市町村制第七十九・六十七條第一項に述べたところを參照せられたい。

第八十二・六十八條

名譽職の區長及其の代理者　各區每に一人　是れは市町村制第八十二・六十八條第一項に述べたところを參照せられたい。

第八十三・六十九條

委員　是れは市町村制第八十三・六十九條に述べたところを參照せられたい。

(1)　委員の組織を合議體としないで一人の委員を置くことは差支ないか　是れは市町村制第八十三・六十九條第三項の組織に關する別段の規定であるから差支ないのである。（明治二二年同四五行實）

第八十五・七十一條

其の他必要の有給吏員　是れは市町村制第八十五・七十一條に述べたところを參照せられたい。

(1)　豫算に剩餘があるからとて市町村制第八十五・七十一條の有給吏員を市町村長限り定員外に任用す

ることはできないのか　是れは其の通りである。（明治二八年行實）

（二）　市制第六條及第八十二條第三項の市の區の市吏員

市制第八十條

區長　一人　是れは市制第八十條及第八十二條第四項に述べたところを參照せられたい。

同第八十二條
同第八十一條
第八十二條

區收入役　一人　是れは市制第八十一條及第八十二條第四項に述べたところを參照せられたい。

同條

區副收入役　一人　是れは市制第八十一條及第八十二條第四項に述べたところを參照せられたい。

同第八十六條

其の他必要の市有給吏員　是れは市制第八十六條第二項に述べたところを參照せられたい。

第三項　市町村吏員の性質に付て

一　市町村吏員の名譽職と有給の區別は如何なるものか　是れは次の樣なものである。

市制第七十三條

市長　有給　是れは市制第七十三條第一項に述べたところを參照せられたい。

町村制第六十一條

町村長　名譽職　尤も有給とも爲し得る。是れは町村制第六十一條に述べたところを參照せられたい。

市制第七十五條

市助役　有給　是れは市制第七十五條第一項に述べたところを參照せられたい。

町村制第六十一條
市制第七十四條
第七十九六十七條
同條
第八十二六十八條
第八十三六十九條
市制第八十條第八十二條
市制第八十一條第八十二條
第八十五七十一條

町村助役　名譽職　尤も有給とも爲し得る。是れは町村制第六十一條に述べたところを參照せられたい。

市參與　名譽職　尤も有給とも爲し得る。是れは市制第七十四條に述べたところを參照せられたい。

收入役　有給　是れは市町村制第七十九六十七條に述べたところを參照せられたい。

副收入役　有給　是れは市町村制第七十九六十七條に述べたところを參照せられたい。

名譽職の區長及其の代理者　名譽職　是れは市町村制第八十二六十八條第二項に述べたところを參照せられたい。

委員　名譽職　是れは市町村制第八十三六十九條に述べたところを參照せられたい。

市制第六條及第八十二條第三項の市の區の區長　有給　是れは市制第八十條及第八十二條第四項に述べたところを參照せられたい。

市制第六條及第八十二條第三項の市の區の區收入役及區副收入役　有給　是れは市制第八十一條及第八十二條第四項に述べたところを參照せられたい。

市町村の必要の有給吏員　有給　是れは市町村制第八十五七十一條に述べたところを參照せられたい。

市制第八十六條

市町村制第百六十四百四十四條

市制第七十三條
町村制第六十二條

市制第七十五條
町村制第六十二條

(1) 市町村制第八十五七十一條の市町村の有給吏員であるか否かは採用の形式で判斷すべきものか

是れは其の通りである。而して囑託された者は此處に所謂有給吏員ではない。(大正八年行判)

市制第六條及第八十二條第三項の市の區の市有給吏員　有給　是れは市制第八十六條に述べたところを參照せられたい。

市町村長助役收入役副收入役の臨時代理者　有給　是れは市町村制第百六十四百四十四條に述べたところを參照せられたい。

第四項　市町村吏員の任期に付て

一　市町村吏員の任期は如何なるものか　是れは次の様なものである。

市長　四年　是れは市制第七十三條に述べたところを參照せられたい。

町村長　四年　是れは町村制第六十二條に述べたところを參照せられたい。

市助役　四年　是れは市制第七十五條に述べたところを參照せられたい。

町村助役　四年　是れは町村制第六十二條に述べたところを參照せられたい。

市參與　是れは規定がない。市條例の中に任期を四年とすることに定めても差支ない。(明治四四年行實)

市町村收入役及副收入役　四年　是れは市／町村制第七十九／六十七條に述べたところを參照せられたい。

市町村の名譽職の區長及區長代理者　是れは規定がない。任期を設けることは差支ない。

市町村の委員　是れは規定がない。任期を設けることは差支ない。

其の他の市町村の有給吏員　是れは規定がない。任期を設けることは差支ない。

二　市町村吏員の任期の計算に付て

（一）　市町村會に於て選擧し又は選定する市町村長其の他の吏員であつて任期の定めある者の任期は何時から起算すべきものか　是れは選擧又は選定された者が就職を承諾した日から起算すべきものである。尚ほ就職を承諾するか否かの意思は文書に依つて表示させることとして就職に關して行違の起らぬ様注意しなければならない。（大正一五年行實）然し是れには名譽職は苟も是れに當選した以上は其の通知を受くると否とに拘らず其の地位を得るものであると云ふ卽ち名譽職の就職は承諾を要しない趣旨の反對の判例がある。（明治四十二年行判）

（二）　前任者が任期中に闕員となつた爲めに就職した後任者の任期は如何に計算するのか　是れは例へば市町村長の場合であれば後任者は前任者の殘した任期の如何に拘らず自分の就職した日から起算して四年間在職するのである。（明治二六年行實）

市制第七十三條
町村制第六十三條

市制第七十五條
町村制第六十三條

市制第七十四條

第七十九條
第六十七條

（三）　市參與市町村委員たる現任者の任期中に市町村條例を改正して任期を短縮することは差支ないか　是れはよろしくない。（明治二四年行實）

第五項　市町村吏員の選擧選定任免に付て

一　市町村吏員の選擧選定任免の方法は如何に定まつて居るか　是れは次の樣なものである。

市町村長　市町村會が選擧する。尙ほ市制第七十三條第二項町村制第六十三條第一項に述べたところを參照せられたい。

市町村助役　市町村長の推薦に依り市町村會が選定することが通例である。然し市町村長が闕員の場合は市町村會が選擧する。尙ほ市制第七十五條第二項町村制第六十三條第二項に述べたところを參照せられたい。

市參與　市長の推薦に依り市會が選定する。尙ほ市制第七十四條第二項に述べたところを參照せられたい。

市町村收入役及副收入役　市町村長の推薦に依り市町村會が選定することが通例である。然し市町村長が闕員の場合は市町村會が選擧する。尙ほ市制第七十九條第二項町村制第六十七條第三項に述べたところを參照せられたい。

第八十二（六十八）條

市町村の名譽職の區長と區長代理者　市町村長の推薦に依り市町村會が選定する。尙ほ市（町村）制第八十二（六十八）條第二項に述べたところを參照せられたい。

第八十三（六十九）條

市町村の委員　市町村長の推薦に依り市町村會が選定する。尙ほ市（町村）制第八十三（六十九）條に述べたところを參照せられたい。

市制第八十條第八十一條第八十二條第八十六條第八十五（七十一）條

其の他の市町村の有給吏員　市町村長が任免する。尙ほ市制第八十條第八十一條第八十二條第三項第四項第八十六條市（町村）制第八十五（七十一）條に述べたところを參照せられたい。

第百六十四（百四十四）條

市町村長助役收入役副收入役の臨時代理者　監督官廳が選任する。尙ほ市（町村）制第百六十四（百四十四）條に述べたところを參照せられたい。

二　市町村吏員の選擧選定任免に付て

（一）　現任市町村吏員の在職中に後任者を選擧選定することに付て

(1)　現任者の任期中に其の任期の滿了の翌日を就職期日と定めて後任者を選擧し又は選定することは差支ないか　是れは差支ない。（大正一五年行實）

(2)　現任者の任期滿了の數ヶ年前に後任者を選擧又は選定しても差支ないか　是れは現任者の在職中に後任者の選擧又は選定を爲すことは主として機關の曠缺を防ぐ一の便法に過ぎ

ないのであるから後任者は現任者の退職期日に接近して選擧又は選定すべきものである。從つて現任者の任期滿了の數年前に選擧又は選定する樣なことは違法である。（昭和二年行實）

(3) 例へば四月二十日任期滿了すべき者の後任者を二月十七日に選擧又は選定することは差支ないか　是れは現任者の任期滿了の數ヶ月以前に後任者の選擧又は選定を爲したものであるから違法である。（昭和二年行實）

(4) 現任者の在職中後任者の就職の期日を定めて選擧又は選定したところ其の就職の期日の至らない前に現任者が退職した場合は其の選擧又は選定は效力を失ふか　是れは效力を失ふものではない。（昭和二年行實）

(5) 現任者の在職中に任期滿了以外の退職事由例へば死亡辭職等を豫想して其の事由の發生した翌日就職することとして後任者を選擧又は選定することは差支ないか　是れは明かに退職の事實を確認し得る場合は格別であるがさうでない場合は違法である。

(6) 現任者の在職中就職の期日を定めないで行つた後任者の選擧又は選定は有效か　是れは有效である。（昭和二年行實）

(7) 現任者の任期中に後任者を選擧又は選定した場合に其の當選し又は選定された者が就職

を承諾したときは何時から就職することになるか　是れは普通の場合は現任者の任期の滿了した翌日就職するのである。（大正一五年 行實）

（二）市町村吏員の選擧選定の手續に付て

(1) 市參與助役收入役副收入役名譽職區長區長代理者委員を市町村長の推薦に依り市町村會に於て定めることは議事であるか又は選擧であるか　是れは議事である。從つて市町村會の議事の規定を適用すべきものである。（大正六年 行實）

(2) 町村長助役の有給條例を廢止する條例の許可前に豫め名譽職町村長助役を選擧又は選定することは差支ないか　是れはよろしくない。（大正一五年 行實）

(3) 選擧又は選定された者が就職の意思のない場合は辭職の手續を執るべきものか　是れは就職を承諾しない限りは就職しないのであるから辭職の手續を執るべきものではない。（大正一五年 行實）

(4) 官吏が市町村吏員に選擧又は選定された場合は官吏を辭した後でなければ就職の承諾を爲し得ないのか　是れは其の通りである。（大正一五年 行實）

(5) 選擧又は選定せらるる前に豫め就職を承諾する旨の意思を表示して置くことは差支ない

か　是れは無效の意思表示である。（大正一五年行實）

(6) 三等郵便局長の職に在る者が名譽職區長に就職することは差支ないか　是れは差支ない。然し兼職することの適否は市町村の狀況に依り判別する外はない。（大正二年行實）

(7) 辯護士の職に在る者が市町村長に就職するには辯護士の職を辭してからでなければならないか　是れは其の通りである。（辯護士法）

(8) 市町村會に於て選擧すべき市町村吏員を選擧することの發案權は市町村會にあるのか　是れは其の通りである。從つて市町村會の開會中に動議が提出されそれが成立したときは直ちに選擧を行つて差支ないのである。（大正一五年行實）

(9) 市町村會の行つた選擧が違法の場合は市制第九十町村制第七十四條に依り措置して差支ないか　是れは差支ない。例へば市町村會が無效投票と決したものが實は有效投票である結果當選者が有效投票の過半數を得た者でない場合などである。（大正一四年行實）

(10) 市町村長が助役收入役副收入役を市町村會に推薦する場合に其の推薦すべき人員は市町村會に於て選定すべき員數に限るのか　是れは其の通りである。（明治二二年行實）

(11) 市町村長助役收入役副收入役の臨時代理者は是れ等の者が就職すれば當然に解任となる

のか　是れは其の通りである。（大正一五年行實）

第六項　市町村吏員の退職に付て

市制第七十三條
同第七十五條
町村制第六十四條

一　市町村吏員が任期中退職するには如何にすべきか　是れは次の樣なものである。

市長　任期中退職するには豫め申立てなければならない。尙ほ市制第七十三條第三項に述べたところを參照せられたい。

市助役　任期中退職するには豫め申立てなければならない。尙ほ市制第七十五條第三項に述べたところを參照せられたい。

有給町村長と有給町村助役　任期中退職するには豫め申立てなければならない。尙ほ町村制第六十四條に述べたところを參照せられたい。

其の他の市町村吏員　是れは別に規定がない。

二　市町村吏員の退職の手續に付て

（一）　市長市助役有給町村長有給町村助役が任期中一旦退職の申立をした後其の申立を撤回することは差支ないか　是れは退職申立後三十日以内又は其の期間内に市町村會が退職を承認しない間は未だ退職の效力が發生しないものであるから退職申立を撤回し得るのである。

（大正一二年行實）

（二）市長市助役有給町村長有給助役の退職を承認することの發案は誰が爲すべきものか　是れは市町村會が爲すべきものであつて市町村長が爲すべきものではない。（大正一五年行實）

（三）市町村會が市長市助役有給町村長有給町村助役の退職を承認した場合は何時から退職したことになるのか　是れは次の樣になるのである。（明治三一年行實）

(1) 退職申立に退職豫定月日が明示してある場合は其の月日から退職する。

(2) 退職申立に後任者の就職と同時に退職する豫定なる旨の明示のある場合は其の期日から退職する。

(3) 退職申立に退職豫定月日又は期日を明示してない場合は市町村會が決定した日から退職する。

(4) 退職申立に退職豫定月日又は期日の明示なく且市町村會が退職月日を決定しないときは市町村會が退職を承認した日から退職する。

（四）市町村會が市長市助役有給町村長有給助役の退職を承認した場合は三十日の期間を經過しないでも退職したことになるか　是れは其の通りである。（大正一三年行實）

（五）名譽職町村長助役及其の他の名譽職市町村吏員が退職するには如何にすべきものか　是れは別に規定がないから退職申立をすれば其の時から退職したことになるのである。（明治三二年民司判）然し豫め退職期日を指定して退職を申出でた際は其の指定の日が退職の日と爲るのである。（大正九年行實）

（六）退職申立は其の申立書が市役所町村役場に到達すればそれで申立の效力が發生するのか是れは其の通りである。假令公簿に申立の受付がないからとて效力に影響はないのである。（大正四年同七年行判）

（七）市町村吏員の退職の申立は誰に爲すべきものか　是れは次の樣なものである。（明治二七年行實）

(1) 市町村長は其の代理者に爲すべきものである。

(2) 市町村長以外の吏員は市町村長に爲すべきものである。

(3) 市町村長及其の代理者が共にない場合は府縣知事に爲すべきものである。

（八）市長市助役有給町村長有給町村助役が例へば八月一日付にて八月十日限り退職し度き旨を申立てたところ市町村會が是れを承認しない場合は是れ等の者は退職申立の日から三十日

市制第七十四條　町村制第六十三條　第七十九條 第六十七條　第八十二條 第六十八條

を經過することに依つて當然退職するのか或は又更めて退職しやうとする日前三十日目迄に申立てなければ任期中退職し得ないのか　是れは市町村會が退職を承認しないでも八月一日付の退職申立の日から三十日を經過すれば當然退職することになるのである。（大正一五年行實）

第七項　市町村吏員たる資格に付て

一　市町村吏員たる資格は如何なるものか　是れは次の樣なものである。

名譽職市參與　市公民中選擧權を有する者に限る。尙ほ市制第七十四條第三項に述べたところを參照せられたい。

名譽職町村長と名譽職町村助役　町村公民中選擧權を有する者に限る。尙ほ町村制第六十三條第三項に述べたところを參照せられたい。

市町村の收入役と副收入役　市町村長市參與助役との間又は收入役副收入役相互の間に父子兄弟の緣故のないことを要する。尙ほ市制第七十九條第三項（町村制第六十七條第四項）に述べたところを參照せられたい。

市町村の名譽職區長と其の代理者　市町村公民中選擧權を有する者に限る。尙ほ市制第八十二條（町村制第六十八條）第二項に述べたところを參照せられたい。

第八十三／六十九條

市町村の委員　市町村會議員名譽職市參事會員又は市町村公民中選擧權を有する者であることを通例とする。尚ほ市町村制第八十三／六十九條第二項第三項に述べたところを參照せられたい。

市制第八十一條

市制第六條の市の區の區收入役と區副收入役　是れは市制第八十一條第二項から第四項迄に規定されて居る。同條に述べたところを參照せられたい。

同第八十二條

市制第八十二條第三項の市の區の區收入役　是れは市制第八十二條第四項に規定されて居る。同條に述べたところを參照せられたい。

其の他の市町村吏員　別段の規定はない。

二　市町村吏員たる資格に付て

(一)　市長市助役有給町村長有給町村助役となる者の年齢の制限はないのか　是れは別に制限はない。然し未成年者を以て是れ等の重職に就かしむることは適當でない。（明治二六年行實）

(二)　委員の資格要件として公民中選擧權を有することの外尚ほ一定の要件を附け加へることは差支ないか　是れは市町村制第八十三／六十九條第三項の組織に關する別段の規定であるから差支ない。（明治二九年同四五年大正元年行實）

(三)　名譽職市町村吏員が誤つて他市町村に住所寄留を爲した旨屆出した爲めに右屆出に依り

市制第七十四條
町村制第六十三條
第七十九條・第六十七條
第八十二條・第六十八條

を經過することに依つて當然退職するのか或は又更めて退職しやうとする日前三十日目迄に申立てなければ任期中退職し得ないのか　是れは市町村會が退職を承認しないでも八月一日付の退職申立の日から三十日を經過すれば當然退職することになるのである。（大正一五年行實）

第七項　市町村吏員たる資格に付て

一　市町村吏員たる資格は如何なるものか　是れは次の様なものである。

名譽職市參與　市公民中選擧權を有する者に限る。尙ほ市制第七十四條第三項に述べたところを參照せられたい。

名譽職町村長と名譽職町村助役　町村公民中選擧權を有する者に限る。尙ほ町村制第六十三條第三項に述べたところを參照せられたい。

市町村の收入役と副收入役　市町村長市參與助役との間又は收入役副收入役相互の間に父子兄弟の緣故のないことを要する。尙ほ市制第七十九條第三項・町村制第六十七條第四項に述べたところを參照せられたい。

市町村の名譽職區長と其の代理者　市町村公民中選擧權を有する者に限る。尙ほ市制第八十二條・町村制第六十八條第二項に述べたところを參照せられたい。

市町村の委員　市町村會議員名譽職市參事會員又は市町村公民中選擧權を有する者であることを通例とする。尙ほ市町村制第八十三六十九條第二項第三項に述べたところを參照せられたい。

市制第六條の市の區の區收入役と區副收入役　是れは市制第八十一條第二項から第四項迄に規定されて居る。同條に述べたところを參照せられたい。

市制第八十二條第三項の市の區の區收入役　是れは市制第八十二條第四項に規定されて居る。同條に述べたところを參照せられたい。

其の他の市町村吏員　別段の規定はない。

二　市町村吏員たる資格に付て

（一）市長市助役有給町村長有給町村助役となる者の年齢の制限はないのか　是れは別に制限はない。然し未成年者を以て是れ等の重職に就かしむることは適當でない。（明治二六年行實）

（二）委員の資格要件として公民中選擧權を有することの外尙ほ一定の要件を附け加へることは差支ないか　是れは市町村制第八十三六十九條第三項の組織に關する別段の規定であるから差支ない。（明治二九年同四五年大正元年行實）

（三）名譽職市町村吏員が誤つて他市町村に住所寄留を爲した旨屆出した爲めに右屆出に依り

第八十三六十九條

市制第八十一條

同第八十二條

公民權を失ひ從つて市町村吏員の職を失つた者として取扱はれても實際は住所に變更のない限りは法律上市町村吏員の職を失はないのか　是れは其の通りである。（大正五年行實）

（四）市町村長助役市參與收入役副收入役名譽職區長區長代理者委員が市町村會議員の選擧權を有しなくなつたときは當然其の職を失ふのか　是れは其の通りである。（大正一五年行實）尙ほ市制第八十四條町村制第七十條第一項に述べたところを參照せられたい。

（一）市制第七十九條町村制第六十七條第三項第四項に所謂父子兄弟たる緣故ある者と云ふのは如何なるものか　是れは次の樣なものである。

(1) 養子と養子又は婿養子と養子の關係は兄弟たる緣故あるものか　是れは其の通りである。（大正二年同一〇年行判）

(2) 妻の兄弟又は姉妹の夫は兄弟たる緣故あるものか　是れは緣故あるものではない。（明治二五年大正七年行判）

(3) 兄弟たる緣故を有する者が分家し又は別居しても矢張り兄弟たる緣故を有するものか　是れは其の通りである。（明治四四年行判）

(4) 乙は民法施行前甲の婿養子となり丙は甲の次男なる場合は乙と丙は兄弟の緣故あるもの

か　是れは其の通りである。（大正三年、大正四年 行判 司民判）

(5) 養子と養家に於ける兄弟、養子と其の實兄弟は何れも兄弟たる緣故あるものか　是れは其の通りである。（明治二二年 行實）

(6) 姉妹の各婿養子は分家しても矢張り兄弟の緣故あるものか　是れは其の通りである。（明治二二年 行實）

(7) 戸主の妹が分家し是れに入夫婚姻した夫は其の妻の兄と兄弟たる緣故のあるものか　是れは緣故のあるものではない。（大正一四年 行實）

市制 第七十七條 第七十八條
町村制 第六十五條
町村制 第六十五條 第六十六條

三　市町村吏員は如何なることを禁ぜられて居るか　是れは次の様なものである。

市長　是れは市制第七十七條同第七十八條に規定されて居る。同條に述べたところを參照せられたい。

名譽職町村長及町村助役　是れは町村制第六十五條に規定されて居る。同條に述べたところを參照せられたい。

有給町村長　是れは町村制第六十五條第六十六條に規定されて居る。同條に述べたところを參照せられたい。

市制第七十七條

名譽職市參與　是れは市制第七十七條に規定されて居る。同條に述べたところを參照せられたい。

同第七十七條第七十八條

有給市參與　是れは市制第七十七條第七十八條第二項に規定されて居る。同條に述べたところを參照せられたい。

同第七十七條第七十八條

市助役　是れは市制第七十七條第七十八條第二項に規定されて居る。同條に述べたところを參照せられたい。

町村制第六十五條第六十六條

有給町村助役　是れは町村制第六十五條第六十六條第二項に規定されて居る。同條に述べたところを參照せられたい。

第七十九六十七條

市町村收入役と副收入役　是れは市制第七十九條第二項町村制第六十七條第三項に規定されて居る。同條に述べたところを參照せられたい。

市制第八十條

市制第六條の市の區の區長　是れは市制第八十條第二項に規定されて居る。同條に述べたところを參照せられたい。

同第八十二條

市制第八十二條第三項の區の區長　是れは市制第八十二條第四項に規定されて居る。同條に述べたところを參照せられたい。

四　市町村吏員として禁ぜられて居る事項に付て

（一）　市町村會に於て選擧又は選定した當時前の三に掲げたことに當る者であつても就職を承諾する當時該當者でなくなれば就職することは差支ないか　是れは差支ないのである。（大正一四年行實）

（二）　市長有給町村長が左の様なことを爲すのは市町村制第七十八六十六條第一項に所謂他の報償ある業務に從事するものに當るのか。

(1)　三等郵便局長を兼ねること　是れは當らない。從つて府縣知事の許可を受けないで差支ないのである。（明治二二年行實）

(2)　他市町村の名譽職を兼ぬること　是れは當らない。然し議員となる様なことは差支ないが町村長助役を兼ぬる様なことは適當でない。（明治二三年行實）

(3)　醫業を爲すこと　是れは無料施療だけに從事する場合は當らないが其の他の場合は當るものであるから府縣知事の許可を得なければならないのである。（大正二年行實）

(4)　衆議院議員府縣會議員を兼ぬること　是れは當らない。從つて府縣知事の許可を受けないで差支ないのである。（大正九年行實）

市制第七十六條
町村制第六十三條
第七十九／六十七條
第八十七／七十二條

五　市町村吏員であつて在職中に限り特に公民權を與へらるる者は誰か　是れは次の樣なものである。

市長と有給市參與と市助役　是れは市制第七十六條に規定されて居る。同條に述べたところを參照せられたい。

有給町村長と有給町村助役　是れは町村制第六十三條第四項に規定されて居る。同條に述べたところを參照せられたい。

市町村收入役と副收入役　是れは市町村制第七十九／六十七條第二／三項に規定されて居る。同條に述べたところを參照せられたい。

第二款　市町村吏員の職務に付て

第一項　市町村長の職務に付て

一　市町村長の擔任する市町村の事務は如何なるものか　是れは次の樣なものである。

（一）　市町村を統轄し市町村を代表すること　是れは市町村制第八十七／七十二條第一項に規定されて居る。同條に述べたところを參照せられたい。

第八十七條 第七十二條

(1) 市町村長が市町村を代表することは市制町村制の範圍內に於ける市町村の事務に限らるるのか　是れは其の通りである。（明治二五年行判）

(2) 市町村長の資格で衆議院議員に感謝狀を贈ることは差支ないか　是れは市町村長の職務ではないのである。（明治二五年行判）

(3) 市町村又は市町村の一部卽ち財產區が訴訟の被告となつた場合には市町村長は當然其の代表者となるのか　是れは其の通りである。市町村會等が訴訟行爲を爲すことを市町村長に授權することを要しないのである。（明治三四年司民判）

(4) 收入役の職權に屬する收入の受領に付ては市町村長は外部に對して市町村を代表する職權はないか　是れは其の通りである。（明治三六年司民判）

(二) 市町村會と市參事會の議決を經べき事件に付て其の議案を發すること、其の議決を執行すること　是れは市制第八十七條町村制第七十二條第二項第一號に規定されて居る。同條に述べたところを參照せられたい。

(1) 市參與の擔任する事業を特別會計とした場合であつても其の豫算は市長が發案すべきものか　是れは其の通りである。市參與が發案すべきものではないのである。（明治四五年行實）

(2) 市町村會の行ふ市町村長助役等の選擧は市町村長の發案を要しないのか　是れは要しないのである。（大正八年行　實）

(3) 此處に所謂議案は如何なるものか　是れは議決を經べき事件に付て市町村長の意見に依り成案を定め是れが可否の議決を求むる其の提案を指すのである。（大正六年行　判）

(4) 同一性質の案件を一議案に纒めることは差支ないか　是れは議案を調製することは市町村長の權限であるから其の事件の倂合を禁止する特別の規定のない限りは差支ないのである。例へば市町村會議員の失格に關する數個の事件を一議案とする樣な場合である。（明治四四年行　判）

(5) 立木の賣却に關する市町村會の議決が單に立木を賣却することだけであつて賣却の方法に及ばない場合は其の方法を定めることは市町村長の職權に屬するのか　是れは其の通りである。（明治四四年司　民　判）

(6) 市町村長が市町村會の議決を經ないで市町村の爲めに爲した法律行爲は後に市町村會が是れに對して承諾を與へた場合は有效となるのか　是れは有效となるのである。（明治四五年大正元年司　民　判）

(三) 財産及營造物を管理すること但し特に其の管理者を置いた場合は其の事務を監督すること　是れは市制（町村制）第八十七（七十二）條第二項第二號に規定されて居る。同條に述べたところを參照せられたい。

(1) 市町村の設けた墓地火葬場を管理することは此處に所謂管理か　是れは管理である。（明治二三年行實）

(2) 市町村の基本財産の保管は市町村長が爲すべきものか　是れは其の通りである。（明治四三年同四四年大正一三年司刑判）

(3) 市町村の罹災救助資金の管理は市町村長が爲すべきものか　是れは其の通りである。（大正三年同六年司刑判）

(4) 此處に所謂管理の中には財産の保存利用等の行爲を含むのか　是れは含むのである。（大正九年司刑判）

(5) 市町村有財産たる現金と有價證券を收入役に保管させることは不適當か　是れは市制（町村制）第八十七（七十二）條と第九十七（八十）條に定められた市町村長と收入役の權限を紛更させるものであつて適當でないのである。（大正五年行實）

（四）　收入支出を命令すること、會計を監督すること　是れは市町村制第八十七七十二條第二項第三號に規定されて居る。同條に述べたところを參照せられたい。

(1)　市町村税の徴税令書は市町村長の名を以て發すべきものか　是れは其の通りである。（明治二二年行實）

(2)　市町村長は市町村税の納付を受ける權限はないのか　是れは其の通りである（大正五年行判）

（五）　證書と公文書類を保管すること　是れは市町村制第八十七七十二條第二項第四號に規定されて居る。同條に述べたところを參照せられたい。

（六）　法律命令又は市町村會の議決に依り使用料手數料加入金市町村税又は夫役現品を賦課徵收すること　是れは市町村制第八十七七十二條第二項第五號に規定されて居る。同條に述べたところを參照せられたい。

（七）　其の他市町村の事務であつて法律命令の規定に依り市町村長の職權に屬する事項　是れは市町村制第八十七七十二條第二項第六號に規定されて居る。例へば次の樣なものである。尙ほ同條に述べたところを參照せられたい。

第一　市制町村制中に規定されて居るもの

(1) 市町村會議員の選擧に關する事項（市／町村制第十六／……條、第十九／十六條、第二十五／二十二條、第二十七／二十四條、第二十七／二十四條ノ二、第三十一／二十八條から第三十四／三十一條迄、第三十六／三十三條から第三十九／三十六條迄）

(2) 市町村會の職務に關する事項（市／町村制第四十五／四十二條、第……／四十五條、第五十／四十六條、第五十一／四十七條）

(3) 市參事會に關する事項（市制第六十四條、第六十六條、第六十八條、第七十一條）

(4) 市町村吏員の組織に關する事項（市／町村制第七十四／……條、第七十五／……條、第……／六十三條、第七十九／六十七條、第八十／……條、第八十一／……條、第八十二／六十八條、第八十三／六十九條、第八十五／七十一條、第八十六／……條）

(5) 市町村吏員の職務權限に關する事項（市／町村制第八十九／七十三條から第九十二／七十六條迄、第九十二／……條ノ二、第九十四／七十八條から第百二／八十三條迄）

(6) 給料と給與に關する事項（市／町村制第百七／八十七條）

(7) 財産營造物及市町村稅に關する事項（市／町村制第百二十六／百六條、第百二十八／百八條、第百三十／百十條、第百三十一／百十一條）

(8) 豫算と決算に關する事項（市／町村制第百三十三／百十三條、第百三十四／百十四條、第百三十九／百十九條、第百四十一／百二十一條、第百四十二／百二十二條）

(9) 行政訴訟に關する事項（市制第十條、第百二十九條、第百六十三條 町村制第八條、第百十九條、第百四十三條）

第二 市制町村制施行令中に規定されて居るもの

(1) 市町村の廢置分合に關する事項（第一條 第三條）

(2) 市町村會議員の選擧に關する事項（第八條、第十八條、第二十二條）

(3) 市町村税の賦課徴收に關する事項（第四十條、第四十三條、第四十四條、第四十五條 第五十條、第五十五條、第五十七條、第五十八條）

第三 市制町村制施行規則中に規定されて居るもの

(1) 市町村會議員の選擧に關する事項（第二條 第三條）

(2) 事務引繼に關する事項（第二十三條 第二十四條）

第四 其の他の法律命令に規定されて居るもの

(1) 府縣税の徴收に關する事項（大正一五年勅令第二〇〇號 府縣制施行令）

(2) 種痘に關する事項（明治四二年法律第三五號、同四二年内務省令第二六號 種痘法 種痘法施行規則）

(3) 水道に關する事項（明治二三年法律第九號 水道條例）

(4) 陸海軍召集諸費支辨に關する事項（明治四一年勅令第六一號、同四一年陸軍省令第一一號、同四一年海軍省令第二號 陸海軍召集諸費支辨ニ關スル件 陸軍召集諸費支出規程 海軍召集諸費支出規程）

第九十三條 七十七條

(5) 徵兵旅費繰替支辨に關する事項（大正二年勅令第二五號徵兵旅費繰替支辨ニ關スル件）

二　市町村長が掌る國府縣其の他公共團體の事務は如何なるものか　是れは次の様なものである。尙ほ市制第九十三條 町村制第七十七條に述べたところを參照せられたい。

（一）　一般に關する事務

(1) 府縣知事の職權に屬する事務であつて市町村長が委任を受けた事務（大正一五年勅令第一四七號地方官官制）

(2) 府縣行政に關する事務であつて府縣知事から市町村長が委任を受けた事務（明治三二年法律第六四號府縣制）

註　市町村長其の他の吏員に府縣出納吏を命ずることはよろしくない（大正五年行實）

（二）　選擧に關する事務

(1) 衆議院議員の選擧に關する事務（大正一四年法律第四七號、同一五年勅令第三號、同一五年內務衆議院議員選擧法　同法施行令　同法施行省令第四號、明治三三年法律第七三號、同三四年勅令第一八六號、大正一五年行規則　衆議院議員選擧法　同法施行令　市町村境界變更アリタル場合ニ於勅令第二六六號、同九年內務省令第ケル衆議院議員選擧ノ施行ニ關スル件　衆議院議員選擧法ニ依リ市町村外ニ於テ納ムル直接國税證明二號ニ關スル件）

(2) 府縣會議員の選擧に關する事務（明治三二年法律第六四號府縣制、大正一五年勅令第二〇〇號府縣制施行令、同一五年内務省令第一八號府縣制施行規則、同三年内務省令第一〇號府縣制第十二條ニ依リ選擧人名簿分合ニ關スル件、同三年内務省令第一一號府縣制第十五條ニ依ル投票區及投票ニ關スル件）

(3) 陪審員の名簿に關する事務（大正一二年法律第五〇號陪審法）

(4) 商業會議所議員の選擧に關する事務　但し市長町長だけ（明治三五年農商務省令第一五號商業會議所議員選擧規則）

(5) 所得税調査委員の選擧に關する事務（大正九年法律第一一號所得税法、同九年勅令第二二六號所得税法施行規則）

（三）學事に關する事務

(1) 小學校に關する事務（明治三三年勅令第三四四號小學校令、同三三年文部省令第一四號小學校令施行規則）

(2) 小學校教員の俸給に關する事務（明治三〇年勅令第二號市町村立小學校教員俸給ニ關スル件）

（四）警備に關する事務

(1) 消防組を指揮する事務（明治二七年勅令第一五號消防組規則）

（五）兵事に關する事務

(1) 徴兵に關する事務（明治二二年法律第一號徴兵令、大正八年勅令第四二五號徴兵事務條例、同八年陸軍省令第三八號徴兵事務條例施行細則、同一三年陸軍省令第一一號戸籍簿亡夫ノ爲徴兵事務條例施行細則ニ規定スル壯丁名簿等調製ニ關スル件、同八年明治三九年勅令第三百

陸　軍　省　令　第　五　一號、同八年陸軍省令第五〇號、同八
十八號ニ依ル朝鮮臺灣及支那等ニ在ル者ノ徵兵身體檢査ニ關スル件　同八一年現役兵條例施行細則　一年
年陸軍省令第四九號、明治三二年勅令第七一號、同四一年海軍省令第一〇號
志願兵條例施行細則　海軍志願兵條例　海軍志願兵徵募細則）

(2)　召集に關する事務（大正二年勅令第二九九號、同一五年勅令第二二九號、同一五年陸軍省令第一三
號、同一五年海軍省令第一〇號　陸軍召集令　海軍召集令　陸軍召集令施行細
則　海軍召集令施行細則）

(3)　召募に關する事務（大正九年陸軍省令第一五號　陸軍召募規則）

(4)　簡閲點呼に關する事務（大正七年海軍省令第一六號　海軍簡閲點呼執行規則）

(5)　徵發に關する事務（明治一五年太政官布告第四三號、大正一五年法律第
八〇號、明治一五年太政官布達第二六號、大正一五年勅令第二三二號、　徵發令　徵發令中郡及郡長ニ關スル規定ノ適用
ニ關スル件　徵發事務條例　徵發事務條例中郡及郡長ニ關スル規定ノ適用ニ關スル
件　同四年陸軍省令第四號
馬匹徵發事務細則）

(6)　軍需調査に關する事務（大正八年勅令第四九五號　軍需調査令）

(7)　馬籍に關する事務（大正一〇年法律第九五號、同一一年陸軍省令第一號　馬籍法　馬籍法施行規則）

(8)　馬匹去勢に關する事務（大正五年陸軍省令第一二號　馬匹去勢法施行規則）

(9)　軍人傷痍記章に關する事務（大正一三年陸軍省令第二七號、同一三年
陸軍軍人傷痍記章授與返納佩用停止及褫奪手續　海軍軍人傷痍記章
海軍省令第八號
授與返納佩用停止及褫奪手續）

(10) 海軍志願兵及其の家族の異動に關する事務（明治三七年海軍省令第四號海軍志願兵及其ノ家族ニ異動アリタルトキ報告ノ件）

(11) 徵兵旅費に關する事務（大正九年內務省令第三八號徵兵旅費規則）

(12) 兵役に在る者にして船員たる者屆出に關する事務（大正二年陸軍省令第六號陸軍豫備後備役又ハ補充兵役ニ在リテ船員タル者屆出ノ件）

(13) 召集旅費等支給に關する事務（明治四一年陸軍省令第一一號陸軍召集諸費支出規程）

(14) 陸地測量に關する事務（明治二三年法律第二三號、同二八年陸軍省令第一七號陸地測量標條例　陸地測量標條例施行細則）

(15) 陸軍豫備馬貸附に關する事務（大正一〇年陸軍省令第二三號陸軍豫備馬貸附規則）

(16) 陸軍の兵籍に關する事務（明治四三年陸軍省令第二號陸軍兵籍規則）

(17) 陸軍戰時名簿に關する事務（大正三年陸軍省令第四號陸軍戰時名簿規則）

(18) 陸軍軍醫の作成した死亡診斷書等交付に關する事務（明治三四年陸軍省令第二號陸軍軍醫ノ職務上作爲シタル死亡屆出義務者ニ交付スベキ死亡診斷書死體檢案書ノ記載事項其ノ樣式及交付手續）

(19) 海軍生徒學生等死亡者取扱に關する事務（明治三二年海軍省令第一號海軍生徒學生下士卒死亡者取扱規則）

(20) 陸軍下士兵卒在隊間成績通報事務（明治四五年陸軍省令第九號陸軍下士兵卒在隊間成績通報規定）

(21) 書類の經由に關する事務（大正一五年海軍省令第一二號 海軍豫備役後備役又ハ歸休中ノ下士官兵ヨリ鎭守府司令長官又ハ人事部長ニ提出スル願屆書提出方）

（六）衞生に關する事務

(1) 傳染病豫防に關する事務（明治三〇年法律第三六號 傳染病豫防法、大正一一年内務省令第二四號 傳染病豫防法施行規則）

(2) 癩豫防に關する事務（明治四〇年法律第一一號 癩豫防ニ關スル件、同四〇年内務省令第一九號 癩豫防ニ關スル件施行規則、同四〇年勅令第二六二號 癩患者ノ救護ニ要スル費用支辨追徵及負擔ニ關スル件）

(3) 海港檢疫に關する事務（明治四〇年内務省令第一三號 海港檢疫法施行規則）

(4) 埋火葬認可に關する事務（明治一七年太政官布達第二五號 墓地及埋葬取締規則）

（七）土木に關する事務

(1) 市道町村道に關する事務（大正八年法律第五八號 道路法、同八年勅令第四六〇號 道路法施行令、同八年勅令第四七二號 道路管理者特別規程、同八年内務省令第二三號 道路臺帳ニ關スル件）

(2) 道路職員を置く事務（大正九年勅令第二四九號 道路管理職員制）

(3) 土地收用に關する事務（明治三三年法律第二九號 土地收用法、同三三年勅令第九九號 土地收用法施行令、大正一五年法律第七八號 土地收用法中郡長ノ職務ヲ定ムル規定ノ適用ニ關スル件、明治三三年勅令第一〇〇號 土地收用法ニ依ル命令ノ件）

(4) 電氣事業に關する事務（明治四四年法律第五五號 電氣事業法）

(八) 神社に關する事務

(1) 神社境内地の枯損木等に關する事務但市長だけ（大正二年内務省令第六號 官國幣社以下神社ノ祭神神社名社格明細帳境内創立移轉廢合參拜拜觀寄附金講社神札等ニ關スル件）

(2) 神社の會計を監督する事務（明治四一年内務省令第一二號 神社ノ財産登錄及管理並會計ニ關スル件）

(九) 産業に關する事務

(1) 地方産業職員を置く事務但市長だけ（大正一四年勅令第四三號 地方産業職員制）

(2) 畜牛結核病豫防に關する事務（明治三六年農商務省令第四號 畜牛結核病豫防法施行規則）

(3) 家畜傳染病豫防に關する事務（大正一二年農商務省令第一號 家畜傳染病豫防法施行規則）

(4) 耕地整理に關する事務（明治四二年法律第三〇號、同四二年農商務省令第三九號、同四二年勅令第三一號 耕地整理法 耕地整理法施行規則 耕地整理事業ノ引繼及耕地整理組合ノ變更ニ關スル件）

(5) 保安林に關する事務（明治四二年法律第四三號 森林法）

(6) 國有林野賣拂に關する事務（大正四年農商務省令第一四號 不要存置國有林野整理處分規則）

(7) 公有水面埋立に關する事務（大正一〇年法律第五七號 公有水面埋立法）

(8) 河川に關する事務（明治二九年法律第七一號河川法、明治二九年勅令第三三一號河川臺帳ニ關スル件）

(9) 砂防に關する事務（明治三〇年法律第二九號砂防法、同三〇年勅令第三八二號砂防法施行規程）

(10) 水利組合に關する事務（明治四一年法律第五〇號水利組合法）

(11) 漁業組合に關する事務（明治四三年勅令第四二九號漁業組合令）

(12) 度量衡取締に關する事務（明治四二年勅令第一六九號度量衡法施行令）

（一〇）戸籍に關する事務

(1) 戸籍に關する事務（大正三年法律第二六號戸籍法、同三年司法省令第七號戸籍法施行細則、明治四三年法律第三九號皇族ヨリ臣籍ニ入リタル者及婚姻ニ因リ臣籍ヨリ出テ皇族ト爲リタル者ノ戸籍ニ關スル件、同三八年法律第六二號戸主ニ非サル者爵ヲ授ケラレタル場合ニ關スル件）

(2) 寄留に關する事務（大正三年法律第二七號寄留法、同三年勅令第二二六號寄留手續令、同三年司法省令第八〇號寄留手續細則）

(3) 外國人死亡の場合に關する事務（明治三二年司法省令第四〇號外國人ノ遺産ノ保存處分ニ關スル手續）

(4) 書類保存に關する事務（明治三五年司法省令第二一號身分登記簿戸籍及寄留ニ關スル書類保存規程）

(5) 外國に於て婚姻を爲すときの證明事務（明治三三年司法省令第二五號外國ニ於テ婚姻ヲナストキ證明書ノ件）

(6) 有位者國籍喪失の場合の事務（大正一五年閣令第六號位階令施行細則）

（一一）社會事業に關する事務

(1) 精神病者の監護に關する事務（明治三三年法律第三八號、同三三年勅令第二八二號、大正一二年內務省令第一七號）（精神病者監護法、精神病者看護法第六條及第八條第三項ニ依ル監護ニ關スル件、精神病院法施行規則）

(2) 住宅組合に關する事務但市長だけ（大正一〇年法律第六六號）（住宅組合法）

(3) 職業紹介に關する事務（大正一〇年法律第五五號、同一三年內務省令第二九號）（職業紹介法、職業紹介法施行規則）

(4) 水難救護に關する事務（明治三二年法律第九五號、同三二年遞信省令第三五號）（水難救護法、水難救護法施行細則）

(5) 行旅病人及行旅死亡人取扱に關する事務（明治三二年法律第九三號、同三二年內務省令第二三號、同三二年內務省令第二四號、大正元年勅令第三四號、明治三二年內務省令第五三號）（行旅病人及行旅死亡人取扱法、行旅病人行旅死亡人及同伴者ノ救護並ニ取扱方、外國人タル行旅病人行旅死亡人及同伴者ノ救護竝ニ取扱ニ關スル特例、行旅死亡人ヲ火葬スルノ件、衛士長衛士副長衛士服務規則）

(6) 小作爭議調停に關する事務（大正一三年法律第一八號）（小作調停法）

（一二）統計に關する事務

(1) 人口動態調査に關する事務（大正一一年勅令第四七八號、同一一年閣令第八號）（人口動態調査令、人口動態調査令施行細則）

(2) 國勢調査に關する事務（大正七年勅令第三五八號、同八年閣令第六號）（國勢調査施行令、國勢調査施行細則）

(3) 勞働統計調査に關する事務（大正一二年勅令第二六六號、同一二年內務省令第一六號）（勞働統計實地調査令、勞働統計實地調査施行規則）

(4) 失業統計調査に關する事務（大正一四年勅令第二〇二號、同一四年閣令第二號失業統計調査令　失業統計調査施行細則）

(5) 會社統計調査に關する事務（大正一四年商工省令第一二號會社統計規則）

(6) 農林省統計調査に關する事務（大正一四年農林省令第二五號農林省統計報告規則）

(7) 工場統計調査に關する事務（大正一二年農商務省令第一五號工場統計規則）

(8) 商工省統計調査に關する事務（大正一四年商工省令第一一號商工省統計報告規則）

（一三）財務に關する事務

(1) 結核療養所入所費用の徴收事務（大正八年勅令第四五〇號結核豫防法施行令）

(2) 地租徴收に關する事務（明治四三年勅令第四四號地租條例施行規則）

(3) 滯納處分の立會を爲す事務（明治三〇年法律第二一號國税徴收法）

(4) 戸數割課税標準の通報事務（大正一五年勅令第三三九號地方税ニ關スル法律施行ニ關スル件）

(5) 府縣税の賦課に關する訴訟事務（明治三二年法律第六四號府縣制）

（一四）庶務に關する事務

(1) 勳章年金に關する事務（明治二七年閣令第九號勳章年金支給細則）

(2) 外國人の民事訴訟上の救助に關する事務（明治三二年法律第五〇號外國人ノ署名捺印及無資力證明ニ關スル件）

(3) 救育所に在る孤兒の後見に關する事務（明治三三年勅令第一四四號救育所ニ在ル孤兒ノ後見職務執行ニ關スル特例ノ件）

(4) 退隱料等の受給者死亡の場合に關する事務（大正二年遞信省令第八號退隱料又ハ遺族扶助料ヲ受クル者ニシテ内地ニ本籍ヲ有スル者死亡シ若ハ權利消滅等ノ場合ニ關スル件）

(5) 民事訴訟に關する書類の送達に關する事務（明治二三年法律第二九號民事訴訟法）

(6) 民事訴訟の强制執行に關する事務但市町村長以外の吏員とも（明治二三年法律第二九號民事訴訟法）

(7) 刑事に關する書類の送達に關する事務（大正一一年法律第七五號刑事訴訟法、同一〇年法律第八五號陸軍軍法會議法、同一〇年法律第九一號海軍軍法會議法）

(8) 押收搜索の立會及刑の執行停止者の處置に關する事務但市町村長以外の吏員とも（大正一一年法律第七五號刑事訴訟法、同一〇年法律第八五號陸軍軍法會議法、同一〇年法律第九一號海軍軍法會議法）

(9) 行政警察に關する事務（明治八年太政官達第二九號行政警察規則）

(10) 非訟事件に關する事務（明治三一年法律第一四號非訟事件手續法）

(11) 死刑執行の榜示公告に關する事務（明治三七年司法省令第九號死刑執行ノ榜示公告ニ關スル件）

(12) 囚人及刑事被告人の押送に關する事務（明治三〇年內務省令第三七號・明治三二年勅令第四〇五號囚人及刑事被告人押送規則軍衙間囚人及刑事被告人押送規則）

(13) 管海官廳の事務（明治三二年法律第四七號、同三二年遞信省令第二六號 船員法 管海官廳ノ事務ヲ行フ市町村長等）

(14) 監獄收監者に關する事務（明治四一年司法省令第一八號 監獄法施行規則）

(15) 狩獵に關する事務（大正七年法律第三二號 狩獵法）

(16) 間接國税犯則者搜索に立會する事務（明治三三年法律第六七號 間接國税犯則者處分法）

(17) 檢事の代理を爲す事務（明治二三年法律第六號 裁判所構成法）

(18) 都市計畫又は特別都市計畫の委員となる事務但市長だけ（大正八年勅令第四八三號、同一三年勅令第一四號 都市計畫委員會官制 特別都市計畫委員會官制）

三 市町村長が市町村吏員を指揮監督し或は懲戒處分を行ふことに付ては如何なる規定があるか

是れは市制第八十九條町村制第七十三條に規定されて居る。同條に述べたところを參照せられたい。

（一） 懲戒處分に付て

(1) 市町村吏員が常例の手續を盡して其の事務を行つた以上は職務上相當の注意を缺いたものとして懲戒處分を受くべきものではないのか　是れは懲戒處分を受くべきものではないのである。（明治二七年行判）

(2) 市町村吏員が擅に小使に宿直を代勤させたことは懲戒處分を受くる原因となるのか　是

れは其の通りである。若し吏員が宿直を爲し得ない事由ある場合は他の吏員に代勤させ又は市町村長に申告する等相當の處置をしなければならないのである。從つて勝手に小使に代勤させる様なことは其の義務を盡さないものである。（明治三八年行判）

(3) 市町村收入役が市町村長の命令に依つて他人の爲めに市町村費を以て府縣税市町村税等を繰替支出した場合は懲戒處分の原因となるのか　是れは其の通りである。假令其の支出が市町村長の命令に基いて爲したものであつても斯樣な命令は固より無效であつて服從すべきものではないのであるから其の支出は不法の處置である。（明治四一年行判）

四　市町村長が市町村會又は市參事會の議決又は選擧が其の權限を越え又は法律命令若くは會議規則に背くと認めた場合は如何に處置すべきものか　是れは市町村制第九十七十四條第一項から第四項迄に規定されて居る。同條に述べたところを參照せられたい。

（一）　市町村會が市町村長に對する辭職勸告の意見書を議決し又は監督官廳に懲戒處分を求むべき旨の議決を爲すことは越權か　是れは越權である。（大正一三年行實）

（二）　市町村會の決定が違法である場合は市町村制第九十七十四條第三項に依つて取消し得るか　是れは同條の所謂議決中には決定を含まないのであるから取消し得ないのである。（大正一一年行

同一四年實）

（三）市町村長の提案を審議しない旨の市町村會の議決は是れを取消し得るか　是れは取消し得るのである。（大正一四年行實）

（四）市町村會の行つた選擧に於て無效投票と決した投票が有效投票である結果當選者に異動を生ずる様な場合は其の選擧は違法のものとして相當措置すべきものか　是れは其の通りである。（大正一四年行實）

（五）府縣制第百九條に依つて委任された府縣税賦課の細目に付ての市町村會の議決の內容に違法がある場合は其の議決を取消し得るのか　是れは府縣制第百九條第二項に所謂不適當の議決として府縣參事會の議決に付すべきものであつて市制第九十條町村制第七十四條第三項に依り取消すべきものではないのである。（大正一四年行實）

（六）市町村の負擔に屬する土木工事を財產區の請負と爲すべき旨の市町村會の議決は違法か　是れは違法である。（明治二九年行判）

（七）市町村會が一旦或者に對して公民權停止の議決を爲した後更に其の解除特免の議決を爲すことは越權か　是れは越權である。（明治三二年行判）

（八）市町村會が新なる一の工事費を豫算に加へて議決することは越權か　是れは越權である。（明治三五年行判）

（九）市町村會が起債を爲すことに付て市町村長の發案に依らず歳入出豫算を以て議決することは越權か　是れは越權である。（明治三五年行判）

（一〇）市町村長が市町村稅賦課に關する規定中の一部の改正案を市町村會に付議した場合に市町村會が同規定中の他の部分をも改正することは越權か　是れは越權である。（明治三六年行判大正五年判）

（一一）市町村會が自分で豫算を案出して議決することは越權か　是れは越權である。（明治四二年行判）

（一二）市町村會が其の議決し得る事項と議決し得ない全然別箇の事項とを同時に議題として採決した場合は監督官廳は其の議決し得ない事項だけを取消し議決し得る事項は其の儘に爲し置くべきものか　是れは其の通りである。（大正九年行判）

（一三）市制第九十條第二項の裁決を請ふ市町村長と云ふのは其の事件の發案を爲した市町村長又は其の代理者に限るのか　是れはさうではない。其の後に就職した市町村長又は其

の代理者でも差支ないのである。此の規定は苟も裁決を申請する當時に同條第一項の様な違法があることを認めた場合は裁決を請ふことを得しむる趣意である。（大正八年行判）

（一四）市町村會が豫算の改造を請求する旨の議決を爲すことは越權か　是れは越權である。（明治三五年行判）

（一五）市町村會が豫算中の農業技術員を削り新に土木技術員を加へることを議決するのは越權か　是れは越權である。（大正八年行判）

（一六）市町村會が市町村長の議案提出の方法を不當とする旨の議決をすることは越權か　是れは越權である。（明治四三年行判）

（一七）市町村會が市町村長或は監督官廳の不信任を議決することは越權か　是れは越權である。（明治三一年同三二年行判）

（一八）市町村會が自分の行つた選擧の效力を審査して自分で取消すことの議決を爲すことは越權か　是れは越權である。（大正六年行判）

（一九）市町村會が豫算案の形式を論爭することに付ての意見書を提出することの議決を爲すは越權か　是れは越權である。（明治三五年行判）

（二〇）市町村會が一般に係る法規の改廢に關する意見書を提出することの議決を爲すは越權か　是れは越權である。（明治二四年同三九年大正三年行實）

（二一）市町村會が豫算の目は新設しないが俸給額又は人員を增し豫算金額を增額する議決を爲すことは越權か　是れは越權ではないのである。（明治三二年行判）

（二二）市町村會が繼續費の議案に付て其の總支出額の範圍內で單に年期を延長することの議決を爲すことは越權か　是れは越權ではないのである。（明治四五年行判）

（二三）市町村會が議員の議場外に於ける一私人としての行爲に對し不信任の議決をすることは越權か　是れは越權である。（大正五年行實）

同條

五　市町村長が市町村會又は市參事會の議決が公益を害し又は市町村の收支に關して不適當と認めた場合は如何に處置すべきものか　是れは市（町村）制第九十（七十四）條第五項から第九（八）項迄に規定されて居る。同條に述べたところを參照せられたい。

（一）市町村に對する府縣費補助を取消され既に交付した補助金の返還を命ぜられた爲めに市町村長が其の豫算を市町村會に付議した場合に市町村會が是れを否決したことは所謂市町村の收支に關する不適當の議決か　是れは其の通りである。（大正一四年行實）

（二）　市町村會の議決が收支に關し不適當と認むる場合は其の歳入出豫算の支出の部だけでなく收入の部に付ても相當處分を爲し得るのか　是れは其の通りである。（大正三年行判）

（三）　前の（二）の處分は年度開始後に於ても爲し得るのか　是れは處分を爲す時期に付て別に規定がないから年度開始後でも爲し得るのである。（大正三年行判）

第九十一（七十五）條

六　市町村會又は市參事會が成立しない場合又は會議を開き得ない場合は其の議決すべき事件と決定すべき事件に付て市町村長は如何に處置すべきものか　是れは市（町村）制第九十一（七十五）條第一項第二項…第三項に規定されて居る。同條に述べたところを參照せられたい。

（一）　新に市町村を置いた場合市町村會が成立する迄の間に府縣制第百九條に依り市町村會の議決すべき事件があるときは如何に處置すべきものか　是れは府縣會の議決に依り定まつて居る期間內に限り市（町村）制第九十一（七十五）條第一項の規定に依り處置すべきものである。（明治四四年行實）

同條

七　市町村會又は市參事會が其の議決すべき事件を議決しない場合又は決定すべき事件を決定しない場合は市町村長は如何に處置すべきものか　是れは市（町村）制第九十一（七十五）條第四（二）項から第六（四）項迄に規定されて居る。同條に述べたところを參照せられたい。

（一）　市町村會が豫算を議決する場合に他の歳入の決議の結果に依り市町村稅の課率を適當に

第九十二 七十六條

市制第九十二條ノ二

第九十四 七十八條

修正することを議長に一任する旨の議決を爲し市町村會が自ら修正課率を議決しないでも差支ないか　是れは市町村會が自分の職務を盡さないものであつて議決すべき事件を議決しないときに該るのである。（大正九年 行判）

八　市町村長が市參事會又は町村會の職權に屬する事項を專決處分し得る場合は如何なる場合か　是れは市町村制第九十二 七十六條市制第九十二條ノ二に規定されて居る。同條に述べたところを參照せられたい。

九　市町村長が自分の事務の一部を市町村吏員に分掌させ又は臨時代理させる場合は如何にすべきものか　是れは市町村制第九十四 七十八條に規定されて居る。同條に述べたところを參照せられたい。

（一）市町村長は戸籍事務を助役に分掌させることは差支ないか　是れは司法省從來の取扱振りとしては已むを得ない事情のある場合は市町村制第九十四 七十八條の規定に準じ司法大臣の許可を受けて分掌し得る慣例である。（大正九年 行實）

（二）交通不便の離島の事務に關しては其の事務を助役に分掌させ島地に出張させることは差支ないか　是れは差支ないのである。（明治二二年 行實）

(三) 市町村長は助役に事務の一部を分掌させた場合であつても仍ほ其の事務に付て責任があるのか　是れは責任があるのである。(明治三四年行判)

(四) 市町村長は國の教育事務を助役に分掌させることは差支ないか　是れは差支ないのである。(明治二五年行實)

(五) 市町村長の事務を助役に分掌させた場合の事務の處理は如何にすべきものか　是れは次の様なものである。(大正一五年行實)

(1) 分掌事務に付て助役から發する文書は助役の名義を用ひ又外部から町村に發する文書は助役宛とすべきものである。

(2) 分掌事務に付て外部から市町村長宛に發した文書は便宜助役に回付し助役に取扱はしむべきものである。

(3) 分掌事務に付て監督上發する指揮命令は直接助役に發すべきものである。

(六) 市町村長が市町村有財産の管理事務を助役に分掌させた場合は其の財産に關し訴訟を提起し又は離權處分をすることも分掌事務の範圍に屬するのか　是れは分掌事務の範圍外の事務である。(明治二三年行實)

（七）市町村長に故障あり其の代理者たる助役は戸籍法第二條に依り其の職務を行ふことを得ない場合は戸籍事務の處理に付て市町村吏員に臨時代理させることは差支ないか　是れは差支ない。（大正四年行實）

（八）市町村長は民事訴訟法第六十三條第二項の場合に助役收入役以外の市町村吏員に訴訟の臨時代理を命じ得るか　是れは命じ得るのである。（大正四年行實）

（九）市町村長が市町村吏員に特定の事件の訴訟事務を臨時代理させた場合には其の吏員は市町村の法律上代理人として訴訟行爲を爲し得るのか　是れは爲し得るのである。（大正一〇年行實）

第二項　市參與の職務に付て

一　市參與が擔任する市の事務は如何なるものか　是れは市制第九十五條に規定されて居る。同條に述べたところを參照せられたい。

（一）市參與の擔任する事業の執行に關しては市參與の名義を以て爲すべきものか　是れは其の通りである。（大正三年行實）

（二）市參與の擔任する事業に關する歳入出豫算、使用料條例、起債等の議案を發すること又

は許可稟請をすること等は市參與の名義を以て爲すべきものか　是れは擔任事業の執行でないから市參與の名義で爲すべきものではないのである。（大正三年行實）

第三項　助役の職務に付て

一　助役の取扱ふ事務は如何なるものか　是れは市町村制第九十六條七十九條に規定されて居る。同條に述べたところを參照せられたい。

（一）市町村長の事務を補助することに付て

(1)　助役は市町村長に故障ある爲め是れを代理する場合でなくても常に市町村長の職務に屬する事項を取扱ふ職務を有するのか　是れは其の通りである。從つて市町村長と同樣に例へば役場印金錢物件公文書を保管し或は營造物を管理する等の職務を有するものである。（明治三〇年、同三三年同四二年同四三年大正二年司民判司刑判）

（二）市町村長の事務を代理することに付て

(1)　市町村に關する民事訴訟に付て市町村長が故障ある場合は助役が當然市町村長に代り當事者となるのか　是れは其の通りである（明治二四年行實）

(2)　市町村長が故障ある場合と云ふのは如何なる場合か　是れは市町村長が闕員又は職務停

止の場合だけでなく忌引又は傳染病の爲め隔離された場合等をも指すのである。（明治三六年行實）

(3) 助役が市町村長の職務を代理する場合には別に命令書の樣なものを要しないのか　是れは要しないのである。（明治三三年行判）

（三）市町村長の事務を分掌することに付て

助役が市町村長の事務を分掌した場合は其の事務に付て自ら責任を負ふべきものか　是れは其の通りである。（明治四三年司刑判）

第四項　收入役と副收入役の職務に付て

一　收入役と副收入役の取扱ふ事務は如何なるものか　是れは市制第九十七條町村制第八十條に規定されて居る。同條に述べたところを參照せられたい。

（一）市町村稅其の他市町村の收入に付て其の納付者に交付する領收證は凡て收入役の名義で發すべきものか　是れは其の通りである。（明治二二年同二六年行實）尤も市町村に金庫を置いた場合は市町村金庫の名義で發すべきものである。（明治四五年大正五年行實）

（二）市町村の支出に付て其の受領者から徵する領收證は收入役宛とすべきものか　是れは其

の通りである。（明治二八年行實）尤も市町村に金庫を置いた場合は市町村金庫宛として徴すべきものである。（明治二八年行實）

（三）市町村の收入を市町村長が受領することはできないのか　是れは市町村長の權限外の行爲であつて爲し得ないのである。從つて例へば市町村長に交付した國府縣等の補助金は市町村に對して有效に交付されたものと認むることを得ない。（明治三八年行實）又市町村長に納付した市町村税は市町村に對して納税したものと謂ひ得ないのである。（大正五年行判）

（四）市役所町村役場の處務規程を以て財務課或は會計課を置き收入役を其の課長として收入命令支出命令の起案にも關與させることは差支ないか　是れは違法であつて爲し得ないのである。（明治三六年行實）

（五）市町村の書記を收入役に分屬させることは差支ないか　是れは差支ないのである。（明治二二年行實）

（六）收入役の命に依つて其の補助として税金を受領する書記に税金を納付した場合は直接收入役に納付したと同樣の效力を生ずるのか　是れは其の通りである。（大正三年行判）

（七）町村長又は助役が收入役の事務を兼掌した場合には收入役故障ある場合に是れを代理す

べき吏員を置くことを得ないのか　此の場合は收入役なる機關がないのであるから從つて代理すべき吏員も置くことを得ないのである。（大正六年行實）

（八）收入役が市町村會の議事に參與し辯明するには市町村長の委任がなければならないか　是れは其の通りである。（明治三四年行實）

（九）收入役は納期後の府縣稅の拂込を受くる職務があるか　是れは納期内の府縣稅の拂込を受くる職務があるだけであつて納期後の府縣稅の拂込を受くる職務がないのである。（明治四三年司刑判）

（一〇）收入役の臨時代理の職務は收入役と同一か　是れは其の通りである。（明治四四年司刑判）

（一一）收入役が從來の慣例に依り取扱つて居る農會費或は赤十字社年醵金の保管に關する事務は其の職務上の行爲ではないが刑法第二百五十三條に所謂業務上の行爲に該るのか　是れは其の通りである。（大正三年司刑判）

（一二）基本財産から生ずる果實であるところの金錢を受領することも收入役の權限か　是れは其の通りである。（大正七年司刑判）

（一三）收入役が府縣會議員の選擧事務等を取扱ふことは市制第九十四條町村制第七十八條第一項に依つて市

町村長から特に代理を命ぜられた場合に限るのか　是れは其の通りである。（大正六年行判）

（一四）府縣制第八十條の規定に依り府縣の税外收入に關する收入命令を市町村長に委任すれば收入役は當然其の出納を爲すことになるのか　是れは其の通りである。（大正一五年行實）

（一五）府縣制第八十條の規定に依り出納事務だけを收入役に委任して差支ないか　是れはよろしくない。（大正一五年行實）

第五項　市制第六條の市の區長、區收入役、區副收入役の職務に付て

市制第九十八條

一　市制第六條の市の區長の取扱ふ事務は如何なるものか　是れは市制第九十八條に規定されて居る。同條に述べたところを參照せられたい。

同第九十九條

二　市制第六條の市の區收入役と區副收入役の取扱ふ事務は如何なるものか　是れは市制第九十九條に規定されて居る。同條に述べたところを參照せられたい。

第六項　名譽職區長と區長代理者の職務に付て

第百八十一條

一　名譽職區長と區長代理者の取扱ふ事務は如何なるものか　是れは市町村制第百八十一條に規定されて居る。同條に述べたところを參照せられたい。

(一) 苟も市町村長の管掌に屬する事務である以上は其の種類性質の如何に拘らず區長に補助させることを得るのか　是れは其の通りである。(明治三七年同四一年同四二年同四五年大正元年行判)

(二) 區長は區內に屬する市町村長の事務を一般的に補助するものか　是れは其の通りである。(大正九年行判)

(三) 區長は市町村税を收入する權限がないのか　是れは其の通りである。(大正三年同四年行判)

(四) 次の場合には區長と區長代理者は失職するのか

(1) 區長及區長代理者設置に關する特別の規程がない場合に適法に選任された區長及區長代理者は其の後區長及區長代理者設置に關する特別の規程が設けられた場合　此の場合は當然失職するものではないのである。(大正九年行判)

(2) 區の地域たる大字の名稱と其の區域が變更しても其の變更が區長及區長代理者の處務區劃たる區の名稱及區域に何等關係ない場合　此の場合は其の爲めに失職するものではないのである。(大正九年行判)

第七項　委員の職務に付て

第百一八十二條

一　委員の取扱ふ事務は如何なるものか　是れは市町村制第百一八十二條に規定されて居る。同條に述べたところを參照せられたい。

（一）　委員は市町村長の事務を分掌し得ないのか　是れは分掌し得ないのである。（明治二五年行實）

（二）　委員は收入役の事務を分掌し得ないのか　是れは分掌し得ないのである。（明治二九年行實）

第八項　其の他の市町村の有給吏員の職務に付て

第百二八十三條

一　市町村制第八十五七十一條の市町村吏員の取扱ふ事務は如何なるものか　是れは市町村制第百二八十三條に規定されて居る。同條に述べたところを參照せられたい。

（一）　市町村の書記等は平常或る事務を分擔して居つても市町村長の指揮があれば何時でも他の事務をも取扱はなければならないのか　是れは其の通りである。（明治三七年行判）

（二）　市町村の書記は市町村長の命を承けて市町村税の滯納處分をすることは差支ないか　是れは差支ないのである。（明治三四年同三七年行判）

（三）　市町村の雇は市町村長の命を承けて滯納處分をすることは差支ないか　是れは爲し得ないのである。（明治四五年行判）

（四）市町村の書記が税金を受領して保管中擅に費消した場合は刑法第二百五十三條に所謂業務上の横領となるのか　是れは其の通りである。（明治四四年大正六年同七年司刑判）

第九項　市制第八十六條の市吏員の職務に付て

市制第百三條

一　市制第八十六條の市吏員の取扱ふ事務は如何なるものか　是れは市制第百三條に規定されて居る。同條に述べたところを參照せられたい。

第十項　市町村吏員の職務の執行を停止することに付て

第八十四（七十）條　第百七十（百五十）條

一　市町村吏員の職務の執行を停止し得る場合は如何なる場合か　是れは市町村制第八十四（七十）條第二項第百七十（百五十）條第五項に規定されて居る。同條に述べたところを參照せられたい。

第六章　市町村の職員に對する諸種の給與

第一款　市町村の名譽職員に對する給與に付て

第百四（八十四）條

一　市町村の名譽職員に對する給與は如何なるものか　是れは市町村制第百四（八十四）條に規定されて居る。同條に述べたところを參照せられたい。

（一）常設委員に關する條例に「委員には報酬又は實費を支給す」と規定することは差支ない

か　是れは常設委員は職務の爲めに要する費用の辨償を受け得るものであるから斯様な規定を設くることは適當ではないのである。（大正二年行實）

（二）市町村會議員又は市參事會員が他市町村の施設事業を視察する爲め旅行することに對して市町村費から旅費を支給することは差支ないか　是れはよろしくないのである。（大正一五年行實）

（三）市町村の名譽職員が豫め費用辨償を辭することは差支ないか　是れは名譽職員が費用辨償を受くることは公權であつて而も市制町村制の中に特に實費辨償を辭退し得る旨の規定がないのであるから是れを辭することはできないのである。（大正七年司民判）

（四）市町村の名譽職吏員に退隱料退職給與金等を支給することは差支ないか　是れは支給し得ないのである。（大正八年行實）

（五）市町村の名譽職員であつて職務の爲めに傷痍を受け或は疾病に罹つた者に對して療治料を支給することは差支ないか　是れは差支ないのである。（大正四年行實）

第二款　市町村の有給吏員に對する給與に付て

第百八十五條

一　市町村の有給吏員に對する給與は如何なるものか　是れは次の様なものである。

（一）給料と給與に付て　是れは市町村制第百五八十五條に規定されて居る。同條に述べたところを參照せられたい。

(1)　掃除巡視等の俸給は府縣知事が定むべきものか　是れは明治三十三年內務省令第六號第六條の規定に依るべきものであるから府縣知事が定むべきものである。(大正六年行實)

(2)　道路職員の俸給旅費に關する規定は道路管理者が定むべきものか　是れは大正九年勅令第二四五號第八條の規定に依り道路管理者が定むべきものである。

(3)　府縣令を以て市町村吏員の給料報酬支給標準を定むることは差支ないか　是れは穩當ではないのである。(明治三四年行實)

（二）退隱料退職給與金死亡給與金遺族扶助料に付て　是れは市町村制第百六八十六條に規定されて居る。同條に述べたところを參照せられたい。

(1)　退隱料條例の標準は示されて居るか　是れは明治四十五年四月二十九日地第二〇二五號を以て內務省地方局長から通牒されて居る。

(2)　條例の規定に依つて受けて居る退隱料又は受くべき退隱料は是れを支給すべき市町村が他の市町村に併合された樣な場合は新しい市町村に於て是れを支給する義務を繼承するか

是れは繼承しないのである。（明治三四年行實）

(3) 常任の市町村會の書記又は市參事會の書記は市町村の有給吏員ではないけれども是れに對して市町村條例の規定に依り退隱料等を支給することは差支ないか　是れは差支ないのである。（大正一〇年行實）

(4) 市町村條例を以て與へた權利を市町村條例を以て失はせることは差支ないか　是れは差支ないのである。敢て法律の規定を要するものではないのである。（大正三年行判）

(5) 市町村は條例を以て其の支給すべき退職給與金等を他の法人から支給させ様とする様な規定をすることはよろしくないのか　是れは其の通りである。（大正一三年行實）

(6) 市町村は條例を設け市町村の有給吏員に對して職務の爲め傷痍を受け疾病に罹り或は死亡した様な場合に療治料又は弔祭料を支給することは差支ないか　是れは差支ないのである。（大正四年行實）

第三款　市町村の職員に對する給與の異議と給與の負擔者に付て

第百七／八十七條

一　市町村の職員に對する給與に付て異議ある場合は如何にすべきものか　是れは市制第百七十七條町村制第百八十七條に規定されて居る。同條に述べたところを參照せられたい。

第百八十八條

二　市町村の職員に對する給與は誰が負擔するか　是れは市町村制第百八十八條に規定されて居る。同條に述べたところを參照せられたい。

第七章　市町村の財務

第一款　市町村の財産と營造物に付て

第一項　市町村の基本財産と積立金穀に付て

第百八十九條

一　市町村の基本財産と積立金穀に付ては如何なる規定があるか　是れは市町村制第百八十九條に規定されて居る。同條に述べたところを參照せられたい。

（一）　市制町村制施行規則第三十七條但書の規定に依つて歳計剰餘金を基本財産に編入する場合は豫算に計上すべきものではないのか　是れは直ちに基本財産となるべき筈のものであるから豫算に計上せらるることはないのである。（大正五年行實）

（二）　基本財産たる勸業銀行債券の當籤囘收金は豫算に計上すべきものか　是れは新しい財産であるから其の現金は市町村長が領收すべきであつて豫算に計上して收支すべきものではないのである。（大正七年行實）

(三)　基本財産の現金を以て有價證券を買入るる場合には豫算に計上すべきものか　是れは基本財産の管理行爲に過ぎないから豫算に計上するには及ばないのである。(大正八年行實)

第百十條
第九十條

第二項　舊慣ある市町村の財産と營造物に付て

一　舊慣ある市町村の財産と營造物に付ては如何なる規定があるか　是れは市制第百十條町村制第九十條と第百十一條第九十一條に規定されて居る。同條に述べたところを參照せられたい。

第百十一條
第九十一條

(一)　舊慣に依る市町村住民の財産の使用の權利は其の財産の所有者が例へば部落有のものが市町村有となる樣に變更しても矢張り存續するのか　是れは其の通りである。(大正二年行實)

(二)　市町村有の漁業權から生ずる收入の分配を受くることは市制第百十條町村制第九十條の財産の使用か　是れは財産の使用ではない。(大正八年行實)

(三)　營造物は取得時效の目的となるか　是れは其の公用を廢止した後でなければ取得時效の目的となるものではない。公用を廢すると云ふことは營造物を管理する權限のある者が公用を廢する意思を表示することである。(大正八年同一〇年司民判)

第三項　市町村の財産の賣却貸與等の契約に付て

第百十四條
第九十四條

一　市町村の財産の賣却貸與、工事の請負、物件勞力其の他の供給の契約は如何にすべきものか

是れは市町村制第百十四九十四條に規定されて居る。同條に述べたところを參照せられたい。

(一) 競爭入札に關する規定は公益に關する規定か　是れは市町村の利益を保護することを目的とする公益規定である。(大正五年司民判)

(二) 工事の請負等を競爭入札に付した場合に入札者一同が競爭を避くる爲めに各自が入札すべき價格を高價に見積り落札者が是れに依つて得べき利益を落札しない者に分與することを約定することは差支ないか　是れは市町村制第百十四九十四條の精神に背き自由競爭を杜絶することを目的とするものであるから無效の行爲である。(大正五年司民判)

第四項　財產又は營造物を使用する權利に關する異議に付て

一　財產又は營造物を使用する權利に關して異議ある者は如何にすべきか　是れは市町村制第百三十百十條に規定されて居る。同條に述べたところを參照せられたい。

(一) 市町村制第百三十百十條の規定は市町村制第百十三九十三條に揭ぐる財產又は營造物に付て特定の使用權利を有する者にだけ適用があるのか　是れは其の通りである。然し是れには反對の判例がある。それに依れば市町村住民は市町村の營造物に對しては異議訴願訴訟の提起を爲し得るのである。(大正九年行判)

（二）　市町村有財産の處分に付て異議ある場合に市制第百三十條町村制第百十條第二項に依り異議を申立て得るのか　是れは異議申立を爲し得ないのである。同條の規定は市町村有財産の存在することを前提として其の使用の權利に關して異議ある場合にだけ適用すべきものである。（明治二七年大正一三年同一四年行判）

（三）　營造物を使用する權利に關し異議あると云ふのは如何なる場合か　是れは現に設備されてある營造物を其の設備の現狀に於て使用することに付て特に權利の侵害あつた場合を云ふのであつて營造物を如何に設備させるか或は如何に修理改善させるかに關することを含まないのである。（大正八年行判）

（四）　財産又は營造物の使用の權利に關し異議ある者と云ふのは公法上の使用權に關して異議ある者と云ふ意味か　是れは其の通りである。（大正四年行判）

（五）　市營の電車に乘車する關係は公法上の關係か　是れは公法上の關係である。然し是れには反對の說もある。卽ち私法的の關係だとする判例がある。（大正六年司民判）

第二款　市町村の支出する費用に付て

第一項　市町村の支出する費用に付て

一　市町村が支出する費用は如何なるものか　是れは次の様なものである。尙ほ市・町村制第百六十六・九十六條に述べたところを參照せられたい。

（一）市・町村制中に規定されて居る費用（市・町村制第九十三・七十七條第九十八・……條第百八・八十八條第百六十三・百四十三條第百六十四・百四十四條）

(1) 村社の維持修繕費を市町村費から支出することは差支ないか　是れはよろしくない。村社は氏子信徒が維持保存すべきものである。（明治二四年行實）

(2) 神社の幣帛供進使の制服調製の費用は市町村費から支出して差支ないか　是れは郷社は市費から又村社は市町村費から適宜支出して差支ないのである。（明治四四年行實）

(3) 市町村費を以て浮浪犬を買上ぐることは差支ないか　是れはよろしくない。（大正一四年行實）

(4) 市町村は法律勅令に規定ある場合の外繰替支出を爲し得ないのか　是れは其の通りであ

る。（大正三年行實）

(5) 市町村費を以て巡査駐在所の經營をすることは差支ないか　是れはよろしくない。（明治二四年大正五年行實）

(6) 市制第百十六條町村制第九十六條第一項に所謂必要なる費用と云ふのは其の市町村の市町村税を賦課する當時に實際に必要を生じたものを云ふのか　是れはさうではない。豫算の成立した當時其の年度内に必要の生ずることを豫定し得べき費用を云ふのである。（大正一四年行判）

(7) 市町村費を以て納税組合長に實費辨償を爲すことは差支ないか　是れは納税組合長は市制町村制の上の機關ではないが市町村税の徴收に便する爲めに是れを利用することは差支なく從つて實費辨償を爲すことも差支ないのである。（大正一三年行判）

(8) 市町村費を以て同盟會等を組織し運動費を支辨することは差支ないか　是れはよろしくない。（明治三六年行實）

(9) 町村費を以て町村の交際費を支出することは差支ないか　是れは町村の行政上必要の費用は交際費の名目を以てしなくても當該科目に計上して支出し得べきものである。而して交際費を認むるは却て濫費の弊を釀す虞もあるから避ける方がよろしいのである。

（大正八年行實）

(10) 市町村會議員等が各省に出頭して事務打合をする旅行に對して旅費を支給することは差支ないか　是れはよろしくない。（大正一四年行實）

（二）衆議院議員選擧事務に要する費用（大正一五年勅令第三號衆議院議員選擧法施行令第七〇條第七一條）

（三）府縣の費用の分賦を受けた爲め要する費用（明治三二年法律第六四號府縣制第一〇三條第一一二條）

（四）傳染病豫防の爲めに要する費用（明治三〇年法律第三六號傳染病豫防法第二一條第二六條第二七條）

(1) 傳染病豫防法第二十一條第六號の「又ハ一時營業ヲ失ヒ自活シ能ハサルモノノ生活費」と云ふのは如何なるものか　是れは漁撈其の他河水海水の使用停止、物件の搬出入停止又は興行禁止等の樣に現に法律に因る停止禁止の處分ある場合に是れが爲めに一時營業を失ひ自活し得ない者の生活費を云ふのである。（大正一四年行實）

（五）家畜傳染病豫防の爲めに要する費用（大正一一年法律第二九號家畜傳染病豫防法第二三條、大正一二年勅令第九號家畜傳染病及畜牛結核病豫防ニ關スル費用負擔區分ノ件）

（六）消防組の爲めに要する費用（明治二七年勅令第一五號消防組規則第一三條）

（七）土地收用の爲めに要する費用（明治三三年法律第二九號土地收用法第七一條）

（八）保安林に關して要する費用（明治四〇年法律第四三號森林法第二八條）

（九）下水道に關して要する費用（明治三三年法律第三二號下水道法第八條）

（一〇）徵發の爲めに要する費用（明治一五年太政官布告第四三號徵發令第三〇條、同一五年太政官布達第二六號徵發事務條例）

（一一）河川の爲めに要する費用（明治二九年法律第七一號河川法第二九條第三〇條第三一條第三三條第四〇條第四一條）

（一二）河川臺帳調製に要する費用（明治二九年勅令第三三一號河川臺帳ニ關スル件第一二條）

（一三）砂防の爲めに要する費用（明治三〇年法律第二九號砂防法第一五條第一六條第一七條第二六條）

（一四）小學校の爲めに要する費用（明治三三年勅令第三四四號小學校令第五一條第五二條第五五條）

（一五）害蟲驅除豫防の爲めに要する費用（明治二九年法律第一七號害虫驅除豫防法第三條第四條第六條）

（一六）癩患者の救護に要する費用（明治四〇年勅令第二六二號癩患者ノ救護ニ要スル費用ノ支辨竝徵及負擔ニ關スル件第一條）

（一七）行旅病人及行旅死亡人取扱に要する費用（明治三二年法律第九三號行旅病人及行旅死亡人取扱法第一五條）

（一八）精神病者の監護に要する費用（明治三三年法律第三八號精神病者監護法第一〇條）

（一九）召集旅費繰替に要する費用（明治四一年法律第一七號陸海軍召集諸費繰替支辨ニ關スル件）

（二〇）徴兵旅費繰替に要する費用（大正二年勅令第二五號徴兵旅費繰替支辨ニ關スル件）

（二一）結核豫防に要する費用（大正八年法律第二六號結核豫防法第六條、同八年勅令第四五〇號結核豫防法施行令第五條第一二條）

（二二）トラホーム豫防に要する費用（大正八年法律第二七號トラホーム豫防法第三條）

（二三）都市計畫の爲めに要する費用（大正八年法律第三六號都市計畫法第六條）

（二四）市街地建築物の爲めに要する費用（大正八年法律第三七號市街地建築物法第一八條）

（二五）史蹟名勝天然記念物管理に要する費用（大正八年法律第四四號史蹟名勝天然記念物保存法第五條）

（二六）道路の爲めに要する費用（大正八年法律第五八號道路法第三三條第三四條第三八條第四三條）

（二七）職業紹介所の爲めに要する費用（大正一〇年法律第五五號職業紹介法第九條、同一〇年勅令第二九二號職業紹介法施行令第三條）

第二項　市町村の爲す寄附と補助に付て

一　市町村が寄附又は補助を爲すことは差支ないか　是れは市制第百十五條町村制第九十五條に規定されて居る。

同條に述べたところを參照せられたい。

（一）寄附をする爲めに制限外の課稅又は起債を爲す樣なことは差支ないか　是れは格段の事由があつて萬已むを得ないと認めらるる場合の外は一切許可されない取扱である。（大正元年實行）

（二）國の事業に對して市町村費から寄附する場合の取扱は如何にするのか　是れは次の場合には(一)寄附をする事業の種類(二)寄附金額並に土地建物等の坪數と其の見積價格(三)寄附の財源を詳かにして內務省に內申しなければならないのである。（大正六年同八年實行）

(1) 寄附の財源を起債に求むる場合

(2) 寄附の財源を起債に求めない場合に寄附金額一口に付て東京京都大阪橫濱名古屋神戶の六大都市は二十萬圓を其の他の市町村は戶數一戶平均一圓を超ゆる場合

（三）大正四年勅令第二一五號請願に依る通信施設に關する件第二條に依る負擔金は國の事業に對する寄附として內務省に內申しなければならないのか　是れは內申を要しない。（大正一四年實行）

（四）神社の經費に對して市町村費から補助することは差支ないか　是れは神饌幣帛料を供進する神社であると否とに拘らず其の市町村の區域內に在るか又は市町村の區域內に多數の氏子崇敬者を有する府縣社以下の神社（無格社を除く）に對して神社の經理上已むを得ない場

合に補助を爲すことは差支ないのである。（大正七年行實）
（五）招魂社の經費に對して市町村費から補助することは差支ないか　是れは差支ないのである。（大正七年行實）
（六）電話架設費に對して市町村費から補助することは差支ないか　是れは差支ないのである。（明治四〇年行實）
（七）輕便鐵道期成同盟會に對して市町村費から補助することは差支ないか　是れはよろしくない。（大正五年行實）
（八）海岸に天幕其の他の設備をして海水浴客を誘引する施設を爲す者に對して市町村費から補助することは差支ないか　是れは其の設備の利用の狀況が良好でなくて市町村の公益上必要と認められない場合には補助することは適當でないのである。（大正一四年行實）
（九）全國町村長會の費用に對して寄附又は補助を爲すことは差支ないか　是れは公益上必要であれば差支ないのである。（大正一五年行實）
（一〇）町村道を府縣道に編入して改修するに付て町村が其の道路敷地を買收して國に寄附することは差支ないか　是れは公益上必要であれば差支ないのである。（大正一五年判）

第三款　市町村税に付て

第一項　市町村税を賦課徵收する場合に付て

一　市町村税は如何なる場合に賦課徵收するか　是れは市制第百十六條町村制第九十六條第二項に規定されて居る。同條に述べたところを參照せられたい。

二　市制第百十六條町村制第九十六條に所謂其の他法令に依り市町村に屬する收入と云ふのは如何なるものか　是れは例へば次の樣なものである。

（一）傳染病豫防費に對する補助等收入（明治三〇年法律第三六號傳染病豫防法第二四條第二六條、大正一一年内務省令第二四號傳染病豫防法施行規則第五一條）

（二）汚物掃除に依り生ずる收入（明治三三年法律第三一號汚物掃除法第四條第八條）

（三）土地收用に關して生ずる收入（明治三三年法律第二九號土地收用法第七一條）

（四）下水道に關して生ずる收入（明治三三年法律第三二號下水道法第九條）

（五）小學校授業料等の收入（明治三三年勅令第三四四號小學校令第五三條第五八條）

（六）害蟲驅除豫防に關して生ずる收入（明治二九年法律第一七號害蟲驅除豫防法第三條）

（七）癩患者の救護に關して生ずる收入（明治四〇勅令第二六二號 癩患者ノ救護ニ要スル費用ノ支辦追徵及負擔ニ關スル件第一二條）

（八）行旅病人及死亡人取扱に關して生ずる收入（明治三二年法律第九三號 行旅病人及行旅死亡人取扱法第一三條）

（九）精神病者の監護に關して生ずる收入（明治三三年法律第三八號 精神病者監護法第一〇條）

（一〇）召集旅費に關して生ずる收入（明治四一年法律第一七號 陸海軍召集諸費繰替支辦ニ關スル件）

（一一）徵兵旅費に關して生ずる收入（大正二年勅令第二五號 徵兵旅費繰替支辦ニ關スル件）

（一二）耕地整理組合費等徵收に依る交付金收入（明治四二年法律第三〇號 耕地整理法第七九條）

（一三）水利組合費等徵收に依る交付金收入（明治四一年法律第五〇號 水利組合法）

（一四）船員手帳の交付等の手數料等收入（明治三二年勅令第二四三號 船員手帳ノ交付訂正書換等ニ關スル手數料ノ件）

（一五）高等女學校授業料收入（明治三二年勅令第三一號 高等女學校令第一七條）

（一六）中學校授業料收入（明治三二年勅令第二八號 中學校令第一六條）

（一七）專門學校授業料收入（明治三六年勅令第六一號 專門學校令第一一條）

（一八）實業學校授業料收入（明治三二年勅令第二九號 實業學校令第一四條）

（一九）國稅徵收交付金收入（明治三〇年法律第二一號 國稅徵收法第五條）

（二一〇）　義務敎育費國庫負擔金收入（大正一二年法律第二〇號、同一二年勅令第三一五號市町村義務敎育費國庫負擔法、市町村義務敎育費國庫負擔法施行令）

（二一一）　結核豫防に關して生ずる收入（大正八年法律第二六號結核豫防法第八條第九條、同八年勅令第四五〇號結核豫防法施行令第六條第八條第九條第一一條）

（二一二）　トラホーム豫防に關して生ずる收入（大正八年法律第二七號トラホーム豫防法第六條）

（二一三）　史蹟名勝天然記念物保存に關して生ずる收入（大正八年法律第四四號史蹟名勝天然記念物保存法第五條、同八年勅令第四九九號史蹟名勝天然記念物保存法施行令第六條第七條）

（二一四）　道路に關して生ずる收入（大正八年法律第五八號道路法第三五條第三九條第四〇條第四一條第四四條）

（二一五）　寄留事務に關して生ずる收入（大正三年勅令第二二六號寄留手續令第四條第一三條）

（二一六）　一年現役小學校敎員俸給國庫負擔に依る交付金（大正一〇年法律第一七號一年現役小學校敎員俸給費國庫負擔法第一條第二條）

（二一七）　戶籍事務に關して生ずる收入（大正三年法律第二六號戶籍法第八條）

（二一八）　馬籍事務に關して生ずる收入（大正一〇年法律第九五號馬籍法第六條）

（二九）畜産組合經費等徴收に依る交付金收入（大正四年法律第一號畜産組合法第一三條）
（三〇）水産會經費等徴收に依る交付金收入（大正一〇年法律第六〇號水産會法第二六條）
（三一）職業紹介所に關して生ずる收入（大正一〇年法律第五五號職業紹介法第一〇條、同一〇年勅令第二九二號職業紹介法施行令第二條第三條）
（三二）公有水面埋立免許料收入（大正一一年勅令第一九四號公有水面埋立法施行令第一八條）
（三三）健康保險料等徴收に依る交付金收入（大正一一年法律第七〇號健康保險法第一一條）
（三四）農會經費等徴收に依る交付金收入（大正一一年法律第四〇號農會法第三〇條）

第二項　市町村稅の種類に付て

一　市町村稅として賦課し得べきものは如何なるものか　是れは次の樣なものである。尙ほ市町村制第百十七條第百九十七條と第百七十五條第百五十五條に述べたところを參照せられたい。
（一）國稅の附加稅としては
(1)　地租附加稅（明治一七年太政官布告第七號地租條例、明治四一年法律第三七號地方稅制限ニ關スル件）
（イ）地租附加稅は宅地だけに或は其の他の土地だけに賦課することは差支ないか　是れは賦課し得ないのである。（明治四三年行實）

（ロ）國税所得税附加税を國税所得税割、地租附加税を地價割なる名稱で賦課することは違法ではないか　是れは違法ではない。（大正元年行判）然し可成避ける方がよろしい。

(2)　營業收益税附加税（大正一五年法律第一一號、營業收益税法　右に同じ）
(3)　鑛業税附加税（明治三八年法律第四五號鑛業法）
(4)　砂鑛區税附加税（明治四二年法律第一三號砂鑛法）
(5)　取引所營業税附加税（大正三年法律第二三號取引所税法）
(6)　所得税附加税（大正九年法律第一一號、明治四一年法律第三七號所得税法　地方税制限ニ關スル件）

（二）府縣税の附加税としては

(1)　特別地税附加税（大正一五年法律第二四號地方税ニ關スル件）
(2)　家屋税附加税（右に同じ）
(3)　營業税附加税（右に同じ）
(4)　雜種税附加税（右に同じ）

（イ）府縣税の營業税雜種税の中の或る種目に限つて市町村税附加税を賦課することは差支ないか　是れは營業税雜種税が其の賦課種目全體を目的とするに拘らず市町村税はそ

れと賦課種目の範圍を異にすることになるものであるから附加税の性質を失ひ特別税として取扱ふべきものである。（明治二八年行實）尤も是れには反對の趣旨の判例がある。それに依れば府縣税雜種税中漁業税を除いたものに附加した市町村税は府縣税雜種税の附加税であるとされて居る。（大正八年行判）

（三）特別税としては

(1) 戸數割（大正一五年法律第二四號地方税ニ關スル件）
(2) 段別割（明治四一年法律第三七號地方税制限ニ關スル件）
(3) 地租割（大正八年法律第三六號都市計畫法）
(4) 營業收益税割（右に同じ）
(5) 營業税（右に同じ）
(6) 雜種税（右に同じ）
(7) 家屋税（右に同じ）
(8) 特別地税（右に同じ）
(9) 其の他

同條

二　市町村税特別税に付て

（一）特別税は如何なる場合に設くるものか　是れは市町村制第百十七条第九十七條第四項に規定されて居る。同條に述べたところを參照せられたい。

(1)特別税を新設し増額し變更する場合には申請書に如何なる書類を添附すべきものか　是れは次の様なものである。

（イ）収支に關する大體の調書（但し收入金を標準とするもの、法令で課率の限度を定めたもの、收入金を推定し難い飼犬税を除く）、様式は略す。（明治四〇年行實）

（ロ）歳入一覽表、歳出一覽表、様式は略す。（明治四三年行實）

（ハ）負債に關する調書、様式は略す。（明治三七年行實）

（ニ）地盆調、様式は略す。（明治四三年行實）

（二）特別税入湯税を設くることは如何なる場合に許可さるるか　是れは市町村に於て温泉利用者の爲めに特に設備を要するけれども他に適當の財源なく財政上已むを得ない場合に限つて許可さるるのである。（大正一一年行實）

（三）府縣の雜種税例へば不動産取得税と重複する市町村の特別税不動産取得税を設くること

は許可さるるか　是れは許可されないのである。既に許可を得たものは機を見て漸次廢止すべきものである。（大正二年同七年同八年同九年行實）

（四）麥酒に對して課税することは許可さるるか　是れは別に制限の規定がないが酒類中麥酒だけに課税することは穩當を缺く嫌があるから許されない。（大正九年行實）

（五）電話使用者に對して課税することは差支ないか　是れは適當でない。（大正一〇年行實）

（六）特別税に關する事項を規定するには如何なる形式に依るべきものか　是れは市制第百二十九條町村制第百九條第一項に規定されて居る。同條に述べたところを參照せられたい。

(1) 特別税に關する條例に毎年度の課率は歲入出豫算を以て定むと規定することは差支ないか　是れは適當でない。條例の定むる範圍內に於て毎年度市町村會の議決を以て之を定むとするのが適當である。（大正二年行實）

第一款　第百二十九條　第百九條

第三項　市町村税の納税義務者に付て

一　市町村税は如何なる者が納税の義務を負ふか　是れは次の樣な者である。

（一）市町村住民即ち市町村內に住所を有する者　是れは市制第八條町村制第六條に規定されて居る。同條に述べたところを參照せられたい。

(1) 艦艇に乘組み居る軍人軍屬は單に軍港所屬の海軍艦艇に乘組み居るからとてそれが爲めに其の市町村に住所を有し又は三月以上滯在する者と云ふことを得ないのか　是れは其の通りである。（大正元年行實）

(2) 其の他は第二章第二款第一項市町村住民の資格に付ての設例を參照せられたい。

第百十八條　第九十八條

(二) 三月以上市町村內に滯在する者　是れは市町村制第百十八條第九十八條に規定されて居る。同條に述べたところを參照せられたい。

(1) 戶數對は市町村住民又は市町村內に三月以上滯在する者だけが納稅する義務があるのか　是れは其の通りである。（大正一四年行判）

第百十九條　第九十九條

(三) 市町村內に住所を有することなく又は三月以上滯在することがなくても市町村內に於て土地家屋物件を所有し使用し占有し或は市町村內に營業所を設けて營業を爲し或は市町村內に於て特定の行爲を爲す者　是れは市町村制第百十九條第九十九條に規定されて居る。同條に述べたところを參照せられたい。

(1) 電車の停留場であつて別に切符の賣捌をしない場所は營業所ではないのか　是れは營業所ではないのである。（大正二年行實）

(2) 其の他は次の第四項市町村税の課税の標準に付ての一の(一)に掲げた事項を參照せられたい。

二 皇族は市町村税の納税義務を負ふか　是れは一般市町村税を納むる義務はないけれども皇室令第二十一條に掲げられた皇族以外の皇族に在りては其の所有する土地(皇族賜邸を除く)に對する地租附加税段別割に付てだけは特に納税義務を有せらるるのである。(皇室典範增補第八條、大正三年皇室令第八號地租地租附加税及段別割ニ關スル法規皇族所有ノ土地ニ適用スル件)

第四項　市町村税の課税の標準に付て

一 市町村税は如何なるものを標準として賦課するか　是れは次の樣なものである。

(一) 市町村住民でなく又市町村內に三月以上滯在する者でもない者に對しては

(1) 市町村內に於て所有し使用し占有する土地家屋物件又は其の收入

(イ) 甲市町村は乙市町村に居住する者の甲市町村に有する土地家屋物件から生ずる所得に對して所得税附加税を賦課し得るか　是れは賦課し得るのである。(明治三二年行判)

(ロ) 甲市町村の地籍內に定置漁場を有し漁業に從事する者に對して甲市町村が單獨に府縣税雜種税漁業税の市町村税附加税を賦課し得るか　是れは賦課し得るのである。(大正行

三年判）

（ハ）　車輛を常置する場所と云ふのは如何なる場所か　是れは車輛を使用しない場合に事實上駐め置く場所を謂ふもので單に所有者の意思だけで定まるものではないのである。（大正五年行判）

（ニ）　使用する者の中には使用權を有し他人をして是れを使用させる者をも含むのか　是れは含むのである。（大正五年行判）

（ホ）　甲市町村内に漁場の在る定置漁業權を有し他人をして其の漁場を使用させて居る者は甲市町村内に於て土地を使用する者に該るのか　是れは其の通りである。（大正五年行判）

（ヘ）　大正三年法律第一號災害地地租免除法に依り地租を免除されたものに對して市町村は地租附加税を賦課して差支ないか　是れは單に地租の徴收を免除されただけであつて地價と地租まで消滅するものではないから市町村が地租附加税を賦課することは差支ないのである。（大正一三年行實、同六年行判）

（ト）　本税が取消された場合は附加税の賦課は當然取消さなければならないか　是れは其の通りである。（明治四二年行判）

(2) 市町村內に於て營業所を設けて爲す營業又は其の收入

（イ） 一定の場所で營業を爲す者には其の場所が營業者の本據であると否とに拘らず市町村稅を賦課して差支ないか　是れは差支ないのである。（明治三四年行判）

（ロ） 鐵道會社が荷客の引受運搬送屆に因つて收得する運賃は列車の通過する各市町村に分屬すべきものではなくて營業行爲の本源たる搭載驛の營業收入とすべきものか　是れは其の通りである。（明治四一年行判）

（ハ） 市町村が鐵道會社停車場の所得に對して所得稅附加稅を賦課する場合には如何にすべきものか　是れは其の鐵道營業全體に於て收得した總收入金と總所得金との步合を各停車場の收入金に乘じて得た金額を其の停車場の所得とするのが相當である。（明治四一年行判）

（ニ） 漁場は營業所であるか　是れは單に魚類を捕獲する場所であつて營業所ではないのである。（大正元年行判）

(3) 市町村內に於て爲す特定の行爲

（イ） 市町村住民でなく又市町村內に三月以上滯在しない者例へば住所地甲市町村から勤

務地乙市町村に通勤奉職する者の所得に對して乙市町村では所得税附加税を賦課し得るか　是れは賦課し得ないのである。（大正八年行實）

（ロ）主税が特定行爲税であるときは其の附加税も特定行爲税であるのか　是れは其の通りである。（大正元年行判）

（ハ）特定行爲に對して課税する府縣税木材川下税の市町村税附加税は其の木材の流下する河川の流域が沿岸數市町村の地域に屬する場合は何れの市町村内に特定の行爲があることになるのか　是れは其の沿岸の各市町村内に於て特定の行爲を爲すものであつて單に筏組を爲し又は木材川下を爲す地と木材陸揚を爲す地だけに於て特定の行爲を爲すものではない。（大正二年行判）

（二）市町村住民即ち市町村内に住所を有する者と市町村内に三月以上滯在する者に對しては

(1)　前の（一）(1)(2)(3)と同じもの

(2)　前の（一）の(1)(2)(3)以外のもの

第八十六條　第百九十八條

二　戸數割の課税標準に付て

（一）戸數割の課税標準中の所得と云ふのは如何なるものか　是れは事實上の所得を云ふものである。從つて營業名義人が單に名義を貸しただけであつて名義を借りて居る者が事實營業を爲し其の營業から生ずる所得を得て居る以上は假令營業に關する諸税が營業名義人に賦課されたからとてそれが爲めに其の所得を名義を借りて營業する者の所得に計算することができないと云ふことはないのである。（大正一三年行判）

（二）戸數割課税標準中の資産の狀況と云ふのは如何なる意味か　是れは生活の狀況と云ふ意味である。（大正一四年、大正一四年行實　行判）

（三）資産の狀況を課税標準とするものは必ず各納税者全部に對して賦課しなければならないか　是れは資力算定上適當とする者にだけ賦課し得るのであるから其の結果是れに依つて賦課さるる者が各納税者全部の場合もあり或は其の中の若干人である場合もあるのである。（大正一四年行實）然し行政裁判所は是れに反して資産の狀況を標準とするものは各納税者に配當しなければならないのであつて資産の狀況の良好な一部の納税義務者だけに配當することは許されないと云ふて居る。（大正一三年同一四年行判）

（四）戸數割の課税標準たる資産の狀況は達觀的に定めて差支ないか　是れは一定の基礎ある

事實に基くことを要するのである。（大正一四年行實、同一四年行判）

第百二十條 第百條

三　市町村税の課税標準が市町村の内外に渉る様な場合には如何にして課税するのか　是れは市制第百二十條町村制第百條第二項に規定されて居る。同條に述べたところを參照せられたい。

（一）住所滯在が市町村の内外に渉る者の受くる俸給は其の支給する市町村が判明して居る場合でも矢張り平分するのか　是れは其の通りである。（明治二二年行實）

（二）甲市町村に勤務の官吏が乙市町村に住所を有し甲市町村には居所を有する様な場合は住所滯在が市町村の内外に渉るものであるか　是れは其の通りである。（明治三二年行實）

（三）行爲税たる木材川下税附加税は木材を流下する河川の流域が沿岸數市町村の地域に屬する場合には如何にして賦課するか　是れは特定行爲に對する税であるから沿岸の關係市町村は何れも其の附加税を賦課し得るのであるが此の場合關係市町村は各本税額の全部を標準として賦課することはできないのである。即ち本税額を區分し得るときは區分した上で附加税を賦課し若し本税額を區分し難き場合は關係市町村長の協議に依り又は本人の屆出等に依つて賦課の方法を講ずる外はないのである。（明治四五年行實）

（四）甲市町村から乙市町村に昭和元年十二月に轉住し更に乙市町村から丙市町村に昭和二年

八月に轉住した者に對して乙市町村が所得税附加税を賦課する場合は如何にすべきものか　是れは昭和二年一月から三月迄は昭和元年度の、又昭和二年四月から八月迄は昭和二年度の所得税額の月割計算に依つて所得税附加税を賦課徴收すべきものである。（大正二年行實）

（五）　市制町村制施行令第四十一條第二項に所謂營業所の中には直接鑛物の採掘精錬等の事務を管理する事務所は勿論是れ等を總轄する營業事務所をも含むのか　是れは其の通りである。（大正三年行實）

（六）　事務所を甲市町村內に有し營業所を朝鮮に置く會社に對して國が其の營業より生ずる收入に所得税を賦課したる場合に甲市町村が附加税を賦課するには如何にすべきものか　是れは甲市町村の營業所の所得に對して所得税附加税を賦課することは差支ないが會社の納むべき所得税全部に對して附加税を賦課することはできないのである。此の場合は市制町村制施行令第四十條の適用又は準用がないから甲市町村內の收入額と是れに對する所得税額の步合を定むるには甲市町村に於て適當の方法に依る外はないのである。（大正六年行實）

（七）　市町村の內外に於て營業所を設け本税を分別して納めない電氣株式會社が解散した場合に其の會社の清算所得に對して賦課する所得税の市町村税附加税の賦課は如何にすべきもの

か　是れは會社淸算の結果生じた所得に對して賦課するものであつて營業所を設けて營業を爲す營業收入に對して賦課する所得稅とは全く課稅の根據を異にするものである。從つて市制町村制第四十條第一項に所謂營業收入に對する本稅ではないから單に本店所在地市町村だけが其の淸算所得に對して附加稅を賦課し得べきものである。（大正一四年行實）

第五項　市町村稅を賦課しないものに付て

一　市町村稅を賦課し得ないものは如何なるものか　是れは次の様なものである。

第百二十條

（一）　納稅者の市町村外に於て所有し使用し占有する土地家屋物件若くは其の收入、又は市町村外に於て營業所を設けたる營業若くは其の收入　是れは市町村制第百二十條第一項に規定されて居る。同條に述べたところを參照せられたい。

(1)　船舶の所有の場所は船籍港か　是れは單に船籍港だからとて其の所有の場所と爲すべきものではない。事實に於て船舶の存在する場所が所有の場所である。（大正三年行判）

第百二十一條

（二）　所得稅法第十八條に揭ぐる所得　是れは市町村制第百二十一條第一項に規定されて居る。同條に述べたところを參照せられたい。

(1)　傷痍疾病者の恩給を戶數割の資産の狀況を斟酌する場合の資料に供することは差支な

いか　是れは差支ないのである。（大正七年 行判）

（三）神社寺院祠宇佛堂の用に供する建物と其の境内地、教會所説教所の用に供する建物と其の構内地、但し有料で是れを使用させる者と住宅を以て教會所説教所の用に充つる者に對しては賦課し得る　是れは市町村制第百二十一條第二項に規定されて居る。同條に述べたところを參照せられたい。

(1) 教會所の構内に建設して在る宗教教授用の建物又は其の主監宣教師又は番人等を居住させて居る建物等に對して課税し得ないのか　是れは課税し得ないのである。（大正二年 行實）

(2) 寺院の所有する土地建物であつても寺院の用に供して居らないものに對しては課税して差支ないか　是れは差支ないのである。（明治三六年 行判）

（四）國府縣市町村其の他公共團體に於て公用に供する家屋物件營造物但し是れを使用させる者と使用收益者に對しては課税し得る　是れは市町村制第百二十一條第三項に規定されて居る。同條に述べたところを參照せられたい。

(1) 重要物産同業組合は公共團體か　是れは公共團體である。（大正一一年 行實）然し是れには反對の判例がある。（大正二年、大正三年 行判 司民判）

(2) 商業會議所は公共團體か　是れは公共團體である。（明治三三年、大正三年　行　實　司　民　判）

(3) 茶業組合聯合會議所は公共團體か　是れは公共團體である。然し是れには反對の判例がある。（大正四年　司　民　判）

(4) 耕地整理組合と產牛馬組合等は公共團體か　是れは公共團體である。然し是れには反對の判例がある。（大正五年　司　民　判）

(5) 水產組合、水產組合聯合會は公共團體か　是れは公共團體である。然し是れには反對の判例がある。（大正七年　司　民　判）

(6) 漁業組合は公共團體か　是れは公共團體である。然し是れには反對の判例がある。（大正六年　司　民　判）

(7) 北海道土功組合は公共團體か　是れは公共團體である。（大正三年　司　民　判）

(8) 水利組合は公共團體か　是れは公共團體である。（大正四年　司　民　判）

(9) 農會は公共團體か　是れは公共團體である。（大正一二年　司　刑　判）

(10) 畜產組合は公共團體か　是れは公共團體である。（大正九年　行　實）

(11) 鵜飼觀覽の旅客を誘引する目的で市町村に於て遊覽用の川船を買入れ市町村は無料で是

同條

れを他の私設團體に貸付け其の私設團體は比較的低廉な料金で川船を一般遊覽者に貸付けて居る場合に其の川船は市町村に於て公用に供する物件であるか　是れは市町村に於て公用に供する物件ではないのである。（大正一四年行實）

(12)　甲市町村又は甲府縣の經營する電氣事業が乙市町村又は乙府縣の需要者に電力を供給し其の爲めに特に乙市町村內又は乙府縣內に變電所と電柱を設けた場合にそれは矢張り甲市町村又は甲府縣の營造物の一部と見るべきものか　是れは其の通りである。從つて課税すべきものではないのである。（大正一四年行實）

(13)　自己の市町村內に自己の所有する公用に供しない土地家屋が在る場合には是れに對し市町村税を課すべきものか　是れは課税すべきものではないのである。（明治二二年行實）

(五)　國の事業と國の行爲と國有の土地家屋物件、但し國に課税する場合に限る　是れは市町村制第百二十一條第四項に規定されて居る。同條に述べたところを參照せられたい。

(1)　官舍に對して國に家屋税を賦課し得ないのか　是れは賦課し得ないのである。尤も官舍に住居する者に對して課税することは格別である。（明治二四年行實）

(六)　法律勅令の定むるもの

(1) 地租條例第四條に依り地租を免除された土地（明治一七年太政官布告第七號地租條例第四條）

(2) 土地、營業收益税を納むる者の營業、第一種及第三種所得税を納むる者の所得に對し地方税制限に關する法律に定むる制限率を超えて課税すること（明治四一年法律第三七號地方税制限ニ關スル件第一條第二條第三條）

(3) 第二種の所得（明治四一年法律第三七號地方税制限ニ關スル件第三條）

(4) 鑛業に對するもの、鑛夫鑛產物鑛區直接鑛業用の工作物器具機械を標準とするもの（明治三八年法律第四五號鑛業法第八八條）砂鑛業に付ても亦同じ（明治四二年法律第一三號砂鑛法第一三條）

（イ） 鑛山事務所に送電する專用電柱は直接鑛業用の工作物か　是れは其の通りである。（大正四年行實）

（ロ） 鑛夫收容の目的を以てする納屋長屋の類は所謂直接鑛業用の工作物か　是れは其の通りである。（大正一四年行實）

（ハ） 鑛業經營者が其の職員又は工夫の爲めに住宅を建設して是れに其の家族と共に居住させて居るもの卽ち職員及工夫舍宅は所謂直接鑛業用の工作物か　是れは直接鑛業用の工作物ではない。（大正一四年行實）

(5) 電信又は電話專用の物件（明治三三年法律第五九號電信法第一一條）

(6) 森林法第十二條に依り地租を免除された土地（明治四〇年法律第四三號森林法第一二條）

(7) 砂防法第十一條の地租其の他の公課減免の件第一條に依り地租を免除された土地（明治三二年勅令第三七四號砂防法第十一條ノ地租其ノ他ノ公課減免ノ件第二條）

(8) 郵便專用の物件（明治三三年法律第五四號郵便法第七條）

（イ） 郵便專用の物件の中には船車馬等の樣な動產は勿論土地建物等をも含むのか　是れは含むのである。（明治四〇年行實）

（ロ） 郵便の用に供さるる土地家屋が有料の借地借家の場合でも所謂郵便專用の物件であるか　是れは其の土地或は家屋所有者が收益を得ることを目的とするもので偶々其の土地家屋が郵便の用に供さるるに過ぎないのであるから郵便專用の物件ではない。土地に付ては地租條例第四條第一項第一號但書に又家屋に付ては市町村制第百二十一條第三項但書に該るものである。（明治四〇年大正二年行實）

(9) 造石税を課する酒類又は其の酒類の造石數或は造石税を標準とするもの（明治二九年法律第二八號酒造税法第三五條）

(10) 水道用地（明治二三年法律第九號水道條例第五條）

(11) 私立學校用地で地租の免除を受けた土地（大正八年法律第三八號私立學校用地免租ニ關スル件第三條）

（イ）私立學校の用に供する建物には課税して差支ないか　是れは私立學校奬勵上課税しないがよろしい。尤も賃借に係る建物には課税して差支ないのである。（大正八年行實）

(12) 相續税の附加税（明治三八年法律第一〇號相續税法第二六條）

(13) 住宅組合又は産業組合の住宅の建設購入と住宅用地の取得又は組合と組合員の間の住宅と住宅用地の所有權移轉（大正一〇年法律第六六號住宅組合法第一一條、明治三三年法律第三四號産業組合法第六條ノ二）

(14) 製鐵業奬勵法に依り營業税營業收益税所得税を免除された製鐵業者に對し其の免除された部分に相當する資本金額、從業者、營業用の工作物若くは物件、使用動力、收入を標準とするもの（大正一五年法律第四九號製鐵業奬勵法第七條）

(15) 軍事救護法に依り給與を受けた救護金品（大正六年法律第一號軍事救護法第一七條）

(16) 健康保險法に依る保險給付として支給を受けた金品（大正一一年法律第七〇號健康保險法第六九條）

(17) 資本利子税の附加税（大正一五年法律第二〇號資本利子税法第二三條）

(18) 無線電信又は無線電話專用の物件（大正四年法律第二六號無線電信法第二八條）

(19) 取引所の業務に對し取引所營業税附加税以外の税を課すること（大正三年法律第二三號取引所税法第二二條）

（七） 公益上其の他の事由に因り課税を不適當とするもの　是れは市町村制第百二十一條ノ二に規定されて居る。同條に述べたところを參照せられたい。

（八） 其の他のもの

(1) 營業税を賦課し得ないもの（大正一五年内務大藏兩省令地方税ニ關スル法律施行細則第三條）

（イ） 政府の發行する印紙切手類の賣捌

（ロ） 度量衡の製作修覆又は販賣

（ハ） 自己の採掘し又は採取したる鑛物の販賣

（ニ） 新聞紙法に依る出版

（ホ） 法人の漁業又は演劇興行

（ヘ） 個人の自己の收穫した農產物林產物畜產物水產物の販賣又は是れを原料とする製造

但し特に營業場を設けて爲す販賣又は製造を除く

（ト）專ら行商又は露店營業を爲す者

（チ）營業收益稅法第八條の規定に依り營業收益稅を免除された重要物產の製造業者（昭和二年行實）

(2)　雜種稅を賦課し得ないもの（大正一五年內務大藏兩省令地方稅ニ關スル法律施行細則）

（イ）左の不動產の取得に對するもの（第一二條）

家督相續又は遺產相續に因る不動產の取得

法人の合併に依る不動產の取得

信託財產であつて委託者が信託行爲に依り信託利益の全部を享受すべき不動產を委託者から受託者に移す場合に於ける不動產の取得但し當該不動產には其の後受益者を變更した場合と信託法第二十二條の規定に依り固有財產と爲した場合に於ては其の時に不動產の取得があつたものと看做して雜種稅を賦課する

信託に付て受益者又は歸屬權利者の不動產の取得

信託の受託者交迭の場合の新受託者の不動產の取得

住宅の改良又は供給緩和の目的でする小住宅の建築（昭和二年行實）

（ロ）左の遊興に對するもの

消費金額の全部を標準として賦課する場合遊興者一人當一回の消費金額二圓未滿のもの尤も消費金額の一部（花代の類）を課税標準とする場合は二圓未滿のものにも課し得る

（ハ）左の觀覽に對するもの

入場料一人一回十五錢未滿のもの

（ニ）左の電柱に對するもの

木柱控柱の類

賦課期日の直前一ヶ年分の事業年度の利益配當年六分未滿なるとき

（ホ）左の傭人に對するもの

從業者又は作男の樣な專ら營業若くは職業に從事する者と家事と營業又は職業とを兼ぬるもの

第六項　市町村税の税率に付て

一　直接國税又は直接府縣税の附加税の税率は如何にすべきものか　是れは市町村制第百十七條第九十七條に

規定されて居る同條に述べたところを參照せられたい。

二　市町村税の税率に付ては如何なる制限があるか　是れは次の様なものである。

（一）　國税の附加税としては

(1)　地租附加税（明治四一年法律第三七號地方税制限ニ關スル件第一條第四條第五條）

附加税だけを課するとき

宅地地租百分の二十八以内

其の土地地租百分の六十六以内

但し制限外の課税の途がある

附加税と段別割を併課する場合に付ては特別税段別割のところを參照せられたい。

（イ）　地租附加税の課率を定むるに付て厘位に滿たない端數あるときは如何にすべきものか　是れは切捨て又は切上ぐる等便宜上課率を厘位に止めて差支ないのである。（明治四四年行實）

(2)　營業收益税附加税（明治四一年法律第三七號地方税制限ニ關スル件第二條第四條第五條）

營業收益税百分の六十以内但し制限外の課税の途がある

(3) 鑛業稅附加稅（明治三八年法律第四五號鑛業法第八八條）

鑛產稅百分の十以內

試掘鑛區稅百分の三以內

採掘鑛區稅百分の七以內

是れは制限外の課稅の途はない

(4) 砂鑛區稅附加稅（明治四三年法律第九號砂鑛區稅法第三條）

砂鑛區稅百分の十以內

是れは制限外の課稅の途はない

(5) 取引所營業稅附加稅（大正三年法律第二三號取引所稅法第二二條）

取引所營業稅百分の十以內

是れは制限外の課稅の途はない

(6) 所得稅附加稅（明治四一年法律第三七號地方稅制限ニ關スル件第三條第四條第五條）

所得稅百分の七以內但し制限外の課稅の途がある

（二） 府縣稅の附加稅としては

(1) 特別地税附加税（大正一五年法律第二四號地方税ニ關スル件第三條第四條第七條）

地價百分の三・七の百分の八十以內但し制限外の課税の途がある

附加税と段別割を併課する場合に付ては特別税段別割のところを參照せられたい

（イ） 特別地税附加税の賦課率は如何に定むべきものか　是れは單に「本税一圓ニ付若干」としないで「地價百分ノ三・七ノ百分ノ何十」と定むべきものである。（大正一五年行實）

(2) 家屋税附加税（大正一五年勅令第三三九號地方税ニ關スル法律施行ニ關スル件第一〇條第一一條）

戶數割を賦課する市町村　家屋税百分の五十以內

戶數割を賦課し難き市　家屋税附加税の總額が當該年度の市税豫算總額の百分の三十六以內但し所得税附加税を賦課する場合は百分の三十以內

戶數割を賦課し難き町村　家屋税附加税の總額が當該年度の町村税豫算總額の百分の六十以內但し所得税附加税を賦課する場合は百分の五十五以內

何れも制限外の課税の途がある

(3) 營業税附加税（大正一五年勅令第三三九號地方税ニ關スル法律施行ニ關スル件第一六條）

營業税百分の八十以內但し制限外の課税の途がある

(4) 雜種稅附加稅（大正一五年勅令第三三九號地方稅ニ關スル法律施行ニ關スル件第二〇條）

雜種稅附加稅の總額は本稅總額の百分の八十九以內但し制限外の課稅の途がある

（三）特別稅としては

(1) 戶數割（大正一五年勅令第三三九號地方稅ニ關スル法律施行ニ關スル件第二七條）

市の戶數割の總額は當該年度の市稅豫算總額の百分の三十七以內

町村の戶數割の總額は當該年度の町村稅豫算總額の百分の六十以內

何れも制限外の課稅の途がある

(2) 段別割（明治四一年法律第三七號地方稅制限ニ關スル件第一條第四條第五條）

段別割だけを課するとき　一段步に付每地目平均一圓

段別割と地租附加稅を併課するとき　段別割の總額が其の地目の地租額宅地に在りては百分の二十八、其の他の土地に在りては百分の六十六と附加稅額との差額を超ゆることを得ない

段別割と特別地稅附加稅を併課するとき　段別割の總額が特別地稅附加稅の制限額と特別地稅附加稅額との差額を超ゆることを得ない

是れ等に付ては制限外の課税の途がある

(3) 地租割（大正八年法律第三六號都市計畫法第八條）

地租百分の十二半以内

是れは制限外の課税の途はない

(4) 營業收益稅割　（右に同じ）

營業收益稅百分の二十二以內

是れは制限外の課税の途はない

(5) 營業稅雜種稅家屋稅　（右に同じ）

府縣稅の十分の四以内

是れは制限外の課税の途はない

(6) 特別地稅　（右に同じ）

地價千分の五以内

是れは制限外の課税の途はない

(7) 其の他の特別稅

（イ）不動産取得稅（昭和二年實行）

課率千分の十以內但し特別の場合は千分の二十迄

（ロ）遊興稅（昭和二年實行）

甲　消費金額の全部を課稅標準とする場合

府縣に於て賦課しない場合　課稅標準たる消費金額の百分の十以內

府縣の賦課する遊興稅の附加稅として賦課する場合　府縣の分と市町村の分と通算して課稅標準たる消費金額の百分の十以內

乙　消費金額の一部（花代の類）を標準とする場合

府縣に於て賦課しない場合　課稅標準たる消費金額の百分の十四以內

府縣の賦課する遊興稅の附加稅として賦課する場合　府縣の分と市町村の分と通算して課稅標準たる消費金額の百分の十四以內

丙　府縣又は市町村の一方が消費金額の全部を課稅標準とし一方が消費金額の一部を課稅標準とする場合

府縣の分と市町村の分と通算して課稅標準たる消費金額の百分の十二以內

（ハ）　觀覽稅（昭和二年行實）遊興稅の甲を準用する

（ニ）　電柱稅（昭和二年行實）

木柱の本柱一本に付年稅市三圓以內

町村一圓五十錢以內

木柱の支柱一本に付年稅本柱の半額以內

鐵塔　年稅木柱本柱の三倍以內

但し特別の事情あるものを除く

鐵柱　年稅木柱の一倍半以內

鐵筋コンクリート製　其の形狀に應じ鐵柱又は鐵塔に準ずる

（ホ）　狩獵稅（昭和二年行實）

狩獵法第八條に規定する一等及二等に該當するもの　國稅一圓に付十三錢

同三等に該當するもの　國稅一圓に付十錢

三　市町村稅の稅率の定め方に付て

（一）　數年度に涉る特別稅の課率を市町村條例に規定する場合は如何にすべきものか　是れは

市町村條例に課率の範圍を規定し毎年度の税率は其の範圍內に於て市町村會の議決を以て定むることにするがよろしい。尤も次の様な場合は特別税の變更として條例改正の許可を受けなければならないのである。（大正元年行實）

(1) 段別割　或る地目だけを減額し又は所定の課率と步合を異にして各地目の課率を減額する場合

(2) 其の他の特別税　或る種類だけを減額し又は賦課等差每に課率を定めてあるものに付て其の步合に依らないで課率を減額する場合

（二）地方税制限に關する法律第五條第二項に該當する費用を第一項に依り賦課した後に第一項に該當する費用を生じた場合は如何にすべきものか　是れは前の賦課と振替の上制限外の賦課を爲し得るのである。（大正一三年行實）

第七項　市町村税の一部賦課と不均一賦課に付て

第百二十二條
第百二條

一　數人又は市町村の一部を利する財產又は營造物に關する費用を其の關係者に負擔させることに付ては如何なる規定があるか　是れは市制第百二十二條町村制第百二條に規定されて居る。同條に述べたところを參照せられたい。

（一）數人又は市町村の一部に負擔させる費用は市町村税として賦課徵收するのか　是れは其の通りである。（明治二四年行實）

（二）市町村の一部を利する排水溝を設くる場合に土地の高低水の深淺に依り受くる利益が夫々異る場合には其の一部の內で不均一の賦課を爲し得るか　是れは爲し得るのである。（明治四五年行實）

（三）堤塘は所謂營造物か　是れは營造物である。（明治三三年行判）

（四）市町村の一部に尋常小學校設置の費用を負擔せしむるには市町村制第百二十二百二條又は第百二十四百四條に依るべきものか　是れは地方學事通則の規定に依るべきものである。（大正三年行判）

第百三十四條・第百四條

二　數人又は市町村の一部に對し特に利益ある事件に關して不均一又は一部賦課をすることに付ては如何なる規定があるか　是れは市町村制第百二十四百四條に規定されて居る。同條に述べたところを參照せられたい。

（一）汚物掃除法を町村の一部に施行する場合に其の施行上必要な費用は一部賦課又は不均一賦課を爲し得るか　是れは爲し得るのである。例へば汚水溜溝渠便所等の費用は施行地の一部の負擔とし又汚物蒐集費監視吏員の俸給其の他施行に要する一切の費用は施行區域と其の

他の區域の間に附加税に相當の等差を設け不均一の賦課をする樣な方法を取らば略負擔の權衡を得ることと思はるる。(明治三三年行實)

(二) 部落有財産統一の爲めに不均一又は一部賦課を爲し得るか　是れは不均一に附加税を課することは格別であるが一部賦課を爲すことは違法である。(明治四五年行實)

(三) 道路の改修の行はるる場合は其の附近又は其の沿道地方は是れに因つて特別の利益を受くるものと認めて差支ないか　是れは特別の利益を受くるものと認むるのが相當である。(大正七年行判)

第八項　市町村税の賦課に關する檢査に付て

第百三十七條
第百七條

一　市町村税の賦課に關する檢査は如何にして行ふか　是れは市制第百三十七條町村制第百七條に規定されて居る。同條に述べたところを參照せられたい。

第九項　市町村税の納税延期と減免に付て

第百三十八條
第百八條

一　市町村税は如何なる場合に納税延期又は減免さるるのか　是れは市制第百三十八條町村制第百八條に規定されて居る。同條に述べたところを參照せられたい。

(一) 納税者が無資力の場合は納税を延期し得るのか　是れは其の通りである。(明治二二年行實)

（二）納税の延期又は減免に付ての特別の事情と云ふのは如何なるものか　是れは納税者の資力の如何を意味するものである。（大正七年同八年同一〇年行實）

（三）市町村税は如何なる場合に減免し得るのか　是れは市制第百二十八條町村制第百八條第二項に規定されて居る。同條に述べたところを參照せられたい。

（イ）洪水の被害者に對し一般的に各自の所得額を標準として一定の割合を減免し特に被害の程度の著しい者に對しては見立に依り減免額を斟酌增加した減免方法は適法のものか　是れは違法ではない。（大正一四年行判）

（ロ）納税者が無資力の場合は情狀に依つては減免し得るのか　是れは其の通りである。（明治二二年行實）

第十項　市町村税に關する罰則に付て

第百三十九條 第百十九條

一　市町村税に關する罰則は如何なるものか　是れは市制第百二十九條町村制第百九條第二項第三項に規定されて居る。同條に述べたところを參照せられたい。

第十一項　市町村税の賦課に對する異議に付て

第百三十條 第百十條

一　市町村税の賦課を受けた者が異議ある場合は如何にすべきものか　是れは市制第百三十條町村制第百十條

第一項第三項第五項第六項に規定されて居る。同條に述べたところを參照せられたい。

(一) 市町村税の賦課に關しては納税の義務を負擔する外國人も異議申立訴願訴訟の提起を爲し得るのか　是れは其の通りである。(明治三九年行實)

(二) 歳出豫算中監督官廳の許可を受くべき事項例へば寄附又は補助の費用がある場合に其の許可を受けないで市町村税の賦課を爲すことは違法か　是れは違法である。(大正八年行實)

(三) 甲年度の戸數割の賦課に付て其の一部(例へば後期)の徴税令書を發布しない場合に其の年額に付て異議申立あつた場合は如何に處置すべきものか　是れは既に賦課した前期分に付ては相當決定を爲し後期分に付ては異議申立を排斥すべきものである。(大正一五年行實)

(四) 本税に對しては不服を申立てないで附加税たる市町村税に付てだけ異議申立をすることは差支ないか　是れは差支ないのである。(明治四四年行判)

(五) 本税を納付したことは其の爲めに附加税の賦課に對する異議申立を排斥する理由とはならないのか　是れは其の通りである。(大正三年行判)

(六) 市町村税に對する異議訴願等の繋屬中に市町村長が其の賦課を取消したときは賦課額の更正を求むる訴は如何になるのか　是れは請求の目的が消滅したものであつて其の請求は理

由のないものとなるのである。（行大正三年判）

（七）市町村税の賦課に對する異議の申立に付速かに決定を爲すべしと云ふ判決を求むる行政訴訟は受理さるるのか　是れは受理されないのである。（行大正四年判）

（八）市町村税の賦課を受けた者が其の賦課額の不足であることが違法であるとして行政訴訟を提起し得るか　是れは提起し得ないのである。（行大正一〇年判）

（九）他人に對する市町村税の賦課の取消を求むることは差支ないか　是れは爲し得ないのである。（行大正一二年判）

（一〇）異議申立をした者が死亡した場合は其の申立は自然消滅するのか　是れは相續人が繼承すべきものである。（行大正一〇年實）

第十二項　市町村税を强制徵收することに付て

第百三十一條　第百十一條

一　市町村税を定期内に納めない者があるときは如何に處置すべきものか　是れは市町村制第百三十一條第一項に規定されて居る。同條に述べたところを參照せられたい。

（一）市町村長が滯納者に對して督促すべく定められた期限を經過した後は督促を爲し得ないのか　是れは督促をして差支ないのである。（行明治二七年實）

（二）督促狀を收入役に發せしむることは差支ないか　是れはよろしくない。市町村長が發すべきものである。（明治二四年行實）

（三）督促をすることは滯納處分ではないのか　是れは未だ財產差押の手續に至らないのであるから滯納處分ではないのである。（明治二六年行判）

（四）督促狀が送達されたときは既に督促狀に指定された納付期限を經過して居る場合は其の督促の效力は如何なるものか　是れは納付期限を指定しないと同樣であるから其の督促は法律上何の效力も有しないものである。（大正三年行判）

（五）督促狀が納稅者の住所に於て未成年（十四年位）の同居の家族に交付せられたときは適法の送達があつたものと云ひ得るのか　是れは其の通りである。（大正三年行判）

（六）督促狀を普通郵便に依り葉書を以て送達して差支ないか　是れは差支ないのである。（大正四年行判）

（七）郵便物は特殊の事由のない限りは其の名宛人に到達したものと認めて差支ないか　是れは其の通りである。（大正四年行判）市役所町村役場備付の督促狀發付原簿郵便差立簿等に依り督促狀を發したことを認め得る以上は反證のない限りは名宛人に到達したものと認むべきであ

る。（明治四四年大正八年行判）

（八）　連帶納稅義務者の一人に對して督促狀を送達すれば他の納稅義務者に對しても當然其の效力が生ずるのか　是れは市制町村制施行令第四十八條の規定の連帶義務の性質上當然效力を生ずるものである。（大正五年同一〇年行判）

（九）　督促は必ず督促狀に依らなければならないのか　是れは其の通りである。口頭の督促は法律に效力がないのである。（大正七年行判）

（一〇）　督促狀に指定した納付期限が休日であつても其の督促は無效にならないのか　是れは其の休日にも執務して居りさへすれば無效ではないのである。（明治四四年行判）

（一一）　市町村條例に定めた督促狀に定むべき期限を短縮して督促狀を發することは違法か　是れは違法である。（大正四年行判）

（一二）　督促狀に記載の金額中に既に期限內に納付したものがある場合は其の督促は違法か　是れは其の督促狀に記載されたものの中の滯納金に對しては違法ではないのである。（大正一一年行判）

同條二　市町村稅の督促を爲す場合の督促手數料を徵收することに付ては如何なる規定があるのか

是れは市町村制第百三十一・百十一條第三項に規定されて居る。同條に述べたところを參照せられたい。

（一）督促手數料を徴收すると否とは市町村の任意か　是れは任意である。（明治二三年行實）尤も徴收すると定めた場合に甲から徴收し乙から徴收しないと云ふことはできないのである。

（二）督促手數料は滯納金額に依り等差を設けて差支ないか　是れは等差を設くべきものではないのである。（明治四四年行實）

（三）市町村稅の督促手數料を市町村稅の徴收の囑託を受けた市町村が自己の收入と爲し得るのは如何なる場合か　是れは囑託を受けた市町村が督促狀を發した場合に限るのである。從つて囑託した市町村が囑託する前に督促狀を發した場合は囑託した市町村の收入とすべきものである。（明治四五年行實）

三　延滯金を徴收することに付ては如何なる規定があるのか　是れは市町村制第百二十三・百三條に述べたところを參照せられたい。

（一）延滯金に關する市制町村制施行令第四十五條第一項に所謂納期限と云ふのは如何なる意味か　是れは徴稅令書に指定した納期限であつて督促狀に指定した納付の期限ではないのである。（大正三年行判）

（二）民事事件の競賣の場合に延滯金は何日迄の分を徵收し得るのか　是れは動產の競賣の場合は執達吏が競賣の委任を受けた日の前日迄の日數に依り又不動產又は登記した船舶の競賣の場合は區裁判所の競賣手續開始決定の日の前日迄の日數に依り延滯金を徵收すべきものである。（大正四年行實）

四　市町村稅の滯納者が督促を受けても尙ほ完納しない場合には如何に處置すべきものか　是れは市制第百三十一條町村制第百十一條第四項に依り滯納處分を爲すのである。同條に述べたところを參照せられたい。

（一）滯納處分を爲すべき場合に付て

(1) 稅金と督促手數料を納むべき場合に稅金だけ納めて督促手數料を納めない者に付ては滯納處分を爲し得るのか　是れは其の稅金を受領しないで財產の差押を爲し得るのである。（明治二三年行實、大正四年行判）

(2) 寄附金贈與契約を履行しない者に對して滯納處分を爲し得るか　是れは公法上の收入ではないから滯納處分を爲し得ない。民事訴訟を提起して履行を求むる外はないのである。（明治三三年行實）

(3) 遊興税又は其の附加税の徴收義務者がある場合に其の徴收義務者が税金の拂込をしないときは其の者に對して滯納處分を爲し得るか　是れは徴收義務者が納税義務者から拂込を受けた分に對しては滯納處分を爲し得るが納税義務者から拂込を受けない分に對しては徴收義務者に對して滯納處分を爲し得ないのである。(大正一四年行實)

(4) 市町村税を區長に納める慣例ある場合に區長に納税した者に對し又は區長在職者の納むる市町村税は區長報酬と相殺する慣例ある場合に其の區長に對して滯納處分することは差支ないか　是れは滯納處分を爲し得るのである。市町村税は現實に納入の權限ある者に納付することを要するものであつて權限のない區長に納付した者を以て納税義務を了したものとすることはできない。又報酬と税金の相殺は認められないのであるから其の區長たる納税義務者を以て相殺に依り義務を免れたものとすることはできないのである。(大正三年行判同一三年)

(5) 市町村税の賦課が違法であつて是れに對し異議申立ある場合でも差押處分を爲すことは差支ないか　是れは假令違法の賦課であつても其の違法が取消に依つて始めて賦課の效力を喪はしむべき性質のものである場合は其の賦課が取消されない以上は異議申立があつて

も差押處分をすることは差支ないのでゐる。（大正四年同一〇年行判）

(6)　差押た財産を滯納者に保管さした場合に其の物件を竊取されたときは如何にすべきものか　此の場合は更に他の財産を差押ふることを得るのである。（明治二八年行實）

（二）　滯納處分を爲す者に付て

(1)　滯納處分の事務は市制第九十四條第三項町村制第七十八條第二項の規定に依り市町村吏員に臨時代理を命じ得るか　是れは命じ得るのである。（大正二年、明治三四年、大正一四年行實行判司刑判）

(2)　資格のない者の爲した差押處分は違法か　是れは違法であつて取消すべきものである。（大正一四年行判）

(3)　乙市町村の住民が甲市町村に土地を有し甲市町村に納むべき地租附加税を滯納した場合は甲市町村長は督促狀を發し甲市町村に在る土地を差押處分し得るか　是れは其の通りである。（大正一五年行實）

（三）　差押を爲す物件に付て

(1)　電話使用權を差押ふることは差支ないか　是れは有償で讓渡のできる財產權だから差押て差支ないのである。（明治四四年行判）

(2) 滯納處分の結果滯納者に還附すべき現金に付て其の滯納者に對する他の滯納處分を行つた場合に前の滯納處分の公賣が取消されたときは後の滯納處分は如何になるか　是れは後の滯納處分も取消さるべきものである。（大正二年行判）

(3) 差押物件の價額が滯納處分に依り徴收すべき金額を超えても違法ではないか　是れは差押處分は公賣處分とは異り一時其の財産の處分を止むる保全處分に過ぎないのであつて公賣の樣に財産權の喪失を來すものではないばかりでなく徴收額に基いて適度の價格を定むることは公賣の上でなければ爲し得ないところであるから市町村長は徴收の爲に必要と認むる範圍に於て任意差押を爲し得べきものである。從つて財産の價格が著しく必要の程度を超えることを豫見しながら差押することは穩當の處置ではないが其の爲めに處分が違法であると云ふことはできないのである。（大正二年同三年行判）

(4) 差押ふべき物件は差押を爲す者が適宜選擇を爲し得るか　是れは其の通りである。（大正三年行判）從つて差押ふべき動産あるに拘らず不動産を差押へても差支ないのである。（大正四年同七年同一二年行判）

(5) 會社に對し滯納處分を執行する場合に會社の財産がないと認むべき正當の事由があると

きは別段の手續をしないで直ちに無限責任社員に付て滯納處分を執行して差支ないか　是れは其の通りである。（大正五年行判）

(6)　勞力の爲めに受くる給料を差押へることは差支ないか　是れは差押ふることを得ないものは國稅徵收法第十六條に列記したものに限るのであつて其の中には勞力の爲めに受くる給料は含まれて居ないのである。從つて差押を爲すことは差支ない。民事訴訟法第六百十八條の規定は滯納處分の場合には適用がないのである。（大正五年行判）

(7)　停止條件付賣買の目的物たる物件を條件の成就前に賣主に對する滯納處分として差押を爲すことは差支ないか　是れは差支ないのである。（大正六年行判）

(8)　恩給を差押へることは差支ないか　是れは差支ないのである。（大正八年行判）

(9)　不動産の競賣が開始された以上は其の不動産に付て滯納處分の爲めに差押を爲し得ないのか　是れは其の通りである。（大正三年司民判）

(四)　差押の方法に付て

(1)　市町村長から臨時代理を命ぜられた市町村吏員が財産差押調書を作る場合には其の名義は如何にすべきものか　是れは何市町村長臨時代理書記何某と云ふ樣にすべきものであ

る。（大正二年行實）

( ) 差押調書に處分を爲した者の捺印を缺いても他の記載事項に缺くるところのない以上はそれを以て差押處分の行はれたことを認むることを得るのか　是れは其の通りである。（大正七年行判）

(3) 市町村吏員が市町村長の命を受け滯納處分をしたものである以上は假令差押調書に其の旨の記載がなくても滯納處分は適法に成立するのか　是れは其の通りである。（大正一〇年行判）

(4) 不動産を差押へた場合に滯納者に差押調書の謄本を交付しないでも差押の通知書を交付して差押に關する一切の事實を知らしめたときは其の後の處分を行ふても差支ないのか　是れは差押調書の謄本を交付しなければ差押の效力は發生しないのである。（大正一二年行判）從つて後の處分を爲し得ないのである。

(5) 滯納處分に關する書類が送達されたことが明かである以上は送達書の方式に缺くるところがあつても差押の效力には影響がないのか　是れは其の通りである。（大正六年同一三年行判）

(6) 共有地の差押に付ての差押調書を共有者の一人に送達すれば他の共有者に對しても送達

の效力を生ずるのか　是れは其の通りである。（大正一〇年行判）

(7)　差押調書の謄本は差押の際直ちに交付しなくても差支ないのか　是れは差支ないのである。（大正一二年行判）

(8)　滯納處分に關する書類の送達は書留郵便に依らないでも差支ないか　是れは差支ないのである。（大正三年行判）

(9)　土地の差押に付ても立會人を要するのか　是れは立會人を要しないのである。（大正三年同一〇年同一四年行判）

(10)　財產差押に付て立會人を要するのは如何なる場合か　是れは國稅徵收法第二十條の場合に限るのである。（大正一三年行判）

(11)　土地の差押處分を爲す場合に其の土地に外書の墓地があるときは如何にすべきものか　是れは其の墓地を分割した後に其の他の土地の差押を爲すべきものである。（大正五年行實）

(12)　差押登記囑託の手續を缺いた場合の差押處分は無效か　是れは無效ではないのである。（大正三年行判）

(13)　不動產の差押の登記に付ては登錄稅を納むべきものか　是れは納めないでよろしいので

ある。（明治三八年行實）差押の爲の不動産の分割區分等に付ても同樣である。（明治三八年行實）

（14）金錢債權を動産差押の手續に依り差押へることは違法か　是れは違法である。金錢債權の差押は債權差押の手續に依るべきものである。（大正一四年行判）

（15）差押處分を爲す市町村吏員が差押を爲す場合に其の資格を證明する證票を示さないときは其の爲めに處分が無效となるのか　是れは其の爲めに無效となるものではないのである。（大正一四年司刑判）

（16）差押をする場合には常に其の價格の見積をしなければならないのか　是れは必要の手續ではないのである。（大正二年同三年行判）

（17）債權の差押を爲す場合は滯納者に通知しなければならないのか　是れは債務者に通知すればよいのであつて滯納者に對しては通知しなくても差支ないのである。（大正五年行判）

（18）民事訴訟法に依り假差押中の物件を更に市町村税滯納處分に依り差押へた場合に其の差押物件引渡の爲めに出張した執達吏の旅費は市町村の支辨すべきものか　是れは市町村の支辨すべきものではないのである。（大正一五年行實）

（19）公休日に滯納處分をしても差支ないか　是れは差支ないのである。（明治四四年行判）

（五）滯納處分費の徴收に付て

(1)　市町村條例に滯納處分費徴收に關する規定がない場合であつても市町村税滯納に關する滯納處分費の徴收を爲すことは差支ないか　是れは其の通りである。（大正一二年行判）

（六）公賣に付て

(1)　公賣の結果滯納者に還付すべき剩餘金を生じたが滯納者が所在不明等の爲め還付し得ない場合は如何にすべきか　是れは民法第四百九十四條の規定に依り供託すればよろしいのである。（明治三二年行實）

(2)　公賣の結果買受人がなく又は入札價額が見積價額に達しない爲めに公賣に付した土地を市町村が買上げた場合の所有權移轉の登記手續は如何にすべきものか　是れは不動産登記法第二十九條の規定に依るべきものである。是れは司法省とも打合せが濟んで居るのである。（大正三年行實）

(3)　公賣の場合に買受望人が遲刻した爲めに豫定の公賣時間を伸長することは差支ないか　是れは差支ないのである。（明治二六年行判）

(4)　公賣財産は必ず鑑定人に評價させなければならないのか　是れはさうではない。其の價

格の見積り難い場合に鑑定人に評價させ得るだけである。（明治三九年行判）

(5) 公賣を行ふ期日は滯納者に豫報しなければならないか　是れは法規上豫報しなければならないものではないのである。（大正元年同四年行判）

(6) 一筆の土地の豫定價格が督促手數料延滯金滯納處分費稅金の合計金額に著しく超過するに拘らず二筆の土地を公賣することはよろしくないのか　是れはよろしくないのである。（大正二年行判）

(7) 公賣の公告中に保證金額を明記しないで公賣處分の際入札人から保證金を徵收することは違法か　是れは違法である。（大正二年行判）

(8) 公賣の公告中に入札人心得は當市役所町村役場に就き熟覽すべしとある場合に其の入札人心得に記載してある事項は公告したものと同樣に看るべきものか　是れは公告したものと看るべきものではないのである。（大正二年行判）

(9) 公賣の競落價格が公賣物件の市價よりも安いからとてそれが爲め公賣が違法であると云ふことを得ないのか　是れは其の通りである。（大正四年行判）

(10) 數個の稅金の爲めに數個の財產を公賣した場合に公賣代金の何れの代金を以て何れの徵

收金に充つるかは滯納處分を爲す者の自由裁量に依るべきものか　是れは其の通りである。從つて抵當權の設定のない財產の公賣代金に先ち抵當權の設定ある財產の公賣代金を以て徵收金に充てても差支ないのである。（大正四年行判）

(11)　第三者の所有に屬する物件を誤つて公賣した場合に其の所有權は當然落札人又は買受人に移轉するのか　是れは移轉しないのである。（大正九年司民判）

（七）差押債權の取立に付て

(1)　滯納處分の確定前差押債權の取立をすることは差支ないか　是れは禁止の規定がないから差支ないのである。（大正五年行判）

（八）滯納處分の結了に付て

(1)　不動產又は船舶の差押抹消の登記に付ては登錄稅を納めないでもよろしいか　是れは其の通りである。（明治三八年行實）

(2)　滯納者の所在不明の場合は直ちに缺損處分をして差支ないか　是れは差押ふべき財產のない場合は缺損處分することは已むを得ないのである。

(3)　滯納者の通貨を差押へた場合はそれで滯納處分は結了するのか　是れは其の通貨は當然

滞納稅金督促手數料に充當さるるものであるから其の金額が滞納處分を執行する者の占有に移つた場合に滞納處分は結了するものである。（明治三九年行判）

(4) 市町村長は隨意に財産の差押を解き得るのか　是れは督促手數料延滞金滞納處分費稅金の完納のない以上は法律上の理由なく隨意に財産の差押を解き得ないのである。（大正二年行判）從つて稅金だけの納入あつた爲めに差押を解除することは不法であつて此の場合は滞納處分は尙ほ繼續中である。（大正七年行判）

(5) 滞納處分の全部が結了しないに拘らず滞納處分を爲した者が其の處分の一部に關して計算書を交付した場合は其の爲めに滞納處分が結了の效力を生ずるのか　是れは滞納處分結了の效力を生ずるものではないのである。（大正八年行判）

(6) 滞納者が財産差押を受け稅金と督促手數料を納付したが未だ滞納處分費を納付しない場合は差押を繼續して差支ないか　是れは其の通りである。（大正一二年行判）此の滞納處分費に付ては豫め告知書を發し市町村制第百三十一條第一項の手續を履踐する必要がないのである。（大正一二年行判）

同條　五　市町村稅の滞納處分に付て異議ある場合は如何にすべきものか　是れは市町村制第百三十一條

第六項第七項に規定されて居る。同條に述べたところを參照せられたい。

（一）　市町村稅の賦課に關する異議事件に附帶して督促狀の取消を求むることは差支ないか　是れは爲し得ないのである。（明治三〇年行判）

（二）　公賣處分に對する訴願期間は何時から起算すべきものか　是れは公賣處分の事實を確知し得た時から起算すべきものである。（明治四五年行判）公賣の告示を爲したことは處分を受けた者の訴願期間の計算には何の關係もないのである。（明治四五年行判）

（三）　滯納處分を受けた者は單に差押に付ての解除だけを求むると或は公賣の取消だけを求むると或は滯納處分全部の取消を求むるとは自由か　是れは其の通りである。（明治四五年行判）

（四）　差押處分に對する訴願期間は何時から起算すべきものか　是れは滯納者が現場に立會ひ直接に處分を受けた場合は其の時から起算すべきものである。若し處分の當日不在で全く差押の事實を知らない場合には現實に差押調書を受領した時から起算すべきものである。（明治四五年行判）

（五）　數件の市町村稅を合併して滯納處分をした場合に其の中の一件が滯納處分を爲し得ないものであるときは其の爲めに他の數件の滯納處分の效力にも影響を及ぼすか　是れは他の數

件に對する處分の效力に影響は及ぼさないのである。（大正四年行判）

（六）公賣公告があつた場合に其の公賣に不服ある者は公賣處分の結了を俟たないで公告に付て救濟を求め得るか　是れは其の通りである。（大正四年行判）

第百三十一條

第十三項　市町村稅の追徵還付時效に付て

一　市町村稅の追徵還付時效に付ては如何なる規定があるか　是れは市町村制第百三十一條第五項に規定されて居る。同條に述べたところを參照せられたい。

（一）市町村稅の時效は口頭に依る督促で中斷さるるのか　是れは督促狀を以てしたのでなければ中斷の效力を生じないのである。（大正七年行判）

（二）時效の完成後は納稅義務は當然消滅するのか　是れは其の通りである。假りに納稅者が時效完成後に於て納稅義務を承認しても何等の效力を生じないものである。（大正七年行判）

第百三十三條

第十四項　市町村稅と其の賦課徵收に關する規定に付て

一　市町村稅と其の賦課徵收に關しては如何なる規定があるか　是れは市町村制第百二十三條に規定されて居る。同條に述べたところを參照せられたい。

（一）市町村稅の納付に關して證紙發行を認めた規定があるか　是れはないのである。（大正一行

〇年實）

（二）國税の納税告知書に市町村税を併記することは許さるるのか　是れは大正二年大藏省訓令第九號を參照せられたい。

（三）徵税令書に府縣税家屋税附加税とすべきを誤つて市町村税家屋税とした場合其の徵税令書は無效か　是れは有效である。（大正一一年同一二年行判）

（四）數町村の町村長又は收入役が一通の徵税令書又は納税の領收證書に連署して發付することは差支ないのか　是れは一通の徵税令書又は領收證書に各町村税を分別して記載し町村長又は收入役が各記名捺印する以上は各町村は各別に其の事務を處理したものであるから何等差支ないのである。（大正四年行判）

（五）遊興税又は其の附加税の徵收義務者は納税義務者から徵收すべき税金に付ては實際徵收しないでも市町村に拂込まなければならないのか　是れは徵收しない分に付ては拂込の義務はないのである。（大正一四年行判）然し是れには反對に拂込の義務があると云ふ說もある。（大正九年行實）

第百十六條
第九十六條

第百二十五條
第百五條

第百七十五條
第百五十五條

第四款　夫役現品に付て

第一項　夫役現品の賦課に付て

一　夫役又は現品は如何なる場合に賦課するか　是れは市町村制第百十六九十六條第一項に規定されて居る。同條に述べたところを參照せられたい。

(一)　市町村は基本財産造成の爲めに必要ある場合は現品を賦課し得るか　是れは其の通りである。（明治二九年行實）

(二)　前の第三款第一項の二を參照せられたい。

二　夫役又は現品は如何なる方法で賦課するか　是れは市町村制第百二十五百五條第一項第五項と第百七十五百五十五條に規定されて居る。同條に述べたところを參照せられたい。

(一)　夫役又は現品は金額に算出して賦課したとしても其の性質は市町村税とは異るのか　是れは其の通りである。（明治二九年行判）

(二)　夫役又は現品に相當する寄附金を提供した者に對して其の爲めに法律上賦課すべき夫役又は現品の賦課を爲さないことは違法か　是れは違法である。（大正七年行判）

同條

三　夫役を賦課し得ないものは如何なるものか　是れは市〔町村〕制第百二十五〔百五〕條第二項に規定されて居る。同條に述べたところを參照せられたい。

同條

四　夫役又は現品を賦課された者は如何なる方法で其の義務を履行するか　是れは市〔町村〕制第百二十五〔百五〕條第四項第五項に規定されて居る。同條に述べたところを參照せられたい。

第百三十〔百十〕條

五　夫役又は現品の賦課に付て異議ある場合は如何にすべきものか　是れは市〔町村〕制第百三十〔百十〕條第四項から第六項迄に規定されて居る。同條に述べたところを參照せられたい。

第百三十一〔百十一〕條

六　夫役又は現品の滯納者に對しては如何に處置すべきものか　是れは市〔町村〕制第百三十一〔百十一〕條第二項から第八項迄に規定されて居る。同條に述べたところを參照せられたい。

第五款　其の他の市町村の收入に付て

第一項　使用料に付て

第百十二〔九十二〕條

一　使用料は如何なるものから徵收するか　是れは市〔町村〕制第百十二〔九十二〕條と第百十三〔九十三〕條第一項に規定されて居る。同條に述べたところを參照せられたい。

第百十三〔九十三〕條

二　營造物の使用に付使用料を徵收することに付て

(一) 漁場の使用に付て使用料を徵收し得るか　是れは營造物ではないから使用料を徵收し得ないのである。(行實明治二二年)

(二) 產婆の使用に付て使用料を徵收し得るか　是れは營造物であるから使用料を徵收し得るのである。(行實大正二年)

(三) 市町村の營造物たる屠場に屠殺銃を備付け是れを使用する者から使用料を徵收し得るか　是れは徵收し得るのである。(行實大正二年)

(四) 產婆又は火葬場の使用に付て貧富の程度に應じ使用料に差等を設くることは差支ないか　是れは適當でない。尤も貧困で定額の料金を納付し難い事情のある者に對して使用料を減免し得る規定を條例中に設くることは差支ないのである。(行實大正七年同八年)

(五) 公園の使用に付て使用料を徵收することは差支ないか　是れは差支ないのである。民法上の契約に依り貸付料として徵收することは適當でない。(行實大正七年)

(六) 市町村が住宅の不足を補ふ目的を以て貸家を建築し是れを營造物として一般の使用に供し其の使用者から使用料を徵收し得るか　是れは徵收し得るのである。(行實大正九年)

第百二十九條 百九條

三 使用料に關する事項は市町村條例を以て規定すべきものか　是れは市制町村制第百二十九條 百九條第一

項に規定されて居る。同條に述べたところを參照せられたい。

同條

四　使用料の徴收に關して過料を科し得るか　是れに付ては市町村制第百二十九百九條第二項から第五項迄に規定されて居る。同條に述べたところを參照せられたい。

第百三十條百十條

五　使用料の徴收に付て異議ある場合は如何にすべきものか　是れは市町村制第百三十百十條第四項から第六項迄に規定されて居る。同條に述べたところを參照せられたい。

第百三十一條百十一條

六　使用料の滯納者に對しては如何に處置すべきものか　是れは市町村制第百三十一百十一條に規定されて居る。同條に述べたところを參照せられたい。

七　使用料手數料等の徴收に付て收入證紙を發行し得るか　是れは直接金錢の收受に代へて收入證紙を發行し料金納付者に賣下げて使用させることは法律上差支ないのである。然し乍ら政府の發行する收入印紙と混用さるる虞があるから必要已むを得ない場合の外は見合せる方がよろしい。已むを得ずして發行する場合は次の事項に依るべきである。（明治四三年大正元年行實）

（一）　證紙は縱五分以下とするか又は横一寸二分以上とすること

（二）　證紙の地紋、上模樣は現行の收入印紙と一見して異るものを擇ぶこと

（三）　證紙面には發行者發行の目的を明瞭に記載すること

（四）證紙面には金額を表示しないこと若し已むを得ず金額を表示する場合は算用數字を用ひ且つ著色は現行收入印紙に採用しないものを擇ぶこと

第百十二 九十二條

第二項　加入金に付て

一　加入金は如何なるものから徴收するか　是れは市町村制第百十二 九十二條に規定されて居る。同條に述べたところを參照せられたい。

（一）加入金に關しては前の第一項の**五**と**六**を參照せられたい。

第百十三 九十三條

第三項　手數料に付て

一　手數料は如何なるものから徴收するか　是れは市町村制第百十三 九十三條第二項に規定されて居る。同條に述べたところを參照せられたい。

（一）鑛山主から本籍市町村長に鑛夫の徴兵關係に付證明を求めた場合は手數料を徴收して差支ないか　是れは所在不明の徴兵處分未濟者調査上必要の爲め鑛山主は鑛夫の徴兵上の關係を調査し置くべきことを其の筋から命じて居るのであるから此の場合は手數料を徴收しない樣市町村條例の中に規定を設けて置くがよろしいのである。（明治四三年行實）

（二）手數料に付ては前の第一項の**三**から**七**迄を參照せられたい。

第四項　過料と過怠金に付て

第百二十九／百九條　第百七十一／百五十一條

一　過料は如何なるものから徴收するか　是れは市／町村制第百二十九／百九條と第百七十一／百五十一條に規定されて居る。同條に述べたところを參照せられたい。

第八十九／七十三條　第百七十／百五十條

二　過怠金は如何なるものから徴收するか　是れは市／町村制第八十九／七十三條と第百七十／百五十條に規定されて居る。同條に述べたところを參照せられたい。

第百三十一／百十一條

三　過料過怠金の滯納者に對しては如何に處置すべきものか　是れは市／町村制第百三十一／百十一條に規定されて居る。同條に述べたところを參照せられたい。

第六款　市町村の借入金に付て

第一項　市町村の公債に付て

第百三十二／百十二條

一　市町村は如何なる場合に市町村債を起し得るか　是れは市／町村制第百三十二／百十二條第一項に規定されて居る。同條に述べたところを參照せられたい。

（一）　鐵道停車場敷地寄附の爲めに要する土地買收費として起債することは差支ないか　是れは適當ではないのである。（大正二年行實）

（二）市町村吏員に對する臨時手當の爲めに起債することは差支ないか　是れは適當ではないのである。（大正八年行實）

（三）市役所町村役場建築の爲めに起債することは差支ないか　是れは災害復舊の爲め再建する場合、借家の爲め行政上支障ある場合、行政上支障がある譯ではないが起債償還元利金に略ぼ相當する借家料を支出する事情ある場合などは格別であるが其の他の場合に起債することは適當でないのである。（大正一一年行實）

（四）河川法に依る府縣負擔金の一部財源を其の事業に直接の利害を有する關係市町村の寄附に求むる場合に其の寄附の爲めに市町村が起債することは差支ないか　是れは財政上萬已むを得ない場合に限つて差支ないのである。（大正一三年行實）

（五）收入役が公金を費消した爲めに借入れた一時借入金を償還する爲めに必要ある場合は起債することは差支ないか　是れは差支ないのである。（明治四四年行判）

（六）市町村が耕地整理法第三十八條の規定に依り耕地整理組合又は共同施業者から事務の引繼を受くる場合に未償還の負債あるときは其の負債も當然引繼を受けることになるのか　是れは當然引繼を受けるものではない。若し市町村が其の負債の引繼を受け様とせば起債とし

て許可を受けなければならないのである。（大正七年行實）

（七）市町村が買受けた物品の代金を支拂ふべき債務を負擔する場合に其の代金を消費貸借の目的とすることを契約するのは所謂市町村債を起すものに該るのか　是れは市町村債を起すものではないのである。（大正七年司民判）

（八）市町村の一部は起債を爲し得るか　是れは爲し得ないのである。それ故必要ある場合は市町村に於て起債して一部の費用に充て其の一部の收入を以て償還の資に充てる外はないのである。（明治三三年、同三六年行實　行判）

第百三十二條 第百十二條

二　市町村債を起す場合の手續は如何にすべきものか　是れは市制第百三十二條町村制第百十二條第二項に規定されて居る。同條に述べたところを參照せられたい。

（一）起債金額に付て

(1) 起債額中に募集費と利子を組入れて差支ないか　是れはよろしくない。是れ等は其の歳入を以て支辨すべきものである。（明治二九年行實）

(2) 起債額に少額の端金を附して差支ないか　是れは煩雜であるばかりでなく地方負擔の上にも格別の影響も及ぼさないものであるから百圓未満の端金は附さぬ方がよろしいのであ

る。（明治四一年行實）

（二）借入先に付て

（1）外國人から借入を爲すことは差支ないか　是れは差支ないのである。尤も豫め内務大藏兩省に内議しなければならないのである。（明治三五年同三九年行實）

（三）償還方法に付て

（1）外國貨幣を以て元利の償還を爲すことは差支ないか　是れは差支ないのである。（明治三三年行實）

三　市町村債の消滅に付て

（一）公債の償還を終れば其の爲めに設けた公債條例は當然消滅するか　是れは其の通りである。從つて廢止條例を設くる必要はないのである。（大正六年行實）

（二）甲市町村の學區を廢した場合に其の學區の積立金たる甲市町村の公債證券を甲市町村に引繼いだときは此の甲市町村債は如何になるか　是れは民法第五百二十條の混同の規定に依つて消滅するのである。此の場合には積立金は一般會計に運用したものとして其の積戻の方法を定むべきものである。（大正八年行實）

第百三十二（百十二）條

第二項　市町村の一時借入金に付て

一　市町村は如何なる場合に一時の借入金を爲し得るか　是れは市（町村）制第百三十二（百十二）條第三項第四項に規定されて居る。同條に述べたところを參照せられたい。

（一）一時借入金の利子を借入の年度内に支拂はなかつた場合には是れを翌年度の豫算に計上しても差支ないか　是れは差支ないのである。（大正一四年行判）

（二）市町村の一部は一時の借入金を爲し得るか　是れは爲し得ないのである。（明治三三年行實）

第百二十六（百六）條

第七款　非常災害の場合の處置に付て

一　非常災害の爲めに必要ある場合は如何なる方法を執り得るか　是れは市（町村）制第百二十六（百六）條第一項第二項に規定されて居る。同條に述べたところを參照せられたい。

第八章　市町村の豫算と決算

第一款　市町村の歳入出豫算に付て

第一項　豫算の調製と議決に付て

第百四十三（百二十三）條

一　市町村豫算は如何なる樣式に依つて調製すべきものか　是れは市（町村）制第百四十三（百二十三）條に規定さ

れて居る。同條に述べたところを參照せられたい。

（一）豫算の說明附記の如何は豫算の效力に關係を及ぼすか　是れは豫算は款項から成立するものであつて說明附記は豫算の要件ではないから附記の如何は豫算の效力を左右するものではないのである。（大正三年行判）

（二）使用料手數料を徵收する方法として收入證紙を發行する場合は歲入豫算の使用料及手數料の款内に證紙收入の項を設けて整理して差支ないか　是れは差支ないのである。（大正五年行實）

（三）歲出の補助費は必ず別に款を設けて整理すべきものか　是れは其の通りである。例へば勸業補助費は勸業費の中に計上する樣なことはよろしくないのである。（大正八年行實）

（四）歲出に衞生費なる款を設けて傳染病豫防費等を其の項とすることは差支ないか　是れはよろしくないのである。（大正二年行實）

（五）豫算には前年度にあつた科目で本年度にない科目も揭げて置くべきものか　是れは其の通りである。（明治二五年行實）

（六）市町村が土木工事の請負をする場合には其の工事の請負金と是れに關する費用は豫算に編入すべきものか　是れは其の通りである。（明治三〇年行實）

(七) 豫算書中一二款項の印刷の脱落したもの(尤も歳入出の總計には脱落した款項を合算した額が掲げられて居る)を提案し會議も心附かないで是れを議決した場合は如何にすべきものか　是れは其の脱落した部分は更に追加豫算として提案する外はないのである。(大正一〇年行實)

第百三十三條／第百十三條

二 市町村豫算の成立する手續は如何なるものか　是れは市／町村制第百三十三／百十三條に規定されて居る。同條に述べたところを參照せられたい。

(一) 市町村會の議決した豫算中に市／町村制第百六十六／百四十六條、第百六十七／百四十七條等に依つて許可を受けなければならない様なものが含まれて居る場合は其の許可のない間は豫算は全部效力を有しないのか　是れは其の通りである。(明治二六年行實、大正二年行判)

(二) 市町村會が通常豫算を年度開始前一月を經過した後に至り議決しても差支ないか　是れは差支ないのである。此の期限は市町村長の職務上の規定に過ぎないのであるから其の期限が經過した後であつても市町村會は有效に議決を爲し得るのである。(大正三年行判)

第百三十四條／第百十四條

三 市町村豫算の追加又は更正の手續は如何なるものか　是れは市／町村制第百三十四／百十四條に規定されて居る。同條に述べたところを參照せられたい。

第百三十五條（百十五條）

四　市町村の繼續費を設くる手續は如何なるものか　是れは市制第百三十五條（町村制第百十五條）に規定されて居る。同條に述べたところを參照せられたい。

第百四十三條（百二十三條）

（一）　繼續費の年期及支出方法は如何なる樣式に依つて調製すべきものか　是れは市制第百四十三條（町村制第百二十三條）に述べたところを參照せられたい。

第百三十六條（百十六條）

五　市町村の豫備費に付ては如何なる規定があるか　是れは市制第百三十六條（町村制第百十六條）に規定されて居る。同條に述べたところを參照せられたい。

第百三十八條（百十八條）

六　市町村は一般會計の外に特別會計を設け得るか　是れは市制第百三十八條（町村制第百十八條）に規定されて居る。同條に述べたところを參照せられたい。

第二項　市町村の豫算を執行することに付て

第百三十七條（百十七條）　第百三十九條（百十九條）

一　市町村豫算の議決を經た場合は其の後如何なる手續を爲すべきものか　是れは市制第百三十七條と第百三十九條（町村制第百十七條と第百十九條）第一項第三項に規定されて居る。同條に述べたところを參照せられたい。

第百三十九條（百十九條）

二　收入役が支拂を爲すに付ては如何なる制限を受くるか　是れは市制第百三十九條（町村制第百十九條）に規定されて居る。同條に述べたところを參照せられたい。

第百四十（百二十）條

三　市町村の支拂金に關する時效は如何なるものか　是れは市（町村）制第百四十（百二十）條に規定されて居る。同條に述べたところを參照せられたい。

（一）市町村債の元利の時效に付ては國債の元利の例即ち明治三九年法律第三四號國債ニ關スル件第九條に依るべきものか　是れは其の通りである。（大正二年行實）

第百四十一（百二十一）條

四　市町村の出納は如何なる方法で檢査すべきものか　是れは市（町村）制第百四十一（百二十一）條に規定されて居る。同條に述べたところを參照せられたい。

第百四十二（百二十二）條

五　市町村の出納は何時閉鎖するか　是れは市（町村）制第百四十二（百二十二）條第一項に規定されて居る。同條に述べたところを參照せられたい。

第百四十三（百二十三）條

六　其の他豫算の執行に付ては如何なる規定があるか　是れは市（町村）制第百四十三（百二十三）條に述べたところを參照せられたい。

（一）豫算の各項の金額を流用することの議決は會計年度經過後は出納閉鎖前であつても爲し得ないのか　是れは其の通りである。（大正八年行實）

（二）町村は歲入出に屬する公金の受拂に付郵便振替貯金の方法に依ることを得ないのか　是れは其の通りである。（大正一五年行實）

第二款　市町村の歳入出決算に付て

第一項　市町村の決算と其の認定に付て

第百四十三條 百三十三

一　市町村の決算は如何なる様式に依つて調製すべきものか　是れは市町村制第百四十三 百三十三條に規定されて居る。同條に述べたところを参照せられたい。

第百四十二條 百三十二

二　市町村の決算と其の認定の手續は如何にすべきものか　是れは市町村制第百四十二 百三十二條第二項から第四 五項迄に規定されて居る。同條に述べたところを参照せられたい。

第九章　市町村の一部の事務

第一款　市町村の一部の性質に付て

第百四十四條 百三十四

一　市町村の一部は法人か　是れは法文の上では法人とするとは書いてないが市町村制第百四十四 百二十四條の規定に依れば是れを法人とする趣旨であることは明瞭である。（大正八年、同九年司民判行實）

二　市町村の一部と云ふのは其の區域が或る一市町村の行政區劃內に存する場合だけに限るのか　是れは其の通りである。從つて數市町村に跨る部落を一團として是れを法人とすることはない

のである。（大正九年行實）尤も是れには反對の說もある。（大正八年司民例）

三　市町村の一部の區域を變更することに付て

（一）　市町村の一部を分割併合することは差支ないか　是れは法令の認めないところであつて爲し得ないのである。（大正三年行實）

（二）　市町村の一部の區域が市町村の廢置分合又は境界變更に因つて二以上の市町村の區域に屬すべき場合は如何にするか　是れは市制第百四十四條町村制第百二十四條の規定に依り市制第三條第四條町村制第三條第四條の規定を適用して其の部落有財產の處分を定むべきものである。此の財產處分は區會又は區總會の設けある場合は其の意見を徵するは勿論市町村の廢置分合又は境界變更の禀請と同時に禀請すべきものである。（大正三年行實）

（三）　前の（二）の財產處分の方法は如何に定むべきか　是れは關係部落に衡平に分割し或は各部落の共有とし或は特殊の關係ある部落の所有とする等部落が從來有する利益を傷害することなく又部落の民情に背くことのない樣注意すべきである。（大正三年行實）

（四）　市町村の一部の區域は市制第八十二條町村制第六十八條の區の設置廢止及區域の變更に依つて影響を受けるか　是れは何の影響も受けないのである。（大正三年行實）

（五）耕地整理施行の爲め市町村の境界が變更され其の結果市町村の一部の區域も變更を要する場合は如何にすべきか　此の場合は前の（二）に依つて財産處分を爲すべきである。（大正四年行實）

（六）甲町村の一部の區域が市町村の境界變更の爲めに兩分され甲町村と乙市に分屬するに至つた場合に從來有する市町村の一部の財産は「其の區に据置く」旨の處分を爲すことは差支ないか　是れは數市町村に渉る部落を一團とする市町村の一部なる法人は認められないことは二に揭げた通りであるから其の財産を從前の區域に所有させる必要があるなら甲町村の一部と乙市の一部と共有することに定むる外はないのである。是の場合は財産の管理又は處分に關する事務に付ては市町村組合を設けて共同處理することが適當である。（大正九年行實）

第二款　市町村の一部の事務に付て

第一項　市町村の一部の事務の範圍に付て

第百四十四條
第百二十四條

一　市町村の一部の事務の範圍は如何なるものか　是れは市制町村制第百四十四條百二十四條に規定されて居る同條に述べたところを參照せられたい。

（一）市町村の一部は基本財産を有し得るか　是れは目的外の事務であるから有し得ないのである。（明治二四年行實）

（二）市町村の一部は他の公共團體の工事の請負を爲し得るか　是れは目的外の事務であるから爲し得ないのである。（明治二七年行實）

（三）市町村の一部は新に財産を所有し得るか　是れは市町村の一部は市町村制施行前から有する財産を交換し或は其の財産を處分して得たものを以て新に財産を取得するは差支ないが其の他の場合には新に財産を所有することはできないのである。（明治四一年行實）

（四）市町村の一部が此の所有財産を市町村に寄附する場合に當つて將來市町村の一部が市町村から分離する樣な場合あるときは寄附當時の財産全部を寄附者である市町村の一部と共有とすることの條件を附することは差支ないか　是れは條件を附すべきものではないのである。（明治四四年行實）

（五）市町村の一部は部落有財産統一の爲めに財産を處分する場合又は財産營造物に關し維持其の他特に必要ある場合は其の財産を提供して差支ないか　是れは差支ないのである。（大正元年行實）

（六）養水に必要なる樋管土手其の他工事に關する費用を市町村内の部落全體で負擔した場合はそれは所謂市町村の一部の設けた營造物か　是れは其の通りである。（明治三〇年司民判）
（七）市町村の一部は入會權を有し得るか　是れは有し得るのである。（明治四〇年司民判）
（八）特別の財産を有し又は營造物を設くるものでなくて唯土地水利租税等に付て部落民の共同の利益を圖る爲め組合會議體を組織する樣なことは市町村の一部の事務となるのか　是れは市町村の一部の事務ではない。（明治四三年司民判）
（九）市町村の一部の設くる里道は所謂營造物か　是れは營造物である。（明治三六年司刑判）
（一〇）市町村の一部は起債を爲し得るか　是れは爲し得ないのである。それ故必要ある場合は市町村に於て公債を起して一部の費用に充て其の一部の收入を以て償還の資に充てる外はないのである。（明治三三年行實、同三六年行判）
（一一）市町村の一部は一時の借入金を爲し得るか　是れは爲し得ないのである。（明治三三年行實）
（一二）市町村の一部は寄附又は補助を爲し得るか　是れは部落の存立の目的の範圍内であれば爲し得るのである。（大正一五年行實）

（一三）　市町村の一部が爲す財産又は營造物の管理行爲の中には改良行爲を含むか　是れは改良行爲を含むのである。（大正一五年行實）

（一四）　市町村の一部の事務の爲めに市町村組合町村組合を設け得るか　是れは設け得るのである。（大正一五年行實）

第二項　市町村の一部の事務の執行に付て

第百四十四條　第百二十四條

一　市町村の一部の事務を執行する者は誰か　是れは市町村制第百四十四條第百二十四條第一項に規定されて居る。同條に述べたところを參照せられたい。

（一）　市町村の一部の事務は市町村長が執行するのか　是れは其の通りである。（明治二二年同二七年、明治二九年同三一年、明治二九年同三〇年同三七年大正八年行實　司民判）

（二）　同一市町村内の一部たる甲部落と乙部落との間の訴訟に付ては同一の市町村長が兩部落を代表するのか　是れは區會がある場合は各區會の議決を經て若し區會の設けのない場合は市町村會の議決を經て同一市町村長が兩方を代表すべきものである。（明治三三年大正一二年司民判）

同條　二　市町村の一部の事務を議決する者は誰か　是れは市町村制第百四十四條第百二十四條第一項に規定されて居る。同條に述べたところを參照せられたい。

(一) 市町村の一部に區會又は區總會の設けのない場合は議決すべき事件は市町村會が議決するか　是れは其の通りである。（明治二三年、同三八年 行實 司民判）

同條　第百四十四條　第百二十四條

三　市町村の一部の事務の費用は誰が負擔するか　是れは市町村制第百四十四百二十四條第二項に規定されて居る。同條に述べたところを參照せられたい。

(一) 市町村の一部の經費は市町村税として徵收し得るか　是れは徵收し得るのである。（明治二二年同二六年 行實）

(二) 市町村の一部の有する財産に關する訴訟費用は其の一部の負擔とすべきものか　是れは其の通りである。（明治二六年、大正四年 行實 行判）

第百四十五條　第百二十五條
第百四十六條　第百二十六條

四　市町村の一部の區會に付ては如何なる規定があるか　是れは市町村制第百四十五百二十五條第百四十六百二十六條に規定されて居る。同條に述べたところを參照せられたい。

(一) 區會條例の標準は如何なるものか　是れは大正元年に內務省から示されたものがある。

(二) 區會條例の公告は如何なる方法に依るか　是れは市町村制第十二十條第三項に基いて市町村の公告式に依り府縣知事が告示すべきものである。從つて府縣知事が府縣令として公布することは適當ではないのである。（大正三年 行實）

（三）市町村の一部が財産又は營造物を有しなくなり或は其の屬する市町村が廢止され或は市町村の一部が其の屬する市町村から分離した場合は既に設けられた區會條例は如何になるか　是れは消滅するのである。（明治三三年行實）

（四）區會を設くることに付て市町村會の意見を徴する場合は條例に規定すべき事項に付ても其の意見を徴すべきものか　是れは其の通りである。（明治二三年行實）

（五）市町村會の議決に依り區會設置の申請ある場合にも區會を設くることに付て更に其の市町村會の意見を徴すべきものか　是れは其の通りである。（明治二六年行實）

（六）區會條例は內務大臣の許可を要するか　是れは其の通りである。（明治二五年行實）

（七）區會の議長となるのは誰か　是れは市/町村制の例に依るのである。（明治二三年行實）

第百四十七/百二十七條

五　市町村の一部が訴願を爲し得るのは如何なる場合か　是れは市/町村制第百四十七/百二十七條に規定されて居る。同條に述べたところを參照せられたい。

第百四十八/百二十八條

六　市町村の一部の事務に關しては其の他如何なる規定があるか　是れは市/町村制第百四十八/百二十八條に規定されて居る。同條に述べたところを參照せられたい。

第十章　市町村組合と町村組合

第一款　市町村組合町村組合の性質と種類に付て

第一項　市町村組合と町村組合の性質に付て

第百四十九條 第百二十九條

一　市町村組合と町村組合は法人か　是れは市町村制第百四十九條百二十九條に規定されて居る。同條に述べたところを參照せられたい。

第二項　市町村組合と町村組合の種類に付て

第百四十九條 第百二十九條

一　一部事務の市町村組合町村組合と全部事務の町村組合に付て

(一)　一部事務の爲めに設くる市町村組合と町村組合と云ふのは如何なるものか　是れは市町村制第百四十九條百二十九條第一項に規定されて居る。同條に述べたところを參照せられたい。

(1)　或る町村が役場事務に付て甲町村組合を設け他の一部事務に付て他町村と乙町村組合を設くる場合の甲町村組合は一部事務の組合か　是れは其の通りである。（明治四五年行判）

(2)　町村制の上の行政機關の職務權限に屬する事項は皆組合の行政機關に處理させ町村制の上の議決機關の職務權限に屬する事項は其の一部は組合の議決機關に議決させ他の一部は

各町村の議決機關に議決させることと定めた町村組合は一部事務組合か　是れは其の通りである。（大正四年行判）

（二）全部事務の爲めに設くる町村組合と云ふのは如何なるものか　是れは町村制第百二十九條第二項に規定されて居る。同條に述べたところを參照せられたい。

(1)　全部事務の組合と云ふのは如何なる組合か　是れは單に行政機關卽ち町村長等の職務權限に屬する事項だけでなく議決機關卽ち町村會の職務權限に屬する事項をも全部組合の機關に處理させる爲めに設くる組合である。（大正四年行判）

同條

二　任意に設くる市町村組合町村組合と强制して設くる市町村組合町村組合に付て

（一）任意に設くる市町村組合と町村組合と云ふのは如何なるものか　是れは市／町村制第百四十／百二十九條第一項第⋮／二項に規定されて居る。同條に述べたところを參照せられたい。

（二）强制して設くる市町村組合と町村組合と云ふのは如何なるものか　是れは市／町村制第百四十九／百二十九條第二／三項に規定されて居る。同條に述べたところを參照せられたい。

第二款　市町村組合と町村組合の事務に付て

第一項　市町村組合と町村組合を設くることに付て

一　市町村組合と町村組合を設くる手續は如何なるものか　是れは市町村制第百四十九條第百三十九條に規定されて居る。同條に述べたところを參照せられたい。

(一)　甲市町村の一部(財産區)の事務と乙市町村の一部(財産區)の事務を共同處理する爲めに甲市町村と乙市町村は組合を設け得るか　是れは設け得るのである。(明治二二年大正一五年行實)

(二)　全部事務の町村組合は其の儘で他の市町村と一部事務の組合を設け得るか　是れは設け得るのである。(大正三年行實)

(三)　單に營利を目的とする事業の爲めに市町村組合又は町村組合を設け得るか　是れは組合の事務も市町村と同樣に必ず公共事務でなければならないものであるから漁業其の他單に營利を目的とする事業に付ては組合を設け得ないのである。(明治二六年同二八年行判)

(四)　道路に關する費用負擔事務の爲め組合を設け得るか　是れは設け得るのである。(大正一一年行實)

（五）組合の區域は如何なる區域か　是れは組合を組織する市町村の區域を包容する區域である。（大正六年行判）

第二項　市町村組合と町村組合を變更することに付て

第百五十條
第百三十條

一　市町村組合と町村組合の組合市町村數を增減し又は共同事務を變更する手續は如何なるものか　是れは市町村制第百五十百三十條に規定されて居る。同條に述べたところを參照せられたい。

（一）甲町村が他の丙丁町村と一部事務組合を設け居る場合に甲町村を廢して乙市に合併する際には其の組合の組合町村の數を減少することの手續を執らなければならないか　是れは其の通りである。（明治四五年行實）

（二）公益上の必要から府縣知事が組合の共同事務を變更し高等小學校設置に關する事務を組合の目的から除く場合は小學校令第十五條の府縣知事の認可を受くることの手續は省略して差支ないか　是れは差支ないのである。（大正九年行實）

第三項　市町村組合と町村組合の消滅することに付て

第百五十三條
第百三十三條

一　市町村組合と町村組合の解除の手續は如何なるものか　是れは市町村制第百五十三百三十三條に規定されて居る。同條に述べたところを參照せられたい。

（一）組合内の市町村の一部分が例へば一字の如きものが組合に關係のない市町村に編入された場合に其の部分は當然組合の區域を脫することになるであらうがそれでも組合は尙ほ依然として存續するか　是れは存續するのである。（明治二九年行實）

（二）組合の目的であるところの事務が消滅した場合は其の爲めに組合は當然消滅するか　是れは當然消滅するものではない。解散の手續を了る迄は依然として存續するのである。（大正九年行實）

（三）一部事務の爲めに設くる町村組合内の各町村を合併して一町村とした場合は其の爲めに組合は當然消滅するか　是れは當然消滅するのである。（大正二年行實）

第四項　市町村組合と町村組合の規約に付て

第百五十一條・第百三十一條

一　市町村組合と町村組合の規約を定むる手續は如何なるものか　是れは市制第百五十一條町村制第百三十一條に規定されて居る。同條に述べたところを參照せられたい。

第百五十二條・第百三十二條

二　市町村組合と町村組合の規約には如何なる事項を規定すべきものか　是れは市制第百五十二條町村制第百三十二條に規定されて居る。同條に述べたところを參照せられたい。

（一）組合の名稱に付て

(1) 組合の名稱は如何に定むるが適當か　是れは教育事業の爲めに設くる組合に付ては地方學事通則第七條に「市町村學校組合」「町村學校組合」とすべき旨特別の規定がある。其の他の組合に付ては別に規定がないが「何市外何箇町村何何組合」或は「何町村外何箇町村何何組合」と云ふ樣にするが通例である。

(2) 教育事務と他の事務とを併せて處理する爲めに設くる組合の名稱は如何に定むべきか　是れは地方學事通則第七條に依らないで「何市外何箇町村何何組合」或は「何町村外何箇町村何何組合」と云ふ樣に定めて差支ないのである。（大正九年行實）

(二) 組合を組織する市町村に付て

(1) 組合を組織する數町村の內の一町村を廢して市に合倂する場合には組合町村數の減少の手續を爲すべきものか　是れは其の手續を爲すべきものである。（明治四五年行實）

(三) 組合の共同事務に付て

(1) 組合は組合市町村の區域外に於て營造物を所有し占有し其の管理行爲を爲し得るか　是れは爲し得るのである。從つてそれが爲めに他の市町村の自治權を侵したものと云ふことを得ないのである。（大正三年行判）

（四）組合役場の位置に付て

(1) 組合役場の位置は必ず組合市町村の區域內に定めなければならないか　是れはさうではない。區域外に定めても差支ないのである。（大正三年行判）

（五）組合吏員に付て

(1) 一部事務組合の規約に組合會と組合吏員の職務權限に關して市制町村制と異る規定を設け得るか　是れは規定し得ないのであつて市町村に關する規定が準用さるるのである。（大正四年行實）

(2) 一部事務組合の規約に市町村吏員に組合の事務を囑託する旨規定することは差支ないか　是れは法令に根據がないから妥當ではないのである。（大正八年行實）

(3) 一部事務組合の常設委員に付ては組合規約に規定すべきものであつて市町村條例を以て規定すべきものではないのか　是れは其の通りである。（大正九年行實）

(4) 一部事務組合の規約に監督官廳の地位に在る者を以て管理者と爲す旨規定することは差支ないか　是れは別に制限はないから差支ないのである。其の結果一人の者が監督者であると同時に被監督者であることになつても違法ではないのである。（大正三年行判）

第百五十一條／第百三十一條

(5) 全部事務組合の管理者の名稱は町村長の上に組合の二字を冠せしむべきものか　是れは其の通りである。（明治二一年行實）

(6) 役場事務の爲めの町村組合の組合町村長は組合會の議長となるは勿論組合內各町村會の議長ともなるのか　是れは其の通りである。（明治二一年行實）

(7) 一部事務組合では其の組合內の町村長をして組合の理事者たらしめ別に町村長を置かないで差支ないか　是れは其の通りである。（明治二二年行實）

(8) 道路に關する費用負擔事務の爲めの組合の管理者は道路の路線の認定及管理を爲す權限があるか　是れは權限があるのである。（大正一一年行實）

三　市町村組合と町村組合の規約を變更する手續は如何なるものか　是れは市制第百五十一條／町村制第百三十一條に規定されて居る。同條に述べたところを參照せられたい。

（一）教育事務の爲めの學校組合の規約を變更することは矢張り市制町村制の規定に依つて取扱ふべきものか　是れは其の通りである。（大正五年同九年行實）

（二）組合規約を變更する爲めに現任の組合會議員及組合吏員を失職せしむることは差支ないか　是れは穩當ではない。從前の例に依る任期滿了の日迄在任させることが相當である。

（大正九年行實）

（三）一部事務組合の規約變更を組合會に於て議決した場合は無效か　是れは關係市町村の協議を經なければならないことであるから組合會の議決は無效である。（大正四年行判）

（四）組合規約變更協議案を發し得るものは關係各市町村中何れの市町村でも差支ないか又は組合管理者が發するのか　是れは關係各市町村の中の何れの市町村かに於て發すべきものである。（大正一五年行實）

（五）組合規約變更の協議を受けた市町村は市町村會を招集して其の案件に對して可否を表さなければならないか　是れは其の通りである。（大正一五年行實）

（六）組合規約變更の協議を受けた市町村に於て協議案の內の一箇條に不同意なる場合は如何にするか　此の場合不同意の箇條と異議なき箇條と性質上區分し得るものであつて且當事者たる市町村に於て不同意の箇條を除いても尙ほ協定する意思を有する場合には其の異議のない箇條の範圍に付て協議が調ふたものとして取扱ふべきものである。（大正一五年行實）

（七）組合規約變更の許可申請は關係市町村連署で爲すべきものか又は組合管理者が爲すべきものか　是れは關係市町村の連署を以て申請すべきものである。（大正一五年行實）

第百五十四條　第百三十四條

第五項　市町村組合と町村組合の財産を處分することに付て

一　市町村組合と町村組合の財産處分に付ては如何なる規定があるか　是れは市制町村制第百五十四・百三十四條に規定されて居る。同條に述べたところを參照せられたい。

（一）組合内の各町村を廢止する場合に於ける組合の財産は各町村を廢止する以前に組合會の議決を經て處分するときは市制町村制第百五十四・百三十四條の規定に依つて處分しないで差支ないか　是れは其の通りである。（大正二年行實）

第百五十六條　第百三十六條

第六項　市町村組合と町村組合に市町村に關する規定を準用することに付て

一　市町村組合と町村組合に付ては市町村に關する如何なる規定が準用さるるか　是れは市制町村制第百五十六・百三十六條に規定されて居る。同條に述べたところを參照せられたい。

（一）市町村組合に組合參事會を置くべきものか　是れは置くべきものである。（大正七年行實）

（二）一部事務の組合の組合會及組合吏員の職務權限に付ては市制町村制の規定が準用さるるか　是れは其の通りである。（大正四年行實）

（三）組合には組合公民があるか　是れはあるのである。其の資格要件は組合の區域内に於け

る住所に基いて定むべきものである。（大正五年行判）然し是れには反對の解釋もある。（大正五年行實）

（四）　町村制第百三十六條の規定は全部事務の町村組合を全然一町村と同一に看る趣旨ではないのか　是れは同一に看る趣旨ではないのである。（大正一二年行判）

第七項　市町村組合と町村組合に關する處分に對する救濟に付て

第百五十五・百三十五條

一　市町村組合と町村組合に關する府縣知事の處分に不服ある市町村又は組合費の分賦に關して異議ある市町村は如何にすべきか　是れは市町村制第百五十五・百三十五條に規定されて居る。同條に述べたところを參照せられたい。

第十一章　市町村の監督

第一款　市町村を監督する機關に付て

第一項　市町村を監督する機關に付て

第百五十七・百三十七條

一　一般的に市町村を監督する者は誰か　是れは市町村制第百五十七・百三十七條に規定されて居る。同條に

述べたところを參照せられたい。

（一）支廳長は町村制に所謂監督官廳か　是れは町村制に所謂監督官廳ではない。

（二）町村制の規定に依る府縣知事の許可の職權を支廳長に委任することは差支ないか　是れは町村制中に別段の規定がないから爲し得ないのである。（大正一五年行實）

二　特殊の事務に付て市町村を監督する者は誰か　是れは種々あるが例へば次の様なものである。

（一）市町村の財務に付ては大藏大臣
（二）市町村の教育事務に付ては文部大臣
（三）市町村の爲す國稅徵收事務に付ては大藏大臣
（四）市町村の職業紹介事業に付ては職業紹介事務局の長
（五）市町村の電氣事業に付ては遞信大臣
（六）市町村の家畜市場の經營に付ては農林大臣
（七）市町村に係る訴願に付ては府縣參事會、行政訴訟に付ては行政裁判所

第二項　市町村長を監督する機關に付て

一　市町村長の行ふ事務に付ては特殊の機關が監督する場合は如何なるものか　是れは例へば次の様なものである。

（一）國の行政事務に付て支廳長

（二）徴發及召集に關する事務に付て警察署長

（三）所得税法に依る所得調査委員選擧の事務に付て大藏大臣（大正二年行實）

（四）戸籍事務及寄留に關する事務は區裁判所の監督判事又は判事一人の區裁判所では其の一人の判事

(1) 市町村長の取扱ふ既決犯罪人名簿の整備に關する事務は戸籍事務か　是れは戸籍事務ではない、又は寄留事務でもない。（大正六年行實）

(2) 米國に在住する日本人と婚姻した者が同國に渡航する爲め婚姻屆書の認證謄本を市町村長が交付する事務は戸籍事務か　是れは戸籍事務である。（大正六年行實）

第二款　市町村を監督する方法に付て

第一項　市町村の事務を調査することに付て

第百六十一條百四十一條

一　監督官廳が市町村の事務を調査するには如何なる方法に依るか　是れは市町村制第百六十一條百四十一條第一項に規定されて居る。同條に述べたところを參照せられたい。

第二項　市町村の監督に必要なる命令と處分に付て

第百六十一條百四十一條

一　監督官廳が市町村の監督に關して如何なる命令又は處分を爲し得るか　是れは市町村制第百六十一條百四十一條第二項第三項に規定されて居る。同條に述べたところを參照せられたい。

（一）　監督官廳は自分の爲した不法處分を自分で取消し得るか　是れは取消し得るのである。（大正二年行判）

第三項　市町村會を解散することに付て

第百六十二條百四十二條

一　市町村會を解散することに關しては如何なる手續に依るべきか　是れは市町村制第百六十二條百四十二條第一項に規定されて居る。同條に述べたところを參照せられたい。

（一）　市町村會解散の場合に行ふべき選擧の期間は何時から起算するのか　是れは解散の命令書傳達の日から起算するのである。（大正一四年行實）

第四項　市町村に對する强制豫算と代執行に付て

第百六十三條百四十三條

一　市町村に對して强制豫算を命ずることに付ては如何なる手續に依るべきか　是れは市町村制第

市制百六十三町村制百四十三條第一項に規定されて居る。同條に述べたところを參照せられたい。

（一）收入に付ては強制豫算を命じ得ないか　是れは命じ得ないのである。支出に付て強制豫算を命じた場合は是れに對する收入豫算は市町村會の議決に付すべきものである。（明治二三年行實）

（二）市町村會が強制豫算の支出に對する收入豫算を議決しない場合は如何にすべきものか　此の場合は議決すべき事件を議決しないものとして市制第九十一條第四項町村制第七十五條第二項の規定に依つて處置すべきものである。（明治二六年行實）

（三）市町村に於て辨濟すべきものであると裁判上確定した負擔は市町村の必要なる支出であるから府縣知事は監督上其の費用を豫算に計上することを命じ若し其の命に遵はないときは強制豫算を命じ得るか　是れは命じ得るのである。（明治三三年行實）

（四）市町村が國に納付すべき地租所得税等の税を亡失した場合に亡失したことは自分の怠慢に原因するものでないことを理由として納付しないときは強制豫算を命じて差支ないか　是れは差支ないのである。（明治二七年行判）

（五）監督官廳が選任したところの臨時代理者の給料旅費は所謂當該官廳の職權に依つて命ず

る費用に該るか　是れは其の通りである。從つて强制豫算を命じ得るのである。（明治二九年行實）

（六）基本財産から生ずる收入の處分方法に不當なことがあるからとて其の爲めに基本金積立に對する强制豫算の命令を拒み得ないのか　是れは拒み得ないのである。（明治三二年行實）

同條

二　市町村長其の他の市町村吏員が執行すべき事件を執行しない場合は如何にすべきか　是れは市制第百六十三條町村制第百四十三條第二項に規定されて居る。同條に述べたところを參照せられたい。

第五項　市町村長等の臨時代理者の選任と職務管掌官吏を派遣することに付て

第百六十四條百四十四條

一　市町村長助役收入役副收入役に故障あるとき監督官廳は如何なる方法を執り得るか　是れは市制第百六十四條町村制第百四十四條に規定されて居る。同條に述べたところを參照せられたい。

（一）警部を派遣して市町村長等の職務を管掌せしむることは差支ないか　是れは差支ないのである。（明治二一年行實）

（二）市町村會議員又は府縣會議員の選擧の際市町村長助役共に故障あるときは臨時代理者を任命し或は官吏を派遣して其の職務を管掌せしめて差支ないか　是れは差支ないのである。

（明治三二年同四三年行實）

（三）職務管掌の爲めに派遣する官吏の俸給は本屬官廳から支給すべきものか　是れは其の通りである。俸給の支給を停止すべきものではない。（明治二六年行實）

（四）職務管掌の爲めに派遣する官吏の旅費は市町村から直接其の派遣された官吏本人に辨償して差支ないか　是れは派遣された官吏本人に直接辨償すべき筋合のものである。（明治四五年行實）

（五）職務管掌の爲めに派遣する官吏の旅費は如何なる額を辨償すべきものか　是れは本官相當の旅費を辨償すべきものである。（明治三七年行實）

（六）臨時代理者の旅費額及其の支給方法は豫め府縣知事が府縣令を以て定めて置いて差支ないか　是れは差支ないのである。（明治四四年行實）

第六項　市町村の行爲に對して許可を爲すことに付て

一　市町村の爲すことに付て監督官廳の許可を得なければならない事項は如何なるものか　是れは次に掲げた様な事項である。

（一）市町村條例を設定し改正し廢止すること　是れは市制第百六十五條と第百六十七條（町村制第百四十五條と第百四十七條）第

一號に規定されて居る。同條に述べたところを參照せられたい。

(1) 條例の改正と廢止は條例を以てしなければならないのか　是れは其の通りである。(明治二二年 行實)

(2) 府縣知事の設くる區會條例は矢張り許可を得なければならないか　是れは其の通りである。(明治二五年 行判)

第百六十六條 第百四十六條

(二) 市町村債を起し並に起債の方法利息の定率及償還の方法を定め又は變更すること但し一時借入金を除く　是れは市制町村制第百六十六條第百四十六條第一號に規定されて居る。同條に述べたところを參照せられたい。

(1) 起債の許可を受けたが其の借入豫定の年度內に借入を終らない場合は其の許可の效力は如何になるか　是れは其の許可の效力を失ふものである。(明治三四年 行實)

(2) 許可を得ないで借入れたものは市町村の公債と認むることを得ないか　是れは其の通りである。(明治三七年 行實)

(3) 起債と云ふのは如何なる意味か　是れは公債證書の發行其の他の金錢の借入を謂ふのである。(大正六年 行判)

同條

（三）特別税を新設し増額し又は變更すること　是れは市・町村制第百六十六・百四十六條第二號に規定されて居る。同條に述べたところを參照せられたい。

(1) 娼妓貸座敷には特別税市町村税を賦課し得ないか　是れは賦課し得ないのである。（明治二六年行實）

(2) 特別税を均一に賦課する條件で許可せられた場合に其の後不均一に賦課するに付ては更に許可を得なければならないか　是れは其の通りである。（明治三一年行實）

同條

（四）間接國税の附加税を賦課すること　是れは市・町村制第百六十六・百四十六條第三號に規定されて居る。同條に述べたところを參照せられたい。

同條

（五）使用料を新設し増額し又は變更すること　是れは市・町村制第百六十六・百四十六條に規定されて居る。同條に述べたところを參照せられたい。

(1) 水道の水料金額を定むることは許可を得なければならないか　是れは許可を得なければならないのである。（明治三五年行實）

第百六十七・百四十七條

（六）基本財産及特別基本財産の處分に關すること尙ほ町村に在りては其の他基本財産に屬さない林野の處分に關すること　是れは市・町村制第百六十七・百四十七條第二號に規定されて居る。同條に

述べたところを參照せられたい。

(1) 基本財産たる金錢を運用して市町村の事業費に充てることは基本財産の處分であるか　是れは處分である。(明治二九年行實、明治四一年行判)

(2) 基本財産たる所謂石山の石材を賣却し或は森林地の樹木を賣却することは基本財産の處分であるか　是れは處分である。(明治三〇年行實)

(3) 基本財産を貸附又は預入することは基本財産の處分であるか　是れは管理であつて處分ではないのである。(明治四一年行實)

(4) 基本財産たる土地の地目變換或は土地の分割合併を爲すことは基本財産の處分であるか　是れは管理であつて處分ではないのである。(大正六年行實)

(5) 單に山林から岩石を採取することは基本財産の處分ではないのか　是れは管理であつて處分ではないのである。(大正一二年行實)

(6) 林野と云ふのは山林原野を指すのか　是れは其の通りである。

同條

(七) 市制第百十條町村制第九十條の規定に依り舊慣を變更又は廢止すること　是れは市制第百六十七條第三號町村制第百四十七條第三號に規定されて居る。同條に述べたところを參照せられたい。

同條（八）寄附又は補助をすること　是れは市/町村制第百六十七/百四十七條第四號に規定されて居る。同條に述べたところを參照せられたい。

同條（九）手數料及加入金を新設し增額し又は變更すること　是れは市/町村制第百六十七/百四十七條第五號に規定されて居る。同條に述べたところを參照せられたい。

同條（一〇）均一の稅率に依らないで國稅又は府縣稅の附加稅を賦課すること　是れは市/町村制第百六十七/百四十七條第六號に規定されて居る。同條に述べたところを參照せられたい。

(1) 市町村の一部卽ち財產區に於て賦課する市町村稅は各部の課率が同一でなくても不均一の課稅とはならないか　是れは其の通りである。（明治三四年行實）

(2) 市町村組合町村組合が其の組合內の市町村に組合費を不均一に分賦する場合は此處に所謂均一の稅率に依らないものに該るのか　是れはさうではない。此處に所謂均一の稅率に依らないものと云ふのは市町村內の各納稅義務者に對して直接に不均一の附加稅を賦課するものを云ふのである。（明治三〇年行實）

同條（一一）市/町村制第百二十二/百二條第一項第二項及第四項の規定に依り數人又は市町村の一部に費用を負擔させること　是れは市/町村制第百六十七/百四十七條第七號に規定されて居る。同條に述べたとこ

ろを參照せられたい。

同條

（一二）市/町村制第百二十四/百四條の規定に依り不均一の賦課を爲し又は數人若くは市町村の一部に對して賦課をすること　是れは市/町村制第百六十七/百四十七條第八號に規定されて居る。同條に述べたところを參照せられたい。

同條

（一三）市/町村制第百二十五/百五條の準率に依らないで夫役現品を賦課すること但し急迫の場合に賦課する夫役を除く　是れは市/町村制第百六十七/百四十七條第九號に規定されて居る。同條に述べたところを參照せられたい。

同條

（一四）繼續費を定め又は變更すること　是れは市/町村制第百六十七/百四十七條第十號に規定されて居る。同條に述べたところを參照せられたい。

第七/五條

（一五）市の名稱を變更することと町村の名稱を變更し村を町と爲し町を村と爲し町村役場の位置を定め又は變更すること　是れは市/町村制第七/五條に規定されて居る。同條に述べたところを參照せられたい。

第十三/十一條

（一六）臨時に市町村會議員の定數を增減すること　是れは市/町村制第十三/十一條第五/四項に規定されて居る。同條に述べたところを參照せられたい。

第二十七條ノ四　第二十四條ノ四
第七十八條　第六十八條
町村制第六十七條
第百四十九條　第百二十九條
第百五十條　第百三十條
第百五十一條　第百三十一條
第百五十三條　第百三十三條
第百六十八條　第百四十八條
第百六十九條　第百四十九條

（一七）市町村會議員の選擧に付て開票分會を設くること　是れは市制第二十七條ノ四町村制第二十四條ノ四に規定されて居る。同條に述べたところを參照せられたい。

（一八）市長有給町村長が他の報償ある業務に從事すること　是れは市制第七十八條町村制第六十六條に規定されて居る。同條に述べたところを參照せられたい。

（一九）町村長又は助役に收入役の事務を兼ねさせること　是れは町村制第六十七條第五項に規定されて居る。同條に述べたところを參照せられたい。

（二〇）市町村組合を設くること、市町村數を増減し又は共同事務を變更すること、規約を設け又は變更すること、組合を解くこと　是れは市制第百四十九條第百五十條第百五十一條第百五十三條町村制第百二十九條第百三十條第百三十一條第百三十三條に規定されて居る。同條に述べたところを參照せられたい。

二　監督官廳が許可を與へる場合に更正して許可を與へることは差支ないか　是れは市制第百六十八條町村制第百四十八條に規定されて居る。同條に述べたところを參照せられたい。

三　上級の監督官廳の許可を要する事件を下級の監督官廳の許可を要する事件とし或は監督官廳の許可を要する事件を許可を要しない事件とする場合があるか　是れは市制第百六十九條町村制第百四十九條に規定されて居る。同條に述べたところを參照せられたい。

第七項　市町村吏員を懲戒することに付て

一　監督官廳が市町村吏員を懲戒するに付ては如何なる手續に依るべきものか　是れは市制第百七十、町村制第百五十條に規定されて居る。同條に逃べたところを參照せられたい。

（一）　町村長が町村會議長の職務を行ふ際に過失があつた場合に懲戒を行ふことは差支ないか　是れは町村長の資格と町村會議長の資格は別のものであるから此の場合に懲戒を行ふことはできないのである。（明治二三年行實）

（二）　町村長助役が失踪した場合には懲戒處分に依り解職し得るか　是れは解職し得るのである。（明治二四年行實）

（三）　市町村長助役等が監督官廳を不信任なりとし病氣と稱して出勤しない爲め監督官廳に於て臨時代理者を選任し或は官吏を派遣して職務を管掌せしめた處市町村長助役は病氣が平癒したと稱し出勤し臨時代理者或は派遣官吏の去るを見て再び缺勤し事務を澁滯させた場合には懲戒を行ひ得るか　是れは懲戒を行ひ得るのである。（明治三一年行實）

（四）　市町村長が收入役の提出した辭表を三ヶ月間未開封の儘にして置き三ヶ月を經て初めて開披し後任者の選任手續に着手した樣な場合は懲戒を行ひ得るか　是れは懲戒を行ひ得るの

である。（明治四五年行判）

（五）賠償責任に關する裁決或は判決の確定しない間に懲戒處分を行ふことは差支ないか　是れは懲戒處分は懲戒を受くべき事實を基礎とするものであつて損害の發生したことを要件とするものでないから賠償責任に關する裁決等の確定しない間に懲戒處分を行ふことは差支ないのである。（明治四五年行判）

（六）市町村吏員が刑法上の處罰を受けた行爲に對しても監督上必要がある場合は懲戒を行ふことは差支ないか　是れは差支ないのである。（明治三五年行實）

（七）市町村吏員が一旦退職し更に其の市町村又は他の市町村の吏員に就職した場合に前の在職中の行爲に對して懲戒處分を爲すことは差支ないか　是れは差支ない。此の場合は現に在職する地の府縣知事が懲戒を行ふのである。（明治三五年行實）

（八）前の（七）の場合に過怠金を徵收するときは何れの市町村の歲入に屬せしむべきものか　是れは現に在職中の市町村の歲入に屬せしむべきものである。（明治三五年行實）

（九）懲戒處分に依り徵收した過怠金は市町村の歲入に編入すべきものか　是れは其の通りである。（明治三二年行實）

（一〇）市町村長が監督官廳から或る場所に出頭すべき旨の再三の命令を受けたに拘らず是れに應じない場合は懲戒を行ふて差支ないか　是れは差支ないのである。（明治三四年行判）

（一一）市町村長が助役に事務の一部を分掌させた場合に其の事務に關して市町村長を懲戒し得るか　是れは此の様な場合であつても市町村長は仍ほ其の事務に付て責任を免るるものではないから懲戒を行ふことは差支ないのである。（明治三四年行判）

（一二）市町村吏員が監督官廳排斥の爲め多衆の運動に關與した様な場合に懲戒處分を行ふて差支ないか　是れは差支ないのである。（明治四三年行判）

第八項　市町村吏員の服務規律、賠償責任、身元保證、事務引繼に付て

一　市町村吏員の服務規律と賠償責任と身元保證と事務引繼に付ては如何なる規定があるか　是れは市制町村制第百七十一條第百五十一條に規定されて居る。同條に述べたところを參照せられたい。

二　市町村吏員の賠償責任に付て

（一）賠償責任ある市町村吏員が死亡したときは其の賠償責任は如何になるか　是れは賠償義務は財産上の義務であるから相續開始に依り相續人が當然繼承するものである。從つて相續

人に對して賠償金徵收命令を發することは差支ないのである。（大正一一年行判）然し是れには賠償を命ぜらるる前に死亡した場合は勿論賠償を命ぜられた後に死亡した場合であつても相續人に賠償せしむることはできないと云ふ反對の行政實例がある。（大正七年行實）

（二）贋造等の貨幣を過失に依つて受領し其の爲め市町村に損害を與へる場合は過失あつた市町村吏員は賠償責任があるのか　是れは賠償責任があるのである。（明治二四年行實）

（三）市町村吏員の賠償責任は其の退職後に於ても免るることを得ないのか　是れは免るることを得ないのである。（明治二五年、同二七年行實行判）

（四）市役所町村役場に於て盗難に罹り國税金を亡失した場合に其の市町村が先づ國に對して是れを辨償した上でなければ賠償責任ある市町村吏員に對して賠償義務の有無を爭ふことを得ないのか　是れは其の通りである。（明治二五年行判）

（五）收入役が盗難其の他の危險の豫防上相當の設備を爲さない爲め保管金を亡失した場合は賠償の責任があるのか　是れは賠償責任があるのである。（明治二五年同二七年同三八年同三九年大正二年行判）

（六）市町村吏員が宿直を擅に小使等に代勤させた爲めに生じた損害に對しては賠償の義務が

あるのか　是れは其の通りである。（明治三八年行判）

（七）　市町村長に宿直義務を勵行すること金庫を安全ならしむること其の他收入役の公金保管上の監督に付て懈怠があつたとしても其の爲めに收入役の公金亡失に對する賠償責任が免除さるべきものではないのか　是れは其の通りである。（大正四年行判）

（八）　市町村吏員の賠償責任の限度は如何に定まるべきものか　是れは市制町村制中に別段の規定がないから民法の規定に依るべきものである。（明治三八年同四〇年行判）

（九）　市町村委員が財產を管理する場合に其の財產の滅失に對しては市町村長は賠償責任がないのか　是れは其の通りである。（明治三九年行判）

（一〇）　市町村の定めた基本財產蓄積の規定に依れば國縣稅徵收交付金を基本財產の目的とし是れを受領したると同時に直ちに預入すべきものなる場合には其の預入さるる前に亡失したときは市町村長に賠償責任がないのか　是れは未だ基本財產として蓄積されたものではないから市町村長の管理に屬するものではない。從つて市町村長は賠償の責任はないのである。（明治四五年行判）

第九項　異議と訴願と行政訴訟に付て

一　異議と訴願と行政訴訟に關して市制町村制の中に規定されて居る事項は如何なるものか　是れは左表の樣なものである。

事件	條文	異議 申立ヲ爲ス者	異議 申立期間	異議 決定ヲ爲ス者	異議 決定期間	訴願 訴願ヲ爲ス者	訴願 訴願期間	訴願 裁決ヲ爲ス者	訴願 裁決期間	行政訴訟 訴訟ヲ爲ス者	行政訴訟 訴訟期間
市町村ノ境界爭論	第五條 第四條	―	―	―	―	―	―	府縣參事會(裁定)	―	不服アル市町村、府縣知事	裁定アリタル日ヨリ三十日以內
市町村境界ノ判定	同	―	―	―	―	―	―	府縣參事會(決定)	―	不服アル市町村、府縣知事	決定アリタル日ヨリ三十日以內
公民權停止	第一〇條 第八條	―	―	―	―	處分ヲ受ケタル者	處分アリタル日ヨリ二十一日以內	府縣參事會	受理シタル日ヨリ三月以內	處分ヲ受ケタル者、府縣知事、市町村長	裁決アリタル日ヨリ三十日以內
市町村會議員選擧人名簿	第二一條ノ三 第一八條ノ三	關係者	縱覽期間內	市町村會	送付ヲ受ケタル日ヨリ十日以內(更ニ調製スル場合ハ府縣知事ノ定ムル所ニ依ル)	決定ニ不服アル者、市町村長	決定アリタル日ヨリ二十一日以內	府縣參事會	右ニ同シ	裁決ニ不服アル者、府縣知事、市町村長	右ニ同シ

市町村會議員選擧ノ效力	同	市町村會議員當選ノ效力	同
第三六/三三條	同	同	同
選擧人	府縣知事	選擧人	府縣知事
選擧ノ日ヨリ七日以內	第三二/二九條第一項ノ報告ヲ受ケタル日ヨリ二十日以內	第三二/二九條第一項又ハ第三四/三一條第二項ノ告示ノ日ヨリ七日以內	第三二/二九條第一項又ハ第三四/三一條第二項ノ報告ヲ受ケタル日ヨリ二十日以內
市町村會	府縣參事會	市町村會	府縣參事會
送付ヲ受ケタル日ヨリ十四日以內	決定セラレタル日ヨリ三月以內	送付ヲ受ケタル日ヨリ十四日以內	決定セラレタル日ヨリ三月以內
決定ニ不服アル者、市町村長	｜	決定ニ不服アル者、市町村長	｜
右ニ同シ	｜	右ニ同シ	｜
府縣參事會	｜	府縣參事會	｜
右ニ同シ	｜	受理シタル日ヨリ三月以內	｜
裁決ニ不服アル者、府縣知事、市町村長	決定ニ不服アル者、府縣知事、市町村長	裁決ニ不服アル者、府縣知事、市町村長	決定ニ不服アル者、府縣知事、市町村長
右ニ同シ	決定アリタル日ヨリ十日以內	裁決アリタル日ヨリ十日以內	決定アリタル日ヨリ十日以內

市町村會議員ノ資格	第三八 三五條	市町村長	―	市町村會	送付ヲ受ケタル日ヨリ十四日以內	決定ヲ受ケタル者ニシテ決定ニ不服アル者、市町村長	右ニ同シ	府縣參事會	受理シタル日ヨリ三月以內	裁決ヲ受ケタル者、府縣知事、市町村長	裁決アリタル日ヨリ三十日以內
市町村會ニ於テ行ン選擧ノ投票ノ效力	第五五 五一條	市町村會議員	―	市町村會	―	―	―	―	―	―	―
名譽職市參事會員ノ選擧	市制第六五條	市會議員	―	市會	―	―	―	―	―	―	―
市參事會ニ於テ行フ選擧ノ投票ノ效力	同第七一條	市參事會員	―	市參事會	―	―	―	―	―	―	―
市町村會又ハ市參事會ノ越權違法ノ議決又ハ選擧	第九〇 七四條	―	―	―	―	市町村長（裁決ヲ請フ）	―	府縣參事會監督官廳（處分ヲ爲ス）	―	裁決又ハ處分ニ不服アル市町村長、市町村會、市參事會	裁決又ハ處分アリタル日ヨリ三十日以內
市町村會又ハ市參事會ノ公益ヲ害スル議決又ハ收支ニ關シ不適當ノ議決	同	市町村長（裁決ヲ請フ）	―	府縣參事會（裁決）	―	市町村長、市町村會、市參事會、府縣知事	裁決アリタル日ヨリ二十一日以內	內務大臣	―	―	―

給料給與	第一〇七 八七條	關係者	處分アリタル日ヨリ二十一日以內	市參事會、町村會	決定ニ付セラレタル日ヨリ三月以內	係者、市町村長	決定アリタル日ヨリ二十一日以內	府縣參事會	受理シタル日ヨリ三月以內	關係者、市町村長、府縣知事	決アリタル日ヨリ三十日以內
非常災害ノ場合ノ處分ニ依ル損失補償	第一二六 一〇六條	—	—	府縣知事	—	決定ヲ受ケタル者	右ニ同シ	內務大臣	—	—	—
非常災害ノ場合ノ土地ノ一時使用	同	—	—	市町村（處分）	—	處分ヲ受ケタル者	處分アリタル日ヨリ二十一日以內	府縣知事	—	—	—
過料	第一二九 一〇九條	—	—	市町村（處分）	—	處分ヲ受ケタル者	右ニ同シ	府縣參事會	受理シタル日ヨリ三月以內	處分ヲ受ケタル者、府縣知事、市町村長	裁決アリタル日ヨリ三十日以內
市町村稅使用料手數料加入金夫役現品ノ賦課徵收	第一三〇 一一〇條	賦課徵收ヲ受ケタル者	令書ノ交付ヲ受ケタル日ヨリ三月以內	市參事會、町村會	決定ニ付セラレタル日ヨリ三月以內	決定ヲ受ケタル者、市町村長	決定アリタル日ヨリ二十一日以內	府縣參事會	右ニ同シ	決定ヲ受ケタル者、府縣知事、市町村長	右ニ同シ
財產又ハ營造物ヲ使用スル權利	同	異議アル者	處分アリタル日ヨリ二十一日以內	市參事會、町村會	右ニ同シ	決定ヲ受ケタル者	右ニ同シ	府縣參事會	右ニ同シ	決定ヲ受ケタル者、府縣知事、市町村長	右ニ同シ

督促手數料ノ徵收、滯納處分、追徵還付	第一三一、一一一條	—	—	—	—	處分ヲ受ケタル者	處分アリタルヨリ二十一日以內	府縣參事會	右ニ同シ	處分ヲ受ケタル者、府縣知事、市町村長	右ニ同シ
區會議員ノ選擧人名簿等	第一四六、一二六條	（市町村會議員ト同樣）									
市町村組合	第一五五、一三五條	—	—	—	—	市町村、市町村組合、町村組合	右ニ同シ	內務大臣	—	—	—
市町村組合ノ組合費分賦	同	市町村	告知アリタルヨリ三月以內	組合會	決定ニ付セラレタルヨリ三月以內	市町村、組合管理者	決定アリタルヨリ二十一日以內	府縣參事會	受理シタルヨリ三月以內	市町村、組合管理者、府縣知事	裁決アリタルヨリ三十日以內
市町村ノ監督ニ關スル府縣知事ノ處分	第一五八、一三八條	—	—	—	—	市町村	處分アリタルヨリ二十一日以內	內務大臣	—	—	—
强制豫算及執行代	第一六三、一四三條	—	—	—	—	—	—	—	—	市町村、市町村長、其ノ他ノ吏員	處分アリタルヨリ三十日以內
解職處分	第一七〇、一五〇條	—	—	—	—	處分ヲ受ケタル者	處分アリタルヨリ二十一日以內	內務大臣	—	—	—

二　異議の申立を爲す期間に付て

（一）異議の申立を爲す期間は如何に定まつて居るか　是れは市制第百六十條町村制第百四十條第一項第三項第四項第五項に規定されて居る。同條に述べたところを參照せられたい。

（二）異議申立期間の滿了の日が公暇日であるときは如何にするのか　是れは假令公暇日であつても期間に算入するのである。（大正九年行實）尤も是れには公暇日は期間に算入しない、從つて公暇日の翌日を以て期間滿了の日とすべきものであると云ふ判例がある。（明治四一年行判）

（三）處分決定又は裁決ありたる日より二十一日以內と云ふのは處分決定又は裁決ありたる日の翌日から起算して二十一日と云ふ意味か　是れは其の通りである。期間を計算するに日を以てするものは其の初日を算入しないで翌日から起算するのが通例である。（明治二九年同四四年大正二年行判）

（四）處分決定又は裁決ありたる日と云ふのは何時を指すのか　是れは處分決定又は裁決が處分決定裁決を受けた者に對して效力を生じた日を指すのである。（大正二年行判）

（五）異議の申立を爲す期間の計算に付ては訴願法の規定に依ると云ふのは如何なる意味か　是れは異議申立期間を訴願法に依らしめる意味ではない。單に異議申立に關する期間の計算

訴願法に依るものであることを定めたに過ぎないのである。（大正八年行判）

（六）異議申立期限經過後に至り申立の理由を追加することは差支ないか　是れは決定ある迄は何時でも理由を補充し得るものであるから差支ないのである。（大正三年行判）

三　異議申立の期限が經過した場合の宥恕に付て

（一）異議申立の期限が經過した場合であつても宥恕すべき事由があるときは其の異議申立は仍受理して差支ないか　是れは市町村制第百六十百四十條第五項に規定されて居る。同條に述べたところを參照せられたい。

（二）異議申立の期限經過に付て宥恕すべき事由があるものと認めた場合には必ず受理しなければならないか　是れは其の通りである。宥恕すべき事由があるものと認めたに拘らず受理しないことは違法である。（大正七年行判）

（三）異議申立の期限經過に付て宥恕すべき事由の存するか否かに付ては決定廳だけの自由なる認定に一任されたものか　是れはさうではない、是れに付ては訴願裁決廳でも審査裁決し得るものである。（大正七年行判）

（四）異議申立の期限經過に付て宥恕すべき事由が存するか否かに付ては行政裁判所も審理し

得るものか　是れは審理し得ないのである。（大正八年同一三年行判）

四　異議の決定を爲す方法に付て

（一）　異議の決定は如何なる方法で爲すべきものか　是れは市（町村）制第百六十（百四十）條第六項に規定されて居る。同條に述べたところを參照せられたい。

（二）　市町村會に於て異議申立に對する決定書を議決しないで單に異議申立を絶體的否認する旨議決した場合は異議申立に對して決定のあつたものと認め得るか　是れは異議の決定は文書を以て爲すことが其の成立の要件であるから此の場合の市町村會の決定は法定の成立の要件を缺くものである。從つて決定の成立したものとは認むることを得ないのである。（大正四年行判）

（三）　前の（二）の場合に不成立の決定を補充する目的で更に決定をした場合は既往に遡つて不成立の決定が效力を生ずることになるのか　是れは更に爲した決定は其の決定書を交付した日から效力を發生するものであつて既往に遡り不成立なる決定の效力を發生することを得るものではないのである。（大正四年行判）

（四）　異議申立書中の一定の申立が不明瞭であつても申立書の全般から見て其の要求の趣旨が

判明する場合は決定を爲して差支ないか　是れは差支ないのである。（大正七年行判）

（五）決定書の交付がない限りは異議の決定は其の效力を發生しないのか　是れは其の通りである。（大正一二年行判）

同條

五　異議を決定する期間に付て

（一）異議の決定は何時迄に爲すべきものか　是れは市町村制第百六十百四十條ノ二第一項に規定されて居る。同條に述べたところを參照せられたい。

同條

六　訴願を提起する期間に付て

（一）訴願は何時迄に提起すべきものか　是れは市町村制第百六十百四十條第一項第二項に規定されて居る。同條に述べたところを參照せられたい。

（二）郵便遞送の日數は訴願期間内に算入するのか　是れは訴願法第十條に規定されて居る。

（三）訴願書は訴願期限内に裁決を爲すべき行政廳に到達しなくても訴願法第二條に依り經由すべき行政廳に差出せば有效となるのか　是れは其の通りである。（明治二五年、大正七年行實、行判）

（四）訴願法第二條に依り經由すべき行政廳を經由しない爲めに却下された場合に更に爲す訴

願の期間は最初處分決定又は裁決のあつた日の翌日から起算して訴願期間內に爲すべきものか　是れは其の通りである。（明治二五年行實）

（五）異議の決定又は訴願の裁決を受けた者が訴願を提起する場合の訴願期間は何時から起算すべきものか　是れは決定書又は裁決書の交付を受けた日の翌日から起算すべきものである。（大正三年行實）

（六）異議申立人の住所に於て異議の決定書を未成年者なる家族に交付した場合は異議申立人は其の時に決定書の交付を受けたことになるのか　是れは決定書を受領した未成年者が相當の年齢に達して居る場合は其の者に交付すれば其の時に異議申立人が決定書を受けたことになるのである。（明治四五年行判）

（七）甲が自分の爲めに決定書を受領することを乙に依託した場合には決定書を乙に交付すれば其の交付は甲に對して效力を生ずるのか　是れは其の通りである。（大正五年行判）

（八）經由すべき行政廳を誤つた爲めに要した日時は矢張り訴願期間に計算されるのか　是れは計算されるのである。（明治三〇年同三三年行判）

（九）訴願期限經過後に至り訴願の理由を追加することは差支ないか　是れは裁決のある迄は

何時でも爲し得るのである。（明治三二年行判）

（一〇）尙ほ前の二の異議申立を爲す期間に付ての（二）（三）（四）を參照せられたい。

七 訴願期限を經過した場合の宥恕に付て

（一）訴願提起の期限が經過した場合であつても宥恕すべき事由がある場合は其の訴願は尙ほ受理して差支ないか　是れは訴願法第八條第三項に依つて受理して差支ないのである。（明治二五年行實）

（二）訴願期間經過に付て宥恕すべき事由があるか否かに關する下級行政廳の認定の適當不適當は上級行政廳に於て審査し場合に依つては相當處分をも爲し得るのか　是れは其の通りである。（大正元年行判）

（三）訴願人から事由を具して宥恕の申請があつた場合には行政廳は如何に處置すべきものか　此の場合は行政廳は其の事實を調査すべきは勿論若し宥恕すべき事由があるものと認めた以上は當然其の訴願を受理しなければならないのである。（大正元年行判）

（四）尙ほ前の三の異議申立の期限が經過した場合の宥恕に付ての（二）（三）（四）を參照せられたい。

八　訴願を提起することに付て

（一）　訴願は他人に委任して提起し得るのか　是れは提起し得るのである。（明治二九年行實）

（二）　適法に異議申立があつたに拘らず市町村長が市町村會の決定に付さないで直ちに其の申立を却下した場合には恰も市町村會の決定を以て却下した場合と同様に府縣參事會に訴願し得るのか　是れは訴願し得るのである。（大正一一年行判）

（三）　訴願は如何なる行政廳を經由して提起しなければならないか　是れは訴願法第二條に規定されて居る。市制町村制に依る訴願の手續に付ても別段の規定ある場合の外は訴願法の規定に依るべきものである。（明治二四年行實）

（四）　市町村會又は市參事會の決定に對して訴願を爲すには共の決定を爲した市町村會又は市參事會を經由しなければならないのか　是れは共の通りである。（明治二四年、行實　大正三年行判）

（五）　訴願の提出があつた場合に是れを經由すべき町村會の議長たる町村長が町村會を招集し付議する手續も採らず又辯明書も添付しないで上級行政廳に進達したときは是れを以て訴願人が經由の手續を怠つたものとすることはできないのか　是れは共の通りである。訴願人が經由の手續を怠つたものではない。（大正三年行判）

（六）経由すべき行政廳を經由しないで訴願を提起した後に其の補正書を經由すべき行政廳を經由して提出したときは前の訴願は適法のものとなるのか　是れは其の爲めに適法のものとはならないのである。（大正三年行判）

（七）訴願書の方式を缺く爲めに期限を指定して還付された場合に其の訴願書の方式を補正して提出する場合は矢張り經由の手續を履まなければならないか　是れは經由の手續を履まなくても差支ないのである。（大正一〇年行判）

九　訴願の方式に付て

（一）訴願は文書を以て提出すべきものか　是れは其の通りである。

（二）訴願書は如何なる方式に依るべきものか　是れは訴願法第六條第七條に規定されて居る。

（三）訴願書に訴願人の身分職業年齢の記載のないものは訴願書の方式を缺くものか　是れは其の通りである。從つて期限を指定して還付すべきものである。（明治四三年行判）

（四）訴願書に理由の記載のないものは訴願書の方式を缺くものか　是れは其の通りである。從つて期限を指定して還付すべきものである。（明治三五年行判）

（五）市町村長に宛つべきものを市町村會又は市參事會に宛てた訴願書は適法の手續に違背するものか　是れは其の通りである。從つて却下すべきものである。（明治四四年行判）

（六）町村長に許された訴願を町村會の議決を經町村會議長の資格を以て提起した場合は適法の手續に違背するものか　是れは其の通りである。從つて却下すべきものである。（明治四四年行判）

（七）四名以上の共同訴願の場合には三名以下の總代人を選ぶべきものか　是れは其の通りである。（大正七年同一一年行判）

（八）四名以上の共同訴願の場合に選ぶ總代人は訴願人以外の者でも差支ないか　是れはよろしくない。（大正一〇年行判）

（九）四名以上の共同訴願の場合に三名以下の總代人を選ばないことは訴願書の方式を缺くものか　是れは其の通りである。從つて期限を指定して還付すべきものである。（大正一五年行判）此の場合適法の手續に違背するものであるから却下すべきものとした從來の判例は改められたのである。

一〇　訴願の裁決を爲す方法に付て

（一）訴願の裁決は如何なる方法を以て爲すのか　是れは訴願法第十三條第十四條に規定されて居る。

（二）裁決書の中の訴願人の肩書が住所でなくても差支ないか　是れは訴願人に對して爲した裁決であることが明瞭である以上は訴願人の肩書が住所でない爲めに裁決の效力に影響を來すものではないのである。（大正六年行判）

（三）裁決書の中の訴願人の主張する事實を摘示した點に誤記ある場合は裁決の瑕瑾となるのか　是れは其の誤記が誤解に基くものでない限りは裁決の瑕瑾とはならないのである。（大正四年行判）

（四）裁決書の中に經由行政廳の提出した辯明書の要旨の記載がなくても差支ないか　是れは訴願書の形式的要件ではないから記載がなくても差支ないのである。（大正七年行判）

（五）訴願提出の期限を宥恕した場合に其の宥恕した旨を訴願書に記載がなくても差支ないか　是れは差支ないのである。（明治三七年行判）

（六）裁決書中に援用の法規の條文に誤りがあつても其の裁決は無効にはならないのか　是れは無効にはならないのである。（明治三二年行判）

（七）　裁決を爲す場合に市町村會の決定の手續の適當か否かを審査することは差支ないか　是れは差支ないのである。（大正一〇年行判）

（八）　二人以上の共同訴願に對し一通の書面で裁決した場合其の效力は訴願人に對して各別に生ずるのか　是れは其の通りである。（大正八年行判）

（九）　共同訴願人中の一人が訴願を提起し得ないものである場合其の一人の爲めに他の訴願人の訴願も却下さるることになるのか　是れはさうではない。其の一人だけの分が却下さるべきものである。（大正八年行判）

（一〇）　訴願が適法の手續に違背する場合には訴願期間内に却下しなければならないか　是れは別に規定がないから必ずしも訴願期間内に却下しなければならないものではない。從つて訴願期間内に訴願書を返戻し更に訴願手續を履行させる途を講じないからとて違法とはならないのである。（大正一〇年行判）

（一一）　市町村會が提出すべき辯明書を市町村長限りで提出した場合に是れを受理して裁決したことは訴願取消の原因となるのか　是れは取消の原因とはならないのである。（大正一〇年行判）

（一二）訴願の裁決廳は裁決を爲すに當り訴願人の申立てた異議の理由に拘束さるるのか　是れは拘束されないのである。（大正九年行判）

（一三）訴願の裁決は單に繋爭の處分を取消すだけでなく自ら是れに代るべき處分をも爲し得るのか　是れは其の通りである。（大正一一年行判）

一　訴願を裁決する期間に付て

（一）訴願の裁決は何時迄に爲すべきものか　是れは府縣參事會の爲す裁決に付ては市町村制第百六十百四十條ノ二ノ二に規定されて居る。同條に述べたところを參照せられたい。

（二）府縣知事內務大臣の爲す裁決に付ては別に期限の定めがないのか　是れは期限の定めがないのである。

二　行政訴訟を提起する期間に付て

（一）行政訴訟は何時迄に提起すべきものか　是れは市町村制第百六十百四十條第一項條三項に規定されて居る。同條に述べたところを參照せられたい。

（二）訴訟を提起する日限に關しては行政裁判法第二十二條第二項に依り民事訴訟法第百六十七條の規定が準用さるるのか　是れは其の通りである。從つて市町村制第百六十百四十條第二項に規

定されて居る三十日の外原告の住居地から行政裁判所（東京市に在る）に至る距離八里毎（八里以外の端數が三里を超ゆるときは八里と同樣に計算する）に一日を猶豫して其の伸長日數を加算すべきものである。例へば昭和二年五月一日に原告が裁決書の交付を受けた場合は其の翌日から起算して五月三十一日が三十日目である。それに原告住居地から行政裁判所に至る里程六十里とすればそれに對し八日の伸長日數を加へた六月八日迄に訴訟を提起すればよろしいのである。（明治二三年同二七年同三二年同三四年同三五年大正五年行判）

(1)　民事訴訟法第百六十七條の伸長日數の計算は陸路は陸里を以て海路は海浬を以て計算すべきものか　是れは其の通りである。（明治四四年行判）

(2)　民事訴訟法第百六十七條の伸長日數の距離の計算は順路に依るべきものか　是れは其の通りである。（明治四四年行判）

(3)　民事訴訟法第百六十七條の伸長日數の距離の計算は原告の住居する市町村と東京市との里程標に據るべきものか　是れは其の通りである。（大正五年司民判）

(4)　民事訴訟法第百六十七條に依る伸長期間の計算に付て通路が二線以上ある場合は如何にすべきものか　是れは其の中の最も短い線に從ひ計算すべきものである。（大正八年司民判）

(5)　民事訴訟法第百六十七條第一項の規定は原告の住居地と東京市との距離が八里に滿たない場合には準用がないのか　是れは其の通りである。（大正四年司民判）

（三）　訴願の裁決に對して行政訴訟を提起する場合の期間は何時から起算すべきものか　是れは裁決を受けた者に付ては其の者に對し裁決書を交付した日の翌日から計算すべきものである。（大正四年同六年行判）又裁決書の交付を受けない者に付ては裁決の告示のあつた日の翌日から計算すべきものである。（大正一〇年行判）

一三　行政訴訟の相手方に付て

（一）　行政訴訟は處分をした者裁決をした者の何れを被告としても差支ないのか　是れは其の通りである。（大正八年行判）從つて市町村會議員の選擧人名簿に關する不服の訴に於ては名簿調製者たる市町村長又は訴願裁決者たる府縣參事會の何れを相手方としても差支ないのである。（大正二年行判）

第百五十八條　第百三十八條

第百五十九條　第百三十九條

一四　市町村の監督に關する府縣知事の處分に付ては市町村は內務大臣に訴願し得るか　是れは市制第百五十八條第百五十九條町村制第百三十八條第百三十九條に規定されて居る。同條に述べたところを參照せられたい。

第十二章　雜　則

第一款　數府縣に涉る事件の處理に付て

第百七十二條 第百五十三條

一　府縣知事又は府縣參事會の職權に屬する事件であつて數府縣に涉るものは如何にして處理するか

是れは市制第百七十二條 町村制第百五十三條に規定されて居る。同條に述べたところを參照せられたい。

（二）府縣知事又は府縣參事會の職權に屬する事件であつて數府縣に涉る場合は如何なる場合か

是れは次の樣な場合である。

(1)　數府縣に涉る市の廢置分合の場合の財產處分に付ての府縣知事と府縣參事會の職權（市制第三條第二項）

(2)　數府縣に涉る町村の廢置分合又は境界變更と是れ等の場合の財產處分に付ての府縣知事と府縣參事會の職權（町村制第三條）

(3)　數府縣に涉る市の境界變更と其の財產處分に付ての府縣知事と府縣參事會の職權（市制第四條）

(4)　數府縣に涉る市町村の境界に關する爭論の裁定に付ての府縣知事と府縣參事會の職權と、爭論はな

いが境界判明しないときの境界の決定に付ての府縣知事と府縣參事會の職權（市制第五 町村制第四條）

(5) 數府縣に渉る市町村組合と町村組合の設置、組合市町村數の増減、共同事務の變更、組合市町村數の増減と共同事務の變更の場合の財産處分、組合規約の設定と變更、組合の解除に付ての府縣知事と府縣參事會の職權或は府縣知事の職權（市制第百四十九條百五十條第百五十一條第百五十四條 町村制第百二十九條百三十條第百三十一條第百三十四條）

(6) 數府縣に渉る市町村組合と町村組合の組合費の分賦に關する訴願に付ての府縣參事會の職權（市制第百五十五 町村制第百三十五條第三項）

(7) 數府縣に渉る市町村組合と町村組合の監督に付ての府縣知事の職權（市制第百五十七 町村制第百三十七條）

第二款　北海道の市に市制を適用するに付て

市制第百七十七條

一 北海道の市に付て市制の規定を適用する場合に其の條文を讀み替へることの必要はないか

是れは市制第百七十七條に規定されて居る同條に述べたところを參照せられたい。

第十三章　市制町村制の施行

第一款　市制町村制を施行する區域に付て

町村制第百五十七條

一　市制町村制は如何なる地に施行さるるか　是れは樺太、朝鮮、臺灣を除く外の地全部に施行さるるものである。但し町村制は特に施行されない區域が定められて居る。町村制第百五十七條に述べたところを參照せられたい。

（一）　伊豆七島の各村は島嶼町村制施行以前も矢張り法人であつたのか　是れは法人とする明文は存しなくても權利を有し又財産を所有する等法人の實を備へて居たものである。（明治四四年司民判）

第二款　市制町村制を施行する時期に付て

附則第一項

一　大正十五年法律第七十四號市七十五町村制中改正法律は何時から施行さるるか　是れは同法の附則第一項に規定されて居る同項に述べたところを參照されたい。

（一）　附則第一項に所謂次の總選擧と云ふのは如何なる意味か　是れは大正十五年法律第七十四號市七十五町村制中改正法律の公布された大正十五年六月二十四日に未だ市町村會議員の總選擧の

續卽ち選擧人名簿の調製に着手して居らない市町村の次の總選擧、是れを反面から云へば同年六月二十五日以後の現在に依り選擧人名簿を調製して行ふ最初の總選擧を云ふのである。（大正一〇年行實、大正一一年行判）

（二）附則第一項に所謂選擧に關する規定と云ふのは單に投票に關する規定だけでなく選擧人名簿の調製其の他選擧に關する一切の規定をも指すのか　是れは其の通りである。（大正一一年行判）

（三）改正前の市町村制の規定に依つて行つた總選擧が今回の改正法律の公布された後卽ち大正十五年六月二十五日以後に全部無效となつた爲めに更に行ふ總選擧は附則第一項に所謂次の總選擧であるか　是れは其の通りである。從つて改正された市町村制の規定に依つて選擧を行ふべきものである。（大正一五年行實）

（四）未だ改正法律卽ち大正十五年法律第七十四號七十五號に依つて市町村會議員の總選擧を行はない市町村であつても改正法律公布後に行ふ其の市町村内の區會議員の總選擧に付ては改正法律に依る市町村會議員の選擧に關する規定を準用すべきものは是れを準用して行ふべきものか是れは其の通りである。（大正一三年行實）

（五）改正法律卽ち大正十五年法律第七十四七十五號に依つて總選擧を行ふ迄は補闕選擧增員選擧等は尙ほ改正前の市町村制の規定に依つて行ふべきものか　是れは其の通りである。（大正一〇年行實）

市制町村制 實務詳解 終

昭和二年十月二日印刷
昭和二年十月六日發行

市制町村制實務詳解
定價金四圓五拾錢

不許複製

編者　自治研究會編纂

東京市神田區錦町一丁目十二番地
發行者　横尾留治

東京市本郷區眞砂町三十六番地
印刷者　左手薫

東京市神田區錦町一丁目十二番地
發行所　松華堂書店
電話神田二三一〇番
振替東京二一一九四番

(日東印刷株式會社印刷)

地方自治法研究復刊大系〔第267巻〕

市制町村制 実務詳解〔昭和2年初版〕

日本立法資料全集 別巻 1077

2019（平成31）年4月25日　復刻版第1刷発行　7677-0:012-010-005

監　修　坂　千　秋
編　纂　自　治　研　究　会
発行者　今　井　貴
　　　　稲　葉　文　子
発行所　株 式 会 社 信 山 社

〒113-0033 東京都文京区本郷6-2-9-102東大正門前
Ⓣ03（3818）1019　Ⓕ03（3818）0344
来栖支店〒309-1625 茨城県笠間市来栖2345-1
Ⓣ0296-71-0215　Ⓕ0296-72-5410
笠間才木支店〒309-1611 笠間市笠間515-3
Ⓣ0296-71-9081　Ⓕ0296-71-9082
印刷所　ワ　イ　ズ　書　籍
製本所　カ ナ メ ブ ッ ク ス
用　紙　七　洋　紙　業

printed in Japan　分類 323.934 g 1077

ISBN978-4-7972-7677-0 C3332 ¥86000E

広中俊雄 編著　〔協力〕大村敦志・岡孝・中村哲也

日本民法典資料集成

第一巻　民法典編纂の新方針

【目　次】

来栖三郎著作集Ⅰ～Ⅲ

《解説》安達三季生・池田恒男・岩城謙二・清水誠・須永醇・瀬川信久・田島裕・利谷信義・唄孝一・久留都茂子・三藤邦彦・山田卓生

信山社

日本立法資料全集 別巻

地方自治法研究復刊大系

東京市政論 大正12年初版〔大正12年12月発行〕／東京市政調査会 編輯
帝国地方自治団体発達史 第3版〔大正13年3月発行〕／佐藤亀齢 編輯
自治制の活用と人 第3版〔大正13年4月発行〕／水野錬太郎 述
改正 市制町村制逐條示解〔改訂54版〕第一分冊〔大正13年5月発行〕／五十嵐鑛三郎 他 著
改正 市制町村制逐條示解〔改訂54版〕第二分冊〔大正13年5月発行〕／五十嵐鑛三郎 他 著
台湾 朝鮮 関東州 全国市町村便覧 各学校所在地 第一分冊〔大正13年5月発行〕／長谷川好太郎 編纂
台湾 朝鮮 関東州 全国市町村便覧 各学校所在地 第二分冊〔大正13年5月発行〕／長谷川好太郎 編纂
市町村特別税之栞〔大正13年6月発行〕／三邊長治 序文 水谷平吉 著
市制町村制実務要覧〔大正13年7月発行〕／梶康郎 著
正文 市制町村制 並 附属法規〔大正13年10月発行〕／法曹閣 編輯
地方事務叢書 第三編 市町村公債 第3版〔大正13年10発行〕／水谷平吉 著
市町村大字読方名彙 大正14年度版〔大正14年1月発行〕／小川琢治 著
通俗財政経済体系 第五編 地方予算と地方税の見方〔大正14年1月発行〕／森田久 編輯
市制町村制実例総覧 完 大正14年第5版〔大正14年1月発行〕／近藤行太郎 主纂
町村会議員選挙要覧〔大正14年3月発行〕／津田東璋 著
実例判例文例 市制町村制総覧〔第10版〕第一分冊〔大正14年5月発行〕／法令研究会 編纂
実例判例文例 市制町村制総覧〔第10版〕第二分冊〔大正14年5月発行〕／法令研究会 編纂
町村制要義〔大正14年7月発行〕／若槻禮次郎 題字 尾崎行雄 序文 河野正義 述
地方自治之研究〔大正14年9月発行〕／及川安二 編輯
市町村 第1年合本 第1号-第6号〔大正14年12月発行〕／帝國自治研究会 編輯
市制町村制 及 府県制〔大正15年1月発行〕／法律研究会 著
農村自治〔大正15年2月発行〕／小橋一太 著
改正 市制町村制示解 全 附録〔大正15年5月発行〕／法曹研究会 著
市町村民自治読本〔大正15年6月発行〕／武藤榮治郎 著
改正 地方制度輯覽 改訂増補第33版〔大正15年7月発行〕／良書普及会 編著
市制町村制 及 関係法令〔大正15年8月発行〕市町村雑誌社 編輯
改正 市町村制義解〔大正15年9月発行〕／内務省地方局 安井行政課長 校閲 内務省地方局 川村芳次 著
改正 地方制度解説 第6版〔大正15年9月発行〕／挾間茂 著
地方制度之栞 第83版〔大正15年9月発行〕／湯澤睦雄 著
改訂増補 市制町村制逐條示解〔改訂57版〕第一分冊〔大正15年10月発行〕／五十嵐鑛三郎 他 著
実例判例 市制町村制釈義 大正15年再版〔大正15年9月発行〕／梶康郎 著
改訂増補 市制町村制逐條示解〔改訂57版〕第二分冊〔大正15年10月発行〕／五十嵐鑛三郎 他 著
註釈の市制と町村制 附 普通選挙法 大正15年初版〔大正5年11月発行〕／法律研究会 著
実例町村制 及 関係法規〔大正15年12月発行〕自治研究会 編纂
改正 地方制度通義〔昭和2年6月発行〕／荒川五郎 著
都市行政と地方自治 初版〔昭和2年7月発行〕／菊池愼三 著
逐条示解 地方税法 初版〔昭和2年9月発行〕／自治館編輯局 編著
市制町村制 実務詳解 初版〔昭和2年10月発行〕／坂千秋 監修 自治研究会 編纂
註釈の市制と町村制 附 普通選挙法〔昭和3年1月発行〕／法律研究会 著
市町村会 議員の常識 初版〔昭和3年4月発行〕／東京仁義堂編集部 編纂
地方自治と東京市政 初版〔昭和3年8月発行〕／菊池愼三 著
註釈の市制と町村制 施行令他関連法収録〔昭和4年4月発行〕／法律研究会 著
市町村会議員 選挙戦術 第4版〔昭和4年4月発行〕／相良一休 著
現行 市制町村制 並 議員選挙法規 再版〔昭和5年1月発行〕／法曹閣 編輯
地方制度改正大意 第3版〔昭和4年6月発行〕／狭間茂 著
改正 市町村会議提要 昭和4年初版〔昭和4年7月発行〕／山田民蔵 三浦教之 共著
市町村税戸数割正義 昭和4年再版〔昭和4年8月発行〕／田中廣太郎 著
改正 市制町村制 並ニ 府県制 初版〔昭和4年10月発行〕／法律研究会 編
実例判例 市制町村制釈義 第4版〔昭和4年5月発行〕／梶康郎 著
新旧対照 市制町村制 並 附属法規〔昭和4年7月発行〕／良書普及会 著
市町村制ニ依ル 書式ノ草稿 及 実例〔昭和4年9月発行〕／加藤治彦 編
改訂増補 都市計画と法制 昭和4年改訂3版〔昭和4年10月発行〕／岡崎早太郎 著
いろは引市町村名索引〔昭和4年10月発行〕／杉田久信 著
市町村税務 昭和5年再版〔昭和5年1月発行〕／松岡由三郎 序 堀内正作 著
市町村予算の見方 初版〔昭和5年3月発行〕／西野喜興作 著
市町村会議員 及 公民提要 初版〔昭和5年1月発行〕／自治行政事務研究会 編輯
改正 市制町村制解説〔昭和5年11月発行〕／挾間茂 校 土谷覺太郎 著
加除自在 参照條文附 市制町村制 附 関係法規〔昭和6年5月発行〕／矢島和三郎 編纂
地租法 耕地整理法 釈義〔昭和6年11月発行〕／唯野喜八 伊東久太郎 河沼高輝 共著
改正版 市制町村制 並ニ 府県制 及ビ重要関係法令〔昭和8年1月発行〕／法制堂出版 著
改正版 註釈の市制と町村制 最近の改正を含む〔昭和8年1月発行〕／法制堂出版 著
市制町村制 及 関係法令 第3版〔昭和9年5月発行〕／野田千太郎 編輯
実例判例 市制町村制釈義 昭和10年改正版〔昭和10年9月発行〕／梶康郎 著
改訂増補 市制町村制実例総覧 第一分冊〔昭和10年10月発行〕／良書普及会 編纂
改訂増補 市制町村制実例総覧 第二分冊〔昭和10年10月発行〕／良書普及会 編

日本立法資料全集 別巻

地方自治法研究復刊大系

改正 市町村制問答説明 明治44年初版〔明治44年4月発行〕／一木千太郎 編纂
改正 市制町村制〔明治44年4月発行〕／田山宗堯 編輯
旧制対照 改正市町村制 附 改正理由〔明治44年5月発行〕／博文館編輯局 編
改正 市制町村制〔明治44年5月発行〕／石田忠兵衛 編輯
改正 市制町村制詳解〔明治44年5月発行〕／坪谷善四郎 著
改正 市制町村制註釈〔明治44年5月発行〕／中村文城 註釈
改正 市制町村制正解〔明治44年6月発行〕／武知彌三郎 著
改正 市町村制講義〔明治44年6月発行〕／法典研究会 著
新旧対照 改正 市制町村制新釈 明治44年初版〔明治44年6月発行〕／佐藤貞雄 編纂
改正 町村制詳解〔明治44年8月発行〕／長峰安三郎 三浦通太 野田千太郎 著
新旧対照 市制町村制正文〔明治44年8月発行〕自治館編輯局 編纂
地方革新講話〔明治44年9月発行〕西内天行 著
改正 市制町村制釈義〔明治44年9月発行〕／中川健藏 宮内國太郎 他 著
改正 市制町村制正解 附 施行諸規則〔明治44年10月発行〕／福井淳 著
改正 市制町村制講義 附 施行諸規則 及 市町村事務摘要〔明治44年10月発行〕／樋山廣業 著
新旧比照 改正市制町村制註釈 附 改正北海道二級町村制〔明治44年11月発行〕／植田鹽恵 著
改正 市町村制 並 附属法規〔明治44年11月発行〕／楠綾雄 編輯
改正 市制町村制精義 全〔明治44年12月発行〕／平田東助 題字 梶康郎 著述
改正 市制町村制義解〔明治45年1月発行〕／行政法研究会 講述 藤田謙堂 監修
増訂 地方制度之栞 第13版〔明治45年2月発行〕／警眼社編集部 編纂
地方自治 及 振興策〔明治45年3月発行〕／床次竹二郎 著
改正 市制町村制正解 附 施行諸規則 第7版〔明治45年3月発行〕福井淳 著
改正 市制町村制講義 全 第４版〔明治45年3月発行〕秋野沆 著
増訂 農村自治之研究 大正2年第5版〔大正2年6月発行〕／山崎延吉 著
自治之開発訓練〔大正元年6月発行〕／井上友一 著
市制町村制逐條示解〔初版〕第一分冊〔大正元年9月発行〕／五十嵐鑛三郎 他 著
市制町村制逐條示解〔初版〕第二分冊〔大正元年9月発行〕／五十嵐鑛三郎 他 著
改正 市町村制問答説明 附 施行細則 訂正増補3版〔大正元年12月発行〕／平井千太郎 編纂
改正 市制町村制註釈 附 施行諸規則〔大正2年3月発行〕／中村文城 註釈
改正 市町村制正文 附 施行法〔大正2年5月発行〕／林甲子太郎 編輯
増訂 地方制度之栞 第18版〔大正2年6月発行〕／警眼社 編集 編纂
改正 市制町村制詳解 附 関係法規 第13版〔大正2年7月発行〕／坪谷善四郎 著
改正 市制町村制 第5版〔大正2年7月発行〕／修学堂 編
細密調査 市町村便覧 附 分類官公衙公私学校銀行所在地一覧表〔大正2年10月発行〕／白山榮一郎 監修 森田公美 編著
改正 市制 及 町村制 訂正10版〔大正3年7月発行〕／山野金蔵 編輯
市制町村制正義〔第3版〕第一分冊〔大正3年10月発行〕／清水澄 末松偕一郎 他 著
市制町村制正義〔第3版〕第二分冊〔大正3年10月発行〕／清水澄 末松偕一郎 他 著
改正 市制町村制 及 附属法令〔大正3年11月発行〕／市町村雑誌社 編著
以呂波引 町村便覧〔大正4年2月発行〕／田山宗堯 編輯
改正 市制町村制講義 第10版〔大正5年6月発行〕／秋野沆 著
市制町村制実例大全〔第3版〕第一分冊〔大正5年9月発行〕／五十嵐鑛三郎 著
市制町村制実例大全〔第3版〕第二分冊〔大正5年9月発行〕／五十嵐鑛三郎 著
市町村名辞典〔大正5年10月発行〕／杉野耕三郎 編
市町村吏員提要 第3版〔大正6年12月発行〕／田邊好一 著
改正 市制町村制と衆議院議員選挙法〔大正6年2月発行〕／服部喜太郎 編輯
新旧対照 改正 市制町村制新釈 附 施行細則 及 執務條規〔大正6年5月発行〕／佐藤貞雄 編纂
増訂 地方制度之栞 大正6年第44版〔大正6年5月発行〕／警眼社編輯部 編纂
実地応用 町村制問答 第2版〔大正6年7月発行〕／市町村雑誌社 編纂
帝国市町村便覧〔大正6年9月発行〕／大西林五郎 編
地方自治講話〔大正7年12月発行〕／田中四郎左右衛門 編輯
最近検定 市町村名鑑 附 官国幣社及諸学校所在地一覧〔大正7年12月発行〕／藤澤衛彦 著
農村自治之研究 明治41年再版〔明治41年10月発行〕／山崎延吉 著
市制町村制講義〔大正8年1月発行〕／樋山廣業 著
改正 町村制詳解 第13版〔大正8年6月発行〕／長峰安三郎 三浦通太 野田千太郎 著
改正 市町村制註釈〔大正10年6月発行〕／田村浩 編集
大改正 市制 及 町村制 〔大正10年6月発行〕／一書堂書店 編
市制町村制 並 附属法 訂正再版〔大正10年8月発行〕／自治館編集局 編纂
改正 市町村制詳解〔大正10年11月発行〕／相馬昌三 菊池武夫 著
増補訂正 町村制詳解 第15版〔大正10年11月発行〕／長峰安三郎 三浦通太 野田千太郎 著
地方施設改良 訓諭演説集 第6版〔大正10年11月発行〕／鹽川玉江 編輯
戸数割規則正義 大正11年増補四版〔大正11年4月発行〕／田中廣太郎 著 近藤行太郎 著
東京市会先例彙輯〔大正11年6月発行〕／八田五三 編纂
市町村国税事務取扱手続〔大正11年8月発行〕／広島財務研究会 編纂
自治行政資料 斗米遺粒〔大正12年6月発行〕／樫田三郎 著
市町村大字読方名彙 大正12年度版〔大正12年6月発行〕／小川琢治 著
地方自治制要義 全〔大正12年7月発行〕／末松偕一郎 著
北海道市町村財政便覧 大正12年初版〔大正12年8月発行〕／川西輝昌 編纂

地方自治法研究復刊大系

国税 地方税 市町村税 滞納処分法問答〔明治23年5月発行〕／竹尾高堅 著
日本之法律 府県制郡制正解〔明治23年5月発行〕／宮川大壽 編輯
府県制郡制註釈〔明治23年6月発行〕／田島彦四郎 註釈
日本法典全書 第一編 府県制郡制註釈〔明治23年6月発行〕／坪谷善四郎 著
府県制郡制義解 全〔明治23年6月発行〕／北野竹次郎 編著
市町村役場実用 完〔明治23年7月発行〕／福井淳 編纂
市町村制実務要書 上巻 再版〔明治24年1月発行〕／田中知邦 編纂
市町村制実務要書 下巻 再版〔明治24年3月発行〕／田中知邦 編纂
米国地方制度 全〔明治32年9月発行〕／板垣退助 序 根本正 纂訳
公民必携 市町村制実用 全 増補第3版〔明治25年3月発行〕／進藤彬 著
訂正増補 議制全書 第3版〔明治25年4月発行〕／岩藤良太 編纂
市町村制実務要書続編 全〔明治25年5月発行〕／田中知邦 著
地方學事法規〔明治25年5月発行〕／鶴鳴社 編
増補 町村制執務備考 全〔明治25年10月発行〕／増澤鐵 國吉拓郎 同輯
町村制執務要録 全〔明治25年12月発行〕／鷹巣清二郎 編輯
府県制郡制便覧 明治27年初版〔明治27年3月発行〕／須田健吉 編輯
郡市町村史員 収税実務要書〔明治27年11月発行〕／荻野千之助 編纂
改訂増補鼇頭参照 市町村制講義 第9版〔明治28年5月発行〕／蟻川堅治 講述
改正増補 市町村制実務要書 上巻〔明治29年4月発行〕／田中知邦 編纂
市町村制詳解 附 理由書 改正再版〔明治29年5月発行〕／島村文耕 校閲 福井淳 著述
改正増補 市町村制実務要書 下巻〔明治29年7月発行〕／田中知邦 編纂
府県制 郡制 町村制 新税法 公民之友 完〔明治29年8月発行〕／内田安蔵 五十野譲 著述
市制町村制註釈 附 市制町村制理由 第14版〔明治29年11月発行〕／坪谷善四郎 著
府県制郡制註釈〔明治30年9月発行〕／岸本辰雄 校閲 林信重 註釈
市町村新旧対照一覧〔明治30年9月発行〕／中村芳松 編輯
町村至宝〔明治30年9月発行〕／品川彌二郎 題字 元田肇 序文 桂虎次郎 編纂
市制町村制應用大全 完〔明治31年4月発行〕／島田三郎 序 大西多典 編纂
傍訓註釈 市制町村制 並ニ 理由書〔明治31年12月発行〕／筒井時治 著
改正 府県郡制問答講義〔明治32年4月発行〕／木内英雄 編纂
改正 府県制郡制正文〔明治32年4月発行〕／大塚宇三郎 編纂
府県制郡制〔明治32年4月発行〕／徳田文雄 編輯
郡制府県制 完〔明治32年5月発行〕／魚住嘉三郎 編輯
参照比較 市町村制註釈 附 問答理由 第10版〔明治32年6月発行〕／山中兵吉 著述
改正 府県制郡制註釈 第2版〔明治32年6月発行〕／福井淳 著
府県制郡制釈義 全 第3版〔明治32年7月発行〕／栗本勇之助 森惣之祐 同著
改正 府県制郡制註釈 第3版〔明治32年8月発行〕／福井淳 著
地方制度通 全〔明治32年9月発行〕／上山満之進 著
市町村新旧対照一覧 訂正第五版〔明治32年9月発行〕／中村芳松 編輯
改正 府県制郡制 並 関係法規〔明治32年9月発行〕／鷲見金三郎 編纂
改正 府県制郡制釈義 再版〔明治32年11月発行〕／坪谷善四郎 著
改正 府県制郡制釈義 第3版〔明治34年2月発行〕／坪谷善四郎 著
再版 市町村制例規〔明治34年11月発行〕／野元友三郎 編纂
地方制度実例総覧〔明治34年12月発行〕／南浦西郷侯爵 題字 自治館編集局 編纂
傍訓 市制町村制註釈〔明治35年3月発行〕／福井淳 著
地方自治提要 全〔明治35年5月発行〕／木村時義 校閲 吉武則久 編纂
市制町村制釈義〔明治35年6月発行〕／坪谷善四郎 著
帝国議会 府県会 郡会 市町村会 議員必携 附 関係法規 第一分冊〔明治36年5月発行〕／小原新三 口述
帝国議会 府県会 郡会 市町村会 議員必携 附 関係法規 第二分冊〔明治36年5月発行〕／小原新三 口述
地方制度実例総覧〔明治36年8月発行〕／芳川顯正 題字 山脇玄 序文 金田謙 著
市町村是〔明治36年11月発行〕／野田千太郎 編纂
市制町村制釈義 明治37年第4版〔明治37年6月発行〕／坪谷善四郎 著
府県郡市町村 模範治績 附 耕地整理法 産業組合法 附属法例〔明治39年2月発行〕／荻野千之助 編輯
自治之模範〔明治39年6月発行〕／江木翼 編
改正 市制町村制〔明治40年6月発行〕／辻本末吉 編輯
実用 北海道郡区町村案内 全 附 里程表 第7版〔明治40年9月発行〕／廣瀬清澄 著述
自治行政例規 全〔明治40年10月発行〕／市町村雑誌社 編著
改正 府県制郡制要義 第4版〔明治40年12月発行〕／美濃部達吉 著
判例挿入 自治法規全集 全〔明治41年6月発行〕／池田繁太郎 著
市町村執務要覧 全 第一分冊〔明治42年6月発行〕／大成会編輯局 編輯
市町村執務要覧 全 第二分冊〔明治42年6月発行〕／大成会編輯局 編輯比較研究
自治要義 明治43年再版〔明治43年3月発行〕／井上友一 著
自治之精髄〔明治43年4月発行〕／水野錬太郎 著
市制町村制講義 全〔明治43年6月発行〕／秋野沆 著
改正 市制町村制講義 第4版〔明治43年6月発行〕／土清水幸一 著
地方自治の手引〔明治44年3月発行〕／前田宇治郎 著
新旧対照 市制町村制 及 理由 第9版〔明治44年4月発行〕／荒川五郎 著
改正 市制町村制 附 改正要義〔明治44年4月発行〕／田山宗堯 編輯

日本立法資料全集 別巻

地方自治法研究復刊大系

仏蘭西邑法 和蘭邑法 皇国郡区町村編制法 合巻〔明治11年8月発行〕／箕作麟祥 閲 大井憲太郎 譯／神田孝平 譯
郡区町村編制法 府県会規則 地方税規則 三法綱論〔明治11年9月発行〕／小笠原美治 編輯
郡吏議員必携三新法便覧〔明治12年2月発行〕／太田啓太郎 編輯
郡区町村編制 府県会規則 地方税規則 新法例纂〔明治12年3月発行〕／柳澤武運三 編輯
全国郡区役所位置 郡政必携 全〔明治12年9月発行〕／木村陸一郎 編輯
府県会規則大全 附 裁定録〔明治16年6月発行〕／朝倉達三 閲 若林友之 編輯
区町村会議要覧 全〔明治20年4月発行〕／阪田辨之助 編纂
英国地方制度 及 税法〔明治20年7月発行〕／良保両氏 合著 水野遵 翻訳
鼇頭傍訓 市制町村制註釈 及 理由書〔明治21年1月発行〕／山内正利 註釈
英国地方政治論〔明治21年2月発行〕／久米金彌 翻譯
市制町村制 附 理由書〔明治21年4月発行〕／博聞本社 編
傍訓 市町村制及説明〔明治21年5月発行〕／高木周次 編纂
鼇頭註釈 市町村制俗解 附 理由書 第2版〔明治21年5月発行〕／清水亮三 註解
市制町村制註釈 完 附 市制町村制理由 明治21年初版〔明治21年5月発行〕／山田正賢 著述
市町村制詳解 全 附 市町村制理由〔明治21年5月発行〕／日鼻豊作 著
市制町村制釈義〔明治21年5月発行〕／壁谷可六 上野太一郎 合著
市制町村制詳解 全 附 理由書〔明治21年5月発行〕／杉谷庸 訓點
町村制詳解 附 市制及町村制理由〔明治21年5月発行〕／磯部四郎 校閲 相澤富蔵 編述
傍訓 市制町村制 附 理由〔明治21年5月発行〕／鶴聲社 編
市制町村制 並 理由書〔明治21年7月発行〕／萬字堂 編
市制町村制正解 附 理由〔明治21年6月発行〕／芳川顯正 序文 片貝正晉 註解
市制町村制釈義 附 理由書〔明治21年6月発行〕／清岡公張 題字 樋山廣業 著述
市制町村制釈義 附 理由 第5版〔明治21年6月発行〕／建野郷三 題字 櫻井一久 著
市町村制註解 完〔明治21年6月発行〕／若林市太郎 編輯
市町村制釈義 全 附 市町村制理由〔明治21年7月発行〕／水越成章 著述
市制町村制義解 附 理由〔明治21年7月発行〕／三谷軌秀 馬袋鶴之助 著
傍訓 市制町村制註解 附 理由書〔明治21年8月発行〕／鯰江貞雄 註解
市制町村制註釈 附 市制町村制理由 3版増訂〔明治21年8月発行〕／坪谷善四郎 著
傍訓 市制町村制 附 理由書〔明治21年8月発行〕／同盟館 編
市町村制正解 明治21年第3版〔明治21年8月発行〕／片貝正晉 註釈
市制町村制註釈 完 附 市制町村制理由 第2版〔明治21年9月発行〕／山田正賢 著述
傍訓註釈 日本市制町村制 及 理由書 第4版〔明治21年9月発行〕／柳澤武運三 註解
鼇頭参照 市町村制註解 完 附 理由書及参考諸令〔明治21年9月発行〕／別所富貴 著述
市町村制問答詳解 附 理由書〔明治21年9月発行〕／福井淳 著
市制町村制註釈 附 市制町村制理由 4版増訂〔明治21年9月発行〕／坪谷善四郎 著
市制町村制 並 理由書 附 直接間接税類別 及 実施手続〔明治21年10月発行〕／高崎修助 著述
市町村制釈義 附 理由書 訂正再版〔明治21年10月発行〕／松木堅葉 訂正 福井淳 釈義
増訂 市制町村制註解 全 附 市制町村制理由挿入 第3版〔明治21年10月発行〕／吉井太 註解
鼇頭註釈 市町村制俗解 附 理由書 増補第5版〔明治21年10月発行〕／清水亮三 註解
市町村制施行取扱心得 上巻・下巻 合冊〔明治21年10月・22年2月発行〕／市岡正一 編纂
市制町村制傍訓 完 附 市制町村制理由 第4版〔明治21年10月発行〕／内山正如 著
鼇頭対照 市町村制解釈 附理由書及参考諸布達〔明治21年10月発行〕／伊藤寿 註釈
市制町村制俗解 明治21年第3版〔明治21年10月発行〕／春陽堂 編
市町村制正解 明治21年第4版〔明治21年10月発行〕／片貝正晉 註釈
市制町村制詳解 附 理由 第3版〔明治21年11月発行〕／今村長善 著
町村制実用 完〔明治21年11月発行〕／新田貞橘 鶴田嘉内 合著
町村制精解 完 附 理由書 及 問答録〔明治21年11月発行〕／中目孝太郎 磯谷群爾 註釈
市町村制問答詳解 附 理由 全〔明治22年1月発行〕／福井淳 著述
訂正増補 市町村制問答詳解 附 理由 及 追輯〔明治22年1月発行〕／福井淳 著
市町村制質問録〔明治22年1月発行〕／片貝正晉 編述
傍訓 市町村制 及 説明 第7版〔明治21年11月発行〕／高木周次 編纂
町村制要覧 全〔明治22年1月発行〕／浅井元 校閲 古谷省三郎 編纂
鼇頭 市制町村制 附 理由書〔明治22年1月発行〕／生稲道蔵 略解
鼇頭註釈 町村制 附 理由 全〔明治22年2月発行〕／八乙女盛次 校閲 片野続 編釈
市町村制実解〔明治22年2月発行〕／山田顕義 題字 石黒磐 著
町村制実用 全〔明治22年3月発行〕／小島鋼次郎 岸野武司 河毛三郎 合述
実用詳解 町村制 全〔明治22年3月発行〕／夏目洗蔵 編集
理由挿入 市町村制俗解 第3版増補訂正〔明治22年4月発行〕／上村秀昇 著
町村制市制全書 完〔明治22年4月発行〕／中嶋廣蔵 著
英国市制実見録 全〔明治22年5月発行〕／高橋達 著
実地応用 町村制質疑録〔明治22年5月発行〕／野田籐吉郎 校閲 國吉拓郎 著
実用 町村制市制事務提要〔明治22年5月発行〕／島村文耕 輯解
市町村条例指鍼 完〔明治22年5月発行〕／坪谷善四郎 著
参照比較 市町村制註釈 完 附 問答理由〔明治22年6月発行〕／山中兵吉 著述
市町村議員必携〔明治22年6月発行〕／川瀬周次 田中迪三 合著
参照比較 市町村制註釈 完 附 問答理由 第2版〔明治22年6月発行〕／山中兵吉 著述
自治新制 市町村会法要談 全〔明治22年11月発行〕／高嶋正載 著述 田中重策 著述